시사 영문
독해
플러스

시사 영문 독해 플러스

지은이 홍준기
펴낸이 임상진
펴낸곳 (주)넥서스

초판 1쇄 발행 2024년 4월 5일
초판 2쇄 발행 2024년 4월 10일

출판신고 1992년 4월 3일 제311-2002-2호
10880 경기도 파주시 지목로 5
Tel (02)330-5500 Fax (02)330-5555

ISBN 979-11-6683-769-2 13740

www.nexusbook.com

고급 영어로 가는 첫걸음

시사 영문 독해 플러스

홍준기 지음

넥서스

머리말

오랫동안 독해 영역을 강의해 오면서, 독해 지문이 신선하고 흥미로운 소재(글감)이면 학생들이 훨씬 더 재미있게 공부하는 것을 느끼게 되었다. 특히 시사성 있는 실용 독해 강의에 있어서는 더욱 그런 점이 엿보였다. 이에 착안하여 영·미의 유수 언론들의 기사를 접해 괜찮은 독해 지문 자료들을 찾아 수려한 문장을 보면서 이런 글을 바탕으로 공부하면 학생들, 특히 수험생들에게 큰 도움이 되리라는 생각을 가지게 되었다.

특히 시사 독해는 우리가 영어를 배우는 이유를 보여 주는 중요한 것으로, 우리는 영어를 통해서 더 큰 세상을 보려고 하기 때문이다. 그런데 이런 시사적인 글들은 저작권 문제로 원문만 접할 수 있었을 뿐, 학생들이 이를 이용해 공부를 하거나 자신의 이해 여부를 판단할 방법이 없었다. 그래서 필자는 원문을 읽고 중요한 부분을 중심으로 paraphrasing하여 새로운 글을 재창조하고, 이해 여부를 확인할 수 있는 문제를 만들어서 독해 교재를 만들고 싶었다.

필자는 편입과 GMAT 등 수험생을 대상으로 한 오랜 강의 경험으로 가장 최적화된 독해 문제 구성에는 자신이 있었기에, 그런 경험들을 반영시켜 국내 최초 영·미 기사를 활용한 시사 독해 책을 만들게 되었다. 책을 만들기 위해 자료를 찾고 원고를 꾸미는 과정에서 시사적인 것은 물론, 상식적으로도 알아 두면 요긴하게 활용할 수 있는 내용의 지문을 골라서 패러프레이즈 작업을 하고, 원어민 교수의 철저한 감수를 거친 후, 또 다시 글 내용의 적정성 등을 재검토한 후 최종적으로 80개 지문을 선별했다.

이 책 내용과 전반적인 구성은 다음과 같다. 첫째, 대부분 내용들은 시사적인 글이지만 글 내용을 음미하며 사회의 흐름과 그 방향에 대해 원어민의 관점으로 읽을 수 있도록 구성하였다. 둘째, 책 전체의 내용 구성은 크게 인문 & 사회, 과학 & 기술, 문화 & 예술의 다양한 영역으로 나눠 구분하여, 시사적 글들이 한 분야에만 치우침이 없도록 했다. 셋째, 이 책의 원문들이 비교적 수준이 높아 paraphrase를 한 후의 글도 난이도가 높은 편인데, 그만큼 책을 공부한 후에는 성취감을 느낄 수 있을 것이다.

이 책은 저자가 '시사 독해 실렉션'이란 제명으로 출간했던 책을, 그간의 독자들의 피드백을 바탕으로 새롭게 출간하면서 전체적으로 새롭게 구성하였다. 시사 독해의 특성상 새로운 지문들이 아니면 생명력이 짧을 수밖에 없기에, 이번 기회에 전체를 새롭게 구성하였다. 이전보다 훨씬 더 정교하고 세련된 책으로 나오게 되어 저자로서는 만족스럽지만, 저자가 바라기는 아무쪼록 편입, 공무원, 특례, 텝스, 토플 등 시험을 준비하는 독자뿐 아니라 통역 대학원을 준비하면서 고급 영어를 습득하고자 하는 독자, 시험과는 무관하지만 수준 높은 영문을 읽고 지적인 만족을 얻고자 하는 일반인 모두에게 도움이 되기를 바란다.

도와주신 분들께 감사의 마음을 전하고자 한다. 바쁜 저자를 항상 이해해 주고 믿어 주는 아내와 재민, 재영에게, 이 책에 수록된 영문 지문의 paraphrasing과 rewriting 작업을 할 때 저자에게 항상 용기를 주고 저자의 오류를 꼼꼼하고 세심하게 수정해 주는 등 여러 면에서 도움을 아끼지 않았던 Katy Carter 교수에게, 책의 기획과 전반적인 구성에 많은 도움을 준 넥서스 편집팀 여러분께도 감사드린다. 마지막으로 이 책으로 공부하는 모든 독자들에게 감사하고, 이 책을 통해서 영문을 통한 지식의 습득이 얼마나 가슴 벅찬 일인지 깨닫고 본인들의 영어 학습에 조금이라도 도움이 되면 좋겠다.

2024년 3월 홍 준 기

이 책의 활용법

1 수험서로 활용하기

1) 이 책은 독해 지문 길이가 다양하고, 각각의 독해 시험 유형에 따라 대비할 수 있도록 했습니다. 총 80개의 지문이 수록되어 있고, 각 지문당 문제를 4개씩 다루고 있습니다. 다양한 유형의 문제를 풀면서 어떤 시험도 대비할 수 있는 훈련이 가능합니다.

2) 지문의 길이에 따라 4~7분 정도로 시간을 잡고 풀어 봅니다. 정답과 해설을 확인한 후, 본문에 나온 어휘 중 모르는 것을 정리해 보세요. 마지막으로 각 단락을 요약하면서 글의 흐름을 잡아 보는 연습을 하면 효과적으로 학습할 수 있습니다.

2 고급 영어 자료로 활용하기

시험 대비를 하지 않더라도 문제 풀이에 연연하지 않고 글을 읽으며 스스로 이해도를 측정해 보는 것도 좋습니다. 이해를 제대로 했는지 문제를 풀어 본 후 모르는 어휘들을 정리하고 좋은 표현들을 암기하여 자기 것으로 만들어 보세요. 좀 더 수준 높은 영어 실력을 만들고 싶다면, 해석을 바탕으로 거꾸로 영작하는 훈련을 하면서 원문과 비교해 보는 것도 좋은 훈련입니다. 이런 방식의 연습은 시사적 글쓰기에 매우 도움이 됩니다.

3 영어 학습과 더불어 상식 넓히기

각 지문의 시사성이 높은 관련 내용들은 인터넷 검색, 혹은 신문 기사 등을 통해 자세히 알아 두면 좋습니다. 시사적인 내용들은 단지 그 문제뿐인 경우도 있지만, 그 사건의 원류가 되는 사건들이 있어서 이런 내용들을 확장해서 이해하면 좀 더 심층적으로 시사 현상을 이해할 수 있습니다.

이 책의 구성과 특징

시사 지문 80개

흥미로운 시사적인 주제 80개를 엄선하였습니다. 꼼꼼하게 읽어 보고 최근 시사 이슈들을 파악해 보세요.

문제 풀어 보기

지문을 제대로 이해했는지 점검해 볼 수 있는 문제를 4개씩 수록하였습니다. 독해 실력을 점검함과 동시에 각종 시험에 대비해 보세요.

사회 문제 · Social matters ·

UNIT 01 취학 연령을 6세로 낮추는 문제
The problem with reducing the school starting age to 6

If your child is born in the first half of the year, you have to consider whether to enroll them in the previous or next year. In New South Wales, a proposal has been put forward to regulate this by stating children must join school in the year they become six. But what effect will this have on some lower income families? Blanket rules can be dangerous, say early childhood education experts. While it is a popular choice for some higher-income families to hold their boys back a year, other families cannot afford to do this and end up sending their children to school earlier. The decision is most often taken with regards to the family's wealth, the costs of childcare, and getting access to early childhood education, rather than if the child is ready to start school.

Data from the federal education department shows that over one-fifth of school starters are not ready yet and suffer in the areas of language, cognitive, emotional or social development. Only just over half are considered ready. Since most of those children who are not ready for school are from lower-income households, they are starting off life with a disadvantage. This problem must be tackled to ensure all children have the same start in life.

Access to good quality, affordable, and accessible early childhood education is needed. Despite the recommendation that children undergo two years of preschool before starting school, most local state governments currently only provide funding for one year — although some states are considering more. There are low-income and rural areas called "childcare deserts" where children cannot gain access to good education because there are too many children for the places, and when they do get access, it is of lower quality. These children also generally skip preschool, which is extremely important to set up the foundations of education through natural, play-based activities. These activities mimic situations we have to deal with in life, it allows children to experience relationship-building, and they can develop various soft skills, which develop their confidence and independence. But the focus is rather on showing competence in core skills such as math to succeed in school. In order to support this blanket rule of starting school at six, _____ provided by the government.

14

1. What's the main idea of the passage?

   a) The importance of starting school at the age of six
   b) The need for better access to early childhood education for all children
   c) The advantages and disadvantages of holding boys back a year
   d) The increasing need for more funding for lower-income families in education

2. According to the passage, which of the following is correct?

   a) Local governments aren't financially supporting the recommendations made by educators.
   b) Young children often skip preschool because they find it boring and useless.
   c) Lower-income families tend to put their children in preschool for the longest.
   d) Preschool is important for making sure children have the basic skills of math and English.

3. What does the underlined "childcare deserts"?

   a) Places where childcare is very difficult to find
   b) Areas that provide lots of childcare opportunities
   c) Schools that teach children a variety of subjects
   d) Regions that provide funding for early childhood education

4. Which best fills the blank to complete sentence?

   a) the wealth disparity between families must be removed
   b) both home and school must work together to support children
   c) educators must put more effort into providing equal education
   d) all children need access to good early childhood education

WORDS & PHRASES

put forward 제안하다	disadvantage n. 불리, 불리한 점[조건]	competence n. 역량, 적성, 자격, 권능, 권한
blanket rule 포괄적인 규칙	tackle v. (문제 등을) 다루다, 씨름하다	disparity n. 불일치, 불균형
hold back 저지하다, 억제하다, 기다리다, 늦추다	mimic v. 흉내 내다, 모사하다, 모방하다	
with regard to ~에 관해서는	soft skill 소프트 스킬(어사소통 역량 등, 전반적인 인간관계에 도움이 되는 능력)	
low-income household 저소득 가정	rather adj. 오히려, 차라리, 좀, 꽤[가 ~하면	

15

WORDS & PHRASES

각 지문에서 꼭 알아야 하는 어휘 및 표현을 정리했습니다. 나만의 단어장을 만들어 탄탄한 어휘 실력을 쌓아 보세요.

목차

PART 2 과학 & 기술

PART 3 문화 & 예술

인문 & 사회

Unit 01

취학 연령을 6세로 낮추는 문제

The problem with reducing the school starting age to 6

If your child is born in the first half of the year, you have to consider whether to enroll them in the previous or next year. In New South Wales, a proposal has been put forward to regulate this by stating children must join school in the year they become six. But what effect will this have on some lower income

families? Blanket rules can be dangerous, say early childhood education experts. While it is a popular choice for some higher-income families to hold their boys back a year, other families cannot afford to do this and end up sending their children to school earlier. The decision is most often taken with regards to the family's wealth, the costs of childcare, and getting access to early childhood education, rather than if the child is ready to start school.

Data from the federal education department shows that over one-fifth of school starters are not ready yet and suffer in the areas of language, cognitive, emotional or social development. Only just over half are considered ready. Since most of those children who are not ready for school are from lower-income households, they are starting off life with a disadvantage. This problem must be tackled to ensure all children have the same start in life.

Access to good quality, affordable, and accessible early childhood education is needed. Despite the recommendation that children undergo two years of preschool before starting school, most local state governments currently only provide funding for one year — although some states are considering more. There are low-income and rural areas called "childcare deserts" where children cannot gain access to good education because there are too many children for the places, and when they do get access, it is of lower quality. These children also generally skip preschool, which is extremely important to set up the foundations of education through natural, play-based activities. These activities mimic situations we have to deal with in life, it allows children to experience relationship-building, and they can develop various soft skills, which develop their confidence and independence. But the focus is rather on showing competence in core skills such as math to succeed in school. In order to support this blanket rule of starting school at six, _____ provided by the government.

1. What's the main idea of the passage?

    a) The importance of starting school at the age of six

    b) The need for better access to early childhood education for all children

    c) The advantages and disadvantages of holding boys back a year

    d) The increasing need for more funding for lower-income families in education

2. According to the passage, which of the following is correct?

    a) Local governments aren't financially supporting the recommendations made by educators.

    b) Young children often skip preschool because they find it boring and useless.

    c) Lower-income families tend to put their children in preschool for the longest.

    d) Preschool is important for making sure children have the basic skills of math and English.

3. What does the underlined "childcare deserts"?

    a) Places where childcare is very difficult to find

    b) Areas that provide lots of childcare opportunities

    c) Schools that teach children a variety of subjects

    d) Regions that provide funding for early childhood education

4. Which best fills the blank to complete sentence?

    a) the wealth disparity between families must be removed

    b) both home and school must work together to support children

    c) educators must put more effort into providing equal education

    d) all children need access to good early childhood education

WORDS & PHRASES ▶▶▶

put forward 제안하다

blanket rule 일괄적인 규칙

hold back 저지하다, 억제하다; 기다리다, 늦추다

with regard to ~에 관해서는

low-income household 저소득 가정

disadvantage *n.* 불리, 불이익, 불리한 조건

tackle *v.* (문제 등을) 다루다, 씨름하다

mimic *v.* 흉내 내다; 모사하다; 모방하다

soft skill 소프트 스킬: 의사소통 역량 등, 전반적인 인간관계에 도움이 되는 능력

rather *ad.* 오히려, 어느 쪽인가 하면

competence *n.* 역량, 적성, 자격; 권능, 권한

disparity *n.* 불일치, 불균형

15

동성결혼 합법화에 관한 판결
U.S. Supreme Court legalizes gay marriage nationwide

LGBT Americans have been getting married for a few years now in courthouses across the nation following the decision of the U.S. Supreme Court that made same-sex marriage a legal right. The finale of the *Obergefell v Hodges* case was the result of a long period of decisions and reversals of those decisions that caused chaos. The confusion meant that you could be married in one state and go on vacation to another and not be married there. In other words, depending on the jurisdiction, some same-sex couples were allowed to marry and others weren't.

After resisting for so long, a rainbow flag wrapped around the world: people put rainbows in their Facebook profiles in solidarity, international companies couldn't wait to show their support for the LGBT community, and rainbow lights festooned the White House. Everyone seemed happy, and that happiness has lasted for the most part. On the other hand, an array of anti-LGBT legislation has cropped up across the country. Religious bills that would essentially make it okay for government clerks and other officials to refuse services to gay people have been introduced. Bathroom legislation that would determine which bathroom a transgender person could use is being debated.

This resistant behavior is actually a sign that advances are being made, according to Evan Wolfson, who founded Freedom to Marry to fight for marriage equality. He says that his opponents are simply trying to undermine same-sex marriage, which is a legal right now. Since they can't attack an existing law, they have no alternative than to do this. They have won their fight to be allowed to marry, but Wolfson says the fight is not over yet. Activists will continue to fight.

Aaron Sarver of the Campaign for Southern Equality, said that he had spent all day in court challenging HB 1523 in Mississippi. The Religious Liberty Accommodations Act would bring about many restrictions, such as permitting business owners to legally deny services to LGBT people, court clerks to deny marriage licenses to same-sex couples, and social workers to refuse to grant adoptions to those who may be having premarital sex. In addition, Wolfson says that he has received requests from those in international countries who want to push forward their own equality campaigns. The fight will continue across the globe.

1. What was the result of the Obergefell v Hodges case?

    a) Same-sex marriage was made a legal right in the US.
    b) Anti-LGBT legislation was introduced across the country.
    c) The fight for marriage equality was lost.
    d) Same-sex couples were only allowed to marry in certain jurisdictions.

2. What is the purpose of HB 1523?

    a) To allow opponents of the LGBT community to discriminate against them
    b) To fight for the right of transgender people to use the bathroom of their choosing
    c) To restrict the behavior of court clerks and officials who are doing what they want
    d) To prevent the denial of services to LGBT people who have done nothing wrong

3. Choose the incorrect statement from the following, according to the passage.

    a) The White House displayed rainbow colors to stand in solidarity with the LGBT community.
    b) When same-sex marriage was legalized, businesses clamored to show their support.
    c) Evan Wolfson is heartened by the way that same-sex marriage opponents are reacting.
    d) Aaron Sarver is fighting for the freedom to be allowed to marry who he wants.

4. What is the conclusion of the passage?

    a) The US supreme court may have made its ruling, but there are still both domestic and international fights to be won.
    b) There is a large proportion of US citizens who have not and will never accept the ruling of the US supreme court.
    c) Same-sex marriage may be legal in the United States, but there are still many LGBT couples being denied a marriage license.
    d) Everyone needs to continue to show as much support for the LGBT community as they always have done.

WORDS & PHRASES ▶▶▶

LGBT *n.* 성소수자; 각각 Lesbian(레즈비언), Gay(게이), Bisexual(양성애자), Transgender(트랜스젠더)를 의미함

resist *v.* 저항하다; 참다, 견디다

rainbow flag 성적 다양성을 상징

wrap *v.* 포장하다, 뒤덮다

solidarity *n.* 연대

festoon *v.* 장식하다, 수놓다

for the most part 대개, 보통

an array of 다수의

legislation *n.* 법, 법률

crop up 불쑥 나타나다, 돌연히 등장하다

bill *n.* 법안

essentially *ad.* 실질적으로, 근본적으로

resistant *a.* 저항[반대]하는

undermine *v.* 약화시키다, 폄하하다

adoption *n.* 입양

premarital *a.* 혼전의

clamor *v.* (~할 것을) 시끄럽게[강력히] 요구하다, 시끄럽게[소리 높여] 표현하다

hearten *v.* ~에게 용기[희망]를 북돋우다

유리 에스컬레이터
The glass escalator

While there has been a multitude of research done on how women are thought of and treated negatively when they enter male-dominated jobs, there is not much evidence about the other side—when men enter female-dominated jobs. A member of the Society for Industrial and Organizational Psychology (SIOP) has discovered a phenomenon that she has called the "glass escalator". In this, when men defy their gender norms, they are actually rewarded. Samantha Morris, an associate I-O psychologist at MillerCorps, explained that, as we are all aware, the glass ceiling exists for women who have chosen to pursue a career that is not traditionally associated with their gender. Yet, what about men who chose a job that is not considered to be typically male? You might think that the same glass ceiling exists for men, but you would be wrong. Not only are they not thought of or treated negatively, but they are actually viewed more positively than women in female-dominated jobs. Promotions will come more quickly to them and in front of women who are just as worthy. So, this glass escalator was studied by Morris even further, and she discovered that it was indeed partly true that men were treated more favorably than women instead of being disparaged as women are. This is often due to the fact that men are seen as unusual in these professions and therefore stand out from the crowd, whereas women are seen as the norm and often face discrimination and bias as a result.

1. What is the glass escalator?

    a) A means by which men have successfully managed to cheat and trick their way to the top of any career, including those reserved for women.

    b) A comparison of the realities for men in female-dominated careers to the glass ceiling that women face in male-dominated careers.

    c) A law that protects men from negative treatment if they choose to pursue a career that is not seen as male-specific.

    d) A means by which men are able to turn the other cheek to negative perceptions and force others to take them seriously in female-dominated careers.

2. What was the difference between the hypothesis and result of the study?

    a) It turned out that men were treated much the same as women if they allowed themselves to be.

    b) Men were subject to even harsher discrimination than that which the women received for doing the same thing.

    c) While men were treated differently in these careers, by no means was their treatment as harsh as that of women.

    d) It was thought that men would suffer the same treatment as women, but it was the opposite.

3. What can be inferred from the passage?

    a) Defying the male gender roles means that others deal with you with wariness.

    b) The glass ceiling did exist for men until a few men managed to turn it around.

    c) A man who gets a promotion in a female-oriented job probably didn't deserve it.

    d) Doing a job that is traditionally considered female can be beneficial for a man.

4. What is the most likely topic of the next part of the passage?

    a) A analysis of why Morris decided to do this research.

    b) A report into the problems inherent in this type of research.

    c) A discussion of the extra research that Morris carried out.

    d) A breakdown of how and why this kind of research is invaluable.

WORDS & PHRASES ▶▶▶

multitude *n.* 다수, 많음

male-dominated *a.* 남성 주도의

phenomenon *n.* 현상

glass escalator 유리 에스컬레이터(남성이 차별 대신 특혜를 받는 것)

glass ceiling 유리 천장(눈에 보이지 않는 장벽)

be at odds with ~와 불화하여

disparage *v.* 폄하하다

cheat and trick one's way to 사기치고 속여 ~ 위치까지 이르다

turn the other cheek 애써 참다

perception *n.* 지각, 자각, 인식

hypothesis *n.* 가설, 가정

discrimination *n.* 차별

by no means 결코 ~이 아닌

inherent *a.* 타고난, 내재적인

breakdown *n.* 분석

invaluable *a.* 매우 귀중한, 소중한

미국의 젠트리피케이션
Gentrification trends in the United States

Gentrification has both positive and negative effects on communities. When wealthy and educated people move into traditionally working-class or poor neighborhoods, especially those populated by people of color, it is called gentrification. The new residents may have different ideas and aims than the original occupants, which can cause difficulties for the old residents as housing prices increase and the culture of the community changes. On the other hand, gentrification can have advantages, such as bringing much-needed investment opportunities to a neighborhood.

The roots of gentrification can be traced back to the discrimination that poor communities of color faced in housing policies after the Second World War. White homeowners sold their homes cheaply to real estate brokers in order to move out of urban areas populated by black residents, while black people paid a lot of money to move into nicer urban areas. However, according to a practice known as redlining, when urban housing needed improvements, black people were denied financial aid, like loans and insurance, based on their race or ethnicity. This resulted in the new black urban areas becoming less attractive and housing prices plummeting. Gentrification then emerged as a solution to this problem.

While gentrification can provide financial opportunities and benefit local governments, the changes that come with it can also negatively impact longtime residents. They may be pushed out of their homes and businesses, and the character of the community can change significantly. It is a topic of debate whether gentrification is ultimately good or bad for a community. However, it is clear that cities and their residents must find ways to balance the needs of both old and new residents.

1. What are the negative effects of gentrification?

   a) A decrease in the desirability of the area
   b) An increase in the economic opportunities for residents
   c) A rise in housing prices that can force old residents to move out
   d) A reduction in investment opportunities

2. What is the author's position on whether gentrification is good or bad for a community?

   a) The author thinks gentrification is always good for a community.
   b) The author thinks gentrification is always bad for a community.
   c) The author thinks gentrification can have both positive and negative effects on a community.
   d) The author doesn't have an opinion on gentrification.

3. The passage suggests that the practice of redlining contributed to gentrification by _____.

   a) causing housing prices to increase
   b) providing financial aid to black residents in urban areas
   c) encouraging white homeowners to sell their homes to real estate brokers
   d) making black urban areas less attractive and causing housing prices to plummet

4. Which of the following topics was most likely discussed right before the passage above?

   a) The history of urban planning in the 20th century
   b) The impact of technological advancements on modern architecture
   c) The role of public transportation in city development
   d) The effects of World War II on international economics

WORDS & PHRASES ▶▶▶

gentrification *n.* 젠트리피케이션(도심 인근의 낙후지역이 활성화되면서 외부인과 돈이 유입되고, 임대료 상승 등으로 원주민이 밀려나는 현상)

occupant *n.* 점유자, 거주자

trace back to 거슬러 오르다, 유래하다

discrimination *n.* 구별, 식별; 차별

real estate broker 부동산 중개인

urban *a.* 도시의, 도시에 사는

ethnicity *n.* 민족, 민족 의식

plummet *v.* 곤두박질치다, 급락하다

push out of 밀어내다

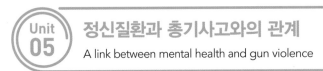

정신질환과 총기사고와의 관계
A link between mental health and gun violence

A new report claims that news stories about violence often mention mental health has played a part even though the majority of people with mental illnesses are not violent. Mental illness is only involved in about 4% of interpersonal violence in the US; however, almost 40% of the violence in the news is linked to mental illness. Furthermore, the U.S. Department of Health and Human Services (HHS) reports that people with severe mental illness are ten times more likely to be victims of violent crime than those without.

The report, written by Johns Hopkins Bloomberg School of Public Health researchers and published in the journal *Health Affairs*, analyzed 400 news articles that were published from 1994 to 2014. 55% of the articles talked about violence and almost 40% of that violence was against other people. 29% of the articles and TV segments discussed the link between mental illness and suicide; moreover, there was a significant increase from 9% in the time period 1994~2005 to 22% in 2005~2014 of a mass shooter being described as having a mental illness.

When mental illness and violence against others were discussed in the news stories, the view that violence is increased when mental illness is involved was put forward about 40% of the time, while only 8% of news stories stated that people with mental illnesses are mostly not violent. The most commonly mentioned illness was schizophrenia. The conclusion of the study was that mass shooters do not always have a diagnosed mental illness, but rather they have emotional issues such as anger problems that make them mentally unhealthy.

The study also mentioned that interpersonal violence that happens because of mental illness can be avoided with treatment; however, the majority of the violence in the news is not rooted in mental illness. This is in direct opposition to the campaigns of advocacy groups and policy makers recently that gun violence in the US can be reduced by an improvement in the mental health treatment system. The researchers note that this belief will not do much to sort out gun violence but rather it is an attempt to take the focus away from the problems with US gun laws. The public will forget about making gun laws stricter and concentrate on reducing violence through treatment of mental illnesses.

1. What is the main idea of the passage?

   a) Mentally ill people are often involved in violent altercations due to their situation.
   b) Mental health sufferers are not violent and there is no factual link between mental illness and violence against others.
   c) Violence in the news is often attributed to mentally ill people as a way to demonize them.
   d) Gun control laws need to be strengthened to prevent mentally ill people committing violence.

2. Choose the true statement, according to the report.

   a) The news generally does not mention mentally ill people and suicide together.
   b) Those with mental illnesses are more likely to be on the receiving end of violence.
   c) The practice of connecting mass shootings with mentally ill people is decreasing.
   d) Violence reported in the news is usually caused by mentally ill people.

3. What can be inferred from the passage?

   a) Those who participate in mass shootings have generally been diagnosed with a mental disorder.
   b) News agencies do not know that the mentally ill are not causing the violence.
   c) People who suffer from schizophrenia are more likely to commit violent acts than others.
   d) News outlets disproportionately associate mentally ill people with violence.

4. According to the passage, what is the problem with focusing solely on treatment of mentally ill people?

   a) Advocacy groups have long said that further treatment will not solve anything.
   b) Treating people with a mental illness does not change the public perception of them.
   c) This approach ignores another factor, which is the gun laws in the US.
   d) Mental health treatment can never be totally successful.

WORDS & PHRASES ▶▶▶

interpersonal *a.* 사람들 사이에서의, 대인관계의

mass shooter (대형)총기난사범

mental illness 정신병

put forward 제기하다, 제안하다

schizophrenia *n.* 조현병

diagnosed *a.* 진단받은

advocacy group 활동 그룹

sort out 처리하다, 해결하다

strict *a.* 엄격한, 엄한

altercation *n.* 언쟁, 격론

be attributed to ~에 기인하다, ~ 책임이다

demonize *v.* 악마로 만들다[묘사하다]

receiving end 싫어도 받아들일 수밖에 없는 사람, 희생자

news agency 통신사

outlet *n.* 방송국

disproportionately *ad.* 불균형적으로

perception *n.* 인식

Unit 06 사형제도의 신뢰성 여부
Whether the death penalty can be trusted

[A] Lately it has been questioned whether death row is reliable as over 130 people have been acquitted from death row since 1976. 17 of those were cleared through DNA testing, but it cannot always be used. The Innocence Project co-founder, Barry Scheck, states that about 80% of guilty verdicts do not incorporate  biological evidence to make that judgment. When, in 2000, 13 people were released from death row in Illinois, then governor of the state, George Ryan, suspended the death penalty. Although he supported the death penalty, he had lost faith in a system that killed innocent people. This was backed by former Supreme Court Justice Sandra Day O'Connor who has stated that killing an innocent person would be unacceptable.

[B] Those kinds of cases have been particularly useful for capital punishment opponents. Stuart Banner, in his 2002 book *The Death Penalty* notes that the only thing that makes people doubt capital punishment, when statistical and racial arguments fail, is if they might kill an innocent person. There are a number of cases that capital punishment opponents refer to. For example, in 1993, the death penalty was carried out on Robert Cantu for shooting a man dead during a robbery. It was only later, that another victim of that crime revealed that while he didn't believe Cantu was guilty, the police had pressured him into identifying him. Sam Millsap, the district attorney and a capital punishment supporter, said that he was worried that a mistake had been made. Additionally, in 1995, Missouri executed Larry Griffin for the drive-by shooting of a drug dealer. Another criminal, Robert Fitzgerald, provided eyewitness testimony that the prosecution's case was based on, but he had previously worked for the prosecution and was a participant of the witness-protection program. Fitzgerald placed Griffin at the scene. After Griffin's death, the N.A.A.C.P. discovered that a victim who was wounded at the scene insisted that Griffin was not the shooter. In addition, another police officer doubted Griffin was guilty.

1. Which of the following is correct regarding paragraph [A] and [B]?
   a) [A] deals with The Innocence Project and [B] describes an author's experience with the death penalty.
   b) [A] deals with the necessity of death row and [B] describes racial discriminatory practices.
   c) [A] deals with the trustworthiness of death row and [B] describes examples of wrongful execution.
   d) [A] deals with political influences in punishment and [B] casts doubt on the guilt of some prisoners.

2. Which of the following is a reason why Robert Cantu was found guilty?
   a) Another person who was at the scene knew Cantu had been there.
   b) Police had made a victim say that Cantu was the guilty person.
   c) The district attorney did everything in his power to convict Cantu.
   d) Cantu was known to the police already for previous crimes.

3. What can be inferred from the passage?
   a) Police solve their cases by choosing a random person that they will make sure goes down for the crime.
   b) Even those who in favor of capital punishment recognize that it is sometimes used incorrectly.
   c) People who used to be strong supporters of capital punishment have all changed their minds recently.
   d) Cases when the death penalty has been incorrectly carried out are mostly racially motivated cases.

4. Which of the following correctly paraphrases the underlined sentence?
   a) Those who were fans of capital punishment were not able to tell if the system could function any longer in its current state.
   b) The capital punishment system had been torn apart by its mistakes so that he no longer unswervingly believed in it.
   c) Being a capital punishment founder was not enough when the system was being clearly shown to be fatally flawed.
   d) While he was an adherent of capital punishment, he no longer trusted the system not to execute the wrong person.

WORDS & PHRASES ▶▶▶

death row 사형	capital punishment 사형	deterrent *n.* 제지하는 것, 억지력
acquit *v.* 무죄로 풀려나다	be backed by ~에 의해 지지를 받다	unswervingly *adv.* 확고하게, 변함없이
guilty verdict 유죄 평결	district attorney 지방 검사	adherent *n.* 지지자
incorporate *v.* 포함시키다	prosecution *n.* 검찰	

Unit 07

데이터로 본 사라지지 않는 반아시아인 증오
Data reveals anti-Asian hate is not going away

Almost 11,500 hate crimes (harassment, verbal abuse and hate speech) against Asian Americans in the US have been reported over the two-year period from March 2020 at the beginning of the COVID-19 pandemic to March 2022, according to the Stop AAPI Hate, an organization which spotlights hate crimes against Asian Americans and Pacific Islanders. In the first year of the pandemic, over 9,000 of such hate crimes occurred. Additionally, the Center for the Study of Hate and Extremism reported that from 2020 to 2021, they rose 339%. The Stop AAPI Hate data shows that two-thirds were written or verbal in nature, two-fifths were carried out in public, women reported being victimized twice as much as men, 17% involved physical attacks, and one in ten were carried out on public transportation. Since California has the highest proportion of Asian Americans and Pacific Islanders in the country, more crimes (over 4,000) were reported there overall, with Washington and New York coming next.

In the past two years, 20% of all Asian Americans and Pacific Islanders in the US report having experienced a hate incident, according to a Stop AAPI Hate and Edelman Data & Intelligence survey, causing a significant increase in the levels of fear and anxiety among the community.

As a result, the Covid-19 Hate Crimes Act was signed by President Biden in March 2021 to tackle this increasing violence and hate speech. Police departments are instructed to improve their data collection methods in addition to better prevention and response strategies. Critics of the Act say it will lead to over-policing and, moreover, doesn't address the basic causes of these hate crimes. Preventing the violence before it happens and providing assistance to victims when it does happen is needed. The report's authors point out that there needs to be more education on Asian American history, and more civil rights protections when incidents do occur on public transport and in places of business. Manjusha Kulkarni, co-founder of Stop AAPI Hate and executive director of AAPI Equity Alliance, says that even as the pandemic recedes, the anti-Asian hate is continuing and _____.

1. What's the main idea of the passage?

   a) The effect of the anti-Asian American hate on local communities
   b) The work of Stop AAPI Hate to reduce anti-Asian American hate
   c) Hate crimes against people in general are rising post-pandemic.
   d) The appearance and continuation of anti-Asian American hate

2. According to the passage, which of the following is correct?

   a) More than half of all the reported hate crimes occurred on public transport.
   b) It seems that Asian American men are harassed more than Asian American women.
   c) Stop AAPI Hate says that with the pandemic fear decreasing, so are the hate crimes.
   d) One-fifth of all Asian Americans and Pacific Islanders reported a hate crime during the pandemic.

3. Why is there criticism of Biden's Hate Crimes Act?

   a) It puts the responsibility on the victims to protect themselves.
   b) It provides more incentive to the perpetrators to carry out more attacks.
   c) It hides the fact that the police department doesn't care about stopping these crimes.
   d) It doesn't actually tackle the reasons these hate crimes are happening.

4. Which best completes the sentence?

   a) established solutions need to be changed
   b) practical solutions have thus far failed
   c) there seems to be no effective way to stop it
   d) something has to change before more tragedies occur

WORDS & PHRASES ▶▶▶

reveal *v.* 드러내다, 드러내 보이다

harassment *n.* 괴롭힘

verbal abuse 폭언, 욕설

hate speech 증오 발언

pandemic *n.* 팬데믹;
전국[전 세계]적인 유행병

spotlight *v.* 집중 조명하다

Pacific Islander 태평양계 미국인

extremism *n.* 극단주의

in nature 실질적으로, 근본적으로

proportion *n.* 비율

tackle *v.* 대처하다, 씨름하다

instruct *v.* 지시하다

address *v.* 해결하다

assistance *n.* 원조, 지원

recede *v.* 약해지다, 물러나다

incentive *n.* 인센티브, 장려책

perpetrator *n.* 가해자

practical *a.* 실질적인, 실제적인

Unit 08

차별 철폐 조치가 대입에 미치는 영향

Affirmative action's impact on college admissions

The U.S. Supreme Court recently established new boundaries for affirmative action programs, particularly concerning the use of race in admissions processes at public and private universities and colleges. In a decision penned by Chief Justice John Roberts, the court found that the admissions policies of Harvard and UNC are inconsistent with the equal protection clause of the 14th Amendment. The ruling was 6-3 in the UNC case and 6-2 in the Harvard case, with Justice Ketanji Brown Jackson abstaining from the Harvard case due to her past association with the university. Jackson sided with the dissenting opinions of Justices Sonia Sotomayor and Elena Kagan in both cases. President Biden expressed strong disagreement with the court's decision and encouraged educational institutions to continue striving for diversity.

This landmark ruling brings affirmative action, a practice used by colleges and universities for decades to promote diversity and address inequality, under scrutiny. Previously, since 1978, the Supreme Court had allowed the consideration of race in admissions, provided there were no quota systems in place. The conservative group *Students for Fair Admissions* had filed lawsuits against Harvard and UNC, accusing them of discriminating against Asian American applicants in their race-conscious admissions policies. The Supreme Court's decision, favoring the group, significantly impacts the college admissions landscape in the U.S. Chief Justice Roberts criticized the programs for their vague objectives, negative use of race, racial stereotyping, and lack of clear endpoints.

While the ruling imposes strict limitations, it does not entirely eliminate the consideration of race. Roberts clarified that universities could still discuss race in the context of an applicant's personal experiences, such as facing discrimination or drawing inspiration from their racial identity. The court emphasized that race-based admissions must undergo rigorous scrutiny, avoid stereotypes, and cannot be perpetual. Justice Sotomayor, in her dissent, lamented the decision as a regression from decades of progress, cementing a superficial notion of race indifference in a society deeply influenced by race.

1. Which of the following is a primary criticism of the affirmative action programs according to Chief Justice Roberts?

   a) They lead to higher diversity in colleges.
   b) They have clear and measurable objectives.
   c) They strictly adhere to the equal protection clause.
   d) They use race in a negative manner and lack clear end points.

2. What aspect of race-based admissions is still permissible according to the Supreme Court ruling?

   a) Consideration of race in personal experience contexts
   b) Quota systems based on racial categories
   c) Use of race as the sole factor in admissions
   d) Indefinite implementation of race-based policies

3. According to Justice Sotomayor's dissent, what does the court's decision represent?

   a) A continuation of longstanding legal principles
   b) An advancement in the cause of racial equality
   c) A regression from decades of progress in affirmative action
   d) Support for the use of race as a positive factor in admissions

4. The passage suggests that the Supreme Court's decision will _____

   _____ .

   a) completely eliminate the consideration of race in admissions
   b) have no significant impact on college admissions processes
   c) lead to a more nuanced approach to race in admissions
   d) encourage colleges to ignore the concept of diversity

WORDS & PHRASES ▶▶▶

pen v. 쓰다, 작성하다

inconsistent a. 일치하지 않는, 상반된

abstain v. 기권하다

side with 편들다, 지지하다

dissenting opinion 반대 의견

strive for 노력하다, 얻으려고 애쓰다

landmark a. 획기적인, 기념비적인

scrutiny n. 면밀한 조사

discriminate v. 차별하다

race-conscious a. 인종을 고려한

stereotyping n. 고정관념

impose v. 부과하다

clarify v. 분명하게 밝히다, 명확하게 하다

inspiration n. 영감

lament v. 슬퍼하다, 한탄하다

race indifference 인종적 무관심

indefinite a. 불명확한, 막연한

regression n. 퇴보

Unit 09

MOOCs의 효과적 활용 방안
Ways to use to MOOCs advance your career

Those who start a massive open online course (MOOC) mostly do not finish it. In fact, a majority don't even make it halfway through the material. This is put forward as proof that MOOCs are not doing what they claimed to do and people are being ripped off, but for this to be true, a student must complete 100% of a semester's online work to truly get value from it. This is most certainly not true; _____ _____ to get the most out of MOOCs and not waste your money.

You might want to aim for receiving a certificate and for this you have to complete all of the set coursework and pay your money. Every week for a substantial period of time, you need to do quite a few hours of work to get a certificate from companies, such as Coursera, edX, and Udacity, and when you finally complete it, you can add the certificate to your resume. You can also try to audit a course for free. This involves watching all the videos that are assigned but not doing the set assignments. Of course, you will not receive that certificate we talked about before and you might be prevented from fully accessing the quizzes and other materials. But you don't have the stress of finishing all the work and you can take your time working your way through everything. An even less stressful option might be to just commit to sampling a course. You can watch videos when you want and glean from them what you need. One example of this is if you wanted to do some regression modeling in Excel. You would have the option of finding that information from another source but the best place to go would be a MOOC as the material is better. You would have a better handle on your time by avoiding the lessons in a statistics course that are not pertinent to you and focusing only on the one that is. You are allowed to do this for free by many of the MOOC platforms, but watch out since there are some that require a subscription, like Lynda.com.

What is important to remember is that everyone has different needs, and you can personally get the most out of MOOCs by taking stock of what you want. Are you after improving at work, landing a new job, or just the enjoyment of learning something new?

1. What is the purpose of the passage?

   a) To persuade the reader that MOOCs are worthwhile as long as you know how to use them
   b) To convince the reader to take part in a MOOC to enrich their lives
   c) To prove that MOOCs are an utter waste of money for most people that do them
   d) To demonstrate how useful MOOCs have been and can continue to be in the future

2. Which of the following is true, according to the passage?

   a) Most people who start a MOOC end up quitting.
   b) MOOC creators are not providing the level of service they promise.
   c) You cannot put MOOC certificates on your resume.
   d) When auditing a course, you still need to do all the assignments.

3. According to the passage, what is the benefit of sampling a course?

   a) While doing a MOOC, you can sample various courses for free and find the one that suits you the best and then pay for that one.
   b) When you find the piece of information that you are specifically looking for, you can discontinue the course and get a refund.
   c) If you only need some specific information and nothing more, you don't have to pay and the material would be of high quality.
   d) You can work with other students who have similar goals and help each other to achieve them.

4. Which best fills the blank to complete the sentence?

   a) you can get value from anything if you want
   b) doing only part of a semester is sufficient
   c) you need to find the best MOOC platform that you can
   d) you just need to carefully manage your goals and time

WORDS & PHRASES ▶▶▶

massive open online course
온라인 대중 공개 강좌

rip off ~에게 바가지를 씌우다

certificate *n.* 수료증

coursework *n.* 한 과정[교과]의 학습 과제; (교과) 학습

audit *v.* 수업을 청강하다

assignment *n.* 과제

take one's time 천천히 하다, 서두르지 않다

glean *v.* 얻다, 모으다

regression *n.* 회귀

pertinent *a.* 적절한, 관련 있는

subscription *n.* 회비, 구독료

take stock of ~을 조사하다

utter *a.* 순전히, 완전히

Unit 10

박사학위 취득의 효용성 논의
Too many PhD students

While a number of students study for the pleasure of it, they are not thinking about their future. A third of British PhD graduates have recently confessed that they were continuing their study in order to stay in school and avoid getting a job. This number rose to half of all engineering students since scientists can easily receive a stipend which makes a PhD all the more attractive. However, those who get lots of education end up not being as content or as hardworking in their jobs. It is often thought that PhDs are as essential to the world as art or culture. As people gain knowledge, society benefits.

So, why might doing a PhD not be the best route? The priorities of the education system and students are not always the same. If intelligent students continue studying, the university will benefit. Both financially and academically, the university's reputation grows. The smart undergraduate students are handpicked by their professors, but sometimes they don't live up to expectations after years of hard study. For example, PhD programs can be very isolating, and students may struggle with feelings of loneliness or depression. Additionally, the job market for PhDs can be very competitive, and it can be difficult for graduates to find positions that match their interests and skills. A story related by one female student told of her study and subsequent rejection with a joke about marrying a rich husband. Conversely, Monica Harris, a professor of psychology at the University of Kentucky, thinks that the number of PhDs being given out should be shrunk and has chosen not to admit anymore. This is not universal, though. An Ivy League president states that if some universities lower their numbers, others will pick up the slack.

1. What's the meaning of the underlined?

   a) Students are not thinking about what will happen to them in the future when they study because they enjoy it.

   b) The pleasure of studying causes many students to forget about what their ultimate aim will be.

   c) When your only reason for studying is for the enjoyment of it, your future will be affected.

   d) Not thinking about your future enables you to enjoy your studying so much more.

2. According to the passage, what is one benefit of PhD students?

   a) The university will be able to hire a number of better professors.

   b) As students study more, society will become smarter as a whole.

   c) The more intelligent students have better facilities in which to study.

   d) Female PhD students can enjoy better marriage possibilities.

3. Why is Monica Harris no longer admitting PhD students?

   a) She thinks there are too many PhDs being given out these days.

   b) She wants to allow other universities the chance to admit some.

   c) She does not believe that so many PhDs are needed.

   d) She does not think the PhD education is difficult enough.

4. Why do more engineering students do PhDs than others?

   a) A PhD is necessary in engineering.

   b) Their field of study is easier.

   c) They are encouraged more.

   d) They receive funding.

WORDS & PHRASES ▶▶▶

a number of 많은	content *a.* 만족한	하다, 기대에 충족하다
PhD graduate 박사학위 졸업자	route *n.* 길, 방법	rejection *n.* 거부, 거절
confess *v.* 고백하다	priority *n.* 우선순위	conversely *adv.* 이와는 반대로
stipend *n.* 봉급, 급료	reputation *n.* 명성, 평판	shrink *v.* 줄어들다
all the more 더욱더, 오히려	undergraduate *a.* 학부의	pick up the slack 허술한 부분을 채우다
end up -ing ~로 결말이 나다	live up to expectations 기대에 부응	

명문대와 일반대의 차이점
Attending top colleges vs. regular grade ones

There are serious benefits to attending a selective school. Caroline Hoxby, an economist at Harvard, studied in 1980s what happens after college and found that the salaries of those who had attended elite schools were higher than those who had attended regular colleges. After making adjustments for aptitude that were different than had been used before, she examined some male students. She found that those who went to the best colleges would earn $2.9 million throughout their careers compared to those at the next best colleges and those at regular colleges who would earn $2.8 million and $2.5 million respectively. She could conclude that students should compete for top college places. She reported that one benefit of the top colleges was connections. It's not about the influential or powerful friends you might meet, but the specialists and experts that come to the best colleges for conferences and speeches.

However, it is important to note that the connections and opportunities available at top colleges are not distributed equally among all students. Students who come from privileged backgrounds or who are well-connected themselves may be more likely to benefit from these networks than those who are not. Moreover, the intense pressure and competitiveness of these environments can make it difficult for some students to take full advantage of the resources available to them. In fact, some experts argue that the high pressure and competitive culture at top colleges can have negative effects on students' mental health and overall well-being.

While one's own ability makes up 75% of one's success, the status of the school (connections and facilities) and the ability of the other students makes up the remainder. Faculty is not an issue since most colleges have good faculty these days; however, the students at each college are different, and part of education is the students with which one interacts, Hoxby goes on to say. While some students crumple under the stress of extreme competition, most actually excel. This pressure is felt most strongly at the colleges that every student wants to gain access to. It has gotten to the point that medium-rated colleges have set up their own so-called "honors colleges" in order to be more tempting to top students who are aiming for the best colleges of all. These honors colleges help their students do well, but Hoxby is certain that the best colleges would be better for them due to the other students they would be surrounded with.

1. What's the topic of the passage?

    a) The significance of making the most of one's time at college before entering the career world

    b) The difference for those students who attend top colleges and regular grade colleges

    c) The various tuitions that a college ends up saddling their students with at the end of the day

    d) The superiority of elite colleges to regular colleges in terms of programs

2. What is NOT a factor in how successful a student's college education is?

    a) The professors who are in charge of your education

    b) The people who visit a college to share the knowledge with you

    c) The peers that surround you and that you spend your time with

    d) The materials that a college is able to support your studies with

3. Which of the following correctly paraphrases the underlined sentence?

    a) The level of competition determines whether a student will improve or collapse in serious stressful situations.

    b) In order to be the kind of student who increases their aptitude under stress, one must practice familiarizing oneself with stress.

    c) It's true that a very competitive environment is too much for some students, but the majority thrive under pressure.

    d) Most people desire to stand out when put under stress, but in truth the majority cannot handle it and fall behind others.

4. Which of the following is false, according to the passage?

    a) The amount of pressure students are under is pretty much the same no matter which college they attend.

    b) The better colleges are better able to attract top speakers and scholars to come to speak to and get to know their students.

    c) Hoxby understood from her research that the top colleges were justifiably the most desired of all.

    d) $0.4 million dollars separates the earnings of those who graduate from the top and regular colleges.

WORDS & PHRASES ▶▶▶

aptitude *n.* 소질, 적성	faculty *n.* 교수진	tempting *a.* 솔깃한, 구미가 당기는
respectively *adv.* 각각	interact *v.* 교류하다	tuition *n.* (특히 대학의) 수업료[등록금]
influential *a.* 영향력이 있는	crumple *v.* 구기다, 구겨지다	saddle *v.* (말에) 안장을 얹다
make up ~을 차지하다	honors college 우등 대학, 명문 단과대	justifiably *adv.* 정당하게, 당연히

Unit 12 폭넓은 교육의 필요성
The benefits of a liberal arts education

Careers in the future are unknown – which ones will still be here, which will have changed, which will be gone and what new ones will be created. If a job does not exist now and won't until a decade or so in the future, there is no way to get the specific education needed for it; rather, it is a good idea to acquire the kind of education that will enable you to take charge of your own career in the future if changes occur in society and economy. A liberal arts education can do just that as it has a wide scope of information and allows studies in science, math, social sciences and humanities. Getting to know the world in such a broad way prepares students for uncertainty and difficulties.

Moreover, a liberal arts student learns social responsibility, intellectual and practical skills, and the ability to apply their knowledge to real life. According to the Association of American Colleges and Universities (AAC&U) that surveyed employers, 93% believe these practical and transferable skills of critical thinking, clear communication, and problem-solving are more desirable than a specific major. 80% also thought students should receive some basic education in liberal arts and sciences. Many jobs don't need any specific degree; _____.

A humanities graduate is also not facing unemployment. The AAC&U also found that by the time people reach mid-50s, liberal arts graduates earn more than more "professional" graduates and enjoy the same levels of employment. A broad knowledge base is referred to time and again by employers as a requirement for hiring, and employees should show those previously mentioned intellectual and practical skills that one learns in the liberal arts. In addition, career changes are more prevalent now, so the ability to adapt and flourish within change is necessary to survive the evolving job market. It is surprising to learn that this also applies to the tech industry where liberal arts graduates supply integral creativity. Steve Jobs once said that the brilliance of technology arises from the marriage of tech and creativity and that is the presiding factor in Apple's success. In fact, some of the most successful tech entrepreneurs in America had a liberal arts education.

1. What is the passage mainly about?

    a) A comparison between liberal arts and science degrees.

    b) The benefits of a liberal arts education in our changing society.

    c) The kind of education that will guarantee job stability.

    d) A method of finding better jobs and an admirable career arc.

2. According to the passage, which of the following statements is incorrect?

    a) Employers are happy to hire liberal arts graduates for the skills they learn throughout their education.

    b) A liberal arts education sets the student up to handle a wide range of different jobs.

    c) Steve Jobs noted that the best technological innovations arose when tech and creativity came together.

    d) Tech companies need programmers who are knowledgeable in their particular field.

3. What can be inferred from the passage?

    a) Those with a liberal arts education will have a better chance at surviving the future upheavals in the job market.

    b) Getting a liberal arts education used to mean employment and poverty but that appears not to be the case anymore.

    c) Students of the liberal arts end up being much more intelligent and socially able than those who study sciences.

    d) Tech firms are now encouraging science graduates to find a way to get a liberal arts education at the same time.

4. Which best fills the blank to complete the sentence?

    a) sometimes even a degree is not good enough

    b) on-the-job experience is favored

    c) they just need any college degree

    d) you just have to know the right people

WORDS & PHRASES ▶▶▶

liberal arts 교양 과목, 인문학

a wide scope of 넓은 범위의

intellectual *n.* 지식인 *a.* 지적인, 지력이 뛰어난

survey *v.* 설문조사하다 *n.* 설문조사

transferable *a.* 이동할 수 있는, 양도할 수 있는, 전사할 수 있는

desirable *a.* 바람직한, 호감 가는, 가치 있는

prevalent *a.* 일반적인, 널리 퍼져 있는

adapt *v.* 맞추다[조정하다]; 적응시키다

flourish *v.* 번성하다, 번영하다

integral *a.* (전체를 구성하는 일부로서) 필수적인, 필요불가결한

presiding *a.* 주재[통솔]하는, 수석의

factor *n.* 요인, 요소

entrepreneur *n.* 기업가

upheaval *n.* 격변, 대변동

on-the-job 현장의, 실습에서 익힌

Unit 13
한국의 교육 시스템으로부터 배울 수 있는 것
What can be learned from South Korea's education system

South Korea was able to make the transition of its education to online learning during the COVID pandemic thanks to its world-class IT infrastructure. 4G was everywhere and 5G was appearing. Almost everyone has internet access and three-quarters of the population have computers. The nation could implement it, but it couldn't force people to accept it. Students evaluated their online learning experience as poor in quality to the extent that about half of students thought about the possibility of a leave of absence. They complained of poor quality of classes and the tuition fees. Furthermore, while the online education tech was there, the teachers and students could not use it well because they had been provided no training in it. Every school was able to carry out their online education as they wanted, so there were complaints of a lack of standardization. This contributed to an educational divide.

The online education technology is not yet a suitable replacement for in-person classes. The situation in engineering schools was especially bad. A third of students labeled the online classes as ineffective and only 5% said they were satisfied. Just over 40% of professors said they were dissatisfied and only 12% reported satisfaction. While online education is possible, it is not currently better than offline and needs work before becoming a suitable replacement. University presidents said that considering financial implications, the lack of government funding, and general public displeasure with online education, it was tough to bring this change in and provide content.

In addition, there are some things that cannot be done online such as peer learning, professor interaction, and interpersonal relationship-building. Thus, "hybridtact" education has been introduced to blend the best ways to use offline and online in education to satisfy teachers and students. Students can access education at a cheaper cost online through MOOCs (massive open online courses) and online university degrees. To make hybridtact the future, it is essential for governments to realize that it takes reform. South Korea had the infrastructure and technology, but more than that is needed. Not only is the equipment important but also the people using it. Every stakeholder needs to be involved in making it work. People have to want to change and learn new ways of teaching and learning. Online education has to be suitable for the modern age. If all this can be done, _____.

1. What's the main idea of the passage?

   a) Gathering data on online education opinions

   b) Enabling the future success of online education

   c) Noticing what went wrong with online education

   d) Keeping up to date with educational technologies

2. According to the passage, which of the following is correct?

   a) A majority of both teachers and students were dissatisfied with online education.

   b) Engineering students were among those who actually benefitted from being online.

   c) South Korea implemented online education successfully due to its infrastructure.

   d) Students were more embracing of online education than teachers were.

3. According to the passage, what is one reason why online education failed in South Korea?

   a) Some subjects fared well while others failed in an online environment.

   b) Teachers didn't like the fact that they couldn't interact with the students.

   c) There wasn't enough IT infrastructure throughout the country.

   d) Teachers and students were not skilled in using the technology available to them.

4. Which best fills the blank to complete the sentence?

   a) students will learn more quickly than before

   b) "hybridtact" may be a reality and a success

   c) educational diversity will be the next big thing

   d) online education may be a thing of the past

WORDS & PHRASES ▶▶▶

transition *n.* 전환

pandemic *n.* 팬데믹, 전국[전 세계]적인 유행병

implement *v.* 시행하다, 이행하다

to the extent that ~할 정도로, ~한 결과로

leave of absence 휴학, 휴가

tuition fee 수업료

standardization *n.* 표준화

contribute (to) *v.* (~에) 기여하다

educational divide 교육 격차

in-person class 대면수업

label *v.* 명시하다, (~라고) 칭하다[부르다]

suitable *a.* 적합한, 적절한

replacement *n.* 교체[대체]물

implication *n.* 영향, 결과

displeasure *n.* 불쾌감, 불만

peer learning 동료 학습

reform *n.* 개혁, 개선

embrace *v.* 수용하다, 받아들이다

fare well 잘 해나가다

diversity *n.* 다양성

next big thing 미래 이슈, 최신 유행

a thing of past 지나간 일

Unit 14

줌(Zoom) 피로의 현실
The reality of Zoom fatigue

When online education became a necessity last spring, those who were unfamiliar with this mode of education did not drastically change their way of teaching from offline to online. On the other hand, those who are familiar with the development of online education technologies over the last quarter of a century knew that adaptation was necessary to continue to provide an effective classroom. Online platforms such as Zoom have become familiar. Zoom provides constant updates that benefit all types of education and improve their product. Zoom was used so much in communication and media that _____, but it isn't the only competitor in this new and increasingly crowded field. Google Meet, connected with Gmail, gained popularity. Engageli, joined by Daphne Koler of Coursera, is targeted at higher education. Most Learning Management System (LMS) platforms provide systems to have meetings.

However, despite the ubiquity of these platforms and their constant advancements, a major challenge that users face is the phenomenon known as "Zoom fatigue." Everyone knows about Zoom fatigue and it is used in regular conversation. Many things have caused it but most likely is audio problems and delays and poor video resolution of those in meetings. According to Dr. Jenna Lee of the UCLA David Geffen School of Medicine and the UCLA Mattel Children's Hospital in her article "A Neuropsychological Exploration of Zoom Fatigue," says that the ability to adjust the factors that cause Zoom fatigue affects whether they can be of any benefit. Providing clear psychological reward to those in virtual meetings may help to decrease fatigue and its side effects. Further, Dr. Jeffrey Hall, author of "Relating Through Technology," wrote in Psychology Today that Zoom fatigue should not be dismissed. Being on camera is more taxing than being on the phone as we have to use more of our senses to stay alert. A phone call allows us to do other things unlike being on video and watching ourselves and others. Sometimes there are audio or video problems which cause headaches and discontent. He recommends that more research be carried out to come up with a better solution.

1. What's the main idea of the passage?

    a) While the technology for online interaction is there, it is causing us stress to use it.

    b) Zoom is not being seen as the future of online educational platforms anymore.

    c) Better online platforms are in development to solve the problems that were exposed.

    d) Workers don't like being on camera all the time and prefer phone calls instead.

2. According to the passage, which of the following is true?

    a) Teachers didn't need to change their ways of teaching online.

    b) Zoom was the only system to provide meeting-specific software.

    c) Zoom rolled out its product and then walked away from it.

    d) Some were prepared to adapt to online and some were not.

3. Which best paraphrases the underlined sentence?

    a) Providing psychological incentives could help people cope better with Zoom fatigue.

    b) Zoom is causing serious psychological problems for those that are not used to it.

    c) Reminding workers why they are online in the first place stops them complaining.

    d) Workers should rewarded when they do a good job and punished when they don't.

4. Which best fills the blank to complete the sentence?

    a) people thought it had destroyed the competition

    b) its brand name almost became the name for the whole industry

    c) investors viewed its shares as essential purchases

    d) society began to get weary of how much it was being talked about

---

WORDS & PHRASES ▶▶▶

necessity *n.* 필수품, 불가피한 일

drastically *ad.* 급격하게, 급진적으로

adaptation *n.* 적응

constant *a.* 변함없는, 지속적인

neuropsychological *a.* 신경심리학적인

adjust *v.* 조정하다, 조절하다

psychological *a.* 심리적인, 정신적인

dismiss *v.* 무시하다, 묵살하다

taxing *a.* 힘든, 부담이 큰

discontent *n.* 불만

come up with 제시하다, 제안하다, 생각해내다

-specific *a.* ~ 맞춤형의, 특별한 용도[목적]에 맞는

roll out 출시하다

walk away from 떠나다, 상처 없이 피하다, 벗어나다

adapt to ~에 적응하다

weary of ~에 지친[피로한], ~에 싫증난

41

Unit 15 망 중립성의 또 다른 관점
Different perspectives on network neutrality

Network neutrality is the concept that all Internet service providers (ISPs) and governments should provide equal access and speed to data regardless of the content, user, platform, application, or device. None can be treated unequally in comparison to others. Special arrangements between ISPs and companies to provide better access or speed are also forbidden.

On the one hand, supporters of net neutrality, such as human rights organizations, consumer rights advocates, and software companies, say that it prevents a monopoly by a few companies and encourages competition. If there is no price on fast speed, smaller companies can compete with the bigger ones. Some social media companies _____

_____ because of net neutrality. These supporters believe net neutrality is the foundation of an open internet preventing ISPs from unfair practices against consumers and competitors and that it is essential for both a democracy's free speech and technological innovation. They want it to be made law in the U.S. In addition, they say that cable companies should be considered in the same group as public utilities and public transportation – "common carriers" to prevent discrimination. Finally, they talk about the Internet being a "dumb pipe" whereby the data is at the ends and the network is the neutral pipe that carries the information. Municipal broadband could solve this problem.

On the other hand, however, opponents of net neutrality, such as conservative groups, hardware companies, and big telecommunication companies, say that equality discourages investment in infrastructure and innovation by ISPs. It costs a lot to bury fiber optic cables. It is hard to find the motivation to do it without a profit incentive at the end. They claim that pricing levels are necessary for competition and earning profits that can be further invested in innovation, recovering previous payments, and the laying down of more networks.

1. What's the passage mainly about?

    a) Whether network neutrality will become U.S. law

    b) Different perspectives on network neutrality

    c) The main players in the ISP race

    d) The discrimination that exists on the Internet

2. What can be inferred from the passage?

    a) The more innovation that goes on in telecommunications the cheaper things will get for the consumer.

    b) Major telecommunications companies do not favor network neutrality to protect their businesses and profits.

    c) As telecommunications companies grow bigger, more laws will need to be made to prevent their dominance.

    d) Network neutrality will eventually hurt everyone, including the major tele-communications companies.

3. Why do some think cable companies should be considered common carriers?

    a) They make more profit than common carriers that are essential to the functioning of society.

    b) They need to be prevented from profiting from people's desire for more innovation.

    c) They advocate free speech and a disdain for oversight which the public generally likes.

    d) They provide an essential public service like utilities and public transportation.

4. Which best fills the blank to complete the sentence?

    a) have profited and become successful

    b) argued against network neutrality but in the end succeeded

    c) are having a hard time succeeding in the field

    d) began from nothing and were able to succeed

WORDS & PHRASES

network neutrality 망 중립성

internet service provider 인터넷서비스사업자(ISP)

access *n.* 접근

unequally *adv.* 불평등하게

on the other hand 다른 한편으로는

advocate *n.* 옹호자, 지지자 *v.* 옹호하다, 주장하다

monopoly *n.* 독점, 전매

foundation *n.* 토대; 재단

democracy *n.* 민주주의

innovation *n.* 혁신, 쇄신

public utilities (수도·가스·전기 등을 공급하는) 공공사업, 공익 기업체

common carrier 기간통신사업자

discrimination *n.* 차별 대우; 구별

whereby *adv.* (그것에 의하여) ~하는

municipal *a.* 지방자치제의, 시의

conservative *a.* 보수적인

discourage *v.* 낙담시키다, 단념시키다

infrastructure *n.* 기반 시설

disdain *n.* 경멸, 멸시 *v.* 경멸하다, 멸시하다

Unit 16 인터넷 익명성의 문제점

Impact of anonymity in online communities

In September, a Pew poll showed that anonymous comments come from a quarter of people on the Internet. Younger people are less likely to use their names along with a comment. 40% of people between the ages of 18 and 29 do not use their names. The psychologist, John Suler, talks of the "online disinhibition effect" that disconnects a person's comments from himself, and online comments are often criticized for this. This effect is when a lack of name means a lack of constraint on what is said. Your real identity remains unknown.

However, a positive outcome of anonymity is that people participate more. When the sense of community is stronger, the pressure of standing out as an individual is reduced. In addition, creativity and problem-solving skills are increased by anonymity. Ina Blau and Avner Caspi, who did research on student learning, discovered that anonymity increased participation and risk-taking while lack of anonymity improved satisfaction. Moreover, anonymity brings greater regulation. Lack of identity means that comments are more easily disregarded. A 2012 computer interaction study confirmed the findings of the past, seeing that although anonymity brought more controversial comments, these did not tend to have much effect on anyone. Michael Bernstein, a Stanford computer scientist, examined the often contentious and ill-mannered online discussion forum, 4chan, which is predominantly anonymous, and found that user interactions developed natural regulations while some commentators were, thus, considered to be of varying influence and credibility.

Banning comments on articles wouldn't be the answer because they would simply be driven elsewhere, such as Twitter and Facebook where there are no regulations whatsoever. These extremely large communities have negative consequences, for example, a diffusion of responsibility, whereby you are not responsible for your actions and can slip into bad behavior. Alfred Bandura, a social cognitive psychologist who wrote on group roles and media exposure in violence, observed the less personal responsibility one has, the more others can become dehumanized and be on the receiving end of aggression. Consequently, _____ .

1. What is the topic of the passage?

    a) The nasty form of online communication

    b) The kinds of people participating online

    c) The role of anonymity in online interaction

    d) The opinions that are shared online

2. What is the underlined "online disinhibition effect?"

    a) When commenters write something online, and then forget that they said it because they did not attach their name.

    b) When a person writes something anonymously online and takes more risks because they know they cannot be held accountable for it, they may say things they would not say otherwise.

    c) When comments are disregarded because the person who wrote them does not want to reveal his identity for fear of retribution.

    d) When comments become unnecessarily vile as the anonymous commenters hide their identity because they are ashamed of their opinion.

3. What can be inferred from the passage?

    a) Those who use online discussion forums naturally deduce a way to pick out the commenters who are worth listening to and those who are not.

    b) Young people who post anonymously do so in order to practice participating in online discussions, improving their cognitive skills.

    c) Writing anonymously doesn't allow people to feel freer in their opinions and to share ideas that may not be popular with the majority.

    d) Rude comments on an article do not tend to make people come around to that opinion despite the strong language used.

4. Which best fills the blank to complete the sentence?

    a) those who become aggressive in online forums will be identified one way or another in due time

    b) if you do not want to be attacked by others, you should really try to stay away from online spaces that allow it

    c) if you know that others have knowledge of your identity, you will feel less inclined to share your true feelings

    d) people do not think their thoughts or comments through clearly when they know their name will not be attached to them

---

WORDS & PHRASES ▶▶▶

Pew (여론조사 기관인) 퓨 리서치센터	ill-mannered *a.* 예의 없는, 무례한	diffusion *n.* 확산
online disinhibition effect 온라인 탈억제 효과	predominantly *adv.* 대개, 대부분	cognitive *a.* 인지의
	credibility *n.* 신뢰성	dehumanized *a.* 인간성 부재의
contentious *a.* 논쟁을 초래할 (듯한)		

While it has become a bit of a throwaway phrase to label ourselves or someone we know as being addicted to our smartphones, it cannot be ignored that it is becoming a serious problem. Although it has not been officially classified as a mental disorder, psychiatrists and psychotherapists are dealing with many of the symptoms. The link between technology and health has been studied by Dublin's St Patrick's University Hospital psychotherapist Dr. Colman Noctor, who reports that people seek help for symptoms such as anxiety and depression without thinking that it may be caused by their addiction to their smartphones. The first sign is when everyday functioning is marred by a need to use one's smartphone. It could be that one's actual work and performance is affected, or it could be that one's concentration and mood are affected by having access or not.

Due to how much our smartphone do for us every day, from finding public transportation and checking weather to providing entertainment, a dependency is created; however, one's activity on and desire to engage with social media can be a red flag. Further, using smartphones for pornography, gaming, and gambling needs attention. Noctor points out that it's not just teenagers who game these days, middle-aged professionals are spending less time being in the present with family and more time gaming on smartphones. Add to this the fact that we don't really switch off from work and email, and the similarity to an addiction such as alcohol becomes more pronounced. Mental disorders such as stress, anxiety, depression, and ADD have a correlation to smartphone usage. The brain is constantly dealing with new incoming information and loses the ability to focus and remain focused on one thing at a time.

Treating smartphone addiction is difficult because there are no physical signs of it like you might see with addictions to food, gambling, and alcohol that cause increased weight, financial problems, and hangovers respectively. However, the withdrawal symptoms can be seen in the same way as those affected report negative feelings of being restless, angry, irritable, and being unable to concentrate, sleep well, and resist using the phone. If your battery dies or you cannot connect to the internet, your reaction can be an indicator of your own addiction.

Noctor proposes that the answer is not blaming and changing technology but making behavioral changes. He calls smartphones "weapons of mass destruction" that alter and damage our brains because they target dopamine receptors and give pleasure in the same way alcohol does. Those with addictive tendencies or seeking an escape are especially vulnerable. But it is neither quick nor easy as _____.

1. What is the main idea of the passage?

    a) The difficulty of identifying the symptoms and treating smartphone addiction
    b) The relative ease with which people can fall victim to being addicted to smartphones
    c) The impact of constant usage of smartphones on the brain and mental ability
    d) The results of becoming too dependent on one's smartphone and how to avoid it

2. What does the underlined sentence mean?

    a) Without a phone battery or internet access, most people feel a certain level of anxiety.
    b) You can check your own level of addiction by putting yourself in this situation.
    c) Without the internet, there isn't much use for a smartphone and there will be less addiction.
    d) Those who become addicted just need to take out their battery or disconnect from the internet.

3. According to the passage, which of the following statements is false?

    a) Addiction to smartphones has the same visual indicators as addiction to other things.
    b) Mental problems can occur because the brain never gets a chance to rest and focus on one thing.
    c) Withdrawal symptoms are the same as those experienced by people with other addictions.
    d) We use our smartphones for so much on a daily basis that we have developed a dependency.

4. Which best fills the blank to complete the sentence?

    a) nobody affected wants to address that it is a problem
    b) the most vulnerable are usually marginalized in society
    c) addictions do not receive enough funding to do good work
    d) the symptoms and then the behavior need to be addressed

---

WORDS & PHRASES ▶▶▶

throwaway *a.* (말을, 때론 웃기기 위해서) 툭 던지는, 내뱉는

mental disorder 정신장애, 정신병

psychiatrist *n.* 정신과 의사

psychotherapist *n.* 심리 치료사

symptom *n.* 징후, 증상

depression *n.* (경제) 침체; 우울증

mar *v.* 손상시키다, 훼손하다

dependency *n.* 의존, 종속

red flag 위험 신호

gambling *n.* 도박

pronounced *a.* 뚜렷한, 현저한, 명백한

ADD *n.* 주의력 결핍증

correlation *n.* 연관성, 상관관계

constantly *adv.* 끊임없이, 항상

respectively *adv.* 각각

withdrawal symptom 금단 증상

restless *a.* 불안한; 침착하지 못한, 들떠 있는

irritable *a.* 화를 잘 내는, 신경질적인

indicator *n.* 지표

weapon of mass destruction 대량 살상 무기

dopamine receptor 도파민수용체

vulnerable *a.* 취약한, 연약한; 상처 입기 쉬운, 공격받기 쉬운

47

Unit 18 사고능력을 떨어뜨리는 SNS
The negative impact of social networking sites

Everybody knows that social media, such as Facebook or Twitter, negatively affects productivity. According to new research in the *Journal of the Royal Society Interface,* it can also reduce our intelligence. Firstly, the time that you spend playing games like Farmville could be better used for reading or learning.

Furthermore, using social media can cause us to copy others. To investigate this, the study placed volunteers in 5 artificial social networks. While some of these networks provided a tight net and close contact with others, others kept members distant. Then, the volunteers were given some difficult brainteasers and monitored to see how well they did. In the short term, those with many close connections scored better, not because they were smarter, but because they were simply copying. The more times the volunteers with close connections were asked questions and the more chance they had to copy, the smarter they appeared, reports Phys.org. Those who had many connections were able to see when they were wrong and were able to copy somebody to get it right. Despite this short-term increase in correct scores, the volunteers were not, however, able to figure things out better when they were once again alone. Those who had copied and appeared smarter were no better able to figure out the answer to a new question.

These results can be taken positively by both those who like and dislike social media. In terms of groups, the results are positive. Phys.org states that the capability to copy others in large networks means analytical responses increase and better decision-making takes place amongst those who enjoy a large number of connections. But, on a individual basis, we cannot see such positive outcomes. Social networks do not make you smarter, and they may actually make you less intelligent because you can get the right answers without using your brain. Your ability to analyze and deduce correct answers will decrease just like a muscle that is never exercised. The team that carried out the research concluded that less need for analytical thinking decreases our ability to do it, and being more connected may actually make us initially smarter and then ultimately make us less intelligent.

1. What is the main idea of the passage?

   a) Social networks are so successful because they prevent people from thinking that they are wasting their time.

   b) It is a good idea to maintain distance from social networks for a while so that you can exercise your brain to start thinking again.

   c) Those who maintain large social networks have no idea just how dumb they are becoming as a result.

   d) Increased usage of social media may make you think you are smarter, but you may be getting dumber.

2. According to the passage, what is the ultimate effect of social media on intelligence?

   a) It makes people initially smarter, but ultimately less intelligent.

   b) It has a positive effect on intelligence in groups, but not individuals.

   c) It reduces productivity but has no effect on intelligence.

   d) It increases creativity and problem-solving skills.

3. What can be inferred from the passage?

   a) Only dumb people waste their time on large social networks.

   b) Getting off your social network and picking up a book is the only way to improve your smarts.

   c) Social networks can help those who are not as intelligent as others.

   d) Using social networks too much can reduce your capacity for solving problems by yourself.

4. Which of the following means the same as the underlined?

   a) After getting the right answer with the help of social networks, those who had copied felt more confident at improving.

   b) Once those who had copied a friend were given a fresh question, they were better equipped to answer it correctly.

   c) When given a new question to solve, those who had networked and solved the previous one were no quicker.

   d) If somebody copies another to make themselves look smarter, they do not deserve to be given another chance at a question.

WORDS & PHRASES ▶▶▶

investigate *v.* 조사하다	figure out 이해하다, 해결하다	get off 벗어나다
volunteer *n.* 자원봉사자, 실험대상자	deduce *v.* 추론하다	smarts *n.* 머리, 지능
brainteaser *n.* 머리를 써야 하는 것, 난제	initially *ad.* 처음에	equipped *a.* (필요한 지식 같은) 준비를 갖추게 되다

Unit 19 개인정보와 유출
Information leaking

Back in June 2013, the National Security Agency contractor, Edward Snowden, was a relative unknown. This short period of time shows how fast the online risk landscape is changing. Now Snowden is known worldwide and the information he leaked about what the NSA was doing in global surveillance has been the biggest diplomatic scandal since the Zimmerman Telegram. Advances in computer technology aided Snowden. Going back 40 years he would have had to take and photocopy the actual papers himself, like Daniel Ellsberg, the Pentagon Papers whistleblower; 20 years back would have seen him using floppy disks to smuggle information out; just 10 years ago, he would have burned his information onto CD-ROMs. A simple USB stick now holds vast amounts of data. Extremely sensitive data has to be stored online just in case it is lost physically offline. It is so difficult to control and protect data now.

While this has negative implications for financial corporations, who have to find new ways in the face of technological advances and poor security techniques, to protect theirs and their customers' data, it is a good thing in that data losses caused by whistleblowers exposing wrongdoing have forced the finance industry to improve their practices. This mirrors Snowden's effect on the intelligence world. Heinrich Kieber took a disk out the door of the LGT Bank in Liechtenstein that held the information of thousands bank customers. Most of these customers were banking in the principality to avoid paying taxes, so he effectively started an international upheaval that is ongoing still today. In the process, he facilitated the recovery of about £3 billion in taxes for the UK Treasury and others. In 2008, US banker Bradley Birkenfeld exposed tax avoidance at his former employer UBS and started the unraveling of Switzerland's secret banking policies.

The US anti-tax-evasion law, FATCA, will be implemented by intergovernmental agreements (IGAs) to control data and the upcoming multilateral exchange agreement from the Organization for Economic Co-operation and Development show how much modern regulators and watchdogs rely on bulk information and the technology that deals with it. It is good that whistleblowers have opened up the finance sector, yet banks have been hurt by the loss of control over their customers' data. They now have to be aware that involvement in illegal activities, such as money laundering or tax evasion, will eventually be found out and they will be punished. The whole industry and the whole world benefits from this.

1. What is the passage mainly about?

   a) The amount of shadowy business that goes on all the time in the financial industry
   b) The ease with which whistleblowers can now operate in comparison to the past
   c) The esteem that whistleblowers should be held in for the protection they give us
   d) The effect that whistleblowing and technological advances have on the finance industry

2. What did Heinrich Keiber do?

   a) He exposed the tax evasion going on at LGT bank in Liechtenstein.
   b) He carried out a vendetta against his former employer committing tax evasion.
   c) He had regrets about being complicit in the dealings at LGT bank in Liechtenstein.
   d) LGT bank in Liechtenstein had committed too much tax evasion for him to bear.

3. Which of the following can you NOT infer?

   a) Edward Snowden was known in the industry before he became a household name.
   b) When whistleblowers reveal wrongdoings, they benefit everyone in the long run.
   c) Technological advances are having a negative effect on banks' ability to protect customers.
   d) Governments are ostensibly trying to do something to protect data in the future.

4. Which of the following best fits the blank?

   a) There are a multitude of proposals that have been suggested to deal with this.
   b) Banking in the future will have an ever-heavier reliance on data.
   c) Countries need to take individual control for the protection of their own data.
   d) Technology is reducing the ability of governments to protect people.

WORDS & PHRASES ▶▶▶

National Security Agency 미국 국 가안보국

leak *v.* 누설하다, 유출하다

surveillance *n.* 감시

whistleblower *n.* 내부고발자

smuggle out 밀반출하다

implication *n.* 영향, 결과

principality *n.* 공국

effectively *ad.* 실질적으로

upheaval *n.* 격변, 대변동

facilitate *v.* 가능하게 하다, 용이하게 하다

unravel *n.* (비밀을) 풀기, 밝히다

tax evasion 탈세

FATCA (Foreign Account Tax Compliance Act) 해외금융계좌신고법

intergovernmental agreement 정부 간 협정

multilateral *a.* 다자간, 다국간

Organisation for Economic Co-operation and Development 경제협력개발기구, OECD

watchdog *n.* 감시기구, 감시인

involvement *n.* 관여

shadowy *a.* 그림자 같은, 숨겨진

esteem *n.* 자부심

vendetta *n.* 복수

complicit *a.* 연루된, 공모한

household name 누구나 아는 이름

ostensibly *ad.* 표면상

a multitude of 다수의

51

Unit 20

잘못된 정보와 허위 정보 간의 비교
A comparison of misinformation and disinformation

The internet has brought the information age where anyone has access to everything. This can be both good and bad. Everyone has made the mistake of believing something online and then finding out it is untrue. An Ofcom 2022 report showed that while 60% think they can tell fact from fiction, in fact they cannot. It is more than just knowing what fake news is. We also need to be able to separate misinformation from disinformation and the way to do that is to consider intent. Misinformation does not have any intention to deceive but it happens through mistake. Disinformation involves an intention to deceive in some way.

First, misinformation. Journalists or news may make mistakes with a quote, a date, or a statistic. Science makes leaps forward. History changes as we learn more. Everyone makes mistakes in sharing incorrect information and believing it. Now, disinformation. Unlike misinformation, this is a deliberate attempt to spread wrong information. It could be incorrect headlines, biased opinions, edited images, or conspiracy theories. Successfully spreading disinformation involves using organizations that sound official, editing multimedia, and specifically targeting groups of people that you think will be most receptive to believing the disinformation. _____

although the internet and social media has certainly made it a lot easier. For example, in Roman times scandals were spread to discredit one's political rivals, and in Victorian times fake medicines were touted to make a profit. Nowadays, believable disinformation can spread quickly and widely, so it is worth taking some time to evaluate what you find online, what purpose is behind it, and if it is trying to deceive.

1. What's the main idea of the passage?

    a) Who is doing disinformation campaigns that target us.
    b) Why disinformation is more dangerous than misinformation.
    c) How to judge what's true and what is not.
    d) What separates disinformation from misinformation.

2. According to the passage, which of the following is false?

    a) Disinformation is a recent phenomenon that the internet enabled.
    b) Misinformation does not have any malicious intent behind it.
    c) Disinformation is an attempt to make someone believe something false.
    d) Almost everybody has experienced believing misinformation.

3. Which best fills the blank to complete the sentence?

    a) It isn't new to spread disinformation
    b) No matter how much disinformation spreads
    c) It has never been simpler to spread disinformation
    d) It is worthwhile spreading disinformation

4. What does the author suggest is the best way to distinguish between misinformation and disinformation?

    a) Consider the source of the information
    b) Evaluate the popularity of the information
    c) Consider the intent behind the information
    d) Check if the information is biased

Unit 21 연준(the Fed)에 쏠린 세상의 시선
The world is looking to the Federal Reserve

Not since the 1980s has the Federal Reserve (America's central bank) raised key rates seven times in a year as it did in 2022. The goal was to slow economic growth and stabilize prices. Interest rates can do this because of the following reason: The Federal Reserve charges banks an interest rate to borrow money, just like us when we borrow money from a bank. Banks don't directly borrow from a bank, like us, but they can find a bank that has a surplus from the Federal Reserve and borrow from it. The Federal Reserve wants to provide a safe and reliable atmosphere in which banks have deposit reserves, and the interest rates for borrowing money still apply as normal. This is called the federal funds rate, which is precisely what the Federal Reserve has been raising multiple times in the past year.

This is important because it has big implications on the bigger picture of the economy that affects everyone. When the federal funds rate increases, banks don't absorb that themselves but pass it on to their customers. They apply it to regular lending products that their customers seek. For example, the prime rate is the interest rate which banks charge their best customers such as large corporations who do a lot of business with them. When the prime rate increases, all loan products' prices increase too such as that for real estate, buying a vehicle, or revolving credit card debt. If it is expensive to borrow money on a credit card, people will do it less, spending will decrease, and prices will decrease. There is a fine line between success and recession when the increased cost of borrowing, higher inflation, and slower economic growth intersect. So the Federal Reserve needs to carefully consider when making decisions.

Balancing out supply and demand is one goal, says Federal Reserve chairman Jerome Powell. However, the pandemic and the strict containment policies of China have been extremely damaging to the global supply chain because China produces and exports the world's mass-produced goods. Additionally, the war in Ukraine has impacted both the global food supply chain and Europe's crude oil and natural gas resources.

1. What's the main idea of the passage?

    a) The worsening economy as people struggle with interest rates

    b) The increase in private wealth as a result of the Federal Reserve's actions

    c) The lack of cooperation between the banks and the Federal Reserve

    d) The effect of federal funds rate increases on the economy

2. According to the passage, which of the following is true?

    a) Banks won't touch each other's surplus deposits unless there is no other choice.

    b) It is thought that if credit card interest rates rise, people will keep borrowing.

    c) Ukraine and Covid-19 have removed economic burdens for many.

    d) The banks do put any burden on their customers when interest rates rise.

3. According to the passage, why is the Federal Reserve raising their interest rates for banks?

    a) The goal is to stop price increases by slowing down the economy.

    b) It wants to stimulate the economy with more spending.

    c) The economy must slow its growth in order to allow price increases.

    d) People won't spend money if they don't have any.

4. Which sentence best fills the blank?

    a) Putin needs to step down for the sake of Europe.

    b) Globalization may never recover from these attacks.

    c) The Federal Reserve cannot solve these problems.

    d) European banking and American banking are very different.

WORDS & PHRASES ▶▶▶

Federal Reserve (the Fed)
연방준비은행 (연준)

key rates 기준금리

stabilize v. 안정시키다, 안정화하다,
가라앉히다

surplus n. 잉여금; 잉여물품; 흑자, 잔액

deposit reserve 예금지급 준비금: 은
행이 재투자하지 않고 인출에 대비하여 보
유하는 돈

lending product 대출 상품

prime rate 우대금리

there is a fine line 한 끗 차이다

recession n. 경기 침체; 후퇴, 퇴거; 움
푹 들어간 부분

balance out 균형을 맞추다

containment policy 봉쇄정책

supply chain 공급망

crude oil 원유

Unit 22 IRA와 전기차 구매
Why buy an EV?

With the introduction of President Biden's Inflation Reduction Act, it has suddenly gotten harder to receive the full $7,500 federal tax credit when you buy an electric vehicle. The tax credit was invaluable in encouraging vehicle owners to make the change from gas to electric, but the new law might change that. The intention of the Act is to maintain the low price of EVs and to prevent China gaining dominance over the supply chain, but a side effect is that most cars will no longer qualify for the tax credit. Experts say that while wealthier vehicle earners will think again about buying an EV, those who earn less may very well be encouraged by this legislation. To get the tax credit, buyers cannot earn over a certain amount, and the vehicle must be both below a certain price and run on a made-in-America battery.

Creators of the climate and energy package want to prevent China from dominating the supply chain of materials. Also, they want to encourage US production of raw materials such as iron and phosphate for batteries instead of batteries with large amounts of nickel and cobalt from China. Therefore, EV batteries must be produced in America with minerals from the continent if the owner is to get the tax credit. In fact, by 2024, over half of all EV batteries must be made in the US, Canada, or Mexico, and all batteries by 2028. Since most battery parts currently come from China, this will be a significant challenge.

As a result, most EVs will not qualify their owners to be the full tax credit. Only 15 EV models in the US market comply with the price condition. Furthermore, of those 15 EV models that comply with the price condition, the battery issue will make it even more difficult to meet the requirements of the US market as there are political and financial issues to get around. It will be a while before the vehicles are suitable for sale in the US. John Bozzella, CEO of the Alliance of Automotive Innovation, predicts that we won't see EVs for years because the US does not have the capability to produce as many batteries required by law as China can. While the full tax credit exits in theory, _____
_____ . If the US wants to reach its target of almost half of all vehicles being EV by 2030, it won't do it this way.

1. What's the main idea of the passage?

    a) Rising Chinese influence over the emerging EV market

    b) The inability of American manufacturing to compete with China

    c) The continuing competition between the US and China

    d) The effect of the Inflation Reduction Tax on the spread of EVs

2. According to the passage, which of the following is incorrect?

    a) The law is intended to keep the price of EVs down.

    b) America wants to stimulate the battery industry to produce more.

    c) Everyone will feel discouraged from buying an EV with this new law.

    d) Higher-income earners will be unhappy because they cannot buy expensive EVs.

3. Why do the lawmakers want American manufacturing to produce more batteries?

    a) To prevent China from taking control of the industry and supply chain

    b) To make sure that regular Americans have access to EVs if they want them

    c) To provide jobs for those that have lost theirs in the pandemic

    d) To collaborate with Chinese producers to split the production even

4. Which best fills the blank to complete the sentence?

    a) it is just a drop in the ocean for climate change

    b) in practice it is almost impossible to get right now

    c) it is too risky to think this will solve environmental problems ·

    d) nobody thinks it will make people buy EVs

WORDS & PHRASES ▶▶▶

introduction *n.* 도입, 받아들임

Inflation Reduction Act 바이든의 2022년 인플레이션 감축법안으로 전기차 관련 부분은 법의 일부이며, 인플레이션 감소와 필요한 재원 확보를 위한 세수 확보, 에너지 안보와 기후변화 대응을 위한 투자가 골자임.

tax credit 세액 공제

invaluable *a.* 매우 귀중한

intention *n.* 의향, 의도

dominance *n.* 우세, 우월, 지배; 우성

dominate *v.* 지배하다

raw material 원자재

phosphate *n.* 인산염, 인산광물

comply with ～에 순응하다, ～을 지키다

get around 피해가다, 극복하다

in theory 이론상으로는, 이론상

Unit 23

통화정책 대 재정정책
Monetary policy v. fiscal policy

Governments use either monetary or fiscal policy to affect macroeconomic outcomes. Central banks control the money supply and interest rates through monetary policy. They can reduce interest rates and encourage borrowing while raising the supply of money to invigorate an unhealthy economy. A strict monetary policy of higher interest rates and smaller money supplies can also be used to restrict an economy that is growing at an alarming pace. On the other hand, fiscal policy refers to governments' acquisition and use of tax money. A government can reduce tax rates and spend more money to boost the economy or increase taxes and spend less to restrict the economy.

Both policies have positive and negative aspects. Central banks follow monetary policy to pursue its macroeconomic goals, such as focusing on inflation. For example, in the U.S., the Federal Reserve Bank (the Fed) controls maximum employment and price stability. Central banks are usually independent and objective, operating without political influence, in order to avoid being undermined or swayed. In the instance that inflation rises so high as a result of rapid growth, the central bank will use a tight monetary policy which removes surplus money from general usage and restricts new money being made. If interest rates are raised, money is scarcer and borrowing costs rise, which reduces the demand.

A central bank can also control commercial and retail banks, preventing them from giving out too many loans. Money supplies can be reduced by publicly selling government bonds from its balance sheet in the open market. If a country enters an economic depression, these various strategies can be used in reverse to solve that problem: interest rates are decreased, money supply increased, and new money is used to buy bonds. In case of a failure of these methods, quantitative easing (QE) can be employed despite being unconventional. Both monetary and fiscal policies are used to stabilize the economy alongside low inflation, unemployment, and steady prices. Neither is foolproof and, therefore, not guaranteed to work, but in the event of an economic disaster, _____ .

1. What is the passage mainly about?

   a) The details of using monetary and fiscal policy
   b) The ramifications of manipulating the economy
   c) Why monetary policy should be used over fiscal policy
   d) The reasons for alternative economic policies to be used

2. What can be inferred from the passage?

   a) Macroeconomic objectives are of very low importance to governments.
   b) Governments don't want anything to do with central banks to avoid blame for economic crises.
   c) Economy policy is complex and requires a multitude of methods to get right.
   d) There is too much money in circulation at any time, so reducing the supply is always a good idea.

3. Which of the following is false, according to the passage?

   a) If an economy is unhealthy, people need to be encouraged to borrow.
   b) When monetary policy is strict, the economy will be prevented from growing.
   c) Central banks are closely monitored by the government.
   d) When interest rates are higher, people borrow less money.

4. Which best fills the blank to complete the sentence?

   a) something has to be done quickly and consistently
   b) they can be used in an effective and positive way
   c) there is also no guarantee that anything will work
   d) the economy doesn't stand much chance of survival

WORDS & PHRASES ▶▶▶

monetary policy 통화정책

fiscal policy 재정정책

macroeconomic *a.* 거시경제의, 매크로 경제의

interest rate 금리, 이자율

central bank (한 국가의) 중앙은행

invigorate *v.* 기운 나게 하다, 활기를 북돋우다

restrict *v.* 제한하다, 구속하다, 한정하다

at an alarming pace 걱정스러운 속도로

acquisition *n.* 습득, 획득, 인수

boost *n.* 증가, 부양책 *v.* 강화하다

inflation *n.* 인플레이션

the Federal Reserve Bank 연방준비은행(연준, Fed)

employment *n.* 고용

objective *a.* 객관적인 *n.* 목적어

undermine *v.* 손상시키다, 약화시키다

surplus *a.* 과잉의

scarce *a.* 부족한, 불충분한

bond *n.* 채권

balance sheet 대차대조표

in reverse 반대로

quantitative easing 양적완화(QE; 중앙은행이 통화를 시중에 직접 공급해 신용경색을 해소하고, 경기를 부양시키는 통화정책)

foolproof *a.* 절대 안전한, 확실한, 고장이 없는

disaster *n.* 재난

ramification *n.* (파생한) 결과

Unit 24
음식 배달과 경제
Meal-delivery service

In many ways, companies that provide meal deliveries are similar to others that provide a service digitally. While customers are getting never-experienced-before convenience, workers are being poorly treated. According to the *New York Times*, until recently DoorDash workers didn't receive their personal tips; instead, the company kept them. While customers get what they want quickly, the companies accumulate lots of waste. Many young start-ups struggle and are buoyed by funding: DoorDash and UberEats are just two examples that receive millions in funding without posting any profits. All this begs the question of whether meal delivery can survive.

Garrick Brown, a Cushman & Wakefield real-estate analyst, thinks not. As salaries increase, tipping decreases, and restaurants paying less to the delivery companies, companies fall deeper into debt and those who had hitherto had no qualms about injecting more money into the void suddenly wonder if it will ever end. Without the required funding, some will go out of business and others will need to be bought out. Brown sees a thinning out of the crowd of meal-delivery companies as some fall by the wayside as a result. Only a few will survive.

On the other hand, despite all the doom and gloom for ethical, ecological, and economic reasons, it may not turn out so bad after all since Americans' lives are not becoming any easier. Those who have profited from the economy are extremely busy and the convenience factor that made the companies popular in the first place is still desired by working professionals. One National Restaurant Association survey says work and commute time is on the rise for Millennials. TV streaming reigns as modern life is a balance between the time spent working and watching something. Meal-delivery is a necessity to people like this. They have no time or energy to cook a full meal and sit down to eat it. When they eat, they don't focus on relaxing; rather, they focus on consuming something that will keep them going in their busy lives. That's what makes the meal-delivery companies so powerful: they provide exactly what is needed. Like all successful online businesses, the key point is making life easier for consumers who want things quickly. However, the knowledge that this convenience comes with a price for somebody else is souring the taste. And it is becoming harder and harder to ignore. For now, though, that guilt is a necessary evil, just like the _____

_____.

1. What's the main idea of the passage?

    a) The current need for and the future of meal-delivery companies

    b) The pros and cons of using a meal-delivery company

    c) The financial instability of starting up a meal-delivery company

    d) The way that Millennials are guiding and pushing the digital consumer market

2. Which of the following does Garrick Brown think?

    a) The meal-delivery market will become ever more crowded in the future.

    b) As financial problems take hold, many of these companies won't make it.

    c) The cash injections into the digital service companies will never end.

    d) As long as people don't know what is really going on, all these companies have a bright future.

3. What can be inferred from the passage?

    a) Garrick Brown wants fewer meal-delivery companies and more quality in their service.

    b) Meal-delivery companies are hoping that investors don't find out about their profits.

    c) Millennials wish they had the time to sit down with friends and chat over a long meal.

    d) Investors don't have a bottomless pit of money which they don't mind losing.

4. Which best fills the blank to complete the sentence?

    a) lack of quality that some restaurants provide to customers

    b) long and stressful hours that being a Millennial entails

    c) joy of convenience whose sheen will eventually wear off

    d) plastic and paper garbage that comes with this kind of lifestyle

---

WORDS & PHRASES ▶▶▶

buoy *v.* 기분을 좋게[들뜨게] 하다. (정신적으로) 지지하다

beg the question 질문을 하게 만들다, 의문을 던지게 하다

hitherto *ad.* 지금까지, 그때까지

qualm *n.* 거리낌, 불만

void *a.* 텅 빈, 무익한

thin out 솎아내다

buy out 매수하다

fall by the wayside 도중에 실패하다

doom and gloom 비관적인 전망, 절망적[암담한] 상태

ethical *a.* 윤리적인

ecological *a.* 생태적인

commute time 통근 시간

reign *v.* 우세하다, 지배하다

pros and cons 장단점

instability *n.* 불안정

take hold 대단히 강력해지다, 장악하다

make it 성공하다, 해내다

entail *v.* 수반하다

sheen *n.* 광택, 광채

wear off 차츰 사라지다, 없어지다

Unit 25

알파고와 미래의 경영
What AlphaGo means to the future of management

When Lee Sedol — an 18-time Go world champion — was defeated by the artificial intelligence program, AlphaGo, by a margin of four-to-one, the awesome achievement of the program was on display for the world to see. The number of possible moves in Go is more than there are atoms in the universe, making it almost impossible for a human to beat a computer. This has been seen before when IBM's Deep Blue defeated Garry Kasparov at chess, yet AlphaGo has taken things a step further in that it managed to learn the game and improve by itself in only a few months. It started by examining a database of 100,000 human Go matches, but continued by practicing millions of time by itself.

In terms of management, there are a multitude of implications of these machine-learning methods. Lei Tang, a chief data analyst at the sales analytics company Clari, sees AI being utilized much more in the future to make decisions and perform complex business processes that humans have traditionally done, because AI automatically considers all options, including those that humans may miss. AI can function as a kind of managerial assistant, because of its ability to take in changes in context, such as in location, customers, and timing, and to provide assistance with this information when it is most needed. In addition, future AI can _____, much like AlphaGo learned from everything it absorbed and did.

1. What's the best title for the passage?

    a) The Future of Chess and Go: AI's Role
    b) AlphaGo's Victory: A New Era in Artificial Intelligence
    c) The Evolution of Artificial Intelligence in Business Management
    d) The Impact of AI on Traditional Games

2. Which best fills the blank to complete the sentence?

    a) begin to take control over its own destiny
    b) become just as powerful if it chooses to
    c) continually improve itself as it is used for more business dealings
    d) learn from everything AlphaGo has done and learn from its mistakes

3. Why does a human stand little chance at beating a computer?

    a) The number of possible calculations and choices is more than a human brain can do during a game.
    b) The human brain cannot possibly remember everything it must to even play the game in the first place.
    c) The computer learns from the mistakes of the human, but the human cannot learn from the computer.
    d) A human brain does not see things that a computer can; therefore, making the game unenjoyable for the human.

4. How did AlphaGo ultimately get to be so good at Go?

    a) It had been programmed to win and never accept defeat.
    b) It had confidence that it was never going to fail.
    c) It knew the game before it even started to practice seriously.
    d) It was able to practice millions of times and learn from each one.

WORDS & PHRASES ▶▶▶

Go *n.* 바둑

by a margin of ~ 차이로

awesome *a.* 광경이 무시무시한, 아주 멋진

atom *n.* 원자

beat *v.* 물리치다, 두드리다, ~을 매질하다, (심장, 맥박 등이) 뛰다, 고동치다

in that ~이므로[~라는 점에서]

manage to 가까스로 ~하다

by oneself 혼자; 다른 사람 없이

multitude *n.* 다수

implication *n.* 내포, 암시

managerial *a.* 경영[관리/운영]의

assistant *n.* 조수, 보조원

absorb *v.* 흡수하다, 빨아들이다

Unit 26 지하경제와 세수 부족 문제
America's underground economy

America has both a legitimate and an underground economy. The former involves payment of taxes by both employers and employees. The latter, on the other hand, is income that is not reported for taxation, such as nannies, construction workers, and landscapers. The shadow economy includes unreported income from the production of legal goods and services as well as illegal activities. The underground economy is estimated to be worth about $2 trillion, which is roughly 11% of the legitimate economy, and this amount could rise to $2.5 trillion. The increasing number of illegal immigrants are responsible for this second economy. The government thinks this number is 10 million, but it is probably much more than that. According to Robert Justich, senior managing director at Bear Stearns Asset Management, there are between 18 million to 20 million illegal immigrants, which would seriously affect the economy and the current debates over immigration policies and tax reform. Due to the anonymous nature of the underground economy, it is difficult to accurately estimate its size.

However, research suggests that it has been growing at a rate of 5.6% every year since the early 1990s, now overshadowing the real economy. The IRS is negatively affected by this second economy since it says that one year of collecting all the taxes from both economies would greatly help reduce the budget deficit. Moreover, collecting all taxes owed each year could result in a budget surplus for the country. The former IRS Commissioner Donald Alexander says the tax-gap is about $450 billion each year and even up to $600 billion soon. However, illegal immigrants are not the only ones responsible for this trend; corporate downsizing has also played a role. At the moment 85% of taxpayers pay their taxes, but that number will probably drop as the number of people who have taxes taken from their paycheck is decreasing, says the IRS's taxpayer advocate, Nina Olsen. Those people follow tax laws 99% of the time, but these days they are working independently, and not working in a place which encourages tax payment.

1. What is the main topic of the passage?

    a) The role of illegal immigrants in the American economy

    b) The growth and implications of the underground economy in America

    c) Tax reforms and policies in the United States

    d) The impact of corporate downsizing on tax collection

2. What does the passage imply about the relationship between the underground economy and immigration policies?

    a) Immigration policies have successfully curbed the growth of the underground economy.

    b) The number of illegal immigrants is insignificant in the context of the underground economy.

    c) There is a direct correlation between the number of illegal immigrants and the size of the underground economy.

    d) Immigration policies have no impact on the underground economy.

3. Which of the following is false?

    a) If everybody paid their taxes, the government still wouldn't be able to cover all of its costs.

    b) The tax-gap is rising year upon year.

    c) The inherent nature of the underground economy makes it impossible to control.

    d) There are arguably many more illegal immigrants than the government claims there are.

4. Who is accountable for the underground economy?

    a) Self-employed people and unemployed people

    b) Employers and employees

    c) The IRS

    d) Illegal immigrants and people who have lost their jobs

---

WORDS & PHRASES ▶▶▶

underground economy 지하경제	trillion *n.* 조	budget deficit 예산 적자
legitimate *a.* 합법적인	immigrant *n.* 이민자	IRS *n.* 미국 국세청
underground *a.* 지하의	tax reform 세제 개혁	commissioner *n.* 국세청 청장
the former 전자	anonymous *a.* 익명의	downsizing *n.* (대폭적) 인원 삭감, 구조조정
the latter 후자	overshadow *v.* 그늘을 드리우다, 그림자를 드리우다	
landscaper *n.* 정원사, 조경사		inherent *a.* 내재한
be estimated ~로 추정되다	negatively *adv.* 부정적으로	accountable *a.* 책임이 있는

Unit 27

근로자에게 유리한 긱 이코노미

Gig economy: Pros for workers

The gig economy brings advantages to freelancers, such as flexibility, greater autonomy, job diversity, and salaries. In the first place, they can work whenever and wherever they choose to. As long as they complete the work by the deadline, it doesn't matter how they get there, and they can organize their work to fit their personal daily schedules. If a freelancer is most productive on weekend mornings, being limited to working only on weekdays could be a hindrance. Furthermore, they don't even have to stay at home; they can go somewhere else. Those with families welcome this kind of job flexibility. In addition, freelancers can also enjoy greater autonomy out of the office. With nobody watching or checking on them, they can do their work as they wish. As they work in their own way without relying on someone else's guidance, they will become much more confident in their own abilities.

Next, access to a large and diverse range of jobs is a by-product of the gig economy. Unlike regular office workers who may do the same tasks day after day, they can accept different jobs that require different processes and skills. This knowledge that every day is going to be different creates anticipation for the next job and encourages creativity in each task. The last advantage that freelancers can enjoy is concerned with their salary. Although the pay that they receive is not stable, and sometimes they may be paid less than they want, on other occasions they may get a high salary as the employer is saving money on regular employee benefits by using a freelancer instead.

Asking for an hourly pay rate is an option for freelancers so that they can control when they work and certainly get paid for their overtime work. They can charge the employer for any extra meetings or phone calls that they have to do to complete the job. As a result of the time flexibility, freelancers can also study higher education online because both their work and study allow it, which will bring in more jobs — either freelance or full-time — and thus money when completed. Online study is perfect for freelancers working in the gig economy.

1. What's the main idea of the passage?

    a) The reasons why everyone should be a freelancer
    b) The advantages of being a freelancer in the gig economy
    c) How the gig economy makes it easier to be a freelancer
    d) The effect of being a freelancer on the gig economy

2. What can be inferred from the passage?

    a) Those who have to work in an office will not grow and develop their skills as much as someone who doesn't.
    b) Freelancers love their work no matter what it is and look forward to doing it every day.
    c) Freelancers find that they often have to work on weekday mornings when their family are out of the house, and they can work in peace.
    d) Freelancers are not guided as much as office workers and might be prone to making more mistakes, but they can learn from them.

3. Which of the following is not true about being a freelancer?

    a) Freelancers who have family obligations particularly benefit from this freedom of schedule as they can organize their work around their other commitments.
    b) Freelancers are paid on an hourly basis which means if a job is going to take longer than expected, they will be paid accordingly.
    c) Freelancers are able to pick and choose the jobs they want to do according to their schedule and particular interest.
    d) Freelancers' workdays are completely full, leaving little time for anything else such as study or personal commitments.

4. According to the passage, why might a freelancer be paid highly by some employers?

    a) The employer doesn't have to spend money on the regular benefits that a full-time employee demands, so can pay more.
    b) An employer is prepared to pay more to freelancers for extremely quick and efficient work.
    c) Freelancers are often highly specialized workers who can give a better service to employers that choose to use them.
    d) Employers have different expectations from freelancers, often paying much more than they would to a regular employee because the outcome will be better.

WORDS & PHRASES ▶▶▶		
gig economy 임시계약경제	prone *a.* ~하기[당하기] 쉬운	specialized *a.* 전문적인, 전문화된
diversity *n.* 다양성	obligation *n.* 의무	expectation *n.* 예상, 기대
by-product *n.* 부산물	work around ~을 피하며 일하다	
anticipation *n.* 기대, 고대	commitment *n.* 책무, 약속(한 일)	

근로자에게 불리한 긱 이코노미

Gig economy: Cons for workers

In addition to the good things that the gig economy brings, there are also some disadvantages. If you want to get some employee benefits from your employer, you will be disappointed. The law does not require companies to give benefits unless you are full-time. There may be special consideration if you have worked with a particular company for a long period of time, but don't count on it. Gig economy workers also have to sort out their own private insurance and retirement fund by setting aside money each month from what they earn. For full-time employees, this is taken care of by the company, but otherwise the responsibility is on the worker. So contacting a financial advisor and discussing the various options available is recommended.

Moreover, without full-time employment, gig economy workers don't have taxes automatically removed from their salary, so they have to do it themselves. One option is to pay taxes on a quarterly basis. In terms of how much to save, aim for about 25-30 percent of your income to avoid getting into trouble with the IRS for underpayment. Complete your paperwork correctly and send a check along with it to the IRS. Personal expenses – computers and phones – for use in the job are not covered by a company either, so while you can sort out these deductions for yourself, you have to be aware of exactly what can and cannot be deducted. Speaking to an accountant will be beneficial for making sure this is done correctly.

When working by oneself and not networking socially with coworkers regularly around the office or at an event, gig economy workers might feel lonely and lacking human interaction in spending all their time alone. The benefit of having flexibility might be outweighed by the disadvantage of not communicating with friends. It can also be quite stressful to be responsible for constantly looking for more ways to get income. Without a steady income, gig economy workers might feel insecure and worried about money when they can't find work, or they lose work, or have their salary changed. The isolation from other employees can be a cause of stress, too, _____

_____ .

1. What's the passage mainly about?

    a) Things that gig economy workers are deprived of

    b) Ways that gig economy workers can improve their situation

    c) A method to make the gig economy work for you

    d) Getting the best in the gig economy situation as a worker

2. What should gig economy workers be aware of, according to the passage?

    a) Not taking on more than they can comfortably complete

    b) Employers not giving them the benefits they deserve

    c) Missing out on the social part of an office space

    d) Filing their taxes incorrectly and incurring fines

3. Choose the true statement from the following.

    a) They are different rules for gig economy workers when it comes to insurance and taxes.

    b) There are plenty of people out there advising gig economy workers, but they are a waste of money.

    c) Going to a communal office every day not only gives professional support but also social support.

    d) Gig economy workers don't have to plan too much for paying taxes as the IRS will help them.

4. Which best fills the blank to complete the sentence?

    a) because they won't see it as their problem to contact the remote worker

    b) bringing the added problem of how to reconnect with office workers

    c) although some coworkers may make the effort to stay in touch

    d) as there is nobody around to offer support when it is needed

WORDS & PHRASES ▶▶▶

employee benefit 복리후생제도	deduction *n.* 공제(액)	miss out on ~을 놓치다
count on 믿다, 기대하다	accountant *n.* 회계사	incur *v.* (좋지 못한 상황을[에]) 초래하다 [처하게 되다]
sort out 해결하다, 처리하다	outweigh *v.* ~보다 더 크다[대단하다]	
IRS(Internal Revenue Service) 미국 국세청	isolation *n.* 고립, 소외	fine *n.* 벌금
	be deprived of ~을 빼앗기다	communal *a.* 공동의, 공용의
underpayment *n.* 적게 지불함	get the best (of) ~에서 가장 득을 보다	stay in touch 연락을 유지하다

Unit 29

밀키트의 혜택을 누리는 이들

Who are meal kits good for?

When the COVID-19 pandemic hit in 2020, meal kit subscriptions exploded in popularity in the US as people ate at home more. Companies such as HelloFresh, Blue Apron, and EveryPlate capitalized on this with their focus on portioning up healthy and varied ingredients and delivering to people's homes. The value of these meal providers is being questioned as the promotions are gone and restaurants are open again. The cost of about 6 to 12 dollars for a meal is similar to regular takeout. The companies also only supply about 4-6 meals a week, which means grocery shopping is still necessary. So, it is worth considering a few things before subscribing.

First of all, consider the price and whether it is worth it for your budget and household. One customer, Nadia Russell said that in the beginning it was convenient, varied, and cheaper than her regular grocery bill, but when the full price kicked in, she couldn't continue. If you are spending on restaurants or takeout or you have a lot of people to feed, it may be worth the investment as it is cheaper than eating out and promotional deals still apply for larger orders. Also, it can free up time and energy which might otherwise deter people from getting creative in the kitchen. Customers like Christina McNichol said that trying new and complex dishes costs money, but the meal kits provide new things at a lower cost and in exact quantities. For individuals who have limited access to grocery stores or time to shop for groceries, meal kits are a convenient way to consume a variety of healthy food. When we cook at home, we have to find ways to use up leftovers from a meal, which can result in repetitive meals. Meal kits can help reduce leftover food as the ingredients are perfectly portioned out for you. McNichol claimed that there was less wastage, especially with food that she used once and struggled to use again. Therefore, the varied meal kits don't work for those who enjoy eating similar things at home all the time. But the cost of the meal kits could _____ _____ .

1. What's the main idea of the passage?

   a) Most customers that joined during COVID-19 have not maintained their subscription.

   b) There are some things to think about before joining a meal kit service.

   c) Meal kit companies will accommodate any food or dietary choices.

   d) If you want to know what's in your food, you should just make it yourself.

2. According to the passage, which of the following is true?

   a) The cost of the meal kits rose after the introductory discounts ran out.

   b) The cost of a meal is much more than it would cost to get takeout.

   c) Meal kits are not helpful for those that struggle to get to a grocery store.

   d) Meal kits tend to be nutrient deficient and rely on poor quality ingredients.

3. Why does Christina McNichol find the meal kits convenient?

   a) She tends to eat the same things every day and doesn't like to think about food.

   b) She enjoys finding new and exciting ways to use up leftovers.

   c) The meal kits help her consume nutritious food when she is busy at work.

   d) She wants to try new things in the kitchen but doesn't want the hassle of leftovers.

4. Which best fills the blank to complete the sentence?

   a) will probably be less than you will pay on other essential items that you regularly purchase

   b) turn out to be more than you would normally spend on an average weekly shopping bill

   c) end up canceling itself out when you consider the convenience and the lack of wastage they ensure

   d) work out being more expensive if you don't consider your own budgetary requirements

---

WORDS & PHRASES ▶▶▶

pandemic *n.* 팬데믹, 전국[전 세계]적인 유행병

subscription *n.* 구독

capitalize on ~을 이용[활용]하다

portion *v.* (1인분씩) 나누다[분배하다]

varied *a.* 다양한

ingredient *n.* (특히 요리 등의) 재료[성분]

kick in (효과가 나타나기) 시작하다

deter *v.* 방해하다, 단념시키다

leftover *n.* 남은 음식

repetitive *a.* 반복적인

accommodate *v.* 수용하다, 받아들이다

dietary *a.* 식단의, 음식의

introductory *a.* 입문자를 위한, (상품) 소개용의[출시 기념을 위한]

nutrient *n.* 영양소

deficient *a.* 부족한, 모자란

hassle *n.* 귀찮은[번거로운] 상황[일]

cancel out 상쇄시키다, 상쇄하다

budgetary *a.* 예산

71

Unit 30
낙태에 대해 헌법상 권리가 없는 미국 여성들
Women do not have a constitutional right to an abortion in the US

As the U.S. Supreme Court ruled in a 6-3 vote to overturn the long-standing *Roe v Wade*, it caused an uproar among those on both sides of the argument. Far from settling the issue, it has exacerbated it even more. This fight has been going on for a long time. Until recently, it seemed like *Roe v Wade* would never be overturned, but the Supreme Court has ruled that there is no constitutional right to abortion, allowing states to impose restrictions on abortion that could make it more difficult to access in certain areas. Anti-abortion campaigners are ecstatic at the thousands of babies they believe they have saved. Pro-choice campaigners are distraught as they believe they are seeing 50 years of progress for women's rights being taken away and back-street abortions come to the fore once more. In fact, recent surveys have shown two-thirds of American didn't want the Supreme Court to make this ruling.

In this politically thorny issue, the Supreme Court played a role above that of a judge. The justices may have leant on their personal political leaning instead of their interpretation of constitutional law only. If the court overturns a previous ruling, critics of the decision believe it to be politically motivated. This is backed by the fact that conservatives hold a 6-3 majority with three of them specifically — and successfully — appointed by then-president Donald Trump to overturn *Roe v Wade*. Following the Supreme Court ruling, 26 states are eyeing further abortion restrictions, with 13 already having passed trigger laws in anticipation of coming into effect when the Supreme Court made its ruling. Exceptions for rape and incest are minimal in the laws. On the other hand, democratic states are positioning themselves as safe places for women looking for an abortion, with 20 keeping abortion as a protected right for the 26.5 million women who can have children and who live there. States that allow abortion and buttress a state that doesn't allow it will see abortion clinics opening near state borders to better service those traveling from out-of-state to get an abortion. Although using other abortion measures such as online pills may be against the law, it may still be the only option for some women who do not have access to legal abortion services.

1. What's the main idea of the passage?

    a) The reasons why abortion access is restricted

    b) The effect of the overturning of Roe v Wade

    c) The lack of access for women to an abortion

    d) The disagreement between states over abortion

2. According to the passage, which of the following is incorrect?

    a) The Supreme Court make-up is mostly conservative right now.

    b) Donald Trump believes in a woman's right to have access to an abortion.

    c) People on both sides are very passionate about their beliefs.

    d) Women will travel across state lines to seek an abortion if they can.

3. Why is this ruling more political than others for the Supreme Court?

    a) It is a particularly controversial issue which some of the justices personally disagree with.

    b) Each President has their own personal feelings about what the Supreme Court should do.

    c) This is the most controversial issue that has yet to come to the Supreme Court.

    d) The outcome of the ruling will affect future presidential races for years to come.

4. What is one consequence of the Supreme Court's ruling on Roe v Wade for women seeking an abortion?

    a) They will have greater access to abortion services.

    b) They will have to travel farther to access abortion services.

    c) They will have to pay less for abortion services.

    d) They will have to undergo more medical tests before getting an abortion.

WORDS & PHRASES ▶▶▶

long-standing *a.* 오래된, 계속된

Roe v Wade 1973년의 로 대 웨이드 판결

exacerbate *v.* 악화시키다

rule *v.* 판결하다

constitutional right 헌법상의 권리

ecstatic *a.* 열중한, 몰두한; 황홀한

pro-choice *a.* 낙태 찬성의

distraught *a.* 완전히 제정신이 아닌

back-street *a.* 불법의, 무자격의

come to the fore 표면화되다, 주목을 받다(받게 되다)

thorny *a.* 가시가 많은; 고통스러운; 곤란한, 까다로운

come into effect 시행되다, 발효되다

incest *n.* 근친상간

buttress *v.* 떠받들다, 힘을 실어주다

out-of-state *a.* 타주의, 주 바깥에서 오는

Unit 31

개혁이 시급한 연방대법원
The Supreme Court needs immediate reform

In the highly significant case of *Dobbs v Jackson Women's Health*, the Supreme Court ruled last year that states should have control over abortion, claiming that the basis of their constitutional interpretation was based on text and history. However, the votes were cast 6-3 along political party line, indicating that the court's decisions may not solely be based on text and history.

While it is true that the constitution did not explicitly guarantee abortion rights in 1868, the same can be said for other rights such as bodily autonomy and the right to refuse medical treatment, which have since been guaranteed. The majority of six justices claim that these other rights issues don't involve an unborn human; and therefore cannot be compared to abortion rights. However, the constitution also does not explicitly guarantee the rights of an unborn being, so the court has effectively chosen to infringe upon a woman's right to her own body to protect the right of the unborn.

Constitutional cases before the Supreme Court are often complex and cannot be easily decided by examining constitutional text and history, making it difficult for either side to claim superiority. Therefore, the argument that the justices use text and history to inform their decisions is not entirely supported. It appears that they often decide major issues in America based on their personal beliefs and political affiliations.

The topic of Supreme Court reform is now a significant point of discussion, with many calling for reform due to the court's ultra-conservative majority that is removing rights to suit their politics. Reforms could include changes to the aspect of life tenure for these highest judges, who are interpreting something written more than two centuries ago. The justices may also have too much power, and there have been suggestions to strip them of some of their powers. President Biden commissioned a blue-ribbon report on this topic, but nothing has been done about it yet. Some believe that now is the moment to _____.

1. What's the main idea of the passage?

   a) There lacked clarity on how the Supreme Court makes decisions.
   b) There has been heated debate on the structure of the Supreme Court.
   c) Supreme Court ruling on abortion sparked discussion of reform.
   d) We knew the importance of choosing Supreme Court justices well.

2. According to the passage, which of the following is true?

   a) States will now be able to tell a woman when she can have a baby.
   b) National policy is being decided based on the personal beliefs of a handful of people.
   c) The Court's decision gives women the right to control their own bodies once and for all.
   d) The Constitution states that women have the right to an abortion if they choose to have one.

3. What does the writer suggest as a solution?

   a) The Court should make rulings based on popular opinion.
   b) The Court should be made up equally of liberal and conservatives.
   c) The Supreme Court justices should explain their decisions better.
   d) The Court should be reformed to remove the aspect of life tenure for justices and to limit their powers.

4. Which best fills the blank to complete the sentence?

   a) decide once and for all whether women have the right to an abortion
   b) question why we give the Supreme Court so much power
   c) do more research on how reform can best be carried out
   d) prevent the tyranny of the Supreme Court from destroying America

---

WORDS & PHRASES ▶▶▶

constitutional interpretation
헌법상의 해석

alignment n. 배열, 정돈; 연대, 제휴

guarantee v. 보증하다, 보장하다

bodily autonomy 신체적 자율

infringe v. 침해하다, 위반하다

constitutional text 헌법의 조문

superiority n. 우세, 우위

ultra-conservative a. 극단적 보수주의의

life tenure 종신직, 종신 근무

strip v. 빼앗다, 벗기다

commission v. 위탁하다, 의뢰하다

blue ribbon report 대통령 직속 특수 위원회의 보고서

clarity n. 명료성

Unit 32 민족주의의 중요성
Why is nationalism so powerful?

When assessing nationalism and its use, it is best to start by looking at the fact that humans are social beings. Since we all belong to a community of some kind and rely on others in our community to help us, insiders and outsiders are clearly distinguished. A long time ago, it was crucial that the difference between the two groups could be identified quickly, so easily identifiable characteristics such as language or appearance were commonly used instead of getting to know someone better. This evolutionary manner has brought about our tendency to still consider such things today in terms of deciding who we can identify with and trust for support. Therefore, we come to the idea that a nation is the main way to define differing groups of people, since it generally highlights the same language, cultural traits, place of origin, and history.

Members of a nation also see themselves as having one identity that is distinct from all others. The famous phrase "imagined communities" of Benedict Anderson mean that complete strangers are able to nonetheless recognize and identify each other. Furthermore, John Mearsheimer's book *The Great Delusion* contends that the mutually beneficial relationship between nationalism and the state gives it its power. Since there is no authority governing the whole world, countries are motivated to increase their own power by encouraging a feeling of national unity which can be used in times of trouble. National economies and productivity are all improved by this feeling of unity, too. In order to prevent being invaded, mistreated, or absorbed and assimilated into another nation, cultural groups also define themselves as having a national status to ensure survival of independency. The examples of the Kurds, Palestinians, and Tamils are _____ _____ .

In essence, nations want to survive independently by having many states which, on the other hand, use nationalism to prevent being sucked in. Membership to the U.N. is being sought by some nationalist groups while nations try to quash their claims and assimilate them into one homogenous and loyal group. This can be taken to the extreme such as the Uighurs in Xinjiang, China where minorities are banished, killed, or are the subject of forced assimilation.

1. What is the passage mainly about?

    a) The misapplication of nationalist tendencies
    b) The evolving definition of nationalism
    c) The abuse of those who seek nationalism
    d) The origins and uses of nationalism

2. What can be inferred from the passage?

    a) Our propensity towards nationalism is the result of a history of needing to belong to a group.
    b) Objections to nationalistic ideals actually go against human nature.
    c) When looking for someone to trust these days, we always go for someone that looks or sounds like us.
    d) A community will provide help to anyone that seriously needs it.

3. Choose the true statement from the following.

    a) In history, someone who spoke the same language as you was not necessarily considered an ally.
    b) Individual governments get little benefit from promoting nationalism and loyalty to the country.
    c) When a nation has multiple languages and cultures within its borders, its strength grows.
    d) As citizens begin to feel more loyal towards the nation, productivity begins to diminish.

4. Which best fills the blank to complete the sentence?

    a) warning signs of when a nation has gone too far with its call to nationalism
    b) stark reminders of when these claims to independence are rejected
    c) a natural evolution of the concept of nationalism being subverted
    d) the next step in the nationalist process that seeks to give everyone freedom

---

WORDS & PHRASES ▶▶▶

crucial *a.* 중대한, 결정적인

identify *v.* 찾다, 지목하다; 확인하다, 인식하다, 동일시하다

evolutionary *a.* 진화의

bring about 야기하다, 초래하다

tendency *n.* 경향, 추세

identify with ~와 동일시하다, 동질감을 갖다

trait *n.* 특징, 특성

distinct *a.* 뚜렷한, 전혀 다른

delusion *n.* 현혹, 기만, 망상, 착각

contend *v.* 주장하다; 논쟁하다; 다투다

mutually beneficial 상호 이익이 되는

invade *v.* 침입하다

mistreat *v.* 학대하다, 혹사하다

assimilate *v.* 동화시키다; 동화되다

quash *v.* 억누르다, 진압하다

homogeneous *a.* 동종의, 균질의

banish *v.* (처벌로써 특히 국외로) 추방하다, 유배를 보내다

stark *a.* (차이가) 극명한; 삭막한, 황량한; 냉혹한, 엄연한

Unit 33 보수 대 진보
Conservative vs. liberal

Conservative and liberal economic thought is akin to anti-federalist and federalist, respectively. Conservatives want government to keep out of the market economy as much as is humanly possible while the liberals welcome more regulations. On the conservative side, it is thought that services are better provided by private firms, and businesses are negatively impacted by government policies whose consequences are unknown. The conservative idea of "trickle-down" economics is based on the premise that government should collect and spend as little money as possible. On the other hand, the liberal side advocate for more government intervention and higher spending on things such as in healthcare, unemployment insurance, and health and safety regulations among others.

Moreover, liberals have a low opinion of private business, who they see as motivated by self-interest rather than a desire to help others. Some liberals view private citizens, private business, and industries as caring only about money, growing more powerful all the time while society suffers and cannot control them. They think government should have the ability to control private entities to limit their harmful or unethical acts. They want to protect citizens from dangerous workplaces, products, and living conditions. They see the past attacks on political minorities as evidence of how corruption and abuse can appear when nobody is watching. They admire education and science, believing tolerance and permissiveness is the key to a better society that allows for diverse viewpoints and lifestyles.

Conversely, conservatives think negatively of regulation of commercial activity, believing it takes away political freedom, prevents innovation, and leading to a never-ending stream of regulations. They oppose governmental interference in non-commercial activity as well as commercial spheres. They want power to be given back to individual states to make their own decisions based on local need. They say that individual responsibility should be encouraged, _____. They admire the military and their religion. They prioritize stability and advocate for a strong authority to preserve law and order.

1. What's the main idea of the passage?

    a) How much of government is controlled by conservatives and liberals

    b) The differences between conservatives and liberal governments

    c) Conservatives vs. liberals in terms of the role of government

    d) The values that conservatives and liberals lead their lives by

2. What does the underlined mean?

    a) As soon as regulation begins, more and more regulation is needed, and it never ends.

    b) A vast amount of regulation would be needed to be effective.

    c) The kind of regulations that liberals want would be unacceptable to conservatives.

    d) Regulations can have no good outcome as they only serve to limit people.

3. Why do liberals want governmental intervention in the private sector?

    a) They think that society will suffer from the greed of an uncontrolled private sector.

    b) They think an unregulated private sector will not be able to function effectively.

    c) They don't believe that the private sector will carry out the services as they say they will.

    d) They worry that the private sector will become a closed network of rich friends helping each other.

4. Which best fills the blank to complete the sentence?

    a) matching the high levels of corporate responsibility

    b) leading to a more intelligent society that tells right from wrong

    c) so people can make mistakes and pay for them

    d) and people should sort things out by themselves

WORDS & PHRASES ▶▶▶

be akin to ~와 같은, ~와 흡사한

federalist *a.* 연방주의자의

respectively *ad.* 각기

keep out of ~에 관련되지 않다

humanly *ad.* 인간적 입장에서, 인간적으로

consequence *n.* 결과

trickle down 트리클다운 이론(사회의 최부유층이 더 부유해지면, 더 많은 일자리 창출 등을 통해, 그 부가 서민들이나 그 아래층들에게로도 확산된다고 보는 이론)

self-interest *n.* 사리사욕, 사리 추구

private entity 민간 기업

tolerance *n.* 관용

permissiveness *n.* 허용함, 관대함

regulation *n.* 규제

commercial activity 상행위, 영리활동

interference *n.* 간섭

sphere *n.* (활동·영향·관심) 영역[-권]

stability *n.* 안정성

prioritize *v.* 우선시하다

preserve *v.* 보호하다, 지키다

tell A from B A와 B를 구별하다

sort out 해결하다, 처리하다

Unit 34

러시아가 우크라이나를 원하는 이유
Russia's reasons for wanting Ukraine

With the fall of the Soviet Union in the 1990s came the fading of its influence on neighboring countries, which subsequently grew closer to NATO. This included, among others, Lithuania, Latvia, and Estonia in the Baltic region as well as Poland and Romania. NATO was thus able to extend their power right up to the Russian border and, in 2008, announced that it hoped Ukraine could one day join too. Putin views this Soviet collapse as a great tragedy of the 20th century and longs to see Russia to be restored to its glory days. His 22-year reign has been devoted to achieving this by strengthening the military and its geopolitical influence. The threat of Ukraine joining NATO is viewed by Moscow as a great threat with Putin often mentioning NATO and US influence and accompanying ballistic missiles entering Ukraine. The stronger Russia gets militarily, the louder Putin decries the situation although Ukraine, NATO, and the US deny it all.

The problem lies in Putin's belief that Ukraine is Russian. And the threat of losing Ukraine forever was exacerbated in 2014 when public protests forced the pro-Putin president out of office. Russian immediately moved to take Crimea and then put its support behind a separatist group in the Donbas area of Ukraine. The war still continues with over 13,000 dead already. Thirty years of Ukrainian development are now being threatened by Russia as it is working towards _____ once more. At 69 years old, Putin may well see the annexation of Ukraine and its 44 million people by Russia as his last goal as Russian president.

1. What's the main idea of the passage?

    a) The protection of Russian strategic interests in the region
    b) The eventual and predicted annexation of Ukraine by Russia
    c) The lack of acknowledgement by Russia that Ukraine wants to join NATO
    d) The latest attempt by Russia to return to its former power

2. According to the passage, which of the following is incorrect?

    a) Putin wants to take back control over Ukraine while he still can.
    b) Russia thinks that Ukraine belongs to it.
    c) The war in Ukraine is over due to so many casualties.
    d) Ukraine showed that they don't want to be part of Russia.

3. What does the underlined mean?

    a) Putin really wishes Russia could be as powerful as it once was.
    b) Russia has never forgotten what was done to it in the past.
    c) Russia blames the US and NATO for its current position.
    d) Putin thinks Russia is just as glorious as it used to be.

4. Which best fills the blank to complete the sentence?

    a) rebuilding its sphere of influence in the region
    b) finding out what the people of Ukraine want
    c) destroying its relationships with others in the area
    d) creating more stability among its neighbors

WORDS & PHRASES ▶▶▶

fall *n.* 멸망, 몰락

fading *n.* 쇠퇴, 힘이 약해짐

collapse *n.* 붕괴, 실패

long *v.* 갈망하다

reign *n.* 통치 기간, 치세

devote A to B A[몸·노력·시간·돈 등]를 B에 바치다[쏟다, 기울이다, 전념하다]

accompanying *a.* 동반하는, 수반되는

ballistic missile 탄도 미사일

decry *n.* 매도하다

exacerbate *v.* 악화시키다[심화시키다]

separatist *a.* 분리주의자의

annexation *n.* 합병

confident *a.* 자신감 있는, 확신하는

casualty *n.* 사상자, 피해자

과학 & 기술

과학과 환경 (Science & Environment)
생물과 인간 (Biology & Humans)
의학과 건강 (Medicine & Health)
인터넷과 신기술 (Internet & Technology)

전기차에 활용되며 점점 귀해지는 리튬

Unit 35

EVs need lithium but it is becoming harder to source it

Personal computers and electric vehicles generally need rechargeable lithium-ion batteries, but the price has risen a lot recently. Six years ago, the price of lithium carbonate was $11,000 per metric ton but since then, the price has increased, and in August it reached almost $60,000 per metric ton. The blame can be put on the fast-growing electric vehicle market, the EV battery producers, and the mineral suppliers that are integral to the whole market. It isn't that there is a lack of lithium; there is enough.

The issue is that lithium must be extracted from brine pools and underground areas, and modern mining techniques cannot keep up with the demand of the EV industry. The lithium-ion battery used to be a special product, but it has recently become a necessity in 21st century technology. But this has been building for a long time. Yes, a massive amount of funding and research has gone into EV production for public sale, but it didn't appear to be rewarded. Because Lithium mining is very expensive, there was no guarantee that investment would be worthwhile. Production is starting to speed up, but it takes time. You can't just build a new mine or processing plant overnight and start using it.

Lithium-ion manufacturers are being hit from all sides. They are absorbing not only the aforementioned costs of upgrading production facilities, but also inflation, higher labor costs, supply-chain issues, and increases in the prices of other raw materials. The immediate effect is a price hike on electric vehicles just when the price should be dropping with increased market competition. Consumers may find these price increases off-putting and _____ .

1. What's the main idea of the passage?

    a) The problems that lithium-ion battery manufacturers are experiencing with the supply of raw materials
    b) The difficulty of producing enough lithium-ion batteries to meet the demand of electric vehicles
    c) The lack of communication between producers at each step of the supply chain to create lithium-ion batteries
    d) The pressure on lithium-ion battery producers to make something more eco-friendly and less harmful

2. According to the passage, which of the following is correct?

    a) Lithium is slowly being mined to extinction.
    b) The price of electric vehicles will increase to reflect the extra manufacturing costs.
    c) When lithium mining began, it was thought to be a good investment.
    d) It isn't easy or cheap to source and mine lithium.

3. According to the passage, why is the price of lithium-ion batteries rising so rapidly?

    a) It cannot be mined and made into batteries quickly enough.
    b) It takes a long time to find a source and then there are political issues to mining.
    c) There simply isn't sufficient lithium left in the world.
    d) The mining techniques needed to mine lithium are old-fashioned.

4. Which best completes the sentence?

    a) avoid purchasing any kind of vehicle at all in the future
    b) turn on the industry that they have demanded for so long
    c) prefer to stick to their gas-powered vehicles instead
    d) campaign for an end to the economic waste

WORDS & PHRASES ▶▶▶

rechargeable lithium-ion batteries 리튬이온 배터리

extract *v.* 추출하다, 뽑아내다

brine *n.* 소금물, 염수; 바닷물

keep up with 따라잡다, 뒤지지 않다

special product 특제품, 특수한 용도에 사용하는 제품

guarantee *n.* 보증, 보장 *v.* 보증하다, 보장하다

be worthwhile ~할 보람이 있게 되다, ~할 만한 가치가 있게 되다

overnight *a.* 밤을 새는 *ad.* 하룻밤 새에

aforementioned *a.* 앞서 말한, 전술한

price hike 가격 폭등

off-putting *a.* 불쾌한, 당혹하게 하는, 주저하게 하는, 망설이는

source *v.* 공급자를 찾다, 얻다

stick to 굳게 지키다, 고수하다

Unit 36 지구 온난화와 기상 이변과의 관계

How is global warming linked to extreme weather?

As the earth's temperatures rise, there are stronger heatwaves and hurricanes as well as both more droughts and more rain. 2015 saw California's worst drought in 1,200 years, and scientists say global warming is responsible for an increase of 15~20% severity. The rate at which these kinds of droughts will occur has also doubled over the last 100 years. A 2016 report by the National Academies of Science, Engineering, and Medicine made a direct connection between this extreme weather and climate change. In addition, as oceans are warming up, tropical storms become more frequent with category 3 storms turning into category 4s. Since the 1980s, hurricanes in the North Atlantic occur more often and are stronger, reaching category 4 or 5. In 2020, records were broken in the North Atlantic with a total of 30 tropical storms, 6 major hurricanes, and 13 hurricanes. The result is more damage and even deaths. For example, in 2017 the tropical storms caused almost 300 billion dollars' worth of damage and over 3,300 deaths. More recently, in 2020, such weather extremes caused over a billion dollars in damage. Everyone and everywhere is being affected by the effects of global warming. More people are dying as a result of heatwaves. Since the 1990s, the ice in Antarctica has lost almost four trillion metric tons. If we don't make changes now and stop burning fossil fuels, sea levels will keep rising and _____ in the next century and a half.

1. What's the main idea of the passage?

   a) The reasons for climate change
   b) The action needed to tackle climate change
   c) The effects of global warming
   d) The problems with extreme weather changes

2. According to the passage, which of the following is correct?

   a) Due to the rises in temperature, there is less rainfall overall.
   b) Experts think that the worst may be over, and the weather may settle down.
   c) The 1980s was the worst for hurricane damage and human cost.
   d) Hurricanes are getting more severe and occurring more often too.

3. What cannot be inferred from the passage?

   a) Global warming is increasing the severity of extreme weather events.
   b) The economic damages from tropical storms are decreasing over time.
   c) The rise in ocean temperatures contributes to more intense tropical storms.
   d) The increase in global warming has led to more frequent and severe hurricanes.

4. Which best completes the sentence?

   a) a new kind of fuel has to be adopted
   b) scientists must come up with experiments
   c) beach tourism will have to adapt
   d) coastal communities will be destroyed

extreme weather 기상 이변

heatwave *n.* 폭염

drought *n.* 가뭄

severity *n.* 심각도, 세기

tackle *v.* 대처하다, 씨름하다

settle down 진정되다, 진정시키다

drastic *a.* 과감한, 급격한

adopt *v.* 취하다, 채택하다

experiment *n.* 실험적인 생각[아이디어]

adapt *v.* 적응하다

coastal *a.* 해안의, 해변의

| 과학과 환경 | Science & Environment |

Unit 37 비인도적인 동물 집단 사육시설
Inhumane practices on factory farms

CAFOs (confined animal feeding operations, aka factory farms) are the main methods of modern animal husbandry, yet they make money by subjecting animals to inhumane conditions. One facility might house thousands of animals packed together and unable to move and live normally. For example, multiple egg-laying hens are crammed into small cages and unable to spread their wings and resort to hurting each other; pregnant pigs are not allowed to leave a crate not much bigger than themselves for the duration of the pregnancy and develop physical and mental problems; young pigs walk on slatted, bare, concrete floors and fight each other out of boredom; cows are raised on concrete floors in factory-like conditions. To get more out of the confined cows, the use of growth hormones can lead to lameness and bladder infections in cows. To deal with the animals' behavior as a result of their living conditions, they are often then subjected to painful mutilations that remove body parts that could be used to harm other animals, such as horns, beaks, and tails. The alternative to these terrible conditions is high-welfare farming that _____.

Additionally, human health is influenced by this method of raising animals. The intensive farming that takes place at these facilities where thousands of animals live together in unsanitary conditions is a breeding ground for disease. Intensive farming practices can lead to the spread of infectious diseases to humans, antibiotic resistance, contaminated food, and the emergence of new viruses like H1N1. In particular, antibiotic resistance is worrying as the use of antibiotics in livestock and poultry that are similar to those used in humans is causing humans to become resistant to drugs.

The CDC reports that 2 million people in the US contract antibiotic-resistant infections each year, resulting in 23,000 deaths, and the use of antibiotics in farm animals is a major contributing factor. Furthermore, E. coli and salmonella as well as other food contaminations are spread through unsanitary management of animals and their manure. Johns Hopkins Bloomberg School of Public Health released a study that showed a link between close contact with intensive farming of pigs or crops treated with their manure and the contraction of Staphylococcus aureus (MRSA), which cannot be treated with certain antibiotics.

1. What's the main idea of the passage?

  a) The causes of the rise in intensive farming of animals
  b) The arguments for the adoption of a vegetarian diet
  c) The problems caused by intensive farming of animals
  d) The reasons not to eat meat that comes from intensive farms

2. Choose the false statement from the following.

  a) This kind of intensive animal farming is unprofitable for the farm owners.
  b) Diseases spread because the animals live so close together in dirty conditions.
  c) More and more people are dying as they become resistant to antibiotics.
  d) The use of animal manure in fields can cause human diseases.

3. Why do factory farm operators remove parts of animals?

  a) To prevent the spread of diseases among the animal population
  b) To make it easier for the farm workers to do their jobs among the animals
  c) To prevent the animals from hurting each other and the farm's profits
  d) To make the animals' lives easier and more comfortable

4. Which best fills the blank to complete the sentence?

  a) costs more but tastes better
  b) replaces the pain and suffering with regular lives
  c) more and more farmers are advocating
  d) comes with its own problems but less than intensive farming

WORDS & PHRASES ▶▶▶

confine *v.* 감금하다, 가둬놓다, 제한하다

husbandry *n.* 농업, 경작, 검약, 검소

house *v.* 수용하다

pack *v.* 가득 메우다 *n.* 무리, 집단

resort to 의지하다

duration *n.* 지속(성)

develop *v.* (병, 문제가) 생기다

slatted *a.* 작은 나무 조각들로 된

bare *a.* 가장 기본적인(것만 갖춘)

out of boredom 권태감에서

lame *a.* 다리를 저는, 절뚝거리는

bladder *n.* 방광

infection *n.* 전염, 감염

mutilation *n.* (수족 등의) 절단; 불구로 하기; 손상

intensive farming 집약농업

unsanitary *a.* 비위생적인

breeding ground 번식지, 온상

antibiotic *n.* 항생제

resistance *n.* 내성, 저항, 반항

H1N1 신종 인플루엔자 A

livestock *n.* 가축

poultry *n.* 가금(닭, 오리, 거위 등)

E. coli *n.* 대장균

salmonella *n.* 살모넬라균; 살모넬라 식중독

manure *n.* 배설물, 거름

release *v.* 풀어주다; 석방하다; 발표하다

contraction *n.* (병에) 걸림; 수축, 단축, 축소

Staphylococcus aureus 황색포도 알균, 황색포도구균

Unit 38 커피 캡슐의 환경적 영향
Environmental impact of coffee capsules

Coffee, ranking as the world's second most valuable traded commodity after oil and being the second most consumed beverage after water, plays a crucial role in many people's daily routines. In 2019, the global consumption of coffee reached an impressive 10 billion kilograms. However, the extensive coffee supply chain has a considerable environmental footprint, contributing to water pollution, deforestation, waste generation, and issues of labor exploitation. The environmental cost of coffee production includes the heavy use of fertilizers and pesticides, significant water consumption, and air pollution caused by farming equipment. Furthermore, the method of coffee preparation at home can vary the environmental impact. Of the common home brewing methods – drip coffee maker, French press, and capsule machine – the capsule machine has been identified as the most harmful to the environment, both in terms of pre-purchase production and post-consumption waste.

Despite their environmental drawbacks, single-serve coffee capsules have surged in popularity due to their convenience, consistent quality, variety of flavors, and perceived superior taste. However, the primary environmental challenge with these capsules is their complexity in recycling. Composed of a plastic body, 5-7 grams of coffee grounds, and a film of plastic or aluminum for sealing, the capsules require meticulous separation of materials for effective recycling. This separation process, involving dividing the plastic, coffee waste, and aluminum, can be cumbersome for consumers. As a result, most capsules are disposed of as general waste, bypassing recycling processes altogether. Moreover, the growing popularity of coffee capsules intensifies problems related to waste disposal, underscoring the urgency for more eco-friendly packaging alternatives within the coffee sector.

1. What would be an appropriate title for the passage?

    a) The Global Popularity of Coffee
    b) The Environmental Impact of Coffee Consumption
    c) The Rise of the Coffee Capsule Market
    d) Recycling Challenges in the Food Industry

2. Which of the following can be inferred about global coffee consumption?

    a) It is declining due to environmental concerns.
    b) It is primarily driven by the popularity of coffee capsules.
    c) It is a significant part of many people's daily routines.
    d) It is less than the global consumption of tea.

3. What does the passage suggest about the popularity of coffee capsules?

    a) They are popular despite being environmentally unfriendly.
    b) They are becoming less popular due to environmental concerns.
    c) Their popularity is mainly in countries with high recycling rates.
    d) They are popular because they are the cheapest option available.

4. According to the passage, which statement about the recycling of coffee capsules is true?

    a) Coffee capsules are the most recycled product in the food industry.
    b) The process of recycling coffee capsules is straightforward.
    c) Coffee capsules are primarily made of biodegradable materials.
    d) The recycling of coffee capsules is often bypassed due to its complexity.

WORDS & PHRASES ▶▶▶

traded commodity 거래 상품, 교역 상품

contribute to 기여하다, 공헌하다

deforestation *n.* 삼림 파괴

fertilizer *n.* 비료

pesticide *n.* 살충제

farming equipment 농기구

drawback *n.* 결점, 약점

popularity *n.* 인기, 대중성

consistent *a.* 일치하는, 조화된, 안정된

grounds *n.* (커피 등의) 찌꺼기

meticulous *a.* 세심한, 꼼꼼한

cumbersome *a.* 성가신, 귀찮은, 부담이 되는

bypass *v.* 우회하다, 회피하다, 무시하다

Unit 39

빅 데이터의 필요성
The necessity of big data

When a data collection becomes so big and intricate that it cannot be easily managed by regular data management tools or data processing applications, the phrase big data comes into play as there are issues such as data capture, curation, storage, search, sharing, transfer, analysis, and visualization. [1] Big data is due to the ability to get more information when analyzing a single large data set while smaller sets that have the same amount of data yield less information. [2]

From 2012, the amount of data that could be processed in a single data set in a set period of time has been set in the range of exabytes. [3] Limitations often arise in fields such as meteorology, genomics, connectomics, complex physics simulations, and biological and environmental research, as well as in applications like Internet search, finance, and business informatics. [4] The number of devices used to gather data affect how much data is gathered, such as mobile devices that can collect data, aerial sensory technologies, software logs, cameras, microphones, radio-frequency identification readers, and wireless sensor networks. The 1980s onwards has seen a doubling every 40 months in how much technology can be stored per capita. From 2012, 2.5 exabytes of data have been created per day. Large companies have faced the dilemma of who has ownership of data collections that cover the whole enterprise.

While the normal relational database management systems and desktop statistics and visualization packages cannot handle big data, massively parallel software that utilizes hundreds or thousands of servers is required. The use of the term big data depends on the capability of the organization and the applications to handle data that the company uses. When faced for the first time with hundreds of gigabytes of big data, some companies will see the need to update their data management systems. In comparison, _____.

1. Which is the best place for the following sentence?

It allows analysis of business trends, research quality, disease prevention, legal citation connections, crime prevention, and current road traffic status.

a) [1]

b) [2]

c) [3]

d) [4]

2. Why is the size of big data not defined?

a) Nobody really knows how big data collection is going to get, so no numerical definition has been given.

b) Whether something is big data or not rests on the ability of the company or system handling it.

c) The size of big data is always dependent on the amount of information an organization wishes to discover.

d) It is not known exactly how to define it, even by scientists involved in analyzing it.

3. According to the passage, which of the following is false?

a) The same amount of data but in smaller collections does not yield as much information.

b) Usual data management tools cannot deal with the issues that big data brings.

c) Companies that are suddenly faced with an increase in data these days face the issue of having to upgrade their systems.

d) When a very large company has gathered big data, it is clearly the boss who takes ownership of it.

4. Fill in the blank with one of the following.

a) big data may seem a big deal to those who have not dealt with it for long

b) being faced with big data rarely makes most companies flinch

c) other companies will not see this need until they are faced with enormous data

d) a refusal to change may hamper companies' ability to expand

---

WORDS & PHRASES ▶▶▶

intricate *a.* 복잡한

application *n.* 응용 프로그램

come into play 작동하다, 활동하다

data capture 데이터 수집

meteorology *n.* 기상학

genomics *n.* 유전체학

connectomics *n.* 연결체학; 뇌 속에 있는 신경 세포들의 연결을 종합적으로 표현한 뇌지도를 연구하는 학문

informatics *n.* 정보 과학

numerical *a.* 수와 관련된, 수치의

flinch *v.* 움찔하다, 주춤하다

hamper *v.* 방해하다

Unit
40

남극의 빙하가 증가하는 이유
Swelling in the Antarctic sea ice

The contradiction that ice is decreasing in the Arctic due to global warming, but glaciers in the Antarctic continue to grow is believed to come from the quite cold cloud of fresh water that arose from melting underneath the Antarctic ice shelves. Its low density means that it gathers on the top of

the ocean, and the cool water on the surface freezes more easily in the colder seasons; therefore, there is more sea ice, says a Royal Netherlands Meteorological Institute (KNMI) team in De Bilt. Since 1985, because Arctic sea ice is decreasing, climate scientists have been curiously observing the increase in Antarctic sea ice of around 1.9% each decade. KNMI researchers propose that "negative feedback" effect discussed in their study will persist. A computer-based climate model was used in an attempt to mirror the changes they had seen. South Hemisphere cold months saw the sea ice grow as the colder, fresher layer was formed on top of the warmer and saltier water below. The bottom of the Antarctic ice shelf was melting and creating this cold fresh layer. The lead researcher, Richard Bintaja, told Reuters that the sea ice was growing because of the melting ice sheets in spite of global warming.

This is not the only theory about the Antarctic growth. The British Antarctic Survey's Paul Holland believes that it is caused by wind changes from climate change removing ice from the coast and causing exposed water to freeze and make more ice. He told the London Science Media Centre that it could be as a result of both the wind and melting water changes combined although the wind effects were believed by him to be the stronger. This Nature Geoscience study also claims that the cold melting water layer could reduce the amount of water that is taken from the oceans and turns into Antarctic snow since cold air is dryer than warm air.

1. What is the topic of the passage?

   a) The scientists who are trying to understand the Antarctic.
   b) The race between various institutes to find the reason behind this phenomenon.
   c) The explanation for the swelling in Antarctic sea ice.
   d) The historical proponents behind Antarctic research.

2. Why is this situation curious?

   a) The sea ice levels in the Antarctic usually don't change.
   b) It goes against global warming and what is happening in the Arctic.
   c) It is the first time attention has been focused on the Antarctic rather than the Arctic.
   d) The ice sheets pose a dangerous threat to the people who live in the Antarctic.

3. Which of the following is true about Paul Holland?

   a) He thinks that wind changes would be more powerful than any changes that could happen to the ice sheets.
   b) He thinks that KNMI research was flawed and these flaws caused strange results.
   c) He does not believe that the people at KNMI knew what they were doing nor did they take into account his own research.
   d) He hasn't discounted the KNMI findings, but he believes that his own theory holds more weight.

4. Why does the passage begin with the word 'contradiction'?

   a) The temperatures in the Antarctic are not consistent with its reputation.
   b) The Antarctic has always been a mystery for climate scientists.
   c) The Antarctic situation is not what scientists expected to happen.
   d) The scientists were not even looking for oddities when they found it in the Antarctic.

WORDS & PHRASES ▶▶▶

swell *v.* 부풀어 오르다

Antarctic *n.* 남극

contradiction *n.* 모순

Arctic *n.* 북극

fresh *a.* 담수의

ice shelf (육지에 연결된) 바다를 덮은 빙상, 빙붕

density *n.* 밀도

meteorological *a.* 기상의, 기상학의

observe *v.* 관찰하다

negative feedback 음성 피드백 (기후는 따뜻해지는데 빙하는 증가하는 현상)

persist *v.* 지속되다

in an attempt to ~하기 위해서

hemisphere *n.* 반구

global warming 지구온난화

expose *v.* 노출시키다

proponent *n.* 지지자

pose a threat to ~에 위협을 가하다

oddity *n.* 이상한 사람, 특이한 것

바이오해커
What is biohacking?

Along with technological advancement comes those who push the limits of what is acceptable. Some argue that genome editing, which can easily alter one's biology, should be available to anyone who wants it in order to save money on expensive drugs or to improve themselves. Publicly, these renegades and pioneers have gone to extremes, sometimes being applauded, sometimes being feared. Behavior such as injecting oneself with gene-editing technology at a conference, using an untested gene therapy to cure herpes, and attempting to cure one's HIV by an injection that got infected has been witnessed.

California recently took steps to reduce DIY gene editing. Unlicensed practicing of medicine has also been investigated. [1] The time to rebel against the establishment may be over and we have nothing left to do but fall in line. [2] At a biohackers' conference, Gabriel Licina, who once made headlines by creating his own night vision drops has implored biohackers to grow up and stop hurting themselves. [3] The conference took place at a luxurious conference room at the Renaissance Hotel in Las Vegas. [4] It has become clear that in order to engineer the freedom of science and technological advancement, one has to play the game and conform with such methods as getting peer reviewed. His development of a generic drug to replace an exorbitantly priced corporate drug for a rare blood disorder was announced along with a plea to others to help improve and test it for use. He wants those in biology startups to engage in responsible peer and outside testing as they grow.

Biohackers need to follow the example of what computer hackers have done for software engineers and create new pathways in the field. One person doing just that is Josiah Zayner of Biohack the Planet who has a biotech boot camp for those who want to train online for corporate science jobs and integrate into the professional industry. Zayner's program aims to reach populations who have lost their jobs due to layoffs or industry collapse. That is, his goal is to give people a chance to learn new skills in a time and cost effective manner.

1. What's the passage mainly about?

   a) The technological and biological developments made recently
   b) The coming together of conformists and non-conformists
   c) The new approaches to getting biology funding and research approval
   d) The gradual conforming of those on the fringes of an industry

2. Which of the following statements is true, according to the passage?

   a) Biohackers across the country have taken gene editing into their own hands as the equipment becomes cheaper.
   b) The authorities have taken steps to reduce how much unlicensed practice and experimentation goes on.
   c) Gabriel Licina was once a renegade doing self-experimentation, but he has since changed.
   d) The conference organizers decided to make big changes to legitimize the event.

3. Which can be inferred from the passage?

   a) Those who paid to attend the conference were disappointed with its new direction.
   b) The venture capital firm that sponsored the conference wishes it had never agreed to do it.
   c) Gene therapy research is getting less attention these days because everyone is scared of its applications.
   d) The purpose of Biohack the Planet is to take down the establishment from within.

4. Considering the flow of the text, which sentence should be deleted?

   a) [1]   b) [2]
   c) [3]   d) [4]

Unit 42 노화 연구의 새로운 진보

Light on aging research

The cortex is the outer area of the brain that governs judgment and complex thinking. It is known that if older people keep their brains active, they will possess a thicker cortex, but now it has been suggested in *Molecular Psychiatry* that childhood brain activity is responsible for a thicker cortex and improved

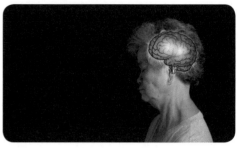

cognitive abilities in old age. 600 Scots born in 1936 were IQ-tested at age 11 and then when they were 70. At age 73, their cortex thickness was measured, and it was discovered that the majority of the link between cognitive aptitude and cortical thickness in old people had been set years earlier when they were children and had their IQs tested. Dr. Sherif Karama, who works as an assistant professor in clinical psychiatry at Montreal's McGill University and led the study, concludes that one's cognitive ability in old age is a result of the whole life's activity rather than specific activities an elderly person might do. Aging research will benefit from the knowledge that successful old age comes from some people simply having less cortex to lose in the first place. You cannot control what happens in old age when you reach it. Rather you have to be aware throughout your whole life. _____ This study is unique in that it includes childhood data, usually not included in elderly research, and IQ tests which did not use to be trusted. There is still much to learn about aging, and the link between IQ and the cortex has still not been adequately studied. Genetic factors may play a role as well as experience. Research here has shown us that brains can be improved by exercising them. So, do our genes cause us to exercise our brains more? Karama says that the future of aging research is boundless.

1. What is the purpose of the passage?

    a) To introduce new information that shines a light on aging research
    b) To encourage old people to think about their activities more
    c) To persuade people to pay more attention to the elderly and treat them better
    d) To appeal to elderly people to come forward to help with further studies

2. What is the conclusion of the passage?

    a) Old people need to think about their brains during their whole life.
    b) More funding is urgently needed to continue these ongoing studies.
    c) Aging research is particularly important to other areas of research.
    d) Aging research has only just begun to show its limitless possibilities.

3. Choose the right statement from the following.

    a) The thicker your brain cortex, the more you know about how to age successfully.
    b) The thickness of your cortex corresponds directly to how you lived your life.
    c) Your cortex thickness appears to be set in stone from childhood.
    d) If you stay active physically and mentally in old age, you can off-set the problems of aging.

4. Which sentence fits in the blank correctly?

    a) Old people need to exercise their brains with puzzles.
    b) Old age is connected to youth and childhood.
    c) Aging cannot be stopped or stemmed.
    d) The elderly should be left to enjoy their last days.

WORDS & PHRASES ▶▶▶

cortex *n.* (특히 대뇌) 피질	cognitive *a.* 인지의	adequately *adv.* 충분하게
govern *v.* 지배하다	Scot *n.* 스코틀랜드 사람들	genetic *a.* 유전의
complex thinking 복잡한 사고	majority *n.* 다수	factor *n.* 요인
active *a.* 활발한	aptitude *n.* 소질, 적성	boundless *a.* 범위가 무한한
molecular *a.* 분자의	aware *a.* 자각하고 있는, 인식하는	shine a light on ~에 불을 비추다
psychiatry *n.* 정신의학, 정신과학	in that ~라는 점에서	set in stone 확정되다, 정해지다

99

Unit 43 미국도 예외 없는 저출산 문제
Low birth rate in the United States

America has finally come face to face for the first time in history with a low birthrate that other Western countries have been facing for years. The number of old people is increasing while single women outnumber married women. Immigration is the one saving grace for America. It is a human right not to have  children, but if everyone does this, there are big problems that may not be able to be overcome. America is heading this way, but it's already worse in some other countries. In Russia, the government offers incentives to women to have children. Japan, with the oldest average age globally, saw higher sales for adult diapers than baby diapers. China's one-child policy has drastically reduced the available females for men to marry. Europe is also being affected. The world will be affected economically, politically, culturally, socially, and spiritually if fertility continues to plummet. Both medical plans and pensions will not survive. In the 1930s, Social Security worked because it was not forecast that the old and sick would outnumber the young and healthy. Health care may need to be rationed.

The bottom line is that without a healthy birthrate there is no regeneration. The young and all of their qualities will fade away. A culture preoccupied with old, tired, dying people will appear, and the world will not benefit from this. There is still time for politicians to begin to stem the tide by showing generosity and kindness towards families. For a long time, notwithstanding the child tax credit, families have been ignored and penalized. In 1969, Congress introduced a "marriage penalty tax" which continued for 32 years. On the other hand, unmarried couples without children get tax breaks. This is not good enough. America should be doing everything in its power to boost procreation, and society should reward those who do have children.

1. What is the main idea of the first passage?

    a) Low birthrates of women around the world
    b) Raising the birthrate in America
    c) Global attitudes to birthrates
    d) Government intervention in birthrates

2. Which of the following fits the blank?

    a) A future without humans is one that nobody wants to be part of.
    b) Children are a gift from God to us, and they will lead us into the future.
    c) Women need to be forced to think carefully about having children.
    d) Make women feel like they are valued, and they will make babies for us again.

3. Which of the following best paraphrases the underlined?

    a) If politicians immediately begin to accommodate and embrace families, they can save the day.
    b) Politicians have destroyed any minute chance they had to reach out to families before it's too late.
    c) The time has already passed when politicians could have done something, so we have to just wait and see now.
    d) Families have been treated so badly by politicians that they are not listening to them anymore.

4. Choose the correct one from the following.

    a) China will soon feel the effects of its requirement that families limit the number of children they have.
    b) Russia has not yet come up with any positive solutions to their declining birthrate problems.
    c) Unmarried couples without children are having their benefits taken away in an effort to encourage kids.
    d) Japan has one of the oldest populations on the planet. so older adults are using more diapers than all Japanese babies.

WORDS & PHRASES　▶▶▶

outnumber *v.* ~보다 수가 많다

saving grace 도움이 되는 점

fertility *n.* 번식력, 출산율

plummet *v.* 급락하다, 곤두박질하다

medical plan 의료 보험

ration *v.* 제한하다, 배급을 주다

regeneration *n.* 부흥, 부활

preoccupied *a.* 사로잡힌

stem the tide 흐름을 끊다

generosity *n.* 관용

notwithstanding *prep.* ~에도 불구하고

procreation *n.* 출산, 생식

intervention *n.* 개입

인간 복제
Human cloning

Unit 44

Cloning involves the copying of an adult cell with 2 strands of DNA instead of the regular 1 strand by transferring its nucleus into a new cell that has had its own nucleus taken out. Division is given a kick-start via an electric shock and it starts the process to become an embryo. After some time, embryonic stem cells have been produced that could become a genetic clone of whatever it originally came from. Human cloning, however, is often considered distasteful, even by those who actually do the cloning, as it goes against our understanding that everyone is different but worth the same. Science fiction writers have long written stories of clone armies destroying the human race or being used to allow certain people to live forever even though it had not become a reality until a sheep called Dolly was cloned 25 years ago.

Scientists who first explored cloning (somatic cell transfer) have stated that human clones were not the goal or desirable, and their research was meant to be used for other activities: reproductive cloning of livestock to help breeding and therapeutic cloning to treat diseases with grown cells. Cloning humans was never the intention. Only a few labs around the world engage in cloning research now, and it may become even less popular soon due to other developments. Assistant professor of developmental cell biology at Columbia University Dietrich Egli contends that while the innovation of cloning excites people, there are many biological hurdles involved in doing it. And according to Robin Lovell-Badge, a developmental biologist and stem cell scientist at the Francis Crick Institute in London, it hasn't happened yet because there hasn't been a good enough reason put forward for pursuing human cloning.

If you want to have another version of yourself, having a baby is the easier, ethical route to take. Trying to create a new version of a dead person or pet will simply not work, says Lovell-Badge. It would be upsetting because the clone would look the same .

1. What's the passage mainly about?

   a) The reasons why human cloning is not pursued
   b) The purpose of human cloning to improve the human race
   c) The difficulties involved in human cloning
   d) The acceptance in the scientific community of human cloning

2. Which best fills the blank to complete the sentence?

   a) in every way and you wouldn't be able to tell the difference
   b) but would clearly not be the same person or pet
   c) despite having no real-world knowledge and skills
   d) although on closer inspection errors would be found

3. Which of the following is true, according to the passage?

   a) When scientists first started cloning, they had their eyes set on eventually cloning humans.
   b) Cloning was only ever intended to be used for improving agriculture and husbandry.
   c) Robin Lovell-Badge states that nobody has yet argued adequately for the use of human cloning.
   d) Dietrich Egli wishes that people would look at the benefits of human cloning before dismissing it.

4. Which of the following can be inferred from the passage?

   a) The cloning of Dolly the sheep turned many people off human cloning.
   b) People are gradually becoming more and more enamored by human cloning.
   c) Cloning research is risky and that's why not many scientists get involved these days.
   d) Cloning someone to get them back into your life is going to end in disappointment.

WORDS & PHRASES ▶▶▶

cloning *n.* 복제

adult cell 성체세포

strand *n.* (실의) 가닥, 줄

nucleus *n.* 핵, 세포핵

kick-start *n.* (일에 대해) 시동 걸기, 착수

via *prep.* (어떤 장소를) 경유하여[거쳐]

embryo *n.* 배아(인간의 경우는 수정 후 첫 8주까지의 태아)

embryonic *a.* 배아의, 태아의

stem cell 줄기세포

genetic *a.* 유전적인, 유전학적인

distasteful *a.* 불쾌한, 혐오스러운

desirable *a.* 바람직한, 호감 가는

reproductive *a.* 생식[번식]의

livestock *n.* 가축

therapeutic *a.* 치료의, 건강에 도움이 되는

engage in 참여하다; 참여하게 만들다

contend *v.* 주장하다; 논쟁하다; 다투다

hurdle *n.* 허들, 장애물

put forward 제안하다

pursue *v.* 추구하다

ethical *a.* 윤리적인, 도덕적인

route *n.* 도로, 노선, 통로

enamored *a.* 매혹된, 홀딱 반한, 사랑에 빠진

유전자 가위
CRISPR/Cas9

Old methods of genetic engineering have been replaced with more accurate techniques. Previously, a "shotgun" method was utilized, whereby DNA was introduced into a different genome without being programmed with a specific final destination on the genome. However, now "gene scissors," more specifically CRISPR/Cas9, are used in conjunction with "guide RNAs" to find a particular location of DNA inside a cell. This allows for genes to be altered, removed, or even added. The gene scissors, also known as nucleases, do not necessarily have to cut the DNA; instead, gene editing may be carried out through biochemical changes, such as causing a changed gene expression (epigenetic) or a single base pair order change. This means that genes can be shut down or removed completely, introduced fresh to the DNA, or have their expression changed epigenetically.

To get the nuclease directly into the cell, various methods can be followed. The most common one involves creating the CRISPR/Cas scissors by introducing new DNA to the cell, followed by using the scissors to change a specific part of the DNA, and finally removing the DNA encoding from the nuclease through breeding. A less common method is to make the scissors outside of the cell and then put them in, but this is less effective as they break down rapidly once created and put into the cell.

In 2016, scientists used CRISPR/Cas9 gene editing to create a new strain of rice that is more resistant to disease. The researchers targeted a gene in the rice plant that is responsible for producing a protein that attracts a particular insect pest. By using CRISPR/Cas9, they were able to disable this gene, making the rice less attractive to the insect pest and therefore more resistant to disease. This is just one example of how CRISPR/Cas9 can be used to create crops that are more resistant to disease, which could have a significant impact on global food security. The technique has also been used in medical research to develop new treatments for genetic diseases such as sickle cell anemia and Huntington's disease.

1. What's the passage about?

   a) New practices in genetic engineering
   b) Getting more out of genetic engineering
   c) The ethics behind genetic engineering
   d) The efficacy of genetic engineering

2. Which of the following is correct, according to the passage?

   a) The new method of genetic engineering is riskier to carry out but more effective if it works.
   b) With this development of a new technique, scientists have more control of DNA manipulation.
   c) This kind of genetic engineering using gene scissors is not commonly used due to its difficulty.
   d) Scientists can only cut and mend the DNA as of now; they haven't figured out how to modify it.

3. What is the "shotgun" method of genetic engineering?

   a) Carrying out the genetic engineering as quickly as possible to reduce distress of the cells.
   b) Taking DNA from one species and actively introducing it into the cells of another.
   c) Not understanding the dangers of genetic engineering and doing more harm than good.
   d) Not knowing exactly where the DNA is going to end up and hoping it arrives in the right place.

4. What is the most common method used to get the CRISPR/Cas9 nuclease into a cell?

   a) Creating the scissors outside of the cell and putting them in
   b) Removing the DNA encoding from the nuclease through breeding
   c) Using biochemical changes to change gene expression
   d) Introducing new DNA to the cell and then using the scissors to change a specific part of the DNA

WORDS & PHRASES ▶▶▶

whereby *ad.* ~에 의하여,

genome *n.* 게놈

nuclease *n.* 뉴클레아제

epigenetic *a.* 후성유전적인

base pair 염기쌍

encoding *n.* 인코딩; 세포 기능, 정보들을 유전자염기(GATC)를 구성하는 네 가지 알파벳 조합으로 표현하는 것

sickle cell anemia 겸상적혈구빈혈

Huntington's disease 헌팅턴병

efficacy *n.* 효험, 효력

manipulation *n.* 조작, 다루기

distress *n.* 고통

Unit 46 슈퍼에이징에 대한 이해
You should know about superaging

We all know somebody who seems to go through life doing everything well. At school, their grades are perfect, and they have time for excelling at sports, competing on extracurricular teams, and volunteering to help the needy in their free time. This kind of person doesn't disappear in old age. Scientist Marcel Mesulam talks of the "superager", an elderly person with the mental agility of someone much younger.

If you want to embody the superager, it is important to start preparing yourself early in life by following some simple guidance. Starting with scientific advice, there are particular areas of the brain that promote superaging. Northwestern psychology professor, Lisa Feldman Barrett, writing in the *New York Times*, said that the limbic system is a very important area of the brain as far as superaging is concerned, and thicker cortexes correlate with superaging. In order to get a thicker cortex, though, you have got to put in the work. Just as physical exercise exhausts the body in the short term but strengthens it in the long term, mental exercise may feel exhausting initially, yet the brain's ability improves over time. As you train your mind with mental exercise, you may feel tired and want to give up to feel good again, but that's when you should keep going and challenge your brain to do more. In this way, superaging becomes even more attainable.

A word of caution, though: nothing is guaranteed. You could do all of this and not be a superager, or you could do nothing and achieve it. You could exercise your brain throughout your whole life and become a superager; you could smoke and drink alcohol excessively and reach the same heights also. We are also guided by our genetics in the process of aging. Doing everything possible to become a superager is recommended, ___
_____ .

1. What is the main idea of the passage?

    a) How to be a superager

    b) Who can be a superager

    c) Backgrounds of superagers

    d) Superaging benefits

2. What cannot be inferred from the passage?

    a) There are people who are mentally strong at all ages of life.

    b) Mental and physical exercise both feel bad in the short term but good in the long term.

    c) Trying new things teaches your brain to adapt and makes it stronger.

    d) Researching your genetics can result in an improved ability to superage.

3. What effect does mental exercise have on the brain?

    a) It teaches the brain to identify exercise activities and avoid them if it can.

    b) Regular mental exercise causes the brain to work hard, rest, and work harder the next time.

    c) It causes the brain to become depleted of valuable nutrients and experience short term distress.

    d) Doing mental exercises helps you to learn more about yourself and the way you respond to things.

4. Which best fills the blank to complete the sentence?

    a) so that you can live a long life and stay mentally healthy for as long as possible

    b) as it not only improves your quality of life but also that of the people around you

    c) but you might also get there without any effort at all simply as a result of your DNA

    d) although we still don't have an exact idea of what causes some and not others to superage

WORDS & PHRASES ▶▶▶

excel at ~에 뛰어나다[탁월하다]	as far as A is concerned A에 관한 한	heights *n.* (더 큰 성공·성취를 이루는) 단계
extracurricular *a.* 과외의, 과외 활동의	cortex *n.* 대뇌 피질	genetics *n.* 유전적 특질
agility *n.* 명민함, 민첩함	attainable *a.* 이룰[달성할] 수 있는	be depleted of ~을 고갈시키다
embody *v.* 구체화하다, 구현하다	excessively *ad.* 지나치게, 과도하게	distress *n.* 고민, 걱정, 비통
limbic system 대뇌의 변연계		

Unit 47 탈인간주의
Post humanism

In order to understand what post-humanism is, it's important to start with a definition of what it is departing from. Although it encompasses many philosophical and ethical groups, simply put, humanism is the staunch belief that humans hold inherent value, agency, and moral supremacy. The complete dominance of superstition and religion in Medieval Europe gave rise to a rebellion against it during the Renaissance. Power and control were transferred from religious leaders to logical-thinking individuals. The moral world of our political and social institutions of today is still based on this humanism. Then, in the 1990s, post-humanism emerged as a challenge to the idea that only humans can influence morals. The argument was that technological development will remove humans from their position at the top as it is logically and morally necessary to do so.

Post-humanists, aka trans-humanists, point to future bio-medical tech such as implants, bio-hacking, cognitive enhancement, as evidence that humans will not evolve in the way we have up to now. Google chief engineer, Ray Kurzweil, expounding a theory that is prevalent in Silicon Valley, sees known human history ending due to the rapid growth of technological development and a new barely-imagined world appearing instead to replace it. Not all post-humanists share his vision, though. Human and technological mixing won't change humanity as such, but rather it will help humans to make connections with something different from us – machines, according to philosopher Donna Haraway. Human-machine cyborgs will show us the connections we have with non-human things that we have previously rejected.

This will, in addition, have knock-on effects for perceived divisions in gender, race, and species. To recap, on the one hand, Kurzweil subscribes to the idea that technological development will augment humans, but on the other hand, Haraway believes it will increase our understanding of differences between us and around us. She envisages the coming together of species and an expansion of our morality to non-humans. This is post-human ethics: the idea that non-human species are worthy of concern and respect and that _____.

1. What's the main idea of the passage?

    a) Definitions of humanism and post-humanism.

    b) The effects of humanism on human thinking.

    c) A post-humanist response to the rise of humanism.

    d) Humanist and post-humanist perceptions of morality.

2. What can be inferred from the passage?

    a) Kurzweil's idea has gained acceptance among others in Silicon Valley; thus, it has a better chance at coming true.

    b) According to Haraway, post-humanism is an ethical position that extends moral concern to things that are different from us and in particular to other species and objects with which we cohabit the world.

    c) Humanists regret bringing attention to their beliefs as it gave rise to post-humanists that rejected everything they stood for.

    d) Humans cannot afford to ignore the rise of technology anymore since to do so would be to negatively impair our future.

3. How do Kurzweil and Haraway differ in their opinions, according to the passage?

    a) Kurzweil argues that humanity will be threatened by the rise of intelligent machines, but Haraway thinks such an occurrence will only be good for humans' evolution.

    b) Both Kurzweil and Haraway believe human-machine connections will be made, but they disagree on exactly when and how it will finally happen.

    c) Kurzweil thinks that humans will no longer be sentient beings with agency over themselves while Haraway believes both humans and non-humans will reject each other.

    d) Kurzweil sees humans and machines as wholly integrating together to become one, but Haraway sees a greater understanding and mutual respect between the two.

4. Which best fills the blank to complete the sentence?

    a) humans are not the only ones worth anything

    b) machines should know their place beside humans

    c) humans have never had the upper hand totally

    d) for a peaceful future, interaction is a priority

WORDS & PHRASES ▶▶▶

encompass *v.* 포함하다, 망라하다	medieval *a.* 중세의	prevalent *a.* 일반적인, 널리 퍼져 있는
simply put 간단히 말해서	give rise to ~이 생기게 하다	knock-on effect 연쇄 반응, 도미노 효과
staunch *a.* 확고한, 충실한, 독실한	cognitive *a.* 인지의, 인식적인	augment *v.* 증가시키다
dominance *n.* 우월, 우세, 지배	enhancement *n.* 상승, 향상, 증대	envisage *v.* 마음에 그리다, 상상하다

Unit 48

명상과 금연의 상관관계
Meditation: how to quit smoking

Meditation can be used to help both addictions such as smoking and mental illnesses. It is often used to help people give up their addictions because it can relax the mind from the jitters that come with withdrawal. A recent study, published in *the Proceedings of the National Academy of Sciences*, has shown that, even though both sets of smokers took the same amount of classes, meditating smokers, who listened to music and focused on the present, were 60% more likely to resist than those who had simply been told how to relax their bodies. The 27 smokers involved did not join the study to quit and were actually unaware of how much fewer they had smoked. They said there had been no change in the amount they smoked, but breath tests showed a reduction and then they realized they had more cigarettes left over.

Clifford Saron, associate research scientist at the University of California Davis Center for Mind and Brain, who was not part of the study, sees a link between the content of the training and the unconscious reduction in cravings. An additional study found that meditation directly caused a breakdown in the link between cravings and cigarettes. Meditation meant they gave in to their cravings less and were at a reduced risk of relapsing. Saron notes that mindfulness meditation teaches that your feelings do not have to control your behavior. Take the example of scratching an itch. Initial resistance increases the desire to scratch, but then it begins to lessen. Understanding how your cravings work gives you power over them.

1. What is the topic of the passage?

    a) The effect of mediation on the brain
    b) Knowing what your own addiction weaknesses are
    c) How meditation can help smokers quit
    d) Having power over your smoking

2. Which of the following fits the situation?

    a) Knowledge is power.
    b) Quitters never prosper.
    c) Free your mind.
    d) Constant cravings.

3. What can you infer from the passage?

    a) Meditation helps you to cut down on smoking without actually realizing it.
    b) If you don't meditate regularly, you can never fully quit smoking.
    c) If you are in touch with your feelings, meditation will work the better for you.
    d) Relaxation techniques have no validity in the fight to quit smoking.

4. What is the most likely topic of the next paragraph?

    a) Why different cravings require different quantities of meditation
    b) Why resisting something makes it more desirable
    c) How this information can be used in the study to treat mental illnesses
    d) How relapse after attempting to quit can lead to stronger addiction

WORDS & PHRASES ▶▶▶

meditation *n.* 명상

addiction *n.* 중독

mental illness 정신병

give up 포기하다

jitter *n.* 불안, 초조

withdrawal *n.* 금단 현상

content *n.* 내용

unconscious *a.* 무의식의

craving *n.* 갈망

breakdown *n.* 분해, 결렬, 와해

give in to ~에 굴복하다

relapse *v.* 재발하다, 다시 나빠지다, 되돌아가다

mindfulness *n.* 마음 챙김, 깨어 있음

scratch an itch 가려운 곳을 긁다

initial *a.* 처음의

prosper *v.* 번성하다

cut down on 줄이다

be in touch with 연락하다, 계속해서 접촉하고 있다

validity *n.* 타당성

Unit 49

레이저 시력교정수술의 진화
Laser eye surgery

LASIK (Laser-Assisted In Situ Keratomileusis) and PRK (Photorefractive Keratectomy) are two of the most common types of laser eye surgery. LASIK involves creating a flap on the cornea and reshaping it with a laser, while PRK involves removing the outer layer of the cornea and reshaping the

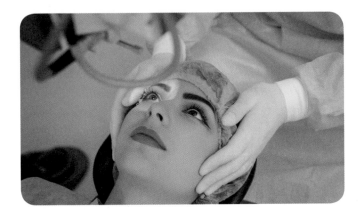

underlying tissue. Since there are more than a million people globally getting laser eye surgery each year, it has become the most popular elective surgery. It is not widely known that the first procedure was performed over a quarter of a century ago. Refractive surgery on vision but without a laser has been performed for over 30 years. Surgery techniques have evolved for the better over time so that how the surgery is performed now is not comparable with the first laser surgeries. For example, the actual lasers have undergone the most prominent changes by improving accuracy and reliability and thereby consistency. The people who perform the procedures have improved and are now regulated unlike in the beginning. The process is thought to be very safe and there are very few complications arising from it. The average complication rate is about 0.1% although this depends on the surgeon. While you may think that 1 in 1000 chance of complication is actually quite a big risk, you should know that these complications are easy for the surgeon to put right and your surgery will be successful.

1. What is the idea of the passage?

    a) The risks in laser eye surgery
    b) The disbelief in laser eye surgery
    c) The people behind laser eye surgery
    d) The evolution of laser eye surgery

2. Which of the following is incorrect, according to the passage?

    a) All laser eye surgeons have different success rates.
    b) If there is a complication in your surgery, the surgeon can easily fix it.
    c) When laser eye surgery was first performed, nobody was checking up on the surgeons.
    d) The lasers that are used now are nowhere near the same as the ones that were first used.

3. Which of the following correctly paraphrases the underlined?

    a) The safety of laser eye surgery has improved and not the difficulties in performing it have been ironed out.
    b) While you may think the process is safe, one look at the list of complications will make you think twice.
    c) It is not dangerous to get laser eye surgery, and you are not very likely to encounter any problems.
    d) If you think about the evolution of the process, you are more likely not to have any adverse effects.

4. Based on the passage, what is a potential benefit of laser eye surgery?

    a) It can cure all vision problems and restore perfect eyesight.
    b) It can help improve eyesight without the need for glasses or contact lenses.
    c) It can make someone's eyes look more attractive.
    d) It can only be performed on a very small percentage of people.

Unit
50
자폐증의 조기 징표
Early signs of autism

The US Centers for Disease Control and Prevention in Atlanta recently stated that autism spectrum disorder (ASD) affected one in every 33 children. It is known that the less frequent eye contact of children above the age of two. However, *Nature* has published a report that claims this symptom is apparent from the age of as low as two months. If the same results are seen in a large-scale research program, it has wide implications for autism diagnosis in terms of being able to diagnose the condition very early on and begin therapies, according to the research director of the Marcus Autism Center in Atlanta, Georgia, Warren Jones. He says that babies naturally begin their lives making a lot of eye contact _____ .

Along with his partner, Ami Klin, 110 babies, 59 of whom had a higher likelihood of autism because a sibling has it and 51 of whom were low risk, were studied. Ten times over two years, the infants were shown video images of those who cared for them and their gaze was tracked. From the high-risk group, 12 children (10 of whom were boys) and from the low-risk group, 1 boy, were diagnosed with an ASD. Between the ages of 2 and 6 months, these children decreased eye contact although they had begun the study with the same amount of eye contact as the other children.

While Jones and Klin had expected to see symptoms from birth in those who later developed autism, they were buoyed by the results which showed that there is a period of time in an infant's life when, if symptoms are detected, intervention and treatment could begin to prevent full development. An autism researcher at the University of Cambridge, Simon Baron-Cohen, applauds the results of the study which identify the time window when ability or inability to make eye contact emerges. Our knowledge of the development of autism will be greater and our ability to detect and treat it better. Jones admits that his findings are not inconclusive and more research needs to be done to make the association between less eye contact and autism stronger.

1. What is the passage mainly about?

    a) The schedule for the development of autism

    b) Research into causes of autism

    c) Behavioral signs of children with autism

    d) Early detection of a sign of autism

2. Which of the following fits the blank?

    a) since they have been taught to communicate in that way

    b) because they don't know why they are doing it

    c) as they look at the face more than anywhere else

    d) as a result of their experience in the womb

3. Why are the findings of this research important, according to the passage?

    a) It remains to be seen exactly how important the results are, but they will contribute to the way autism is dealt with.

    b) It suggests that there is a critical time period when autism signals can be detected in a child and treatment can be sought.

    c) The symptoms of autism in children were relatively unknown by scientists before this research was carried out.

    d) It was previously thought that a lack of eye contact in infants was as a result of vision problems.

4. Which of the following is false, according to the passage?

    a) All of the infants who were included in the study exhibited the same level of eye contact as each other.

    b) A much higher number of boys than girls showed autism symptoms at the conclusion of the study.

    c) At the beginning of the study, less than half of the infants who were included were deemed high risk for autism.

    d) The report in Nature queried the assertion that autism could be detected from the age of two and up.

WORDS & PHRASES ▶▶▶

autism *n.* 자폐증	be diagnosed with ~로 진단받다	detection *n.* 발견, 간파, 탐지
autism spectrum disorder 자폐증 스펙트럼 장애	be buoyed 부풀다	womb *n.* 자궁
	intervention 개입	deem *v.* (~로) 여기다
implication *n.* 영향, 결과	inconclusive *a.* 결정적이 아닌, 결론에 이르지 못하는	query *v.* 문의하다, 질의하다
diagnose *v.* 진단하다		assertion *n.* (사실임을) 주장
likelihood *n.* 가능성	association *n.* 연관, 연계	

Unit 51 인터넷 검색과 불충분한 건강정보
Insufficient health information

A simple Google search about health will confirm the idea that we live in a time when we have access to too much information. When you search for "breast cancer screening", 7.39 million results will pop up with the first page alone handing over information from the National Cancer Institute, the U.S. Preventive

Services Task Force, the American Cancer Society, the Centers for Disease Control, and the Mayo Clinic. You could also head to PubMed that gives you access to 19 million scientific papers that were only formerly available in dusty journals in academic libraries. When you use PubMed to look for "breast cancer screening", you will be supplied with 112,737 papers with free access to 23,286 of them. Even a more specific search brings up massive amounts of information: a search for a single genetic mutation that puts you at higher risk and in more regular need of screening (185delAG BRCA1) takes 0.37 seconds to find 23,800 results on Google. It makes us feel that we have great knowledge of that which we are searching about, but this is a fallacy since we do not know everything and neither do doctors.

In terms of health knowledge, _____ . On the surface it may seem that there is more information and more people have access to all of that, but on closer inspection, it is clear that the quality of the information is lacking and so much more is needed. The 19 million results available on PubMed include some that are of a very high quality due to their wide-reaching, wide-ranging, and carefully administered trials and studies that yield a large amount of data. There are also some, unfortunately, that are not so well carried out, do not include volunteers from a large pool, do not provide adequate information about their methods of data collection, and cannot interpret the data suitably. In addition, a number of studies in Chinese journals that claim to have been done in the best lab conditions were recently found not to have been. When the studies have not been carried out and interpreted adequately, it would be wrong for us to rely on the insufficient conclusions that are drawn.

1. What can be inferred from the passage?

    a) The Internet has a lot of useful information that can be used to help us.

    b) Even with the access to information on the Internet people should not rely on it solely.

    c) Our health is the most important thing to look after using the Internet.

    d) Academic papers cannot be trusted without looking at many different ones.

2. Which of the following is incorrect according to the passage?

    a) PubMed is the most reputable medical journal for any health concerns.

    b) There is an enormous amount of information available on the Internet.

    c) The amount of information on the Internet can be overwhelming as it comes from many sources.

    d) Google is able to find a lot of different information in a very short time on the Internet.

3. What is the reason why internet medical information is not useful to people according to the article?

    a) The reader is not educated enough to interpret the information, a doctor is needed.

    b) There is a good way of knowing which are valid pieces of information and which are fake.

    c) There are many inconsistencies and errors in the information available.

    d) Medical information off the Internet can be trusted by doctors, just not regular individuals.

4. Which of the following best fits the blank?

    a) we have not yet scratched the surface of what we could practically achieve

    b) there are so many medical professionals out there that have spent their careers trying to decipher it

    c) rather than having too much information we still do not have enough of it

    d) everything you thought you knew about health should be discarded and relearned as progress is made

---

WORDS & PHRASES ▶▶▶

screening *n.* 검사, 검진

pop up 갑자기 일어나다; 튀어 오르다, 불쑥 나타나다

hand over 넘겨주다, 전달하다

head to ~로 향하다, ~로 가다

bring up 불러일으키다

genetic mutation 유전자변이

fallacy *n.* 오류, 틀린 생각

on the surface 겉보기에는

pool *n.* 이용 가능 인력

suitably *ad.* 적합하게

insufficient *a.* 불충분한

scratch the surface 수박 겉핥기 식으로 처리하다, 피상적으로 다루다

decipher *v.* 판독하다, 해독하다

discard *v.* 버리다, 폐기하다

Unit 52

BMI와 아동 비만 퇴치
Understanding children's BMI

A new initiative aiming to put a stop to childhood obesity pushes pediatricians to keep a regular eye on the body-mass index (BMI) of children. BMI takes into account height and weight. It is suggested by the Centers for Disease Control and Prevention and the American Academy of Pediatrics that BMI is monitored from the age of 2 so that any weight problems can be tackled early on. Children will be labeled overweight if their BMI is between the 85th and 95th percentile for his age and sex. Children whose BMI is at or above the 95th percentile will be labeled obese. Those children who have high BMIs are in danger of developing chronic illnesses, such as diabetes or heart disease.

It is common for parents to misunderstand whether their children are the right weight or not. From the ages of 3 to 8, it is normal for children to become slimmer, according to Dr. Eliana Perrin, an assistant professor of pediatrics at the University of North Carolina at Chapel Hill, causing parents to mistakenly believe they have to feed them more. On the other hand, _____. If regular BMI measurements were taken and the results were explained to parents, parents would be more able to identify problems and enact better nutrition and exercise to combat problems as soon as they arise.

There has been more controversy when BMIs have been measured at schools. Although the data can be used to track obesity rates among students, there have been cases where the information has been sent to the children's homes. It is thought that this practice may cause students to be stigmatized or develop unhealthy eating habits and, in the worst cases, eating disorders. The CDC has, therefore, recommended that the staff who measure BMIs in schools should be trained to make sure that, first, all students feel safe and supported regardless of their body size, and secondly, the information that parents receive is clearly and politely explained. It doesn't matter what the child's size is, the parents must be aware of what it means, and what they can do to help their child return to and maintain a healthy size and lifestyle.

1. Which of the following best fits the blank?

   a) feeding kids whenever they want is bad parenting skills

   b) parents make many mistakes with their kids as they grow up

   c) if they are fed more, they will become more obese

   d) parents tend to ignore obesity in older children

2. What is the danger of informing parents of a child's BMI?

   a) They will compare their child's BMI with other kids'.

   b) Parents do not care about BMI, just what looks good.

   c) They do not understand what the number means and jump to conclusions as to how to deal with it.

   d) Parents will use the number to force their kids to do things they don't want to do.

3. Which most closely resembles the underlined phrase?

   a) An atmosphere where each child is accepted and feels comfortable in their own skin

   b) A place where obese children can go to escape the bullying of everyday life

   c) A feeling that all body sizes have some faults and nobody is perfect

   d) A safe place where kids who are overweight can talk about their eating issues

4. What's the topic of the passage?

   a) Why some kids are fatter than others during school years

   b) The rising number of eating disorders among children

   c) Scientists' new initiative in tackling child obesity

   d) The need for parents to understand and monitor their child's BMI

WORDS & PHRASES ▶▶▶

initiative *n.* 계획

childhood obesity 아동비만

pediatrician *n.* 소아과 의사

take into account 계산에 넣다, 참작하다

monitor *v.* 추적 관찰하다

percentile 100분의 1의

chronic illness 만성 질환

assistant professor 조교수

stigmatize *v.* 오명을 씌우다, 낙인 찍다

eating disorder 식이장애, 섭식장애

Unit 53 브랜드 제약품 대 바이오시밀러
FDA-approved biologic v. Biosimilar

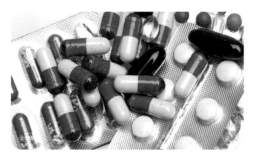

When an original FDA-approved biologic (the reference product) is produced to imitate and is identical in every clinically important way, it is called a biosimilar. The manufacturer must do some tests and trials to compare to the reference product that show the biosimilar has the same safety, purity, and potency as the reference when it is used for what it is meant for. The FDA requires that the biosimilar must work the same in the human body, be able to be administered into the body in the same way such as injection or infusion, be in the same dosage form such as liquid, and be of the same strength as the reference. Small differences such as clinically inactive components are allowed, though.

Any differences there are will be assessed in terms of how much variation they cause between the biosimilar and the reference product and whether they are acceptable. The biosimilar's manufacturing process is just as important as it is for the reference product. Although some differences are allowed, any variety must be controlled, monitored, and limited in an acceptable way. In order to have no clinically significant variation from the reference product, when using a biosimilar the patient must have the same physical response as when using the reference. The immune system's response to the product (immunogenicity), the method of breaking down, metabolization, and excretion (pharmacokinetics), and the ability to deal with the disease of the body (pharmacodynamics) are compared.

Biosimilars and generic products are copies of brand-name drugs that have already received FDA approval that are meant to boost competition, bring down prices, and allow consumers better accessibility to drugs. The copies reach approval much more quickly since they are being compared, but there are important differences to note. A small molecule drug's active ingredient can be perfectly duplicated, so the reference and the generic products are the same. However, biologics always have small differences even in the brand name version, so it is inevitable that biosimilars will also have differences. As a result, biosimilars have a different approval standard. While generic drugs must be bioequivalent, biosimilars can be "highly similar", although _____

_____ .

1. What's the passage mainly about?

   a) An explanation for why some biosimilars are approved and others aren't
   b) The differences between an original product and its imitation version
   c) The details of how an original drug and its copy are compared
   d) The body's different responses to original drugs and copies of them

2. According to the passage, which of the following is incorrect?

   a) When administered in the same way, biosimilars can act differently in the body.
   b) Different physical responses are allowed if there is no clinical variation.
   c) A biosimilar goes through a simpler approval process than the reference product.
   d) Biosimilar manufacturers must prove their product as safe as the reference.

3. What can be inferred from the passage?

   a) FDA-approved biosimilars do not have the same efficacy as brand-name drugs.
   b) When there are more biosimilars, patients have more choice about which drugs to use.
   c) Patients will always choose the cheaper version of the same drug.
   d) Some generic drugs are made by the same manufacturers as the original drug.

4. Which best fits the blank?

   a) neither of them usually passes the approval standard
   b) both standards bring a guarantee of safety and efficacy
   c) they must be more accessible to patients
   d) other differences between biologics are allowed

WORDS & PHRASES ▶▶▶

biologic *n.* 합성 의약품

reference product 오리지널 의약품, 참조 의약품

imitate *v.* 모방하다, 모조하다

identical *a.* 동일한

clinically *adv.* 임상적으로

biosimilar *n.* 바이오시밀러

trial *n.* (임상) 실험

purity *n.* 순수성

potency *n.* 힘, 영향력, 효력

administer *v.* 투약하다; 관리하다; 집행하다; (타격을) 가하다

injection *n.* 주입, 주사

infusion *n.* 주입, 투입, 불어 넣음

dosage *n.* (보통 약의) 정량, 복용량, 투여량

assess *v.* 평가하다

variation *n.* 변화, 변형

immune system 면역 체계

immunogenicity *n.* 면역원성(고분자 단백질 의약품이 체내에 유입되었을 때 면역반응을 유발하는 성질)

metabolization *n.* 대사 작용

excretion *n.* 배출, 배설

pharmacokinetics *n.* 약동학

pharmacodynamics *n.* 약력학

competition *n.* 경쟁

accessibility *n.* 접근 (가능성), 접근하기 쉬움

molecule *n.* 분자

ingredient *n.* 성분, 요소

duplicate *v.* 복사하다, 복제하다

inevitable *a.* 필연적인, 피할 수 없는

bioequivalent *a.* 생물학적 등가성의

efficacy *n.* (특히 약이나 치료의) 효험, 효능

Unit 54 전 세계적인 팬데믹을 예방하기 위한 공동 노력
Collaboration efforts for preventing global pandemics

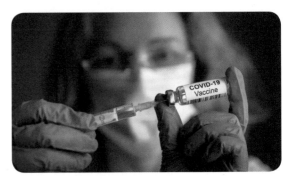

Diseases are often eradicated when many nations around the globe work together, says infectious-disease expert, Rhea Coler. As with smallpox, the threat of COVID-19 globally meant many countries came together to share knowledge and expertise. If it weren't for the sharing of the virus' genetic sequences by scientists in Asia with the rest of the world, the vaccines would not have been developed so quickly. When political disputes challenge collaboration, problems start to appear. Despite their differences, the US and the Soviet Union worked together to eradicate smallpox, yet the current geopolitical climate does not _____ _____.

It is disappointing for some to see a rise in what's known as vaccine nationalism. This is when certain countries start hoarding vaccines and prevent other countries from using them. There has also been a campaign of disinformation to discredit vaccines developed by other countries, which affects all vaccine use globally. In addition to this spread of falsehoods about vaccines, funding to support an appropriate public health response to the pandemic failed to appear. Public-health departments throughout the United States lack money and staff. All these factors combined inhibit efforts to bring eradication of diseases through contact tracing, vaccination, and testing, says Emily Gee, a health-policy advocate at the Center for American Progress in Washington DC. Furthermore, officials are prevented from honest public engagement.

The manufacture and dissemination of vaccines is important to the quick reduction and eventual eradication of a pathogen that can cause a global pandemic. People need to trust that the vaccines will be available to those who need them. Transparency from scientists about how research is being done and from public health officials about why measures are being implemented is vital for preventing disinformation at all times.

1. What's the main idea of the passage?

   a) Nobody knows when the next global pandemic will happen or how bad it will be.
   b) Everyone has to work together to stop pandemics before it's too late.
   c) Public health crises should be the concern of government officials.
   d) Educating the public on how to maintain hygiene is the first step to ending a pandemic.

2. Which best fits the blank?

   a) disinformation about vaccines is growing
   b) the COVID-19 vaccine was created independently
   c) has rejected the smallpox vaccine
   d) easily support such cooperation

3. According to the passage, which of the following is false?

   a) Some countries took more vaccines than they needed.
   b) It is essential to give vaccines to those that need them the most.
   c) The US and the Soviet Union refused to collaborate over smallpox.
   d) Public-health departments are often understaffed and underfunded.

4. What does the underlined mean?

   a) People need to know what scientists are doing and why public health officials are being asked to adopt certain measures to understand the reality.
   b) The general public has been misled so many times that it is hard to trust either the scientists or the authorities when they set policies.
   c) Disinformation spread by public health officials about vaccine research has meant that more people have suffered than was necessary.
   d) If scientists work with officials to put out the correct information, there will be more trust in the vaccines.

WORDS & PHRASES ▶▶▶

collaboration *n.* 공동 작업, 협력

pandemic *n.* 팬데믹; 전국[전 세계]적인 유행병

eradicate *v.* 근절하다, 박멸시키다

infectious disease 전염병

expertise *n.* 전문 지식[기술]

genetic sequence 유전자 서열

dispute *n.* 논란, 분쟁

nationalism *n.* 민족주의

hoard *v.* 비축하다, 저장하다

discredit *v.* 신빙성[신용]을 떨어뜨리다

funding *n.* 자금 조달[제공]

inhibit *v.* 억제하다, 저해하다

advocate *n.* 지지자, 옹호자; 대변인

engagement *n.* 어울림, 관계 맺음

dissemination *n.* 배포, 보급

eventual *a.* 궁극적인, 최종적인

pathogen *n.* 병원균, 병원체

transparency *n.* 투명성, 명백함

implement *v.* 시행하다, 이행하다

understaffed *a.* 인력이 부족한

underfunded *a.* 자금이 부족한

adopt *v.* 채택하다, 취하다

mislead *v.* 오해하게 하다, 속이다

Unit 55 우리와 함께할 메타버스
The metaverse is here to stay

While the science fiction incarnation of the metaverse (also called web3 by some) gained popularity from *Snow Crash*, a 1992 dystopic, cyberpunk novel by Neal Stephenson, and then *Ready Player One*, a 2011 novel by Ernest Cline, it can be traced back to the mid-1980s, if not further back. There were chatrooms, AOL messenger and early social media sites in the 1990s. At the beginning of the 2000s, World of Warcraft attracted millions of fans. Now we have Fortnite, where people can play and chat with friends in a social atmosphere that can feel as real as real life, especially to young people. Whether in virtual reality (VR), augmented reality (AR), or simply on a screen, it is bringing the physical and digital world _____.
Money, society, work, commerce, and entertainment are all affected and you don't even feel like you are logging in. GPS apps tell us where things are while streaming sites use algorithms to make personalized suggestions. Some iPhones can 3D scan your surroundings with a LiDAR scanner. At its core, metaverse is the evolution of our Internet.

The future of relationships is what intrigues the CEO of the video game engine Unity, Riccitello. He points to the nature of relationships when we're not physically with someone although it feels like we are. The possibilities are endless as people could create Facebook or Apple-like companies. Money people have seen what is happening and want to be involved. The CEO of L'Atelier BNP Paribas, John Egan, says that banks and investors are looking to the metaverse for ways to create new futures that were previously unimaginable.

1. What's the passage mainly about?

   a) The dangers of the widespread use of the metaverse
   b) The way the metaverse is taking over our lives
   c) The prevalence of the metaverse into our daily lives
   d) The connection between the metaverse and social media

2. According to the passage, which of the following is incorrect?

   a) The way we interact with others is changing.
   b) Financial people are wary of how the metaverse will affect the world.
   c) People can do anything with the opportunities of the metaverse.
   d) You might not know it, but the metaverse is already in your life.

3. According to the passage, how can the metaverse change the future?

   a) It can show us new species that have not yet been discovered.
   b) It can make possible things that we thought could never be achieved.
   c) It can make people rich without having to do anything.
   d) It can bring people into conflict as there is a new platform to fight over.

4. Which best completes the sentence?

   a) further into a fantasy world
   b) toward an uneasy relationship
   c) ever closer in all aspects of life
   d) to those who don't want it

WORDS & PHRASES   ▶▶▶

science fiction incarnation 공상과   atmosphere n. 분위기   be involved ~에 참여(관여)하다, ~에
학적 구현물   나서다
                                        personalized suggestions 맞춤형
dystopic (dystopian) a. 반이상향의,   추천   prevalence n. 보급, 유행, 우세
암흑향의
                                        evolution n. 진화
trace back to ~까지 거슬러 올라가다

Unit 56 디지털 트윈이 인도하는 미래
DTs are taking us into the future

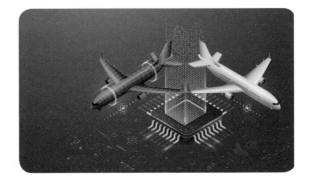

The use of digital twins (DTs) began with approximately 50 years ago with NASA's program to send Neil Armstrong and Buzz Aldrin to the moon. Not only did the program bring huge changes to technology and create industries for microelectronics, software, and communications, but also, in order to prevent any danger to the mission in space, NASA built a twin of the spacecraft that went to the moon that would remain on the ground in the event that troubleshooting was needed. When there were problems with the Apollo 13 mission, this was vital to returning the astronauts to earth. This eventually evolved into modern DTs which are not physical but digital representations. Fundamentally, a DT is a dynamic model of a physical system that enables fast and creative experimentation at very low cost and risk.

Until now, DTs have proven their value in specialized, complex applications such as being able to look at and imitate an aircraft engine or devices in the manufacturing process. They were used strategically for data visualization and the managing of the life cycles of products. However, now they are evolving further as it is seen that DTs can ____
_____. DTs can now be utilized for today's equivalent of the moon landing. They can show us how to succeed in business while preventing damage to the environment and the human race. Moreover, DTs are a way to experiment with the overlap of various disciplines, finding new ways to approach things while aiding the development of smart digitalization. Finally, DTs can be of use in ways that protect the earth by promoting sustainability and contribute to the improved health and safety of humans.

1. What's the main idea of the passage?

    a) The effect of the moon landing on technology

    b) Modern approaches to solving problems in industry

    c) The evolution of the use of digital twins

    d) The limitations of DTs in business culture

2. According to the passage, which of the following is correct?

    a) In the future, digital twins will be used to imitate physical objects.

    b) Digital twins are being used to construct an increasingly smart digital society.

    c) DTs are only meant to be used for the engineering industry.

    d) DTs are contributing to a less environmentally aware society.

3. Why were the first digital twins developed?

    a) To strengthen the military for future wars

    b) To understand what was happening on the moon in real time

    c) To make the astronauts and their families feel safer

    d) To solve the problem of how to help astronauts in space

4. Which best fits the blank?

    a) have dire consequences on the human race

    b) have even more diverse applications

    c) give an unfair advantage to users

    d) shape the way we think about the future

WORDS & PHRASES ▶▶▶

digital twin 디지털 트윈 (현실 속 사물, 사고체계 등을 가상 세계에 구현한 것)

microelectronics *n.* 극소 전자공학, 초소형 전자기술

troubleshooting 문제 해결

digital representation 디지털적 표현 (어떤 사물의 디지털판)

experimentation *n.* 실험, 실험법

visualization *n.* 시각화, 구상화

equivalent *n.* 동등한 것, 대응물

overlap *v.* 겹쳐지다, 중복되다

discipline *n.* 학문; 분야

digitalization *n.* 디지털화

sustainability *n.* (경영적인 측면에서의) 지속가능성

Unit 57

우리 삶에 들어오는 증강현실
The acceptance of AR into our lives

Every day, augmented reality (AR) becomes more likely to happen. The day is coming when the digital and analog worlds will become one. Pokemon Go is the catalyst for this to happen. In Pokemon Go, players see the real world on their mobile device screens and this is overlaid with digital images. The game is the latest attempt to introduce AR to the population at large. While virtual realities, such as those in video games, put a person into a completely artificial reality, AR seeks to put VR concepts into actual reality. It has been tried before, most notable with Google Glass, but none has had the success that Pokemon Go has had.

Our lives as we know them will completely change if AR becomes the norm. As we go about our daily business, we would constantly be supplied useful information that augmented our experience of it — anything from geographical data to language help and consumer information. Google Glass could do all of that, but never caught on. Probably because it was too real; the idea that such advanced technology was about to take over our lives didn't sit well with consumers, who feared what this meant for the future. Pokemon Go, while employing the same AR technology, does so in the form of a game, which makes it more acceptable. We feel games won't change our lives as everyday objects can. Innovative technology on our phones doesn't seem alien to us as a pair of AR glasses does.

The AR employed in Pokemon Go is opening the door for products, such as Google Glass, that _____. It won't be long before we see AR enter our lives more and more.

1. What's the passage mainly about?

    a) The unfamiliarity of Pokemon Go

    b) Pokemon Go's unattainable success

    c) The virtual reality in Pokemon Go

    d) The acceptance of AR into our lives

2. What can be inferred from the passage?

    a) Google Glass wasn't marketed in the right way, but a new launch would right that problem.

    b) The lack of success of Google Glass was down to an advertising failure.

    c) Google Glass would need some fundamental changes before it could be successful.

    d) If Google Glass were launched again, it would be more successful.

3. Which best paraphrases the underlined?

    a) People were fearful of a future that would incorporate advanced technology in every facet of life.

    b) The future of advanced technology is uncertain as there needs to be more controls over how it is used.

    c) Advanced technology, and everything it entails, is more than most people can possibly imagine.

    d) The technology that would enter people's lives was so advanced that nobody could imagine it.

4. Which best fits the blank?

    a) never used AR before in previous incarnations

    b) haven't been able to find any backers yet

    c) will never become household names

    d) were previously rejected due to their unfamiliarity

WORDS & PHRASES ▶▶▶

augmented reality 증강현실

catalyst *n.* 촉매, 기폭제

be overlaid with ~이 입혀진

at large 전체적인; 대체적인

virtual reality 가상현실

become the norm 기준이 되다

go about 계속 ~을 (바삐) 하다; ~을 시작하다

constantly *adv.* 계속해서

geographical *a.* 지리학(상)의, 지리(학)적인

not sit well with ~에 받아들여지지 않다, 수긍되지 않다

innovative *a.* 혁신의, 쇄신의

alien *n.* 외국인, 이방인 *a.* 외래의, 낯선

it will not be long before 머지않아

~할 것이다

be down to ~ 책임이다, ~ 때문이다

incorporate *v.* (일부로) 포함하다

facet *n.* 측면, 양상

incarnation *n.* (특정한 형태로 사는) 생애, 화신

household name 누구나 아는 이름

Unit 58 차량 호출 사업의 전망
The ride-hailing trend

While the future looks good for ride-hailing services that have successfully filled a gap in the market by transporting those who don't have their own vehicle, there are still obstacles to overcome in order to dominate globally. Blockchain technology can be used in this regard, along with existing tech that the services use to screen drivers and enforce better security standards, thereby ensuring improved safety for female passengers. Over the last a few years, four women have been killed, with two murdered in 2018 while using Didi's Hitch service. In response, the hashtag #BoycottDidi was created, which reached over a million views, and Chinese users started boycotting. Although this is a small number and regular taxis also have safety issues, yet safety standards need to be addressed. Both riders and drivers can be screened in this way. Additionally, the driver can be totally removed from the ride-hailing services by using autonomous technology, which would offer numerous advantages in terms of convenience and availability. The passengers' safety would be increased, the cost of using the service would decrease, and the service can run 24 hours a day as the human element would be eliminated.

One of the most significant benefits of blockchain technology is the ability to create tamper-proof records of transactions. This feature could be used to track every ride-hailing trip and ensure that both the driver and passenger have a record of the trip's details. By using blockchain to create this immutable record, both parties can be confident that the information is accurate and that there is a permanent record of the transaction. Moreover, the transparency of blockchain technology can help screen drivers and create better security standards. The technology can ensure that drivers are thoroughly vetted before they are approved to drive for a ride-hailing service, thereby improving the safety of passengers and preventing incidents of assault and harassment.

1. What is the main idea of the passage?

    a) The problems of autonomous vehicles and how to fix them
    b) Considering the passengers of ride-hailing services
    c) The reasons why people are still suspicious of autonomous vehicles on the roads
    d) The coming together of ride-hailing services and autonomous vehicles

2. What was the purpose of the hashtag #BoycottDidi?

    a) To promote Didi's Hitch service
    b) To demand better security standards from Didi
    c) To boycott all ride-hailing services
    d) To eliminate the human element from ride-hailing services

3. Why does using autonomous vehicles increase their availability?

    a) There is less damage incurred on vehicles that don't have humans constantly getting in and out of them.
    b) Human drivers have to rest, eat and sleep to function well, but driverless cars have no such need.
    c) Cars that have no driver still need to be charged and rested, so they cannot keep running endlessly.
    d) A central system can take the calls from passengers and pass it on to the drivers at any time of the day.

4. How can blockchain technology help to prevent incidents of assault and harassment in ride-hailing services?

    a) By creating tamper-proof records of transactions
    b) By eliminating the human element from ride-hailing services
    c) By thoroughly screening drivers using existing tech
    d) By improving the availability of ride-hailing services

---

WORDS & PHRASES ▶▶▶

ride-hailing *n.* 차량 호출; 공유택시 서비스

dominate *v.* 우위를 차지하다, 지배하다

along with ~에 덧붙여, ~와 마찬가지로

screen *v.* (직원에 대해) 신원 조사를 하다, (적절한지) 확인하다[거르다], 가려내다

thereby *ad.* 그렇게 함으로써

address *v.* 해결하다, 언급하다

autonomous *a.* 자율의, 자치의

tamper-proof *a.* 쉽게 변경[조작]할 수 없는

transaction *n.* 거래

immutable *a.* 변경할 수 없는, 불변의

permanent *a.* 영구적인, 영원한

transparency *n.* 투명, 투명성

vet *v.* 점검하다, 조사하다, 심사하다

suspicious (of) *a.* 의심스러워하는, 못 미더워하는

Unit 59 3D 프린팅 기술
3D printing technology

The aerospace industry, which does not have high volume requirements, is happily using 3D printing technology. While non-critical things are being produced now, that will not always be the case. These days, an F-18 fighter jet that was built 20 years ago could have some 3D-printed equipment because replacement parts such as parts of the cockpit or the cooling ducts can be printed. The brand-new F-35 will be able to replace about 900 parts when needed by 3D printing technology, says 3D Systems. GE, as the world's biggest manufacturer, is well aware of the future importance of this technology in anything from energy to healthcare, so it wants to keep it in-house for its own benefit. So, GE acquired Morris Technologies of Cincinnati, a leading company in the industry. One of its major productions is of lightweight parts for unmanned aerial vehicles. GE is interested in the ability to make these parts out of new materials and not in a traditional way. Industry analysts predict that GE will be printing numerous jet engine parts.

The Chinese, however, have taken notice and think that getting in on this technology will help their own manufacturing industry in the face of rising labor costs and some production being relocated back to Europe and America. Despite not yet being on a level playing field with America, China has its sights set on the 3D printing industry. 3D printing fits in well with the normal factories in China. For example, Beijing Longyuan Automated Fabrication System uses laser-sintering (a king of 3D printing) when making specially treated foundries and moulds. Then, the moulds go to the normal factory to be processed traditionally. In addition, a car engine's parts can all be made by 3D printing in only a few weeks rather than months. China is home to some of the biggest 3D printers in the world. Customized 3D seats for astronauts are produced. As China aims to produce a rival to Boeing and Airbus' short-haul jets, its 12-metre long printer that can produce such things as wing spares and fuselage frames out of titanium might come in very handy.

1. What is the idea of the passage?

    a) The production of 3D parts in various industries that China controls
    b) The emergence of 3D printing technology and China's entrance onto the scene
    c) 3D printing uses in America and China differ markedly
    d) The worrisome future of war as 3D printing makes production easier than ever

2. What can be inferred from the passage?

    a) GE's plan was to wipe out all of the competition that threatened its leadership.
    b) Morris Technologies saw the opportunity to make money out of GE's greed and took it.
    c) China intends to catch up to America's dominance in the field of 3D printing.
    d) 3D printing is still in its infancy and its trajectory is feared by many in the field.

3. Which of the following paraphrases the underlined?

    a) The world's biggest manufacturer, GE, wants to retain the technology for itself because it knows that 3D printing will be useful in all fields from energy to healthcare.
    b) Since GE is the world's biggest manufacturer it needs to make sure it is always on top of new developments in its own field in things from energy to healthcare.
    c) The benefits that GE, the world's biggest manufacturer, could reap from being in possession of the technology could aid developments in energy and healthcare.
    d) Fields as diverse as energy and healthcare are being considered to take advantage of the 3D printing that has overhauled other industries already.

4. Why is China worried about its factories, according to the passage?

    a) Chinese employees who demand more money have a platform to have their voices heard.
    b) The relocation of factories in China has disrupted much of the actual production.
    c) China has lost much of its workforce as they travel to Europe and America to seek work.
    d) China is being forced to raise the salaries of its employees in the factories.

aerospace industry 항공우주산업

cockpit *n.* 조종석

cooling duct 냉각관

in-house *a.* (회사·조직) 내부의

acquire *v.* 인수하다

unmanned aerial vehicle 무인항공기

a level playing field 공평한 경쟁의 장

sintering *n.* 소결 (분말 또는 압분 입자를 가열하여 결합시키는 것)

foundry *n.* (금속·유리를 녹여 제품을 만드는) 주조 공장

mould *n.* 거푸집, 주형

short-haul *a.* 단거리 운항의

fuselage *n.* (비행기의) 동체, 기체

markedly *adv.* 현저하게

worrisome *a.* 걱정스러운

dominance *n.* 지배, 우월

be in its infancy ~의 초기에 있다, 걸음마 단계에 있다

trajectory *n.* 탄도, 궤적, 궤도

overhaul *v.* (기계·시스템을) 점검[정비]하다, 앞지르다

AI 챗봇의 부상

The rise of AI chatbots

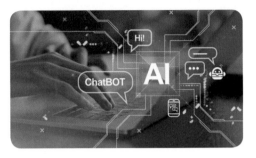

The rise of AI-powered chatbots is being seen as a new threat to search engines like Google. Chatbots, such as the popular ChatGPT made by OpenAI, can perform a range of functions, including writing essays, explaining complex concepts, and summarizing text. The technology has already been incorporated into search engines, such as the new version of Bing by Microsoft. However, chatbots face many challenges, including inaccuracies and the spread of misinformation, which raise concerns about censorship, objectivity, and truth.

Chatbots also present a question about competition. It is unclear whether they will serve as a complement to search engines or replace them. While chatbots' occasional inaccuracies make them less reliable than search engines, their capabilities could improve to become an interface to all kinds of services, such as making hotel or restaurant reservations, particularly if offered as voice assistants, like Alexa or Siri.

Tech firms must also decide how to monetize chatbots. While OpenAI is launching a premium version of ChatGPT, and Google and Microsoft will show ads alongside chatbot responses, running chatbots is more expensive than search engines, which reduces margins. Other models, such as charging advertisers more for the ability to influence the answers chatbots provide, may emerge. The emergence of chatbots is transforming the way we access and consume information online, and is posing new challenges and opportunities for both tech companies and advertisers.

Smaller firms like OpenAI and Anthropic have a chance to compete with larger companies in this new field. These firms are attracting a lot of attention and investment from tech giants such as Google and Microsoft. However, the fact that incumbents already provide many of the services that chatbots could offer as an interface to might benefit these companies. Ultimately, chatbots are a new technology that raises hard questions about the nature of online information and the potential for replacing search engines as the front door to the internet.

1. What is the key point of the article?

   a) Chatbots are a new technology that could replace search engines as the front door to the internet.
   b) Chatbots are not as reliable as search engines and are unlikely to become popular.
   c) Chatbots are being developed by smaller firms that are struggling to compete with larger companies.
   d) Chatbots are a complement to search engines, but their occasional inaccuracies make them less reliable.

2. According to the article, what is the challenge that chatbots face in terms of accuracy?

   a) They often present their answers as gospel truth.
   b) They have difficulties searching the Internet for relevant information.
   c) They are biased and present incorrect or offensive replies.
   d) They cannot diagnose specific medical conditions.

3. What is one potential model for monetizing chatbots, according to the article?

   a) Charging users for access to chatbot data
   b) Running ads alongside chatbot responses
   c) Offering premium versions of chatbots with more features
   d) Charging advertisers for the ability to influence chatbot responses

4. According to the article, what is the current status of chatbots compared to search engines?

   a) Chatbots are more reliable than search engines but more expensive to run.
   b) Chatbots are less reliable than search engines but may serve as an interface to other services.
   c) Chatbots are a complement to search engines but are unlikely to become popular.
   d) Chatbots are equally reliable as search engines and are already being used as a replacement.

WORDS & PHRASES ▶▶▶

incorporate *v.* 통합하다

inaccuracy *n.* 부정확성

misinformation *n.* 오보, 잘못된 정보

raise concerns 염려를 불러일으키다

censorship *n.* 검열

complement *n.* 보충 *v.* 보완하다

monetize *v.* 통화로 정하다, 수익을 창출하다

launch *v.* 시작하다, 착수하다

alongside ~와 나란히

emerge *v.* 나타나다, 출현하다; 빠져 나오다

incumbent *n.* 현직자, 재직자 (기존) *a.* 의무로 지워지는

replacement *n.* 대체, 대신; 교체

135

문화 & 예술

문학과 언어학 (Literature & Linguistics)
인간관계와 심리 (Human relations & Psychology)
문화와 제도 (Culture & Institutions)
예술과 스포츠 (Arts & Sports)

Unit 61 디지털 인문학
Digital humanities

It is often hard to see what the point of the digital humanities is. But the new ways of seeing things that the digital humanities have afforded us are invaluable. A University of Illinois English professor, Ted Underwood, researched over 4,000 books written between 1700 and 1900 and found that in literature change happens very slowly. Between 1700 and 1800, there was a decrease in the use of old Anglo-Saxon words. However, between 1800 and 1900, a split occurred. Poetry used these words more; fiction was the same but not as strongly; in non-fiction there was no change. Poetry and fiction were moving away from the traditional sense and towards describing ordinary lives. Usually, this has been the forte of the romantics, but now we can see that it happened for much longer than was previously thought.

Underwood states that it is difficult for us to conceive something that happens over 100 years or more as we are accustomed to thinking of things in smaller groups. This is where the digital humanities come in. They can show us changes that we would not otherwise have perceived because of the length of time covered. Computers help out where our brain have failed us. They do not replace us; but lend support instead as an extension of what we can already do, according to Johanna Drucker, an information studies professor at UCLA. Humans just need to adjust to having this help from the computer. Seeing as we already use technologies for the purposes of reading, it's not such an exaggeration to accept the idea that humans can use computers to fill in our weaknesses, says Matthew K. Gold, a professor of digital humanities at the Graduate Center of the City University of New York. If we can accept that computers can help us not only with reading but also with interpretations, the digital humanities will become a great presence in literacy.

1. What is the topic of the passage?

    a) How our brains are better than supercomputers in terms of what they can achieve
    b) What we can do to train our brains to act more like computers
    c) Why the digital humanities should be taken more seriously than it has previously been
    d) How the digital humanities can help us by doing the things that our brains cannot

2. What can you infer from the passage?

    a) Most people already have the capacity to do large-scale digital interpretation but they are untrained.
    b) People might not be ready to accept the substance and utility of digital humanities.
    c) The human brain has lost the ability it once had to interpret long stretches of time critically.
    d) The technology that can assist the human brain has to be treated with care so that it does not replace the human brain.

3. Why was there a difference in the use of old Anglo-Saxon words between 1800 and 1900?

    a) Poetry and fiction had a different purpose than non-fiction.
    b) Only a few writers knew that these words had come back into fashion.
    c) Trying to change writers' word use is a foolhardy task.
    d) The next big thing in language was waiting just around the corner.

4. Which of the following can replace the underlined?

    a) Many people wonder what the digital humanities can do for us.
    b) The digital humanities have a point that nobody cannot see.
    c) The world of the digital humanities is waiting to be discovered.
    d) Having a point to what you're doing is the driving force behind the digital humanities.

WORDS & PHRASES ▶▶▶

digital humanities 디지털 인문학

afford v. ~할 형편이 되다

invaluable a. 매우 유용한, 귀중한

literature n. 문학

Anglo-Saxon n. 앵글로색슨인, 고대 영어

split n. 분열, 갈라짐

poetry n. 시

forte n. 강점(특히 잘 하는 것)

romantic n. 낭만파

conceive v. (생각·계획 등을) 마음속으로 하다[품다], 상상하다, 생각하다

be accustomed to –ing ~하는 데 익숙하다

lend v. 빌려주다

extension n. 확대, 연장, 확장

adjust to -ing ~에 적응하다

interpretation n. 해석, 통역

presence n. 존재, 참석

literacy n. 글을 읽고 쓸 줄 아는 능력

substance n. 실질, 물체, 내용

come back into fashion 다시 유행하다

foolhardy a. 무모한

just around the corner 임박한; 바로 코앞인

driving force 원동력

139

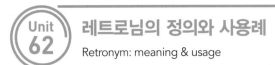

Unit 62 레트로님의 정의와 사용례
Retronym: meaning & usage

A retronym comes from the Latin for backwards, *retro* and the Greek for name, *onuma*, and it looks similar to other words such as acronym and homonym. To define a retronym is a little difficult, but the Oxford English Dictionary says that it was invented for something whose original name has evolved into something different by means of technology or other developments. The original term is usually used alongside a new modifying word.

Some examples will make this clearer to understand. When the electric guitar was invented, the word guitar was not enough anymore to describe this new object, so the modifying word 'acoustic' was used to identify the original basic guitar. In addition, take the term 'analogue watch'. This means the most basic watch that uses hands instead of the more modern digital watch. Furthermore, 'snail mail' is used to refer to mail sent in the original physical way as opposed to e-mail. Others include birth mother, natural turf, regular coffee, classic Coke and real cream. Another way to express a retronymic object is to double up the term, such as book-book to mean the printed version, volunteer-volunteer to mean a true volunteer that receives no money, wood-wood describes a golf club that is made of wood, and cheese-cheese is real cheese.

These terms are usually found in spoken contexts and the first word is emphasized. They are called doubles, clones, or reduplicatives. It is generally thought that William Safire first used a retronym in 1980 in his *New York Times* column, On Language, in conversation with Frank Mankiewicz, a popular broadcaster and journalist in the US at the time and formerly the press secretary of Robert Kennedy. Since then it has become a fixture in the language of people who watch language changing. When a new retronym appears, it is a clear indicator that something is not used so much anymore. As technology advances, there will be more and more members of this group of objects that have become pretty much obsolete.

1. Which of the following is true, according to the passage?

   a) Retronyms are falling out of use as language develops.
   b) There is more than one way to make a retronym.
   c) The word retronym is not used so much anymore.
   d) Retronyms have entered into spoken and written language.

2. Why has the term wood-wood come about in golf?

   a) Because not all golf clubs are made out of wood these days
   b) Since golf has become more popular globally and more people are playing
   c) As golfers try to find new materials to outplay their opponents
   d) When golf developed into a high stakes sport with a lot of prize money

3. How does the passage make the definition of the term retronym comprehensible?

   a) By explaining using clear language
   b) By telling the reader when the term is used the most
   c) By demonstrating various cases where they are used
   d) By showing when it should and should not be employed

4. According to the passage, what is the purpose of a retronym?

   a) It is used by people who have trouble distinguishing between two similar things.
   b) It looks back at the original incarnation of something to more specifically describe it.
   c) It is a word that helps language experts to better define what they mean.
   d) It is a succinct way of explaining what you really mean.

Unit 63 언어의 시제와 미래의 상관관계
Language affects relationship & behavior

It was said by linguists in the 1930s that our language affects our relationship with the world. For example, some languages that did not distinguish between yellow and orange left the speakers with a less specific knowledge of colors. The Kook Thaayorre language has no words for left and right, meaning that speakers have to use north, south, east, and west; thus, making them better at identifying geographical and astronomical signs. Keith Chen's paper from last year suggested that languages with strong future tenses could potentially provide their speakers an advantage in planning for the future. For instance, English uses the strong future tense "will go" while Mandarin and Finnish use the weaker "go" to indicate the future. Chen wanted to investigate whether speakers of languages with weak future tenses would have more difficulty planning for the future, given that the grammar for future and present tense is the same. He looked at strong and weak future tenses in European languages, and cross-referenced that with behavior that looks to the future, like saving, smoking, and using condoms. The surprising results showed that, _____

_____ strong future tense languages, weak future tense languages, such as German, Finnish, and Estonian, were actually 30% more likely to save money, 24% more likely not to smoke, 29% more likely to do regular exercise. Additionally, speakers of weak future tense languages were 13% less likely to be obese.

1. What is the title of this passage?

   a) Strong and weak languages
   b) The future tense in English
   c) The effect of language on future behavior
   d) Integration and Prediction in Language Processing

2. Why were Chen's results surprising?

   a) Because he had not factored in points of culture and society that would ultimately change the expected results of his study
   b) Because he had thought that languages with strong future tenses would correlate that to the personal lives of the people who spoke those languages
   c) Because he had done some preliminary research that had indicated different results
   d) Because he had preconceived notions about what a specific country's culture was like, and he did not deviate from that

3. Which of the phrases fits in the blank best?

   a) similar to
   b) unswerving from
   c) in accordance with
   d) in comparison to

4. What is the most likely topic for the next paragraph?

   a) Reasons why weak future tenses inspire stronger future behavior
   b) How much stronger future tenses need to change about their future planning
   c) The necessity of having a strong future planning ability
   d) Statistical data that contrasts with what he already discovered

WORDS & PHRASES ▶▶▶

linguist *n.* 언어학자

identify *v.* 파악하다

geographical *a.* 지리적인

astronomical *a.* 천문학적인, 하늘의

future tense [문법] 미래 시제

Mandarin *n.* 표준 중국어

Finnish *n.* 핀란드어

investigate *v.* 조사하다, 연구하다

cross-reference *v.* (여러 가지를) 비교해서 참고하다

Estonian *n.* 에스토니아어

obese *a.* 비만의

factor in ~을 고려하다, ~을 감안하다

correlate *v.* 상관관계가 있다

preliminary *a.* 예비의

preconceive *v.* 미리 생각하다, 예상하다

notion *n.* 말

deviate from ~으로부터 벗어나다

unswerving from ~로부터 벗어나지 않은

statistical *a.* 통계의

Unit 64 우리를 조종하려는 사람들의 행동원리
How manipulators work

When you're being manipulated, you may feel like something is wrong with a relationship due to the feeling of being pressured, controlled, or forced to question yourself. Sharie Stines, a California-based therapist who specializes in abuse and toxic relationships, says that those who manipulate do so because

they are unable to ask directly for something and resort to using psychological means to control the other person and get what they want. Manipulation is a combination of the use of fear, obligation, and guilt. The emotionally unhealthy act of manipulation forces someone to do something they don't want due to being afraid that they will be harassed if they don't do it, feeling they have to do it, or having feelings of guilt when they don't do it.

Manipulators come in the two forms: the bully and the victim. The former intimidates, threatens, uses aggression to scare you into doing what they want. The latter makes you feel guilty for not doing what they want. They are just as bad as the aggressive bully. A person who is targeted by manipulators who play the victim often try to help the manipulator in order to stop feeling guilty.

An example of manipulation whereby people start questioning themselves and everything they think they know is gaslighting. The manipulator will twist your words, gain control over a conversation, or convince you that you are the one who has done something wrong even if you haven't. The person being gaslighted can feel guilt or defensiveness as they believe that they are the person at fault and in the wrong, despite it being the other way round. Manipulators never accept responsibility and make the other person feel guilty. When someone does a favor for you but attaches conditions to their act of help, this is manipulation.

Another example is Mr. Nice Guy, a person who turns the basic ideas and rules surrounding reciprocity upside down. He is always ready to help others and be seen as kind and generous, when in reality, he is only doing it to get something in return. You don't realize what is happening until it is too late and you are expected to reciprocate in some way. When you do not return the favor, you are made to feel _____.

1. What's the best summary of the passage?

a) Manipulators, such as the bully, the victim, gaslighters, and Mr. Nice Guy, use fear, obligation, and guilt to get what they want.

b) There are various forms of manipulation which we can find ourselves subjected to, and you won't realize it until it is too late to get out.

c) Manipulation is a king of psychological pressure that insecure people impose on others when they don't like someone. They do it to feel superior.

d) If you think you're being manipulated by someone, you can easily confirm it by asking yourself if you feel afraid, obligated, or forced to do something.

2. According to the passage, which of the following is false?

a) One form of manipulation is only helping someone because you will ask them for something later.

b) When the manipulator plays the victim, he or she makes you feel like you must help them.

c) The bully will make the other person feel scared in order to make them do what he or she wants.

d) Gaslighting is the act of making someone feel guilty that they have not stepped up to help another.

3. What is the opinion of Sharie Stines?

a) People who are in toxic or abusive relationships find themselves turning into a manipulator over time.

b) People manipulate because they find it impossible to just ask for something and resort to this method to get something.

c) If you want something, you should just ask the other person for it instead of thinking you deserve it.

d) Those who show manipulative behavior need to get psychological help to confront what is making them act that way.

4. Which best completes the sentence?

a) the only way to solve the issue is to manipulate someone

b) thankful that you have not been manipulated

c) unappreciative of the manipulator's efforts to help you

d) like you just escaped from a horrific relationship

WORDS & PHRASES ▶▶▶

resort to ~에 의지하다

harass *v.* 괴롭히다, 애먹이다

intimidate *v.* 겁을 주다, 위협하다

whereby *ad.* 무엇에 의하여

defensiveness *n.* 방어적임, 수동적임

be the other way round (말한 것과 는) 반대이다

reciprocity *n.* 상호성, 상호관계, 호혜성

get ~ in return 대가로 ~ 얻다

reciprocate *v.* 보답하다, 주고받다

Unit 65 MBTI, 논란에도 왜 인기 있나?
Why is Myers Briggs useless but widely popular?

The Myers-Briggs Type Indicator is a personality assessment which sorts people into 16 different categories after collecting data on their preferences. The 16 types are Sensing (S) or Intuition (N), Extraversion (E) or Introversion (I), Thinking (T) or Feeling (F), and Judging (J) or Perceiving (P). The company states that it has a 90% rating in accuracy for one test and when people re-test, which makes it a very trustworthy and precise test. But while the test is globally popular, it isn't actually considered to be scientifically accurate. Adam Grant, a professor of industrial psychology at the University of Pennsylvania's Wharton School, commented that is does not pass any of the standards in social science to be considered reliable, valid, independent, and comprehensive.

It was created by the mother and daughter team of Katherine Cook Briggs and Isabel Briggs Myers. Merve Emre, author of *The Personality Brokers* and a professor at Oxford University, says that neither woman had any formal psychology training and the unscientific test was born out of Katherine's interest in Carl Jung's "Psychological Types." She began to document everything she knew about personality types and, in 1943 when WWII had brought about an increase in employment, her daughter reviewed her mother's notes and produced a questionnaire to match people's personalities with the most suitable job.

When you consider the company's claim that one and a half million people annually take the test, and 88 out of 100 Fortune 100 companies use it, it is worth considering why so many people rely on an unscientific test. Emre goes on to say that people like it because it is unique in that _____. Every personality type is treated equally while being different. Workers find out the information they want — what job they are suited for. Additionally, it provides a simple code to label ourselves in a way that others understand. We can make life choices that match what we know about ourselves, giving us the illusion of having control over our lives.

1. What's the topic of the passage?

   a) The need for a more accurate personality test
   b) The puzzling popularity of the MBTI test
   c) The necessity of having an MBTI when job searching
   d) Ways to make the MBTI more scientifically accurate

2. According to the passage, which of the following is correct?

   a) The mother and daughter used their background in psychology to design the test.
   b) Mother and daughter worked on creating the personality types together.
   c) The test came out of a need to provide amusement for women at the end of WWII.
   d) The majority of Fortune 100 companies use it in their recruitment process.

3. What can be inferred from the passage?

   a) People make important life decisions based on their MBTI type.
   b) Most of the top companies know it is useless, but like using it nonetheless.
   c) The original intention was to label good and bad categories.
   d) The mother and daughter creators wanted to learn more about psychology through the test.

4. Which best fits the blank?

   a) it is the only one of its kind to use scientific measurements
   b) it matches users with the kind of people and companies they will get along well with
   c) it doesn't make any negative judgments on the test-taker
   d) nobody had thought of doing such a test before

WORDS & PHRASES ▶▶▶

personality n. 성격

indicator n. 지표

assessment n. 분석; 평가, 판단

preference n. 편애, 편향, 선호

trustworthy a. 신용할 수 있는, 믿을 수 있는

industrial psychologist 산업심리학자

comprehensive a. 포괄적인, 포용력이 큰; 이해가 빠른

formal a. 정식의; 유형의, 모양의

questionnaire n. 설문지

unscientific a. 비과학적인

label v. 분류하다, 딱지 붙이다

illusion n. 환상, 환각, 망상

puzzling a. 당혹스럽게 하는, 어리둥절하게 하는

recruitment n. 모집, 채용

Unit 66 비행기 조종실의 대화 연구
Studying cockpit conversations

Imagine what happened to a pilot and co-pilot in January 1982 in Washington. Air Florida Flight 90 had taken off, but it could not keep ascending and crashed into a bridge followed by the Potomac river. Only 5 out of the 79 people on the plane survived. Bystanders watched helplessly as they drowned in the icy depths of the river, and millions more watched on TV. After being de-iced, the plane had not taken off quickly, allowing fresh ice and snow to gather on the plane. How was this mistake made? The black box conversation revealed that while the pilot had not flown much in icy weather, the co-pilot knew more and had attempted to warn the pilot but to no avail. The co-pilot thought that the pilot understood certain aspects of flying in icy weather, such as that a tail wind causes speed, but slow flaps would not be enough for a safe landing. The pilot should then choose not to land. However, the pilot didn't translate the co-pilot's indirect words as meaning they were traveling too fast.

A linguist for the Institute for Research on Learning in Palo Alto, California, Charlotte Linde, has studied the cockpit conversations that are recorded in black boxes for crashes as well as problematic flight simulations. She found that it was common that co-pilots, and other subordinates in a crew, would adopt indirect language. Additionally, the times when indirect language was employed brought more failure than would otherwise happen. Captains were more likely to ignore the warnings of their subordinates also. The conclusion is that _____. Returning to the Air Florida case, while the co-pilot did clearly suggest checking for ice again, the fact that he suggested it rather than commanded it meant the captain could ignore it more easily. Linde's research has prompted some airlines to train crew to speak up to superiors more forcefully when they are worried about something.

1. What was the result of Linde's studies?

   a) Pilots were criticized for treating their subordinates unfairly and for causing avoidable crashes.

   b) Cabin crews are asked to work in teams, making sure that they know each other well and feel comfortable speaking up.

   c) Co-pilots and pilots make sure they have a strong relationship before going into the air together.

   d) Some airlines have incorporated guidance in speaking directly to superiors into their training programs.

2. Why did so many people die in the Air Florida Flight 90 crash?

   a) The plane was on fire and nobody could get close enough to help the passengers on the plane.

   b) The plane crashed into an icy river which killed people quickly while also preventing help from getting there.

   c) People who witnessed it were in shock and stood transfixed watching and when they thought to help, it was too late.

   d) The pilot and the co-pilot brought the plane down in an unpopulated area where there was nobody to help and treat the wounded survivors.

3. According to the passage, which of the following statements is true?

   a) The co-pilot did not realize there was a problem in the Air Florida case and he did not adequately warn the pilot.

   b) The pilot in the Air Florida case had never flown in icy weather before, but was too arrogant to admit it.

   c) Only the cabin crew survived the Air Florida crash while all of the passengers perished.

   d) The plane had been de-iced already, but time had allowed more build-up to occur which should have been removed before take-off.

4. Which of the following fits the blank?

   a) indirect language is harder to detect and easier to ignore

   b) captains and co-pilots should change jobs

   c) the language of the cockpit is really difficult to understand

   d) most crashes could be avoided if the co-pilot were listened to

---

WORDS & PHRASES ▶▶▶

bystander *n.* 구경꾼, 행인	flap *n.* 플랩	prompt *v.* 촉구하다
de-ice *v.* 얼음을 녹이다, 해동하다	linguist *n.* 언어학자	speak up to (~을 지지·옹호한다는 뜻
to no avail 보람없이, 헛되이	cockpit *n.* 조종실	을) 거리낌 없이 말하다[밝히다]
tail wind 뒷바람	subordinate *n.* 하급자, 부하 직원	incorporate A into B A를 B에 포함 시키다

Unit 67 인생의 의미와 행복의 관계
Meaning and happiness in life

Cole and Fredrickson discovered that having happiness without meaning in life produces the same gene expression patterns as that of people who are experiencing chronic adversity. Happy people's bodies are starting a pro-inflammatory response in case of bacterial threats. Too much inflammation has been linked to serious illnesses such as heart disease and cancers. Fredrickson says that having empty positive emotions, such as those created by taking drugs or consuming alcohol or having a manic episode, is just as bad for the body as chronic adversity. We have to consider that meaning and happiness go hand in hand for a lot of people; that is, some people either have both or have none. However, others think that they are low on one and high on the other. These people have the gene expression pattern seen with adversity and make up 75% of the study participants. The other 25% had a feeling that their meaning in life is more than their feeling of happiness – a eudaimonic predominance. This is not good because the beneficial gene expression comes with meaningfulness. Those who have equal levels of happiness and meaning as well as those who have meaning but no happiness have a lower adversity stress response. Their bodies did not initiate a preparation for bacterial infections that come in loneliness or trouble, but instead the viral infections that come from being around people.

In her two books, *Positivity* and *Love 2.0*, Fredrickson mentions her research about how beneficial positive emotions are — they make people think more widely and deeply and protect against problems. What was surprising to her was that hedonistic happiness and all the positive emotions and pleasure that go along with that did not fare well against eudaimonic happiness. She goes on to say that the amount of hedonic happiness is not the problem; rather, eudaimonic happiness is too strong for it. If both are equal they work well together, but more hedonic happiness than you want causes the gene pattern that works with adversity to appear. Hedonism and eudaimonism recall the philosophical debate of 2,000 years of Western civilization of what good life is. Are the hedonists right in thinking that feeling good brings happiness, or are Aristotle and those that followed after him right in that doing and being good as virtue ethicists is right? This study shows that you need more than simply feeling good: you need meaning in your life. Carl Jung said that having nothing but with meaning is better than having everything with no meaning. This has meaning both for our bodies and for our hearts and minds.

150

1. What is the passage mainly about?

    a) The link between meaning and happiness in life
    b) The problems with having no meaning in life
    c) Finding how to have more happiness in your life
    d) Making sure you balance happiness and meaning

2. What is the difference between hedonism and eudaimonism?

    a) Hedonism will cause people to have meaning while eudaimonism will not.
    b) The former believes in having good feelings and the latter believes in behaving well.
    c) One lives well and has a good time while the other lives in misery and doesn't enjoy things.
    d) The first one comes easily to people while the second one has to be worked for.

3. Which of the following resembles the underlined?

    a) If you have both reality and happiness, you are the same as others who sense having more of one and less of another.
    b) While having both happiness and meaning or neither of the two is reality for some, being unbalanced between the two is reality for others.
    c) Considering that most people have both meaning and happiness, it is others have none.
    d) Having more of either happiness or meaning means that a lot of people end up having neither of the two.

4. What does "This" refer to in the passage?

    a) The gene expression pattern associated with adversity
    b) The state of having happiness without meaning in life
    c) The pro-inflammatory response initiated in happy people's bodies
    d) The equal levels of happiness and meaning found in some individuals

Unit 68

현대적인 일중독
Workaholics

The New York Times obituary in 1999 on American psychologist, Wayne Oates, started with two facts. He had written 57 books and coined the term workaholic. His 1968 essay covered his own addiction to hard work that he thought was similar to substance addiction. [1] It is more acceptable to be addicted to

work than alcohol and certainly more likely to earn one an obituary than alcoholism. So, what is a workaholic? [2] In 1992, it has been suggested that addicts work a lot but without enjoying what they are doing. [3] More recently, the idea that sufferers appear to overdose on work and then suffer from the symptoms of withdrawal, just like other addictions, is being explored. [4] Even though its definition has not been agreed upon, the physical and emotional effects of workaholics are also being studied. Workaholism has been linked to sleep defects, weight gain, high blood pressure, anxiety, and depression. Additionally, it has an effect on those around the workaholic. Their spouses are usually unhappy in the marriage; their children were found to have a 72% higher chance of depression than children of alcoholics and had higher levels of "parentification" where children act as the parents in the family, giving up their childhood to care for their parents.

Let's look at the statistics of workaholics. It has been suggested that about 10% of US adults might be workaholics, but among lawyers, doctors, and psychologists, it rises to 23%. More people claim to be workaholics than actually are. For example, in 1998, 27% of Canadians reported suffering from workaholism. 38% had incomes over $80,000 and 22% had no income whatsoever. People may like thinking of themselves as workaholics. Indeed, it is probably the most socially acceptable mental health problem of all. It was found that educated and affluent people show workaholic tendencies by being more likely to delay retirement much more than less affluent Americans. In Japan, however, workaholism symptoms are not noticed since everyone displays them and they even have a word that describes death by overwork (karoshi).

1. What is the main topic of the passage?

    a) The history of the term 'workaholic' and its societal acceptance

    b) The psychological effects of workaholism on family members

    c) The financial implications of workaholism in different countries

    d) The comparison between workaholism and substance addiction

2. Which is the best place for the following sentence?

Nobody really agrees, including those in the medical field, although dedication and addiction should not be confused when using the term to describe people.

    a) [1]

    b) [2]

    c) [3]

    d) [4]

3. What can you infer from the passage?

    a) The Japanese consider working long hours as a sign of something to be respected.

    b) Some Canadians work too much in the home or on things that are not their jobs.

    c) Taking retirement does not mean workaholic tendencies are automatically cured.

    d) Ignoring your workaholic behavior can have knock-on effects on your loved ones.

4. Choose the incorrect one from the following.

    a) The meaning of workaholism has not been agreed on.

    b) Wayne Oates died from overwork, yet his behavior is celebrated.

    c) There is a certain cachet attached to admitting you are a workaholic.

    d) Declaring oneself a workaholic will not result in social exclusion.

WORDS & PHRASES ▶▶▶

obituary *n.* 부고 기사	withdrawal *n.* 금단 현상	think of A as B A를 B로 여기다
psychologist *n.* 심리학자	definition *n.* 정의	affluent *a.* 부유한
coin *v.* (용어를) 새로 만들어내다	be linked to ~와 관련이 있다	tendency *n.* 경향
term *n.* 용어	defect *n.* 결함	retirement *n.* 퇴직
addiction *n.* 중독	depression *n.* 우울증	karoshi *n.* 과로사
substance addiction 약물 중독	spouse *n.* 배우자	knock-on effect 부수적인 효과, 파급 효과, 연쇄반응, 도미노 효과
acceptable *a.* 용인되는, 받아들여지는	parentification *n.* (심리학) 부모화	
dedication *n.* 헌신	statistics *n.* 통계	
symptom *n.* 증상	claim *v.* 주장하다	

손절문화의 양면 비교하기

Unit 69

Evaluating both sides of Twitter's cancel culture

Cancel culture is when people are unhappy with something a person or an organization has done or said. They then share their dissatisfaction on social media, specifically Twitter, which has become a powerful platform for cancel culture. While some say that cancel culture exposes problematic acts, others say it is a way to suppress free speech. Certainly, cancel culture has brought about some positive change, such as the #Oscarssowhite campaign which eventually pushed the Academy of Motion Picture Arts & Sciences address their memberships' lack of diversity, and when the #MeToo campaign highlighted the sexual assault, sexism, and unfair treatment that women routinely endure.

However, on the other hand, some say that cancel culture has helped to destroy the careers and lives of those who have been unfairly accused and wrongly portrayed by not explaining the whole story. As a result, people are viciously judged based on this inaccurate public portrayal and never recover.

The chair of linguistics of African America at the University of California, Anne Charity Hundley, points out that society doesn't yet agree on online behavior and when users exceed the limits of what is acceptable. However, Apryl Alexander, professor of psychology at the University of Denver, says that over time people have realized that speaking out on social media is sometimes necessary to highlight an issue. Experts have suggested that we shouldn't compare apples and oranges when discussing cancel culture since calls for advocating for justice is not equal to free speech. Alexander further said that while free speech is important, if that speech is being used to harm others, then _____ .

1. What's the main idea of the passage?

    a) The use of social media to right society's wrongs

    b) The need for society to have total free speech

    c) The effect on those who have been victims of cancel culture

    d) The balance between the two sides to cancel culture

2. According to the passage, which of the following is incorrect?

    a) Some people have been unjustly attacked on social media.

    b) The right to free speech and the right not to suffer are not equal.

    c) Cancel culture originated from personal revenge behavior.

    d) Cancel culture opposers think that it destroys freedom of speech.

3. What is the opinion of Apryl Alexander?

    a) Cancel culture is an important tool to highlight injustice.

    b) Cancel culture has gone too far and needs to be controlled.

    c) When people's lives are being destroyed, we must stop.

    d) The use of social media to call for justice is immature.

4. Which best fits the blank?

    a) cancel culture is wrong

    b) we no longer have free speech

    c) everyone should reflect on themselves

    d) something has to be done

Unit 70

멈출 것 같은 중국의 스타벅스 성장세
Growth of Starbucks in China is likely to stop

With the high price of Starbucks in China, why is it popular since there are many coffee shops that can offer a similar quality of coffee and a similarly comfortable atmosphere without much expense? The first point is cultural. When the late 1970s saw China allow imports into its economy, the imported products were immediately attractive to consumers who cared about image and status. A Washington, DC-based consultant who grew up in Wuhan, Fei Wang, said that the imported stuff was thought to be nicer, made better, and convey higher status, so would positively affect one's reputation in society.

You would think that the price would deter people, but people who could afford it were attracted in order to show off their wealth. In other words, your business and personal relationships are positively affected by purchasing premium products like coffee. Starbucks was lucky with its timing in that coffee drinking was at that time becoming more fashionable amongst the young Chinese. However, the prestige of these expensive foreign products may be coming to an end. A combination of e-commerce and travel abroad has shown Chinese consumers that they are being charged too much for something so simple. Wang admits that the price comparison between America and China shocked her after spending time in America. And it's not just the coffee industry. The Wall Street Journal's Laurie Burkett quoted an annoyed shopper as not seeing the point in shopping in China anymore. As the Chinese coffee market gains momentum, Starbucks could lose its appeal. Although it has reached out to local Chinese tastes by incorporating green tea flavored coffee and collectible mugs and it has been more successful in the local market by being flexible in a way that other companies have not been, it may turn out that Chinese customers come to the realization that they can get a latte from anywhere and for a much lower price.

1. What is the main idea of the passage?

   a) The fickle nature of the young wealthy Chinese consumers
   b) The ongoing rise of Starbucks in the tough Chinese market
   c) The precarious situation of Starbucks in China after some setbacks
   d) The backlash in China against expensive foreign products

2. What change is happening in China?

   a) The Chinese market is beginning to weaken as foreign imports have attacked it so strongly since the late 1970s.
   b) Chinese consumers are starting to realize that they are paying above the odds for something that should cost much less and does cost less from other places.
   c) The young Chinese who were happy to splash their cash on Starbucks have grown up and are no longer ready to do that.
   d) China has created its own high-priced coffee chains that offer the reputation of a certain lifestyle along with your purchase.

3. Choose the true statement from the following.

   a) Chinese shoppers are angry at discovering that China does not want to give them the Chinese products that they want but the foreign products that will take their money.
   b) The Chinese-owned coffee shops are just as expensive as Starbucks.
   c) The young Chinese who started to frequent Starbucks wanted people to think that they were more educated than they actually were.
   d) Fei Wang only realized how much Chinese customers were being overcharged when she moved to America.

4. What cannot be inferred from the passage?

   a) Western style carries a positive image in China.
   b) People attached more positive epithets to the foreign products that appeared on the Chinese market.
   c) Going to Starbucks in China was more about cache than about getting a good cup of coffee.
   d) Starbucks tried to attract a local following by serving Chinese style beverages, but the local didn't want those flavors.

WORDS & PHRASES ▶▶▶

convey v. 전달하다

deter v. 단념시키다, 그만두게 하다

prestige n. 위신, 명망, 명성

quote v. 인용하다

incorporate v. 포함시키다

fickle a. 변덕스러운, 변화가 심한

precarious a. 불안정한, 위태로운

setback n. 차질, 시련

backlash n. (사회 변화에 대한 대중의) 반발

pay above the odds 실제 가치보다 더 지불하다

epithet n. (칭찬이나 비판의 의도로 붙인) 별칭[묘사]

cache n. 은닉처, 저장물, 감춰둔 귀중품

Unit 71 미국인들의 대량구매 문화
Americans' spending habit

In order to understand just how much food Los Angeles households have, let's take a look at Italy. Not only do middle-class people in Italy usually have smaller refrigerators and freezers, but they also do not have any additional ones, unlike their American counterparts. Whether refrigerator size governs or is governed by grocery shopping is unclear, we do know that Italians shop more frequently for less items than Los Angeles families. Neighborhood grocery store and supermarkets do exist, but are usually located on the edges of Italian towns, leaving everyday purchases to be made at local bakeries, fruit and vegetable shops, butcher's, fish markets, and open markets. It's a different story in LA, where hypermarkets meant that people buy lots of produce at one time and then store it all at home in large freezers and refrigerators. While researchers expected to see a difference in food storage habits between Italy and Los Angeles, the reality was even more staggering than anticipated. LA families have so much food in storage at home, from boxes and plastic-sealed packages of the same thing filling kitchens, utility rooms, and garages to huge cases of soda, fruit juices, and alcohol stacked on floors, shelves, and on top of things. Everything from pancake mix to cereal and popcorn came in enormous sizes.

1. What is the main idea of the passage?

   a) Americans buy a huge amount of groceries and in huge quantities.
   b) Americans should change their habits to be more like Italians.
   c) Supporting local vendors should be the priority of American shoppers.
   d) Buying so many groceries is not good for the economy of the country.

2. What can be inferred from the passage?

   a) Americans prefer to stockpile more beverages than food.
   b) Grocery shopping in Italy varies a lot between families of different status.
   c) The results of the research surprised even the writer who was expecting something like that.
   d) Italians wish they could have refrigerators the size of Americans, but it's not possible.

3. Which of the following correctly paraphrases the underlined?

   a) The refrigerator size is a direct consequence of what grocery shopping is.
   b) We do not know if refrigerator size has an effect on grocery shopping or the other way round.
   c) It's not evident yet whether grocery stores have had any effect on refrigerator sizes.
   d) Home refrigerator sizes have begun to mimic those that are found at grocery stores.

4. According to the passage, how have hypermarkets affected American grocery habits?

   a) Americans can buy their big refrigerators and freezers from the hypermarkets.
   b) Americans cannot make the correct decisions that they need to make while shopping.
   c) Hypermarkets are continually encouraging Americans to buy more and more things.
   d) Being able to buy so much food at one time means that Americans are more likely to do so.

WORDS & PHRASES ▶▶▶

household *n.* 가정

freezer *n.* 냉동고

additional *a.* 추가적인

unlike *prep.* ~와는 달리

purchase *n.* 구입, 구매

hypermarket *n.* (교외에 있는) 대형 슈퍼마켓

produce *n.* 생산물[품]. (특히) 농작물[농산물]

staggering *a.* (너무 엄청나서) 충격적인, 믿기 어려운

utility room *n.* (특히 가정집의) 다용도실

garage *n.* 차고

be stacked on ~ 위에 쌓여 있다

shelf *n.* 선반

quantity *n.* 양

vendor *n.* (거리의) 행상인[노점상]

priority *n.* 우선순위

stockpile *v.* 비축하다

beverage *n.* 음료수

status *n.* 지위, 신분

consequence *n.* 결과

the other way round 반대로[거꾸로]

mimic *v.* 흉내 내다

과도한 과잉 관광
What does overtourism look like

Overtourism is a complicated topic which most people don't fully understand. Basically, it is when local residents' lifestyles, facilities, and comfort are adversely affected by the results of an extreme increase in visitors inherent in short-term and seasonal peak rushes which have caused overcrowding. The landscape and

beaches are damaged, infrastructure is pushed to its limits, and residents may no longer be able to afford to live in their homes. One example is the cruise industry that takes scores of people to specific places on a daily basis, which incurs little benefit while being polluted in various ways. Cities are not immune, either. They adapt to attract and please tourists, helping the global supply chain, but it brings higher housing prices and costs of living. AirBnB has been accused of bringing about the situation where residents are forced out of their homes. In Amsterdam, efforts are being made to ban short-term rentals and direct cruise traffic to non-urban areas. AirBnB says it will try to help in this regard.

Compounding this is the fact that certain places don't know how to bear the brunt of overtourism. Marco d'Eramo, an Italian sociologist, states that back in 1950, 98% of tourists went to only 15 places while in 2007 those 15 were visited by only 57%. New destinations are receiving large numbers of visitors. When overcrowding occurs, clubs, bars, and souvenir shops pop up to cater to the tourists. In addition, the unruly behavior of tourists on their vacation can cause havoc. The atmosphere of the place that tourists initially flocked to disappears, putting pressure on waste management of population control systems.

Of course, these places reap the benefits of tourism, such as jobs, investment, and money, too. But the negatives arise when steps to prevent boundaries being crossed have not been adequately planned for and observed by local governments and planning teams. The final result is the development of "tourist-phobia", when local residents develop negative attitudes towards the incoming tourists.

1. What is the title of the passage?

   a) The characterization of overtourism.
   b) The impact of overtourism.
   c) The evolution of overtourism.
   d) The solutions to overtourism.

2. According to the passage, which of the following is incorrect?

   a) As more tourists visit a place, it begins to change to accommodate them.
   b) In popular places, some residents can no longer afford to stay in their homes.
   c) AirBnB is resolutely steadfast in denying its role in the problem.
   d) The diversity of places that tourists visit has grown wider as the years pass.

3. Which can be inferred from the passage?

   a) AirBnB is being scapegoated by those actually responsible for overtourism in Amsterdam.
   b) Top destinations know well how to adapt to increasing levels of tourism.
   c) Tourists are developing a fear of going to unknown places as they don't receive warm welcomes.
   d) Tourists change the places they visit, but measures must put in place to limit this.

4. Why might local residents end up disliking tourists, according to the passage?

   a) They do what they want when visiting, causing discomfort and upheaval to locals.
   b) They don't care to get to know local residents because they are only there short-term.
   c) They have a phobia of trying new things and often reject the uniqueness of the destination.
   d) They are fickle and move on to the next place soon enough to look for a new high.

WORDS & PHRASES ▶▶▶

adversely *adv.* 불리하게

inherent *a.* 고유한, 선천적인

infrastructure *n.* 기반 시설

scores of 다수의

incur *v.* (비용을) 발생시키다. (좋지 못한 상황을) 초래하다

immune *a.* ~의 영향을 받지 않는

in this regard 이점과 관련하여

compound *v.* 악화시키다

bear the brunt of 가장 큰 타격을 받다

sociologist *n.* 사회학자

cater to ~의 요구를 채워주다; ~의 구미에 맞추다[~에 영합하다]

unruly *a.* 다루기 힘든, 제멋대로 하는

havoc *n.* 대황폐, 대파괴

atmosphere *n.* 분위기, 기운; (지구의) 대기

flock to ~에 몰려 들다

put pressure on ~에게 압박을 가하다

reap *v.* (특히 좋은 결과 등을) 거두다, 수확하다

phobia *n.* 공포증

resolutely *ad.* 단호히, 결연히

steadfast *a.* 확고부동한, 고정된

scapegoat *v.* 희생양을 삼다 *n.* 희생양

upheaval *n.* 격변, 대변

fickle *a.* 변덕스러운, 변하기 쉬운

Unit 73

틱톡으로부터 미국인의 개인정보 보호하기
Protecting Americans' private data from Tiktok

Chinese-owned TikTok has gained so much influence over pop culture that US government officials have started to worry. It has been banned on government devices in over 14 states as well as in state public universities. In December, Republican Marco Rubio who sits on the Senate Intelligence Committee joined a bipartisan group of lawmakers in their efforts to ban it through the nation. It is thought that the owners of TikTok, Byte Dance, may fulfill their national duty to pass on Americans' user security data, specifically location data, to the Chinese government.

Georgetown University's Anupam Chander says that these worries are without basis and cites a lack of evidence that either the Chinese government or anyone else has access to user's private data. Chander points out that many social networking services (SNS) apps, including weather apps, use location data, suggesting that if there was a broad concern about data collection, it should extend to all apps collecting such data, not just TikTok.

A University of Washington professor of law and information science, Ryan Calo, admits that data protection in the US isn't the best, but suggests that this attack on TikTok is more about geopolitical tensions than user data protection. America believes the company TikTok has a reciprocal relationship with the Chinese government in the same way that Europe fears there is a connection between US companies and the US intelligence community. In any case, if the Chinese government wanted to collect this data, they wouldn't resort to using TikTok to get it. He also says that it is dangerous to politicize the situation by overly demonizing another nation and claiming to provide protection from it.

Chander and Calo are in agreement that a ban on the platform would probably never pass and even if it did gain support, it could go against the First Amendment. However, Calo mentions that the situation could be used in a positive way as people start to think about privacy issues. For example, instead of this dramatic ban for political purposes, the Federal Trade Commission could _____.

1. What's the proper title of the passage?

    a) The technical aspects of how TikTok uses location data
    b) The bipartisan efforts in the U.S. to enhance overall internet security
    c) The debate over TikTok's influence on pop culture and national security concerns
    d) The effectiveness of TikTok's data protection policies compared to other social media platforms

2. According to the passage, which of the following is incorrect?

    a) A large number of apps use location data that could potentially be used by others.
    b) Chander and Calo think there should be an investigation of TikTok.
    c) Chander states that there is a lack of evidence that China and TikTok are doing what they are accused of.
    d) Calo supports an overhaul of how America protects its citizens' private data.

3. What is the likely reason for this focus on TikTok?

    a) The fight to gain supremacy on social media
    b) The geopolitical conflict between the US and China
    c) The increasing number of Chinese in the US
    d) The news that the Chinese government owns TikTok

4. Which best fits the blank?

    a) pass stronger privacy laws that protect Americans' privacy
    b) survey Americans' social media usage to see where the problems lie
    c) start collecting data on Chinese nationals living in the US
    d) prevent certain companies from doing business in America

---

WORDS & PHRASES ▶▶▶

bipartisan *a.* 양당의, 초당적인

location data 위치 데이터

cite *v.* 인용하다, (예로써) ~을 언급하다

geopolitical *a.* 지정학의

reciprocal *a.* 상호 간의

resort to ~에 의지하다

demonize *v.* 악마화하다, 악마로 묘사하다

First Amendment 미국 수정 헌법 제1조

dramatic *a.* 극적인, 인상적인

potentially *ad.* 잠재적으로, 가능성이 있는

be accused of ~로 비난을 받다

overhaul *n.* 개편, 점검

supremacy *n.* 패권, 우위

Unit 74 전업 유튜버의 금전적 리스크
The risks of making money as a YouTuber

You can make a lot of money as a YouTuber, as Jimmy "MrBeast" Donaldson who made $54 million in 2021 can testify. The earnings come from a combination of advertising revenue, gifts from fans and paid subscriptions. However, with YouTube taking 30% of that, the content creators aren't left with much to live on. In 2016, it was revealed that relying on YouTube ad revenue was not enough for 96.5% of YouTubers to be above the poverty line. In the decade from 2008 to 2018, YouTubers using an external fundraising platform rose from just 2.8% to 20%.

Not only does YouTube not pay much to its content creators, but also it reserves the right to make decisions that affect earnings. It was originally promoted as a way for creators to make money independently, but YouTube can act just as restrictive as the traditional platforms of studios and publishers it once aimed to replace. For example, creators' income can be suddenly cut off without warning or reason. The OSW Review channel, which has 182,000 pro-wrestling fans, experienced this firsthand. Jay Hunter recalls how the channel was randomly demonetized in fall 2019, and it took a Twitter fan campaign to finally get it back. He says that YouTube is not transparent about its rules, preferring this ambiguity so that they can make any decisions they want. Therefore, instead of relying on only YouTube for income, OSW Review earns $10,000 monthly from 2,000 Patreon subscriptions.

Another YouTuber, Simon Clark, whose channel has over 400,000 subscribers watching for climate content, says that he needs his YouTube income, but he has also explored other options. Whether YouTube drops him, or he drops the platform, he is ready to make money elsewhere. In response, YouTube says it fully expects its creators to diversify their income channels as any business would. It welcomes appeals from those creators who have had their channel's income removed. Additionally, it has tried to compete with Patreon by offering non ad-based methods to monetize one's channel. It might not be enough, though, to attract users away from Patreon as there is an element of trust which YouTube doesn't have.

Vlogger poet Leena Norms with over 160,000 subscribers won't put all her eggs in one basket and is sticking with Patreon. Zoe Glatt, studying the life and business of YouTubers at the London School of Economics, says that YouTubers must build their brand across multiple platforms including Instagram, TikTok, and Twitch if they want to be successful. YouTube alone is not enough anymore. Utilizing all these platforms while _____ is what is needed now.

1. What's the main idea of the passage?

   a) The rise and fall of YouTubers who rely on ad revenue for income
   b) The challenges and adaptations of content creators in the evolving YouTube ecosystem
   c) Differences and comparisons between the various content creation platforms
   d) The lack of trust that YouTubers have in the company that gave them their start

2. What does the underlined mean?

   a) Rejecting the one thing that you should rely on
   b) Knowing you do not have a future
   c) Being unable to give up on something
   d) Not placing all your faith in one thing

3. According to the passage, which of the following is false?

   a) YouTube expects creators to use multiple platforms for income diversification.
   b) Jay Hunter knows that YouTube will listen to its creators' problems.
   c) Creators have to make sure they are aware of the next big digital platform.
   d) Increasingly, YouTubers are looking to other ways to make money.

4. Which best fits the blank?

   a) researching new and more exciting platforms
   b) understanding the future of digital content
   c) maintaining your own independent brand
   d) keeping your distance from your fans

Unit 75 한국의 웹툰 혁명
Korea's webtoon revolution

Webtoon-inspired K-dramas have achieved global success and Korean streamers have benefited from their popularity. For instance, TVING saw a surge in subscribers when it released *Yumi's Cells*, a romance series about a 30-something office employee partly narrated from the perspective of her brain cells. According to Seungyun Ro, IP business team leader at Naver WEBTOON, about 30 of Naver's webtoons were adapted into K-dramas between 2020 and 2022, and many other works are expected to be adapted in the future.

The webtoon industry provides a seemingly endless supply of stories that are beloved by many fans around the world, which is why many local TV and cable channels, domestic and global streamers are on the hunt for new material that will satisfy their viewers. The demand for content is high, and production companies are turning to webtoons, which already have many original works that can be adapted into TV series. As K-dramas grew in popularity and began targeting global audiences, many creators became more risk-averse, while the webtoon industry kept embracing fresh and adventurous stories.

Webtoons have not only been a valuable source of intellectual property for K-dramas but also for Korean movies, animated series, and American reality shows. For instance, an animated version of Rachel Smythe's popular webtoon *Lore Olympus* is currently being produced by The Jim Henson Company and Wattpad WEBTOON Studios. Though the earliest webtoon creators may have all been Korean, these days plenty of successful webtoon artists and writers hail from other countries, proving that great stories—regardless of their geographical origin—have the potential to resonate with audiences globally.

In addition, a reverse trend of popular TV shows being adapted into webtoons is also emerging. *Good Doctor*, *Extraordinary Attorney Woo*, and *She Would Never Know* are examples of K-dramas that were adapted into webtoons. Webtoon ecosystems, comprising graphic novels, TV shows, films, and other types of content around a single story idea, are also emerging. As webtoons continue to grow, they will become a major constituent of Korean cultural industries and youth culture, and eventually in the global cultural scene. The webtoon revolution is a frontier in the global cultural industries and a boundless opportunity in transmedia storytelling.

1. What is the main topic of the article?

    a) The global popularity of Korean dramas

    b) The booming webtoon industry in Korea

    c) The emergence of transmedia storytelling

    d) The demand for fresh and adventurous stories

2. What is the reason why production companies are turning to webtoons for new material?

    a) Because they cater to the demand for content, as the number of platforms increases

    b) Because they prefer embrace fresh and adventurous stories

    c) Because webtoons provide a seemingly endless supply of beloved stories

    d) Because there are only so many shows that can be made based on original screenplays

3. What does the author mean by "transmedia storytelling"?

    a) A trend of adapting popular TV shows into webtoons

    b) The process of building entire ecosystems of various media around a single story idea

    c) The emergence of successful webtoon artists and writers from other countries

    d) The adaptation of Money Game into an American reality show

4. What is a key reason why webtoons have become a major constituent of Korean cultural industries and youth culture, and eventually in the global cultural scene?

    a) They are cheaper to produce than traditional books or TV shows.

    b) They are only popular in Korea and have not yet gained a global following.

    c) They provide a seemingly endless supply of stories that are beloved by many fans around the world.

    d) They are not subject to the same censorship laws as traditional media.

WORDS & PHRASES ▶▶▶

surge *n.* 급증, 쇄도

subscriber *n.* 구독자

adapt *v.* 각색하다

seemingly *ad.* 겉보기에, 외관상

risk-averse *a.* 위험을 꺼리는, 위험을 회피하는

intellectual property 지적 재산

resonate *v.* 공명하게 하다, 울리다

graphic novel 만화의 형태로 된 소설

constituent *n.* 구성요소, 성분

boundless *a.* 무한한, 끝없는

booming *a.* 급등하는

embrace *v.* 에워싸다, 품다, 수용하다

ecosystem *n.* 생태계

be subject to ~ 대상이다, ~에 종속되다

censorship *n.* 검열

Unit 76 NFT가 뒤흔들고 있는 예술계
The art world is being rocked by NFTs

What exactly are NFTs? Basically, they are a digital representation of something that was previously not thought of as a product to be bought or sold. Some examples of the variety of NFTs is the first tweet of Twitter founder Jack Dorsey, a basketball game TV clip, a pixelated jpeg image of an ape, a virtual racing car, a photo of a piece of fashion, or a piece of digital art. The list goes on. As we have seen, an NFT can be considered a work of art. It is almost like a certificate of authenticity that is recorded on a blockchain. So, what's a blockchain? It's a public digital database on a network of computers that stores information. It is said that they cannot be modified, hacked, or corrupted, thus, not needing a central controlling entity like a bank or a government. Every time there is a transaction, it is time-stamped and added to the list of data.

An NFT not only shows the owner but also ensures uniqueness, and the second part is what many aspire to. Anything digital can and will be copied, but an NFT allows people to separate the first original thing from the copies and prove ownership. It may look the same, but it isn't the same. It becomes in demand because there is only one original.

NFTs are being connected to the art world as they could change how the art world functions in buying and selling as well as controlling which artists and art have value. Digital art especially will be revolutionized. However, it is not only about promoting digital art, but also about _____. Unlike the offline art world, the blockchain databases are open to anyone. Additionally, artists can take back control of their artwork by putting contracts into NFTs that pay royalties to the artists every time the NFTs are bought and sold.

1. Which is the best summary of the passage?

   a) NFTs are responsible for the increase in modern art and the decrease in traditional art. NFTs can be traded without anyone knowing.
   b) NFTS work by preserving something in digital form and allowing it to be bought and sold. Most digital artists are curious about the future of NFTs.
   c) NFTS are going to transform the art world by supporting digital art and its artists. NFTs will allow anyone to buy and sell anything digital while maintaining its original status.
   d) By registering NFTs on a blockchain, there is total transparency in the art world, which was unfortunately lacking before.

2. According to the passage, which of the following is incorrect?

   a) An NFT can only be created from something that has existing value.
   b) NFTs provide their owners with a guarantee that they own the original.
   c) NFTs have value because they are proof that they are unique.
   d) NFTs have changed the way we think about goods and commodities.

3. Why do people value something that can be copied?

   a) They like knowing that while it can be copied, they in fact have the original.
   b) They prefer to financially support artists that they respect in the digital art world.
   c) Any copies that are made are watermarked to show they are not the original.
   d) They value the fact that the art world is being transformed into something new.

4. Which best completes the sentence?

   a) the ways in which art is bought and sold
   b) ensuring the art world continues to thrive
   c) letting people experience all kinds of art
   d) making the art world more transparent

WORDS & PHRASES ▶▶▶

digital representation 디지털적 표현

pixelated *a.* 픽셀로 만든, 픽셀화된

certificate *n.* 증명서, 인증서

authenticity *n.* 확실성, 신빙성; 진정함, 진품

block chain *n.* 블록체인(네트워크에 참여하는 모든 사용자가 관리 대상이 되는 모든 데이터를 분산하여 저장하는 데이터 분산처리기술)

entity *n.* 실체, 자주적인 것

transaction *n.* 거래; 취급; 거래 기록

time-stamp *n.* 타임스탬프, 시간 기록

uniqueness *n.* 독특성, 유일성

aspire to ~을 열망하다

revolutionize *v.* 대변혁을 일으키다

take back 되찾다

Unit 77 음악차트의 무의미성
The meaninglessness of music charts

In the past, the official singles and album music charts of the UK or the US were clear proof of who was the most popular in pop at that time, but now we also need to look to a variety of other charts, such as Spotify, Apple Music, YouTube, Shazam, Deezer, and iTunes, that each have a different focus and, thus, produce different results. The Official Charts are calculated by sales, streams, and downloads and artists can appear only a limited number of times.

Shazam, on the other hand, calculates by search numbers, and others by play numbers. On top of this, each chart might also follow other things like trends, momentum, viral activity, vinyl sales, or video views. They could encompass one country or the world. YouTube, in particular, knows all this data can be confusing, so helps journalists out by providing a weekly email explaining everything. Those working in the music industry might even use Chartmetric – a company that does it all for them and send notifications when a specific artist, track, or album enters a chart.

However, as the number of charts grows, their influence begins to diminish. It is hard to compare two artists when their data has been calculated from different metrics on different charts. It is difficult to extrapolate conclusions when one song might occupy a high position on one chart and the low position on another. Furthermore, how does a song that holds steady average positions on two different charts compare to another song?

If an artist does not appear on any chart, yet sells out stadiums to a devoted fan following, it is hard to determine their level of popularity. Especially if the holder of the #1 position on the Official Chart cannot sell out such stadiums. The vast number of charts make it difficult to determine who is a powerful player in the industry as opposed to the film industry where power rankings are easy for anyone to determine simply by looking at box office profits. Determining who is popular in music was easier in the past when there was only one chart, but times have changed. Knowledge about who is popular in music is affected by cultures and generations, making the job of those who track such things that much more difficult.

1. What is the main idea of the passage?

    a) The differences in generation's music tastes

    b) The reasons why music charts are no longer needed

    c) The decrease in the tracking of music

    d) The evolution and expansion of the music charts

2. How is Chartmetric useful?

    a) It makes it easier to get information on your favorite artist so that you can follow everything they do.

    b) It does the legwork for you, so you don't have to spend your own time checking various charts.

    c) It separates the important charts from the less important ones and gives you the necessary data.

    d) It notifies you when the charts change, and it thinks you should be aware of something happening.

3. Which of the following is false, according to the passage?

    a) It is possible for one song might be at the top of one chart but nowhere to be seen on another.

    b) The creation of various types of charts is a relatively new invention that separates generations.

    c) A singer that sells out stadiums is more popular than one that sits at the top of a chart.

    d) This kind of data collection has not affected the film industry in the same way.

4. What does the underlined mean?

    a) If you have an in-depth knowledge about who dominates the music industry, you might put it to use in a career in following music.

    b) Music trackers' jobs got harder as they now have to take into account the fact that age and culture affect one's opinion.

    c) Due to differences in opinions between cultures, music trackers say the gap between generations has grown ever wider when it comes to music.

    d) It is no longer important to know who is popular in music, so music trackers' jobs have become obsolete.

WORDS & PHRASES ▶▶▶

momentum *n.* 탄력, 가속도; 운동량

viral *a.* 입소문의, 급속히 퍼지는; 바이러스성의

vinyl *n.* 레코드판, 음반

encompass *v.* 포함하다, 망라하다

diminish *v.* 감소하다, 감소시키다

metrics *n.* 측정 기준법

extrapolate *v.* 추측하다, 추정하다

as opposed to ~와는 대조적으로; ~이 아니라

legwork *n.* 발품을 많이 팔아야 하는 일

take ~ into account ~을 고려하다, 참작하다, 계산에 넣다

obsolete *a.* 쓸모없이 된, 쇠퇴한, 구식의

음악과 인공지능 기술 간의 진화하는 관계

The evolving relationship between music and AI technology

A new article by Chong Li, who works as a Google interaction designer called A Retrospective of AI + Music, covers the history of AI in music. AI has long been regarded as something that would one day develop into being able to be creative. The world's first computer programmer, Ada Lovelace, said that she thought at some point in the future computers would be able to make detailed and scientific music as complex as any other.

The music industry has gained great benefit from AI technology by providing new ways for composers to create music. In the 1950s, Lejaren Hiller and Leonard Isaacson from the University of Illinois at Urbana–Champaign created the first full AI music composition called the Illiac Suite for String Quartet. They programmed algorithms which the computer could use to compose the music. The process is similar to that used by humans who follow a set of rules of note placement when writing in counterpoint. By programming the algorithms into the computer, the computer makes the decisions instead of humans.

As AI technology developed in the 1980s with generative programming, the programmers were better equipped to imitate the human brain when composing music. The algorithms were replaced by data through which the computer could actually learn instead of just following rules. Franz Schubert's Symphony No. 8, which he left unfinished in 1822, was fed into the computer and the computer used large amounts of data from Schubert's music to finish it. The 2,000 pieces of piano music by Schubert taught the computer how to compose like Schubert by following his patterns of composition. The human hand only got involved at the end to finish everything.

AI is still being used in music but also now in intelligent sound analysis and cognitive science. Artists and AI have come together in various projects led by, among others, Google Magenta and IBM Watson Beat. One example of this is Taryn Southern, an American Idol alumna, whose single Break Free in 2017 was composed with the help of AI. It blends Southern's creativity with that of the AI. AI has come a long way and it _____ _____ .

1. What's the main idea of the passage?

    a) The connection between AI and technically advanced music composition
    b) The lack of complexity in AI-created music compositions
    c) The ways that AI is being used for music composition
    d) The methods computer programmers have used to develop AI

2. According to the passage, which of the following is incorrect?

    a) Ada Lovelace had high hopes for AI's potential and creativity.
    b) AI is able to mimic composers based on data of their music.
    c) Schubert's unfinished music was able to be completed by AI technology.
    d) The first computer programmers never imagined how creative AI could be.

3. What can best be inferred from the passage?

    a) Never before has music so beautiful been heard than that made by AI.
    b) Most composers are afraid of using AI to make music.
    c) AI found its strength in music composition, unlike other areas.
    d) AI will continue to be used in all sorts of fields to develop the human world.

4. Which best fits the blank?

    a) will keep developing as we find new ways to use it in music
    b) should be controlled more than it has been up to now
    c) has not yet been fully understood by those that program it
    d) is now reaching its fullest potential with music composition

WORDS & PHRASES ▶▶▶

cover *v.* 다루다, 취재하다

composition *n.* 작품, 작곡

suite *n.* 모음곡

string quartet 현악 사중주

note *n.* 음, 음표

counterpoint *n.* 대위법

generative *a.* 발생의, 생성의

equipped *a.* 장비를 갖춘, 준비된

imitate *v.* 모방하다, 본뜨다

replace *v.* 대신하다, 대체하다

symphony *n.* 교향곡, 심포니

involve *v.* 개입시키다, 연루시키다

cognitive *a.* 인식의, 인지의

alumna *n.* 여자 졸업생

come a long way 크게 발전[진보]하다

potential *n.* 가능성, 잠재력

mimic *v.* 흉내 내다

Unit 79 축구가 사랑받는 이유
The reasons why people love football

Globally, everyone loves, watches, and plays football more than any other sport. The large number of fans means that there is a steady stream of players wishing to participate. Players come from every country around the world. So, fans expect teams to show the best skills that the world has to offer every time they watch.

Due to the diversity of players, there is also a great diversity in skills and performance of the top teams and players that is not found in other sports. For example, Real Madrid is different from Barcelona in that the former attacks using its highly athletic and fast offensive players and the latter succeeds by keeping control of the ball by possession and passing.

Another reason for its popularity is that it is cheap to play. You don't even need a proper football although they certainly aren't expensive (about 10 dollars) or difficult to find. You just need something to kick and something to mark the two goalposts. That's it. Fans love watching football games whether they are in the stadium with the teams or sitting on their sofa at home. The passion remains strong no matter what.

Football games happen rain or shine. Neither heavy rains nor blanketing snow stops a game being played. This brings another aspect to the game as players have to be skilled enough to play in all weather conditions. Because teams know their hometown's climate well, they often enjoy great home records. This prevents certain teams winning everything. A great team can be brought to its knees in an unfamiliar setting. The game stays interesting and each team has a chance because of the unpredictability. Unlike other sports that demand certain physical attributes such as size (American football) or height (basketball), football players can succeed in all shapes and sizes. Being healthy enough to run around the field is important, but apart from that skill trumps strength and height. In addition to all this, football is easy to understand and fun to play. You don't need to spend a lot of time learning the rules.

1. What's the main idea of the passage?

    a) What other sports can learn from football

    b) What football can do to fix society

    c) Why football is such a globally popular sport

    d) Who can play football at a high level

2. According to the passage, which of the following is correct?

    a) Football can be played anywhere and by anybody.

    b) Once you understand the rules, you will find football easy.

    c) Football equipment is pricey but easy to find.

    d) Football players have to be the biggest and the strongest.

3. What does the underlined mean?

    a) Great teams will be able to succeed no matter where or who they have to play.

    b) The best teams are those that can adapt to different conditions and still play their best.

    c) Great teams can struggle if they play in different conditions to what they're used to.

    d) When a team has to play in a different environment, they find it hard to score.

4. Which best fits the blank?

    a) It is natural for children to want to play football.

    b) If only more people would reach the top level.

    c) Everyone grows up knowing football.

    d) No wonder it is so popular around the world.

WORDS & PHRASES ▶▶▶

diversity *n.* 다양성

performance *n.* 성과, 실적

athletic *a.* 힘차고 활발한

possession *n.* 소유, 점유

rain or shine 비가 오든 날이 개든

blanket *v.* (완전히) 뒤덮다

bring to one's knee 무릎 꿇리다, 완전히 파괴하다

unpredictability *n.* 예측 불가능성

attribute *n.* 특성, 자질

trump *v.* 이기다, 능가하다

adapt to ~에 적응하다

Unit 80 구독 옵션에 광고를 추가한 넷플릭스

Netflix is adding ads to its subscription options

Netflix's new ad-supported subscription, Basic with Ads, has been gradually rolled out globally during the first few days of November. This tier adds another level to the existing pricing structure which allows users to choose their payment from $9.99 up to $19.99 according to whether they want to be able to watch on two screens or up to four at the same time. The new subscription that allows ads only costs $6.99 but limits users to watching on one screen only. Netflix says the ads will play for only five minutes per hour. However, just like the ad-free Basic plan, video quality will be less than that for Standard or Premium accounts. Some other downsides are that downloads for offline watching will not be possible, between 5 and 10% of the library will be inaccessible due to them not being allowed to be shown with ads, and subscribers will be targeted by ads for their age and gender which match the personal information they must provide. On the plus side, this subscription's cost of $6.99 is cheaper than other streaming services' similar offerings. Subscriptions to Hulu and Disney+ with ads cost $7.99, and HBO Max with ads is $9.99.

Accenture research has shown that almost two-thirds of consumers cannot afford all the various entertainment subscriptions. Michael Pachter, media analyst at Wedbush Securities, said that this new Netflix offer is attractive to those wanting to save money because they cannot afford five different services. The Netflix Standard yearly subscription rate is 186 dollars, but this new plan is only 84 dollars. Instead of canceling everything completely, a consumer may choose to stick with Netflix because of the lower pricing option.

The gamble that Netflix has taken is that existing customers may decide to downgrade their more expensive plan. But Seth Shafer, a senior research analyst for media research group Kagan, says that profits from ads could make up any losses although it must be remembered that ad revenue will not be immediate and takes some time to start rolling in. A further risk for Netflix is the economy and how reliant advertising is on it. Shafer points out that an economic crisis can affect the success of advertising. _____ _____ However, after years of Netflix rebuffing advertisers, this new relationship could save Netflix from the worst of an economic depression that might affect others.

1. What's the main idea of the passage?

   a) The future of Netflix's new subscription option with ads

   b) The ongoing competition between the entertainment streaming services

   c) Consolidating all the various streamers into one basic plan

   d) A much-needed update to Netflix's subscription plans

2. According to the passage, which of the following is correct?

   a) The ad-based plan is still too expensive for those wishing to be a bit more frugal.

   b) Netflix thinks nobody will choose to downgrade their current subscription plan.

   c) Less than half of consumers think the current cost for all the streaming services it too much.

   d) Money brought in from advertising could make up any losses Netflix incurs.

3. Why is this new offer from Netflix attractive to some?

   a) They can watch on multiple devices at the same time.

   b) They can pay less and still use the streaming service.

   c) Users can share their passwords with their friends.

   d) Netflix is going to provide new shows and movies just for this subscription tier.

4. Which best fills the blank?

   a) It remains to be seen how effective advertising can be.

   b) In spite of this, advertising keeps doing what has always done.

   c) A downturn could have a very damaging effect.

   d) It is important to keep an eye on one's economic situation.

WORDS & PHRASES ▶▶▶

ad-supported 광고 지원의, 광고로 충당되는

roll out 출시되다

tier *n.* 줄, 단, 층; 계급

basic plan 기본요금

inaccessible *a.* 도달하기 어려운, 접근불가인

offering *n.* 헌금; 선물; 매물, 팔 물건

stick with 유지하다, 고수하다

gamble *n.* 도박

revenue *n.* 수입

immediate *a.* 즉각적인; 바로 이웃하는; 당면한

reliant *a.* 믿는, 의지하는, 신뢰하는; 의존하는

rebuff *v.* 퇴짜 놓다; 저지하다, 좌절시키다

consolidate *v.* 통합하다, 굳어지다

frugal *a.* 검약하는, 절약하는, 검소한

고급 영어로 가는 첫걸음

시사 영문 독해 플러스

홍준기 지음

정답 및 해설

넥서스

고급 영어로 가는 첫걸음

시사 영문 독해 플러스

홍준기 지음

정답 및 해설

PART 1 | 인문·사회

Unit 01 사회 문제

취학 연령을 6세로 낮추는 문제

여러분의 아이가 상반기에 태어났다면, 아이를 작년 출생자들과 같은 학년에 둘 지, 그 다음 학년에 둘 지 생각해야 한다. 뉴사우스 웨일즈에서는 아이가 여섯 살이 되는 해에 반드시 입학을 해야 한다는 조항을 통해 이 문제를 규제하는 법안이 입안되었다. 그러나 저소득층 가정에 이 법안이 어떤 영향을 줄까? 일괄적인 규정은 위험할 수 있다는 것이 유아교육 전문가들의 의견이다. 고소득층 가정 일부에서는 아이들을 한 해 늦게 학교에 보내는 것이 인기 있는 선택지인 반면에, 이럴 여유가 없는 가정들은 아이들을 학교에 일찍 보낸다. 이 결정은 아이가 학교에 다닐 준비가 되었는지 보다는, 가족의 부, 돌봄 비용, 유아교육에 대한 접근 용이성에 의해서 내려진다.

연방 교육청의 데이터를 보면 입학 인구의 5분의 1 가량은 입학할 준비가 되지 않았으며, 언어, 인지, 정서, 사회적 발달 등의 영역에서 큰 어려움을 겪는다. 입학하는 학생들 중 겨우 절반 이상만이 준비가 되어 있는 것으로 여겨진다. 입학할 준비가 되지 않은 아이들 중 대부분이 저소득층 가정 출신이기 때문에, 저소득층 자녀들은 시작부터 불이익을 떠안는 것이다. 이 문제는 모든 아이들의 삶이 같은 출발선에서 시작될 수 있도록 반드시 해결되어야 한다.

양질의 수월하고 감당할 수 있는 유아교육에 대한 접근이 필요하다. 아이들이 학교에 입학하기 전 유치원 단계를 2년간 거쳐야 한다는 권장사항에도 불구하고, 대부분의 주 정부들은 오직 1년간의 유치원 비용만을 지원한다. – 일부 주 정부들은 이를 확대하는 것을 고려하고 있긴 하다. '돌봄 불모지'라고 불리는 일부 저소득 지역과 시골 지역이 있고, 이곳에선 아이들의 숫자에 비해 지나치게 적은 시설로 인해 양질의 교육에 접근할 수 없으며, 접근할 수 있다고 해도 그 질이 낮다. 이 지역의 아이들은 일반적으로 유치원 교육도 거치지 않는 경우가 많고, 이는 자연스러운 놀이 기반 활동을 통해 교육의 기반을 다지는 데 매우 중요하다. 이런 활동들은 삶에서 해결해야 하는 상황을 흉내 낸 것으로, 아이들로 하여금 관계 형성을 경험할 수 있게 해 주고, 자신감과 독립성 개발을 할 수 있게 해 주는 다양한 소프트스킬을 개발하도록 해 준다. 그러나 사람들의 관심은 오히려 학교에서의 성공적 적응을 위해 수학과 같은 핵심 기술에서의 적성을 보여주는 데 맞춰져 있다. 학령을 6세로 낮추는 일괄적인 정책을 보조하기 위해서는 정부에 의해 <u>모든 아이들이 양질의 유아교육을 받을 수 있어야 한다.</u>

---

1 다음 중 이 글의 주제는 무엇인가?
a) 6세에 학교를 시작하는 것의 중요성
b) 모든 아이들을 위한 유아교육에 대한 더 나은 접근의 필요성
c) (취학 연령을) 1년 더 미루는 것의 장점과 단점들
d) 저소득층 가정에 대한 커져가는 교육 자금 지원의 필요성

정답 b

해설 이 글은 아이들을 준비되기 전에 학교에 보낼 때 발생할 수 있는 문제와 이것이 저소득 가정에 어떻게 불균형적으로 영향을 미치는지에 대한 논의가 핵심이다. 이런 문제에 대한 해결책은 가족의 소득이나 위치에 관계없이 모든 어린이에게 양질의 유아교육에 대한 더 나은 접근을 제공하는 것이라고 주장하는 글이므로, 정답은 b)가 된다.

2 다음 중 본문의 내용과 일치하는 것은?
a) 지방 정부들은 교육 전문가들이 제시한 권고안을 재정적으로 보조하고 있지 않다.
b) 어린 아이들은 지루하고 쓸 데 없다는 생각에 유치원을 빠지곤 한다.
c) 저소득층 가정이 아이들을 유치원에 가장 오랫동안 보내는 경향이 있다.
d) 유치원은 아이들이 수학과 영어의 기본 소양을 가지는 데 있어 중요하다.

정답 a

해설 "대부분의 주 정부들은 권고안대로인 2년이 아니라 1년간의 유치원비만 재정지원을 한다(most local state governments currently only provide funding for one year)."는 내용으로 보아, 지방 정부들은 교육 전문가들이 제시한 권고안을 재정적으로 보조하고 있지 않다는 a)번이 올바른 내용이다.

3 다음 중 '돌봄 불모지'란 무엇인가?
a) 아이 돌봄 서비스를 구하기가 매우 힘든 장소들
b) 아이 돌봄의 기회를 매우 많이 제공하는 지역들
c) 아이들에게 여러 가지 과목을 가르치는 학교들
d) 유아기 교육에 재정지원을 하는 지역들

정답 a

해설 아이들이 제대로 된 교육을 받지 못하는 곳이 childcare deserts라는 내용(where children cannot gain access to good education)을 볼 때, 아이 돌봄 서비스를 구하기가 매우 힘든 장소들을 뜻하는 a)번이 답으로 가장 적절하다.

4 다음 중 빈칸에 들어갈 가장 적절한 것은?

  a) 가정들 간의 부의 격차가 제거되어야 한다

  b) 가정과 학교 모두 아이들을 보조하기 위해 협업해야 한다

  c) 교육자들은 공평한 교육을 제공하는 데 더 많은 노력을 기울여야 한다

  d) 모든 아이들이 양질의 유아교육을 받을 수 있어야 한다

정답   d

해설   글에서 입학 연령 조정의 단점이나 맹점을 묘사했으므로, 입학 연령 조정 정책을 보조한다는 것은 그 단점을 보완하는 일이 될 것이다. 따라서 이 정책으로 인해 심화될 수 있는 교육과 학력 불평등의 문제 소지를 국가가 해소해 두어야 한다는 내용이 빈칸에 와야 한다. 답으로는 d)가 가장 적절하다.

Unit 02   사회 문제

동성결혼 합법화에 관한 판결

성소수자에 속하는 미국인들은 연방대법원에서 동성결혼을 법적인 권리로 결정 내린 후 지난 몇 년 동안 전국의 법원에서 결혼을 하고 있다. 오버거펠 대 호지스 사건(*Obergefell v Hodges case*)의 최종 결정은 오랫동안 법원의 결정과 그 결정을 뒤집는 결정으로 인해 야기된 혼돈 끝에 나온 결과이다. 이러한 혼란은 어느 한 주에서 결혼한 다음에 다른 주로 휴가를 떠나면 그 주에서는 결혼을 인정받지 못한다는 것을 의미한다. 다시 말하면 사법관할 구역에 따라 일부 동성커플은 결혼이 허용되고 일부 동성커플은 결혼이 허용되지 않는다는 것을 보여준다.

오랫동안 견딘 끝에 마침내 무지개 깃발이 전 세계를 뒤덮게 되었다. 사람들은 연대의 뜻으로 페이스북 프로필을 무지개 색으로 칠했고, 다국적 기업들은 성소수자 공동체를 지지한다는 입장을 열렬히 표명했으며, 무지갯빛 조명이 백악관을 수놓았다. 모두가 행복해 보이며 대개는 이러한 행복이 계속 이어졌다. 다른 한편으로는 다수의 반 성소수자 법률이 전국에서 갑자기 등장했다. 실질적으로 정부 공무원 및 관료들이 게이들에게 서비스를 거부하는 것을 용인해 주는 종교적 법안이 등장했다. 트랜스젠더는 어떤 화장실을 이용할 수 있는지를 결정해 주는 화장실법이 현재 논쟁거리이다.

성소수자도 평등하게 결혼할 수 있도록 투쟁하는 단체인 Freedom to Marry를 설립한 Evan Wolfson에 따르면 이처럼 저항하는 움직임이 있다는 것은 실제로는 진보가 이루어지고 있다는 신호이다. Wolfson은 반대파는 이제는 법적인 권리가 된 동성결혼을 단지 폄하하려 할 뿐이라고 말했다. 현행법에 공격을 가할 수 없으므로 이 방법 외에는 대안이 없는 것이다. 이들은 결혼할 수 있는 권리를 얻기 위한 투쟁에서 승리했

지만 Wolfson은 투쟁은 아직 끝나지 않았다고 말했다. 활동가들은 투쟁을 지속할 것이다.

Campaign for Southern Equality 소속 Aaron Sarver는 자신은 법정에서 미시시피주의 법률인 HB 1523에 이의를 제기하느라 법원에서 하루 종일 보낸다고 밝혔다. 이 법의 명칭은 "종교자유수용법(Religious Liberty Accommodations Act)"이며, 이 법은 업주가 성소수자에게 합법적으로 서비스를 거부할 수 있고, 법원 직원이 동성커플에게 혼인 허가서를 발부하지 않아도 되며, 사회복지사가 혼전 성관계가 의심되는 사람들에게 입양을 불허해도 되는 등 온갖 제약을 초래한 법이다. 게다가 Wolfson은 세계 각국으로부터 자국에서 성소수자의 평등을 위한 캠페인을 추진하고 싶다는 요청을 받았다고 밝혔다. 투쟁은 전 세계를 무대로 이어질 것이다.

1 다음 중 오버거펠 대 호지스 사건의 결과는 무엇인가?

  a) 동성 결혼은 미국에서 법적 권리가 되었다.

  b) 반 LGBT 법안이 전국적으로 도입되었다.

  c) 결혼 평등을 위한 싸움이 사라졌다.

  d) 동성커플은 특정 법정관할 지역에서만 결혼할 수 있었다.

정답   a

해설   오버거펠 대 호지스 사건의 결론은 오랫동안 혼란을 야기해왔던 결정과 결정의 번복을 통해 내린 궁극적인 결과로 동성결혼이 미국에서 법적 권리가 되었다는 것이다.

2 다음 중 HB 1523의 목적은 무엇인가?

  a) 성소수자 공동체에 반대하는 사람들이 이들을 차별할 수 있도록 하기 위해

  b) 트랜스젠더가 자신의 선택에 따라 화장실을 이용할 수 있는 권리를 획득할 수 있도록 투쟁하기 위해

  c) 자신이 원하는 대로 행동하는 법원 직원 및 공무원들의 행동을 제약하기 위해

  d) 아무 잘못도 저지르지 않은 성소수자들에게 서비스를 거부하는 일이 없도록 방지하기 위해

정답   a

해설   "이 법은 업주가 성소수자에게 합법적으로 서비스를 거부할 수 있고, 법원 직원이 동성커플에게 혼인 허가서를 발부하지 않아도 되며, 사회복지사가 혼전 성관계가 의심되는 사람들에게 입양을 불허해도 되는 등 온갖 제약을 초래한 법이다(would bring about many restrictions, such as permitting business owners to legally deny services to LGBT people, court clerks to deny marriage licenses to same-sex couples, and social workers to refuse to grant adoptions to those who may be having premarital sex)." 여기서 이 법은 성소수자를 반대하는 사람들이 법을 구실로 이들을 차별할 수 있도록 허용하는 법임을 알 수 있다. 따라서 정답은 a)이다.

3 다음 중 본문에 따라 옳지 않은 것을 고르시오.
  a) 백악관은 성소수자 공동체와 연대한다는 의미에서 무지
     개색 조명을 띄웠다.
  b) 동성결혼이 합법화되자 기업들은 자신들의 지지의사를
     소리 높여 표명했다.
  c) Evan Wolfson은 동성결혼 반대자들이 반응하는 모습을
     보며 힘을 얻는다.
  d) Aaron Sarver는 자신이 원하는 사람과 결혼을 할 수 있
     는 자유를 획득하기 위해 투쟁 중에 있다.

정답 d

해설 Aaron Sarver는 "법정에서 미시시피주의 법률인
HB 1523에 이의를 제기하느라 법원에서 하루 종일 보냈다
고 밝혔다(he had spent all day in court challenging HB
1523 in Mississippi)." 즉 이 사람은 결혼할 수 있는 권리 취득
을 위해서가 아니라 법률 폐지를 위해 투쟁하는 사람이다. 따라
서 정답은 d)이다.

4 본문의 결론은 무엇인가?
  a) 미국 연방대법원이 판결을 내리긴 했지만 아직 국내외
     에서 승리를 위한 투쟁은 여전히 존재한다.
  b) 미국 시민들 상당수가 미국 연방대법원의 판결에 불복
     하고 앞으로도 결코 승복하지 않을 것이다.
  c) 동성결혼은 미국에서는 합법일 수 있지만 혼인 허가서
     발급을 거부당하는 성소수자 커플은 여전히 많이 존재
     한다.
  d) 언제나 그래왔던 것처럼 모두 성소수자 공동체에 지속
     적으로 많은 지지를 보내야 한다.

정답 a

해설 본문은 미국 연방대법원의 동성결혼 합헌 판결 이후
축하 분위기가 전국에서 이어지고 있지만, 이에 반대하는 목소
리도 여전히 존재하며 이에 맞선 투쟁 또한 지속될 것임을 말하
고 있다. 따라서 정답은 a)이다.

Unit 03　　　　　**사회 문제**

유리 에스컬레이터

여성이 남성 주도의 직장에서 일할 경우 어떤 식으로 부당하
게 인식되고 취급받는지에 대한 많은 조사가 있는 반면, 그 반
대의 경우(즉, 남성이 여성 주도의 직장에서 일할 경우)에 대
해서는 증거가 많지 않다. (미)산업조직심리학회(SIOP)에 소속
된 한 여성 회원이 자칭 "유리 에스컬레이터(glass escalator)"
라고 지칭한 현상을 발견했다. 이 경우 남성들이 자신들의 성
규범에 대항할 경우 실제로 이들은 보상을 받는다는 것이다.
MillerCorps에 근무하는 산업 및 조직심리학자 Samantha
Morris는 다음과 같이 이 현상을 설명했다. 우리가 잘 알고 있
듯이 사회가 기대하는 성규범에 반하는 직업을 선택한 여성들
의 경우, (진급이나 보수 등에 있어서 보이지 않는 차별을 받는
이른바) '유리 천장(glass ceiling)'을 경험한다. 하지만 일반적
으로 남성이 할 것이라고 생각되지 않는 직업을 선택한 남성
들의 경우는 어떨까? 일반적으로 생각하기에 동일한 유리 천
장이 그런 남성들에게도 존재할 것으로 생각한다면, 그건 잘못
된 생각이다. 그런 직업을 선택한 남성들은 부당하게 인식되
거나 취급받지 않을 뿐만 아니라, 주변의 여성들에 비해 더 긍
정적으로 인식된다. 이들에게는 진급할 기회도 더 빨리 주어
지고, 동일한 능력을 가진 여성들보다 더 앞서서 진급한다. 이
런 현상들을 접하고 Morris는 더 심도 깊게 '유리 에스컬레이
터'에 대해 연구했다. 그 결과 그녀는 남성들이 여성들과 같이
폄하당하는 것이 아니라 여성들보다 더 우호적인 대우를 받는
것이 일부 사실임을 발견했다. 이것은 종종 남성이 이러한 직
업에서 비정상적인 것으로 간주되어 군중에서 눈에 띄는 반면,
여성은 표준으로 간주되어 결과적으로 종종 차별과 편견에 직
면하기 때문이다.

1 다음 중 'glass escalator'가 의미하는 것은 무엇인가?
  a) 남성들이 사기 치고 속여 여성들을 위한 자리인 직장의
     최고 위치까지 성공적으로 오르는 데 사용하는 방법
  b) 남성 주도의 직장에서 여성들이 당면한 'glass ceiling'에
     빗대어 여성 주도의 직장에서 남성들이 당면한 현실을
     보여주는 비교 수단
  c) 남성적인 일로 인식되지 않는 직업을 선택해 부당한 대
     우를 받는 남성들을 지키기 위한 법
  d) 남성들이 자신들의 부정적인 인식에도 불구하고 이를
     애써 참을 수 있게 하며, 여성 주도의 직장에서 자신들
     을 비중 있게 대우해 달라고 강요하는 방법

정답 b

해설 'glass escalator'는 본문에 등장하는 'glass ceiling'
에 빗대어 사용한 말로, 본문에서 Morris가 만들어 낸 용어라고
나온다. 남성 주도의 회사에서는 여성들이 승진이나 급여 등에

있어 차별을 받지만, 여성 주도의 회사에서는 남성들이 오히려 보이지 않는 특혜를 받는다는 내용을 표현한 용어로, 'ceiling'이 '한계'를 의미한다면, 'escalator'는 '특혜'를 상징한다.

2 다음 중 연구의 가정과 현실의 차이를 잘 설명한 것은?
   a) 남성들이 있는 그대로 처신했을 경우 여성들과 동일한 처우를 받는 것이 사실로 밝혀졌다.
   b) 남성들은 같은 일을 하는 여성에 비해 훨씬 더 혹독한 차별을 받았다.
   c) 남성들이 여성 주도의 직장에서 다른 대우를 받은 것은 사실이었지만, 여성들만큼 혹독한 차별을 받은 것은 아니었다.
   d) 남성들이 여성들과 같은 대우를 받을 것으로 예상됐지만, 현실은 그 반대였다.

    d

   해설 본문 중간 부분의 "You might think that the same glass ceiling exists for men, but you would be wrong."을 통해 예상과 현실은 반대라는 것을 알 수 있다.

3 다음 중 본문을 통해 추론할 수 있는 것은?
   a) 남성 성규범을 거부하는 것은 남들이 당신을 경계심을 갖고 대우한다는 것을 의미한다.
   b) 몇몇 남성들이 보이지 않는 차별을 뒤엎기 전까지는 실제 남성들에게도 동일한 차별이 존재했다.
   c) 여성 주도의 직장에서 승진을 한 남성은 아마도 승진의 자격이 없는 사람일 수 있다.
   d) 오래 전부터 여성에 적합하다고 생각되던 직업을 선택하는 것이 남성에게 이득일 수 있다.

   정답 d

   해설 앞에서 언급한 'glass escalator'의 영향으로 여성 주도의 직장에서 일하는 남성들은 이득을 볼 수 있으므로 정답은 d)가 된다.

4 다음 중 본문의 내용 다음에 나올 주제로 알맞은 것은?
   a) 왜 Morris가 이 연구를 수행하기로 결심했는지에 대한 분석
   b) 이런 종류의 연구가 갖는 내재적인 문제점들에 대한 분석
   c) Morris가 수행한 추가 연구에 대한 내용
   d) 이런 종류의 연구가 매우 중요한지에 대한 방식과 원인에 대한 분석

   정답 c

   해설 후반부에서 "this glass escalator was studied by Morris even further"라고 했으므로 이에 대한 추가 연구의 결과가 더 나오는 것이 맞다. 따라서 정답은 c)가 된다.

미국의 젠트리피케이션

젠트리피케이션은 지역사회에 긍정적인 영향과 부정적인 영향을 함께 미친다. 교육 수준이 높고 부유한 사람들이 예전부터 서민이나 빈민들이 살던 지역, 특히 유색인종이 살던 곳으로 이주해 가면서 발생하는 현상을 젠트리피케이션이라 부른다. 새롭게 진입한 거주자는 원래 거주자와 생각과 목적이 다를 수 있으며, 이는 주택 가격이 상승하고 지역사회의 문화가 변화함에 따라 기존 거주자들에게 어려움을 초래할 수 있다. 반면에 젠트리피케이션은 이웃에 꼭 필요한 투자기회를 제공하는 것과 같은 장점을 가질 수 있다.

젠트리피케이션의 기원은 제2차 세계대전 이후 가난한 유색인종 공동체가 주택정책에서 직면했던 차별로 거슬러 올라갈 수 있다. 백인 주택 소유자는 흑인 거주자가 거주하는 도심 지역에서 벗어나기 위해 부동산중개인에게 집을 저렴하게 팔았고, 반면에 흑인은 더 좋은 도심 지역으로 이사하기 위해 돈을 많이 지불했다. 그러나 레드라이닝으로 알려진 관행에 따라 도심 주택에 개선이 필요할 때 흑인은 인종이나 민족에 따라 대출 및 보험과 같은 재정지원을 거부당했다. 이로 인해 새로운 흑인들이 머무는 도시지역은 매력적이지 못하고 주택 가격은 급락했다. 그 후 젠트리피케이션은 이 문제에 대한 해결책으로 등장했다.

젠트리피케이션은 재정적 기회를 제공하고 지방정부에 혜택을 줄 수 있지만, 그에 따른 변화는 오랜 거주자에게도 부정적인 영향을 미칠 수 있다. 그들은 집과 사업장에서 쫓겨날 수 있으며 지역사회의 성격이 크게 바뀔 수 있다. 젠트리피케이션이 궁극적으로 지역사회에 좋은지 나쁜지에 대한 논쟁의 여지가 있다. 그러나 도시와 주민들은 기존 거주자와 신규 거주자 모두의 요구를 균형 잡아 줄 수 있는 방법을 찾아야 한다는 것은 분명하다.

1 다음 중 젠트리피케이션이 끼친 부정적인 영향은?
   a) 바람직한 지역의 모습이 줄어듦
   b) 주민들을 위한 경제적 기회의 증가
   c) 오랜 거주자를 강제로 퇴거시킬 수 있는 주택 가격 상승
   d) 투자 기회의 감소

   정답 c

   해설 젠트리피케이션의 부정적인 영향은 "젠트리피케이션에 따른 변화는 오랜 거주자에게도 부정적인 영향을 미칠 수 있다. 그들은 집과 사업장에서 쫓겨날 수 있으며 지역사회의 성격이 크게 바뀔 수 있다."라는 부분에서 찾아볼 수 있다.

2 다음 중 젠트리피케이션이 지역사회에 좋은지 나쁜지에 대한 저자의 입장은?

a) 저자는 젠트리피케이션이 항상 지역사회에 좋다고 생각한다.
b) 저자는 젠트리피케이션이 항상 지역사회에 좋지 않다고 생각한다.
c) 저자는 젠트리피케이션이 지역사회에 긍정적인 영향과 부정적인 영향을 모두 미칠 수 있다고 생각한다.
d) 저자는 젠트리피케이션에 대한 의견이 없다.

정답 c

해설 첫 문장에서 젠트리피케이션의 긍정적인 영향과 부정적인 영향을 모두 제시하고, 마지막 단락에서 젠트리피케이션이 궁극적으로 지역사회에 좋은지 나쁜지에 대한 논쟁이 주제라고 지적한다. 그러므로 저자는 젠트리피케이션이 지역사회에 긍정적인 영향과 부정적인 영향을 함께 미칠 수 있다고 생각한다는 c)가 정답이다.

3 이 글은 레드라이닝 관행이 _____ 젠트리피케이션에 기여했음을 시사한다.
a) 주택 가격 상승을 유발하여
b) 도시지역의 흑인 거주자에게 재정지원을 제공하여
c) 백인 주택 소유자가 자신의 주택을 부동산중개인에게 판매하도록 장려하여
d) 흑인 도시지역을 덜 매력적으로 만들고 주택 가격을 급락시켜

정답 d

해설 본문에 따르면 레드라이닝이 도심지역의 흑인에 대한 재정지원을 거부하여 지역을 덜 매력적으로 만들고 주택 가격을 하락시켜 젠트리피케이션의 출현에 기여했다고 설명하고 있다. 그러므로 정답은 d)이다.

4 다음 중 위의 글 앞에 논의되었을 주제는 무엇인가?
a) 20세기 도시계획의 역사
b) 기술 발전이 현대 건축에 미치는 영향
c) 도시 개발에서 대중교통의 역할
d) 제2차 세계대전이 국제경제에 미친 영향

정답 a

해설 이 글은 젠트리피케이션의 영향과 제2차 세계대전 이후 주택정책, 특히 유색인종 지역사회에 영향을 미치는 정책의 뿌리에 대해 자세히 설명하고 있다. 이러한 맥락으로 볼 때 앞에는 도시계획 및 개발의 광범위한 추세와 역사적 사건에 관한 것이었을 가능성이 있음을 시사한다. 그러므로 a) "20세기 도시계획의 역사"는 전후 시대에 도시가 어떻게 진화했는지에 대한 배경을 제공하고 젠트리피케이션에 대한 논의의 장을 마련할 수 있기 때문에 이 주제와 잘 어울린다. 다른 선택지들은 도시 연구와 관련이 있지만, 이 글에서 설명한 젠트리피케이션과 그 역사적 뿌리에 대한 구체적인 문제로 직접 이어지지는 않는다.

사회 문제

정신질환과 총기사고와의 관계

새로운 연구 보고서의 주장에 따르면 정신질환을 앓고 있는 사람들 가운데 대부분은 난폭한 사람이 아님에도 불구하고 폭력 사건 관련 뉴스에서는 정신질환이 폭력 사건에 영향을 주었다고 언급하고 있다. 미국 내에서 벌어지는 대인 폭력 사건 가운데 정신질환이 차지하는 비중은 고작 4%에 불과하지만, 폭력 사건 관련 뉴스 가운데 근 40%는 정신질환과 관련이 있는 뉴스이다. 게다가 미국 보건복지부(U. S. Department of Health and Human Services; HHS)의 보고에 따르면 심각한 정신질환을 앓고 있는 사람이 강력 범죄의 희생자가 될 확률은 정신질환이 없는 사람에 비해 열 배나 높다.

존스 홉킨스 블룸버그 보건대학(Johns Hopkins Bloomberg School of Public Health) 소속 연구진에 의해 저술되었고 Health Affairs란 학술지에 발표된 이번 보고서는 1994년에서 2014년 사이에 보도된 400건의 뉴스기사를 분석했다. 기사 가운데 55%는 폭력 사건에 관한 내용이었고 이 중 거의 40%는 타인을 상대로 가해진 폭력 사건에 관한 기사였다. 당시 기사 및 TV 뉴스 가운데 29%만이 정신질환 및 자살에 관해 다루었다. 게다가 정신질환을 앓고 있는 것으로 묘사된 대형 총기 난사범에 관한 뉴스는 1994~2005년 기간 동안 9%였던 것이 2005~2015년 기간 동안 22%로 크게 상승했다.

정신질환 및 타인에 대한 폭력 사건을 다룬 뉴스 중에서, 정신질환이 연루됨으로써 폭력이 심화되었다는 시각이 제기된 경우는 40%인 데 반해 정신질환을 앓고 있는 사람은 대체로 폭력적이지 않다고 말한 경우는 전체 뉴스 가운데 8%에 불과했다. 가장 흔하게 언급된 정신질환은 조현병이었다. 이 연구의 결론은 대형 총기난사범은 정신질환을 앓고 있다는 진단을 항상 받는 것은 아니며 그보다는 분노장애 같은 정서적 문제를 겪고 있어서 정신적으로 건강하지 못한 경우가 많다는 것이다. 이 연구는 또한 정신질환에 의해 야기되는 대인 폭력은 치료를 통해 방지할 수 있음을 언급했다. 하지만 뉴스에 등장하는 폭력 사건 가운데 대다수는 정신질환으로 인해 야기된 것이 아니다. 이러한 결과는 미국 내 총기로 인한 폭력 사건은 정신질환 치료체제를 개선시키는 방식으로 감소시킬 수 있다고 주장하는 활동 그룹 및 정책입안자들의 활동과 정면으로 대치하고 있다. 연구진은 이들의 이러한 믿음은 총기로 인한 폭력을 해결하는 데 별 도움이 되지 못하고 오히려 미국의 총기관련법과 관련된 문제에 초점을 맞추지 못하게 만드는 시도일 뿐이라고 언급했다. 대중은 미국이 총기관련법을 더욱 엄격하게 개정해야 한다는 문제는 잊고 대신 정신질환을 치료하는 방식으로 폭력을 줄이는 일에 집중하게 될 것이다.

1 다음 중 본문의 주제는 무엇인가?
a) 정신질환을 앓고 있는 사람들은 종종 자신이 처한 처지

로 인해 폭력적인 언쟁에 휘말린다.

b) 정신질환으로 고통받는 사람들은 폭력적이지 않으며, 정신질환과 다른 사람들에 대한 폭력 사이에는 사실적인 연관성이 없다.

c) 정신질환을 앓고 있는 사람들을 악마로 묘사하기 위한 하나의 수단으로써 종종 뉴스에서는 정신질환자의 책임으로 폭력 사건이 벌어졌다고 보도된다.

d) 총기규제법은 정신질환을 앓는 사람들이 폭력을 가하는 일이 없도록 방지하기 위해 강화되어야 한다.

정답 b

해설 정신질환자들은 뉴스에 보도되는 것과 달리 폭력적이지도 않고 실제 폭력 사건을 범하는 경우도 4%에 불과할 만큼 거의 없다는 것이 본문의 핵심이다. 따라서 정답은 b)이다.

2 다음 중 본문에 따르면 옳은 내용을 고르시오.

a) 뉴스에서는 대체로 정신질환을 앓는 사람들과 자살을 함께 언급하지 않는다.

b) 정신질환을 앓는 사람들은 폭력의 희생자가 될 가능성이 높다.

c) 대형 총기난사와 정신질환을 앓는 사람들을 엮는 관행은 줄어들고 있다.

d) 뉴스에서 보도되는 폭력은 보통은 정신질환을 앓는 사람들로 인해 저질러진 것이다.

정답 b

해설 "심각한 정신질환을 앓고 있는 사람이 강력 범죄의 희생자가 될 확률은 정신질환이 없는 사람에 비해 열 배나 높다 (somebody with a severe mental illness will be a victim of violent crime than those without)." 따라서 정답은 b)이다.

3 다음 중 본문에서 유추할 수 있는 것은 무엇인가?

a) 대형 총기난사를 저지른 사람들은 대체로 정신질환을 앓고 있는 것으로 진단을 받았다.

b) 통신사는 정신질환을 앓는 사람들은 폭력을 저지르지 않는다는 사실을 모른다.

c) 조현병으로 고통받는 사람들은 그렇지 않은 사람보다 폭력을 행할 가능성이 더 높다.

d) 뉴스 방송국은 정신질환을 앓는 사람들과 폭력과의 관계를 불균형적으로 엮고 있다.

정답 d

해설 정신질환을 앓는 사람들이 실제로 폭력을 저지를 확률이 낮음에도 뉴스에서는 정신질환자가 저지른 폭력 사건을 과장하여 보도함으로써 실제 현상을 왜곡하고 있다. 즉, 균형이 맞지 않는 것이다. 따라서 정답은 d)이다.

4 다음 중 본문에 따르면 정신질환을 앓는 사람들의 치료에만

집중하는 것은 어떤 문제가 존재하는가?

a) 활동 그룹에서는 추가적인 치료로는 아무 것도 해결할 수 없다고 오랫동안 주장해 왔다.

b) 정신질환을 앓는 사람들을 치료한다고 한들 이들에 대한 대중의 인식을 바꿀 수는 없다.

c) 이러한 접근법은 미국의 총기관련법이라는 다른 요인을 무시한 것이다.

d) 정신질환의 치료는 결코 완전히 성공할 수 없다.

정답 c

해설 본문 마지막 단락을 보면 알 수 있듯이, 대형 총기난사 사건을 막으려면 미국의 총기관련법을 바꾸는 것이 우선이 되어야 하며 정신질환자의 치료 강화로는 문제 해결을 할 수 없다. 즉, 치료에 집중하는 방식은 다른 중요 요인인 총기 관련 법률의 개정이라는 문제는 간과한 것이다. 따라서 정답은 c)이다.

Unit 06   사회 문제

사형제도의 신뢰성 여부

[A] 1976년 이래 사형 판결을 받고도 무죄로 풀려난 사람들의 수가 130명을 넘어가면서, 최근 들어 사형 판결이 과연 신뢰할 수 있는지에 대한 의문들이 제기되고 있다. 이들 중 DNA 감식을 통해 무죄로 풀려난 경우는 17명에 불과하고, 이 또한 항상 이용하는 것도 아니다. Innocence Project의 공동설립자인 Barry Scheck는 유죄 평결을 받은 이들 가운데 대략 80%가 판결을 결정하는 데 생물학적 증거가 포함되지 않고 있다고 주장한다. 2000년 일리노이주에서 13명의 사형수들이 무죄로 풀려났을 때, 당시 주지사였던 George Ryan은 사형 집행을 중지한 바 있다. 주지사는 개인적으로 사형 제도를 찬성했지만, 무고한 사람들을 죽일 수 있는 시스템에 대해 신뢰할 수 없었기 때문에 그와 같은 조치를 취했다. 이런 태도는 무고한 사람을 사형에 처하는 것은 결코 있을 수 없는 일이라고 주장한 Sandra Day O'Connor 전 대법관에 의해서도 지지를 받았다.

[B] 사형제도를 반대하는 사람들에게 이런 종류의 사건들은 특히나 유용하다. Stuart Banner는 2002년 자신의 저서 〈사형제도(The Death Penalty)〉에서 통계를 들어 사형제도의 당위성을 부정하거나 인종적 요인으로 사형제도가 폐지되어야 한다고 주장하는 것들이 받아들여지지 않은 상황에서도 유일하게 사형제도에 의구심을 갖게 하는 요인이 바로 사형 집행으로 무죄인 사람을 죽일 수 있다는 점이라고 강조하고 있다. 사실 사형제도 반대자들이 거론하는 많은 사건들이 존재한다. 예를 들어, 1993년 도둑질을 하던 중 사람을 총으로 쏴 죽인 혐의로 Robert Cantu에 대해 사형을 집행했다. 하지만 이후 사

건의 다른 피해자가 자신은 Cantu가 유죄라고 믿지 않았었지만 경찰이 그를 범인으로 지목하도록 압력을 행사했었다고 폭로했다. 당시 지방검사이자 사형집행 찬성론자인 Sam Millsap은 실수가 있었다고 밝히면서 유감을 표명했다. 더불어, 1995년에는 미주리주에서 마약거래상에게 총격을 가한 Larry Griffin에게 사형을 집행했다. 또 다른 범죄자인 Robert Fitzgerald는 목격자 증언을 했고, 그의 증언은 검찰이 추진한 소송 사건의 기초가 됐다. 하지만 그 증인은 과거 검찰에서 일한 경험이 있었으며, 증인 보호 프로그램에 참가한 전력이 있었다. Fitzgerald는 Griffin을 현장에서 봤다고 증언했다. 하지만 Griffin이 사형집행을 받은 후 전미 흑인지위향상협회(NAACP)에서는 현장에서 부상당한 다른 희생자가 Griffin이 총을 쏜 범인이 아니라고 주장했다는 사실을 밝혔다. 추가로 다른 경찰관도 Griffin이 유죄라는 사실에 의구심을 표명했다.

1 다음 중 [A]와 [B] 단락에 대하여 올바르게 다루고 있는 것은?
a) [A]는 무죄 프로젝트를 다루고 [B]는 사형에 대한 작가의 경험을 묘사한다.
b) [A]는 사형집행의 필요성을 다루고 [B]는 인종 차별적 관행을 설명한다.
c) [A]는 사형집행의 신뢰성을 다루고 [B]는 부당한 집행의 예를 설명한다.
d) [A]는 처벌에 대한 정치적 영향을 다루고 [B]는 일부 죄수들의 유죄에 대한 의문을 제기한다.

정답 c

해설 [A]의 경우 본문의 첫 줄인 "Lately it has been questioned whether death row is reliable" 부분이 주제가 된다. 사형집행이 과연 신뢰할 수 있는 것인가에 대한 의구심이 제기되고 있다는 내용으로 일관되게 서술하고 있고, [B]의 경우 부당한 집행의 사례를 나열하여 사형제도의 문제점을 제기하고 있다. 그러므로 정답은 c)이다.

2 다음 중 Robert Cantu가 유죄 판결을 받은 이유로 적합한 것은?
a) 범행 현장에 있던 다른 사람이 Cantu가 그곳에 있었다는 사실을 알고 있었다.
b) 경찰이 사건의 피해자에게 Cantu가 범인이라고 말하도록 강요했다.
c) 지방검사가 Cantu에게 유죄 판결을 내리기 위해 자신의 모든 권한을 사용했다.
d) Cantu는 자신이 저지른 이전 범죄들 때문에 경찰에 이미 알려져 있었다.

정답 b

해설 두 번째 문단의 "It was only later, that another victim of that crime revealed that while he didn't believe

Cantu was guilty, the police had pressured him into identifying him." 부분을 통해 경찰의 강요해 의해 허위 증언을 했다는 사실을 알 수 있으므로 정답은 b)가 된다.

3 다음 중 본문을 통해 추론할 수 있는 것은?
a) 경찰은 무작위로 사람을 골라 그 사람이 범죄를 시인하도록 만들어서 사건을 해결한다.
b) 사형제도를 찬성하는 사람이라 하더라도 사형제도가 간혹 잘못 사용될 수 있다는 사실을 인정한다.
c) 과거 사형집행의 열렬한 찬성론자였던 사람들이 최근 모두 마음을 바꾸었다.
d) 사형집행이 잘못 내려졌던 사건들은 대게 인종차별에 기인한 사건들이었다.

정답 b

해설 c)의 경우 모든 사람들이 마음을 바꿨다는 내용은 없지만 b)의 경우와 같이 이전 일리노이 주지사의 예에서 볼 수 있듯이 일부가 사형집행의 신뢰성에 의심을 하는 경우는 있었다. 따라서 정답은 b)가 된다. d의 경우는 본문에 언급되지 않았다.

4 다음 중 본문의 밑줄 친 문장을 바르게 재진술한 것은?
a) 사형제도를 찬성했던 사람들 가운데 사형제도가 현 상태로 작동될 수 있을지 알 수 있는 사람은 없었다.
b) 사형집행 시스템은 그 자체의 오류로 인해 산산조각이 났고, 그 결과 그는 더 이상 사형집행에 대한 확고한 믿음을 가지고 있지 않다.
c) 사형집행제도가 심각한 결함이 있다는 사실이 밝혀진 상태에서 자신이 사형집행제도의 창설자라는 사실은 충분하지 않았다.
d) 그는 사형집행을 찬성하는 사람이었지만 무죄인 사람을 처형하지 않기 위해 더 이상 사형제도를 신뢰하지 않았다.

정답 d

해설 밑줄 친 문장의 주어가 일리노이 전 주지사를 의미하며, 그는 자신이 사형제도를 찬성하지만 왜 일리노이주의 사형집행을 잠정적으로 중단시켰는지에 대한 설명을 하고 있는 문장이므로 d)가 적합하다.

사회 문제

데이터로 본 사라지지 않는 반아시아인 증오

아시아계 미국인 및 태평양계 미국인을 대상으로 자행되는 증오 범죄를 집중 조명하는 조직인 Stop AAPI Hate에 따르면, 코로나19 팬데믹의 초창기였던 2020년 3월부터 2022년 3월까지 2년에 걸친 기간 동안 미국 내에서 아시아계 미국인을 대상으로 근 11,500건의 증오 범죄(괴롭힘, 폭언, 증오 발언)가 발생했다. 코로나19 팬데믹의 첫 해에는 해당 증오 범죄가 9천 건이 넘게 발생했다. 게다가, 증오와 극단주의 연구센터(Center for the Study of Hate and Extremism)에 따르면 2020년에서 2021년 사이에 증오 범죄는 339% 증가했다. Stop AAPI Hate의 데이터에 따르면 증오 범죄 가운데 3분의 2는 실질적으로 서면 또는 구두 형태로 자행되었고, 5분의 2는 공개적으로 자행되었으며, 남성보다 여성이 두 배나 피해를 더 입은 것으로 보고되었고, 17%는 물리적으로 공격을 받았으며, 10건 중 1건은 대중교통에서 자행되었다. 캘리포니아 주는 미국에서 아시아계 미국인 및 태평양계 미국인의 비율이 가장 높은 관계로, 전체적으로 캘리포니아주에서 해당 증오 범죄가 더 많이 자행되었고(4,000건이 넘음), 그 뒤를 워싱턴과 뉴욕이 이었다.

Stop AAPI Hate 및 에델만 데이터 앤 인텔리전스(Edelman Data & Intelligence)에서 시행한 설문조사에 따르면, 지난 2년 동안 미국의 전체 아시아계 미국인 및 태평양계 미국인 중에서 20%가 증오 범죄 사건을 겪었으며, 이로 인해 아시아계 미국인 및 태평양계 미국인 공동체 내에서 두려움 및 불안감의 수준이 크게 높아지게 되었다.

그 결과, 이처럼 증가 중인 폭력 및 증오 범죄 문제에 대처하기 위해 2021년 3월 바이든(Biden) 대통령은 코로나19 증오 범죄법(Covid-19 Hate Crimes Act)에 서명했다. 경찰은 향상된 예방 및 대응 전략에 더해 데이터 수집 방법을 개선하라는 지시를 받고 있다. 코로나19 증오범죄법을 비판하는 이들은 해당 법이 과도한 경찰력의 사용으로 이어지고, 더군다나, 해당 증오 범죄의 근본 원인에는 대처하지 못한다고 말한다. 폭력이 발생하기 전에 예방하고, 폭력이 발생했을 때에는 피해자들에게 지원을 제공할 필요가 있다. 보고서의 저자들은 아시아계 미국인의 역사에 관해 더 많은 교육이 이루어져야 하고, 대중교통 및 사업장에서 증오 범죄 사건이 발생할 경우 인권 차원의 보호가 더 많이 이루어져야 한다고 지적한다. Stop AAPI Hate의 공동 설립자이자 AAPI 권리연합(Equity Alliance)의 사무국장(executive director)인 만주샤 쿨카르니(Manjusha Kulkarni)는 코로나19 팬데믹이 약해지더라도 반아시아인 증오는 지속될 것이며 더 많은 비극이 발생하기 전에 무언가가 바뀌어야 한다고 말한다.

1 다음 중 본문의 주제는 무엇인가?

a) 아시아계 미국인에 대한 증오가 현지 공동체에 끼치는 영향
b) 아시아계 미국인에 대한 증오를 줄이기 위한 Stop AAPI Hate의 활동
c) 대체로 팬데믹 이후 사람들에 대한 증오 범죄는 증가 중에 있다.
d) 아시아계 미국인에 대한 증오의 등장과 지속

 정답 d

해설 본문은 코로나19 팬데믹과 함께 아시아계 및 태평양계 미국인을 대상으로 한 증오 범죄가 증가하기 시작했고, 시간이 흘러 지금까지도 계속되고 있음을 말하고 있다. 증오 범죄가 계속되고 있다는 점에서 d)가 답으로 적합하다.

2 다음 중 본문에 따르면 맞는 것은 무엇인가?

a) 신고된 증오 범죄 가운데 절반이 넘는 경우가 대중교통에서 발생했다.
b) 아시아계 미국인 남성은 아시아계 미국인 여성에 비해 더 많은 괴롭힘을 당하는 것으로 보인다.
c) Stop AAPI Hate에서는 팬데믹에 대한 공포가 감소할수록 증오 범죄 또한 감소할 것이라고 한다.
d) 아시아계 미국인 및 태평양계 미국인 가운데 5분의 1은 팬데믹 기간 동안 증오 범죄를 당했다고 보고했다.

 정답 d

해설 a)의 경우 대중교통에서 발생한 것은 10건 중 1건이므로 10% 정도이고, 아시아계 여성이 더 많은 피해를 입었으므로 b)는 틀린 진술이다. Manjusha Kulkarni의 얘기처럼 코로나19 팬데믹이 약해지더라도 반아시아인 증오는 지속될 것이라 하였으므로 c)도 틀렸다. "지난 2년 동안 미국의 전체 아시아계 미국인 및 태평양계 미국인 중에서 20%가 증오 범죄 사건을 겪었으며"에서, "지난 2년"은 팬데믹 기간과 일치하고, 20%는 5분의 1과 마찬가지이다. 따라서 답은 d)이다.

3 다음 중 바이든 대통령의 증오범죄법에 대한 비판이 존재하는 이유는 무엇인가?

a) 그 법은 스스로를 보호할 책임을 피해자에게 지운다.
b) 그 법은 가해자에게 더 많은 공격을 가하게끔 더 많은 인센티브를 제공한다.
c) 그 법은 경찰이 이러한 증오 범죄를 막는 일에 신경을 쓰지 않는다는 사실을 숨긴다.
d) 그 법은 증오 범죄가 발생하는 이유들을 실제로 해결하지는 못한다.

 정답 d

해설 바이든 대통령이 통과시킨 증오범죄법을 비난하는 사람들은 그 법이 "증오 범죄의 근본 원인에는 대처하지 못한다(doesn't address the basic causes of these hate crimes)."고 말한다. 이는 d)의 내용과 일치하며, 따라서 답은 d)이다.

4 다음 중 빈칸에 가장 알맞은 것은 무엇인가?
   a) 기존의 해결책을 바꿔야만 한다
   b) 따라서 현재까지 실질적인 해결책은 실패해왔다
   c) 이를 막기 위한 효과적인 방법은 없어 보인다
   d) 더 많은 비극이 발생하기 전에 무언가가 바뀌어야 한다

정답 d

해설 팬데믹이 잦아들더라도 아시아계 사람들을 향한 증오가 지속되는 상황이다. 이런 상황에서 예방책을 찾는 것은 뒤늦은 감은 있지만, 그렇다고 별 방법 없다고 포기해서는 안 된다. 그보다는 더 큰 비극이 발생하기 전에 뭔가 조치를 취하고 바꿔야 할 것이다. 따라서 답은 d)이다.

Unit 08

사회 문제

차별 철폐 조치가 대입에 미치는 영향

미국 대법원은 최근 차별 철폐 조치(affirmative action) 프로그램, 특히 공립 및 사립대학의 입학허가과정에서 인종을 사용하는 것과 관련하여 새로운 한계를 정했다. John Roberts 대법원장이 작성한 판결문에서 법원은 하버드와 UNC의 입학정책이 수정헌법 제14조의 평등보호 조항과 일치하지 않는다고 판결했다. UNC 사건에서는 6 대 3, 하버드 사건에서는 6 대 2로 판결이 내려졌는데, Ketanji Brown Jackson 대법관은 과거 하버드대학과의 관계를 이유로 하버드 사건에서 기권했지만 Jackson 대법관은 두 사건 모두에서 Sonia Sotomayor 대법관과 Elena Kagan 대법관의 반대 의견을 지지했다. 바이든 대통령은 대법원의 결정에 강한 반대 의사를 표명하고 교육기관들이 다양성을 위해 계속 노력할 것을 촉구했다.
이 획기적인 판결은 다양성을 촉진하고 불평등을 해결하기 위해 수십 년 동안 대학에서 사용해온 관행인 차별 철폐 조치(affirmative action)를 면밀히 조사한 후 나왔다. 앞서 1978년 이래 대법원은 쿼터제가 없는 한 입학 허가 시 인종을 고려하는 것을 허용해왔다. 보수 단체인 '공정입학을 위한 학생들'(Students for Fair Admissions)은 하버드대와 UNC가 인종을 고려한 입학 정책에서 아시아계 미국인 지원자를 차별하고 있다며 소송을 제기했다. Roberts 대법원장은 Affirmative Action의 입장이 모호한 것, 인종에 대한 부정적 사용, 인종적 고정관념, 타당한 종료시점 부재 등을 이유로 그간 Affirmative Action의 손을 들어준 대법원의 판결이 미국 내 대학 입시 환경에 큰 영향을 미쳤다고 비판했다.
이 판결은 엄격한 제한을 가하고 있지만, 인종에 대한 고려를

완전히 없애는 것은 아니다. Roberts는 대학이 여전히 차별에 직면하거나 인종 정체성에서 영감을 얻는 것과 같은 지원자의 개인적인 경험의 맥락에서 인종에 대해 논의할 수 있음을 분명히 했다. 법원은 인종에 기반한 입학은 엄격한 조사를 거쳐야 하고, 고정관념을 피해야 하며, 영구적일 수 없다고 강조했다. Sotomayor 대법관은 반대 의견에서 이 판결이 수십 년간의 진보에서 퇴보한 것이며, 인종에 의해 깊은 영향을 받은 사회에서 인종적 무관심에 대한 피상적인 개념을 굳히는 것이라고 개탄했다.

1 다음 중 Roberts 대법원장이 말하는 차별 철폐 조치 프로그램에 대한 주된 비판은 무엇인가?
   a) 대학의 다양성을 높인다.
   b) 명확하고 측정 가능한 목표가 있다.
   c) 평등한 보호 조항을 엄격히 준수한다.
   d) 인종을 부정적으로 사용하며 타당한 종료 시점이 없다.

정답 d

해설 Roberts 대법원장의 비판은 모호한 목표, 인종에 대한 부정적 사용, 인종적 고정관념, 차별 철폐 조치 프로그램의 타당한 종료 시점의 부재 등에 초점을 맞추고 있다.

2 다음 중 대법원 판결에 따르면, 향후 인종에 따른 입학에서 여전히 허용되는 부분은 무엇인가?
   a) 개인적 경험의 맥락에서 인종에 대한 고찰
   b) 인종 범주에 따른 할당제
   c) 인종을 입학의 유일한 요소로 사용
   d) 인종 기반 정책의 무기한 시행

정답 a

해설 본문의 내용(While the ruling imposes strict limitations, it does not entirely eliminate the consideration of race. Roberts clarified that universities could still discuss race in the context of an applicant's personal experiences, such as facing discrimination or drawing inspiration from their racial identity.)에 따르면, 대법원 판결이 대학이 여전히 차별에 직면하거나 인종 정체성에서 영감을 얻는 것과 같은 지원자의 개인적인 경험의 맥락에서 인종을 고려하는 것을 허용한다는 것이다.

3 다음 중 Sotomayor 판사의 반대 의견에 따르면, 법원의 판결이 의미하는 것은?
   a) 오랫동안 유지되어 온 법적 원리의 지속
   b) 인종적 평등의 대의명분의 진전
   c) 차별 철폐 조치의 수십 년 동안의 진전으로부터의 퇴보
   d) 인종을 입학의 긍정적 요인으로 사용하는 것을 지지

정답 c

해설 Sotomayor 대법관의 반대 의견은 대법원의 결정을 수십 년간의 진보에서 한 걸음 후퇴한 것으로 보고 있으며, 이는 차별 철폐 조치(affirmative action) 환경의 퇴보를 뜻한다.

4 이 글에 따르면 대법원의 판결이 _____.
 a) 입학에서 인종에 대한 고려를 완전히 없앨 것임을 시사한다
 b) 대학 입학 절차에 큰 영향을 미치지 않을 것이다
 c) 입학 시 인종에 대한 보다 미묘한 접근 방식을 초래할 것이다
 d) 대학이 다양성의 개념을 무시하도록 장려할 것이다

정답 c

해설 이 판결은 본문에서 설명한 바와 같이 입학 시 인종을 고려하는 방법에 엄격한 제한을 가하고 있지만 완전히 배제하지는 않는다. 이는 향후 입학 과정에서 인종 요소를 고려하는 데 있어 보다 미묘한 접근 방식으로의 전환을 시사하는 것이다.

Unit 09

교육

MOOCs의 효과적 활용 방안

온라인 대중 공개강좌(massive open online course: MOOC)를 수강한 사람들 가운데 대부분은 강좌를 끝까지 듣지 못한다. 실제로 교육 자료를 반도 소화하지 못한 사람도 과반이 넘는다. 이는 온라인 대중 공개강좌가 주장한 바를 이루지 못하고 있다는 증거이자 사람들이 바가지를 쓰고 있다는 증거로 제시된다. 하지만 이러한 주장이 사실이라면 학생이 강좌로부터 제대로 된 가치를 이끌어내기 위한 방법은 한 학기 온라인 강좌를 100% 완강하는 것밖에 없다는 의미가 된다. 분명히 말하자면 이는 사실이 아니다. 온라인 대중 공개강좌로부터 최대한의 성과를 이끌어내고 돈을 낭비하지 않으려면 <u>목표와 시간을 신중하게 관리하기만 하면 된다.</u>
여러분은 수료증을 받는 것을 목표로 할 것이며 이를 위해서는 정해진 학습과정을 완료하고 돈을 지불해야 한다. 상당한 기간 동안 매주 Coursera, edX, Udacity 같은 업체로부터 수료증을 받기 위해 여러 시간 동안 공부를 해야 하며, 마침내 모든 강좌를 수강한 후에는 이력서에 수료증을 추가할 수 있게 된다. 무료로 수업을 청강할 수도 있다. 여기에는 할당된 비디오는 다 보되 정해진 과제는 하지 않는 행위도 포함된다. 물론 이랬다가는 우리가 언급한 수료증은 받지 못하며 어쩌면 퀴즈 및 기타 교육 자료를 온전히 접하지 못하도록 차단될 수도 있다. 하지만 모두 완강해야 한다는 부담은 받지 않아도 되고 뭐든지 서두르지 않으면서 노력할 수 있다. 이보다 덜 부담이 되는 선택지로는 샘플 강좌에만 전념하는 것을 들 수 있다. 원할

때 비디오를 보고 필요로 하는 것을 얻을 수 있다. 한 가지 예로써 엑셀로 회귀 모델링 작업을 수행하고자 할 때, 해당 정보를 다른 정보로부터 얻는 선택지도 존재하지만 최고의 장소는 더 나은 교육 자료를 보유한 온라인 대중 공개강좌일 것이다. 통계 강좌에서 관련 없는 강좌는 피하고 관련 있는 것만 집중하는 방식으로 시간을 더 잘 활용할 수 있을 것이다. 당신은 온라인 대중 공개강좌 플랫폼을 통해 무료로 이를 수행할 수 있다. 하지만 Lynda.com처럼 회비를 받는 곳도 일부 존재하므로 조심해야 한다.
기억해 둘 점은 모든 이가 요구하는 사항은 각기 다르므로 여러분이 개인적으로 원하는 것을 조사하여 온라인 대중 공개강좌로부터 최대한의 성과를 이끌어낼 수 있다는 것이다. 당신이 추구하는 것은 업무능력 향상인가, 일자리 찾기인가, 아니면 그저 뭔가 새로운 것을 배우면서 얻는 즐거움인가?

1 다음 중 본문의 목적은 무엇인가?
 a) 독자에게 온라인 대중 공개강좌는 활용법을 아는 한 수강할 만한 가치가 있다고 설득하기
 b) 독자에게 삶을 풍요롭게 만들기 위해 온라인 대중 공개강좌에 참여하도록 납득시키기
 c) 온라인 대중 공개강좌를 수강하는 사람들 대부분에게 있어 강좌는 순전히 돈 낭비임을 증명하기
 d) 온라인 대중 공개강좌가 얼마나 유용한지 그리고 미래에도 계속 존재할 수 있음을 보여주기

정답 a

해설 본문은 온라인 대중 공개강좌를 제대로 완강하지 못하는 사람들이 많지만 목표를 잘 설정하고 계획을 잘 세우는 등 올바른 활용 방법을 익혀놓는다면 충분히 가치 있는 교육 수단임을 명심하라고 말하고 있다. 따라서 정답은 a)이다.

2 다음 중 본문에 따르면 사실인 것은 무엇인가?
 a) 온라인 대중 공개 강좌를 시작하는 대부분의 사람들은 결국은 중도에 포기한다.
 b) 온라인 대중 공개 강좌를 창시한 사람들은 약속했던 수준의 서비스를 제공하지 않고 있다.
 c) 이력서에 온라인 대중 공개 강좌 수료증을 추가할 수는 없다.
 d) 청강하더라도 여전히 과제는 전부 해야 한다.

정답 a

해설 "대부분은 강좌를 끝까지 못 들었고, 실제로도 교육 자료를 반도 소화하지 못한 사람도 과반이 넘는다(mostly do not finish it. In fact, a majority don't even make it halfway through the material)." 따라서 정답은 a)이다.

3 다음 중 본문에 따르면 샘플 강좌를 들음으로써 얻는 이점은 무엇인가?

a) 온라인 대중 공개강좌를 듣는 동안 무료로 다양한 강좌를 들을 수 있고 가장 잘 맞는 것을 고른 다음에 돈을 지불할 수 있다.
b) 특별히 찾고 있던 정보를 발견한 후 강좌를 더 이상 수강하지 않고 환불을 받을 수 있다.
c) 특정한 정보만 원하고 그 외에는 더 필요가 없다면 돈을 지불하지 않아도 되며 교육 자료의 수준은 높을 것이다.
d) 비슷한 목표를 지닌 다른 학생과 함께 노력할 수 있고 목표 달성을 위해 서로 협력할 수 있다.

정답 c

해설 샘플 강좌는 돈을 지불하지 않아도 수강할 수 있으며 "원할 때 비디오를 보고 필요로 하는 것을 얻을 수 있다(You can watch videos when you want and glean from them what you need)" 강좌는 "더 나은 교육 자료를 보유(the material is better)"하고 있다. 보기 중에서 이러한 조건에 부합하는 것은 c)이다.

4 다음 중 빈칸에 가장 알맞은 것은 무엇인가?
a) 원한다면 어떤 것이든 가치를 획득할 수 있다
b) 학기의 일부만 수강하는 것으로도 충분하다
c) 발견 가능한 최고의 온라인 대중 공개강좌 플랫폼을 찾아야 한다
d) 목표와 시간을 신중하게 관리하기만 하면 된다

정답 d

해설 단순히 완강하는 것 이외에도 샘플 강좌를 활용하거나 "관련 있는 것만 집중하고(focusing only on the one that is)", "개인적으로 원하는 것을 조사하여 온라인 대중 공개강좌로부터 최대한의 성과를 이끌어낼 수 있는(you can personally get the most out of MOOCs by taking stock of what you want)" 등 신중하게 계획을 세우고 시간을 관리한다면 강좌로부터 최대한의 성과를 이뤄내면서 돈을 낭비하지 않을 수 있다. 따라서 정답은 d)이다.

Unit 10

교육

박사학위 취득의 효용성 논의

수많은 학생들이 연구하는 즐거움으로 학업을 수행하고 있지만, 미래에 대해서는 생각하지 않고 있다. 영국 박사학위 졸업생들의 1/3이 최근 털어놓기를, 박사 과정까지 공부한 이유는 학교에 계속 남아 직장에 다니는 것을 회피하기 위해서였다고 얘기했다. 공대 박사과정의 경우 이 수치는 학생들의 절반까지 올라가는데, 과학자들의 경우 보조금을 쉽게 받을 수 있

기에 박사과정을 더욱더 매력적으로 만들어주기 때문이다. (그렇지만) 박사과정 졸업생들은 직업을 얻고 나면 별로 만족하지 못하거나 열심히 일하지 않게 된다. 어떤 사람들은 박사학위가 예술과 문화처럼 세상에 필수적인 것이라고 생각할 수 있다. 사람들이 더 많은 지식을 얻을수록 사회는 이로 인해 혜택을 보기 때문이다.

그런데 왜 박사학위를 받는 것이 최상의 선택이 되지 못하는 것일까? 교육 시스템과 학생들의 우선순위가 항상 같은 것은 아니기 때문이다. 똑똑한 학생들이 계속해서 공부를 하면, 대학은 이득을 본다. 재정적으로나 학문적으로 모두 대학의 명성은 올라간다. 똑똑한 학부생들의 일부는 교수들에게 발탁이 되지만, 어떤 경우는 수년간의 힘든 공부가 그들의 기대에 미치지 못하는 경우도 발생한다. 예를 들어, 박사 과정은 무척이나 고립될 수 있으며 학생들은 외로움이나 우울증으로 인해 어려움을 겪을 수 있다. 또한 박사학위 소지자의 취업 시장은 경쟁이 매우 치열해서 졸업생이 자신의 관심과 기술에 맞는 직책을 찾기가 어려울 수 있다. 자신의 경험을 밝힌 한 여학생의 이야기를 들어 보면, 학업을 진행하다 나중에는 부자 남편을 만나 결혼하라는 식의 농담을 듣고 중도에 내쳐졌다는 것이다. 이와는 반대로 켄터키 대학의 심리학 교수인 Monica Harris는 배출되는 박사학위 졸업생의 수가 줄어들어야 하며, 그렇기 때문에 자신은 더 이상의 학생들을 받지 않기로 결정했다고 말한다. 하지만 이런 사례는 일반적이지는 않다. 한 아이비리그 대학의 총장은 만일 어떤 대학이 박사학위 학생 수를 줄일 경우 다른 대학들이 그 부족분을 채우게 될 것이라고 밝혔다.

1 다음 중 밑줄 친 부분의 의미로 적합한 것은?
a) 학생들은 공부할 때 공부 자체를 즐기기 때문에 미래에 벌어질 일에 대해 생각하지 않는다.
b) 공부의 즐거움으로 많은 학생들이 자신의 궁극적 목표가 무엇이었는지 잊어버린다.
c) 공부를 하는 유일한 이유가 공부의 즐거움일 경우에는 미래가 영향을 받을 수 있다.
d) 미래에 대해 생각하지 않는 것이 지금 하고 있는 공부를 더 즐기도록 만들어 준다.

정답 a

해설 밑줄 친 부분은 공부 자체의 즐거움으로 미래에 대해 고민하는 학생들은 많지 않다는 내용이므로, 정답은 a)가 된다. 공부를 하느라 진짜 목표를 잊고 있다는 이야기도 아니고, 즐거움만을 쫓아 공부하는 것이 좋지 않다는 내용도 아니며, 미래를 잊고 공부에만 집중하라는 이야기도 아니다.

2 다음 중 박사 과정 학생들로 얻을 수 있는 혜택에 해당하는 것은?
a) 대학은 더 좋은 교수들을 많이 고용할 수 있다.
b) 학생들이 공부를 더 많이 하면, 사회 전체적으로 더 똑똑해진다.

c) 더 똑똑한 학생들은 공부하기에 더 좋은 시설을 가질 수 있다.

d) 박사 과정의 여학생들은 더 좋은 결혼 상대를 만날 수 있다.

정답 b

해설 본문에서 "As people gain knowledge, society benefits."이라고 한 부분을 통해 사회 전체가 이득을 본다는 내용을 짐작할 수 있다. d)는 공부 대신 좋은 결혼 상대를 만나는 것이 좋겠다는 비아냥거림에 가깝게 언급됐다.

3 다음 중 왜 Monica Harris는 더 이상 박사 과정 학생들을 뽑지 않으려고 하는가?

a) 요즘 배출되는 박사학위 취득자가 너무 많다고 생각하기 때문이다.

b) 다른 대학들이 박사 과정 학생들을 더 선발할 수 있는 기회를 주기 위해서이다.

c) 그렇게 많은 박사학위 취득자가 필요하다고 생각하지 않기 때문이다.

d) 박사학위 과정이 충분히 어렵다고 생각하지 않기 때문이다.

정답 a

해설 본문 후반부의 "the number of PhDs being given out should be shrunk and has chosen not to admit anymore"을 통해 박사학위 졸업자가 너무 많기 때문에 이를 줄여야 한다고 했으므로 정답은 a)가 적합하다.

4 다음 중 공과대학 학생들이 다른 전공의 학생들보다 더 박사 과정에 진학한 이유는 무엇인가?

a) 공대에서는 박사학위가 필요하기 때문이다.

b) 공대 과정의 학업이 더 쉽기 때문이다.

c) 더 많은 권유를 받기 때문이다.

d) 금전적 지원을 받기 때문이다.

정답 d

해설 공대 박사 과정의 경우 이 수치는 학생들의 절반까지 올라가는데, 과학자들의 경우 보조금을 쉽게 받을 수 있기에 박사 과정을 더욱더 매력적으로 만들어 주기 때문이다. 즉, 공대생들의 경우 stipend를 쉽게 받을 수 있다고 나오므로 d)의 funding이 이와 유사하다.

명문대와 일반대의 차이점

명문대를 다니면 엄청난 혜택을 누릴 수 있다. 하버드대 경제학자인 Caroline Hoxby는 1980년대에 대학생들이 졸업 후 어떤 일이 발생하는지를 연구했고, 명문대 졸업생들의 연봉이 일반대학 졸업생들의 연봉보다 많다는 사실을 발견했다. 이전에 사용됐던 것과는 다른 적성 기준을 적용한 후 몇몇 남학생들을 조사했다. 최우수 대학에 갔던 학생들이 전체 경력 기간 중 290만 달러를 벌어들였으며, 그 다음으로 좋은 대학에 들어갔던 학생들이 280만 달러, 일반대학 졸업생들이 250만 달러를 각각 벌어들인 것과 대조를 이룬다. 학생들이 좋은 대학에 가기 위해 경쟁해야 한다는 결론으로 볼 수 있다. 명문대학의 장점 중의 하나는 커넥션(connection)이라고 Hoxby는 밝혔다. 명문대에서 영향력 있고 힘 있는 친구들을 만나게 된다는 뜻이 아니라, 학회나 연설 등을 위해 명문대에 오는 전문가들을 접할 수 있다는 뜻이다.

그러나 최고의 대학에서 이용할 수 있는 인맥과 기회가 모든 학생들에게 균등하게 분배되는 것은 아니라는 점에 유의하는 것이 중요하다. 특권층 출신이거나 인맥이 좋은 학생은 그렇지 않은 학생보다 이러한 네트워크의 혜택을 받을 가능성이 더 높을 수 있다. 더욱이 이러한 환경의 극심한 압력과 경쟁으로 인해 일부 학생들은 사용 가능한 자원을 최대한 활용하기가 어려울 수 있다. 사실, 일부 전문가들은 일류 대학의 높은 압력과 경쟁 문화가 학생들의 정신 건강과 전반적인 행복에 부정적인 영향을 미칠 수 있다고 주장하기도 한다.

자신의 능력이 자신의 성공에 차지하는 비중이 75%라고 볼 때 학교(커넥션과 시설)의 지위나 다른 학생들의 능력이 나머지를 이룬다. 교수진은 문제가 되지 않는다. 요즘 대부분의 대학 교수진은 훌륭하기 때문이다. 하지만 각 대학의 학생들은 다르며, 교류하게 되는 학생들도 교육의 일부라고 Hoxby는 말한다. 몇몇 학생들이 극심한 경쟁을 이기지 못하고 무너지지만 사실 대부분의 학생들은 뛰어난 모습을 보인다. 이런 경쟁의 압박은 모든 학생들이 가기 원하는 대학에서 가장 극심하게 느낄 수 있다. 그래서 중위권 대학들도 명문대를 희망하는 학생들에게 어필하게 위해 소위 "명문 단과대"를 개설하고 있다. 이런 명문 단과대들도 학생들의 능력을 높여주는 데 일조하지만 같이 공부하게 되는 다른 학생들을 생각해볼 때 명문대학이 더 좋다고 Hoxby는 확신한다.

1 다음 중 본문의 주제로 알맞은 것은?

a) 직장 생활을 시작하기 전에 대학에서 자신의 시간을 최대한 활용하는 것의 중요성

b) 명문대와 일반대를 다니는 학생들의 차이점

c) 대학들이 학생들에게 부담하는 등록금의 궁극적인 차이

d) 프로그램 면에서 일반대에 비해 월등히 좋은 명문대

정답 b

해설 명문대를 졸업하면 일반대를 졸업한 것과 비교해 더 높은 연봉을 받게 되는데, 그 이유가 명문대에서 경험할 수 있는 여러 요인에 기인한다는 것이 이 글의 설명이며, 그렇기에 일반대의 명문 단과대보다도 더 명문대를 가는 것이 좋다는 것이 본문 저자의 설명이므로 정답은 b)가 된다. 따라서 시간 활용을 잘 해야 한다는 내용도 아니고, 등록금과 관련된 언급은 없으며, 프로그램 면에서 명문대가 더 월등하다는 내용도 전혀 언급되어 있지 않다.

2 다음 중 대학 교육의 성공을 이끄는 데 중요한 요소가 아닌 것은?
a) 학생들의 교육을 책임지고 있는 교수진
b) 대학을 방문해 지식을 나누는 사람들
c) 대학을 가면 만나게 되면 시간을 함께 보내게 되는 동료 학생들
d) 대학이 학생들을 지원할 수 있는 물리적인 것들

정답 a

해설 본문에서 명문대가 좋은 점이 "specialists and experts that come to the best colleges for conferences and speeches"라고 한 부분이 b)가 되며, 대학에서 만나게 되는 우수한 동료 학생들의 뜻으로 본문에서는 "part of education is the students with which one interacts"라고 언급하고 있으며, 이 부분이 c)가 된다. 그리고 "the status of the school (connections and facilities)" 부분에서 facilities와 관련된 부분을 d)로 표현했다. 본문에서 교수진은 더 이상 문제가 되지 않는다고 했으므로 정답은 a)가 된다.

3 다음 중 밑줄 친 문장을 바르게 재진술한 문장은?
a) 학생이 매우 스트레스가 심한 상황에서 향상의 모습을 보일 것인지 아니면 무너질 것인지가 경쟁의 정도를 결정한다.
b) 스트레스 속에서 적성을 늘릴 수 있는 그런 학생이 되기 위해서는, 학생들이 스스로 스트레스와 친숙해지는 연습을 해야 한다.
c) 극심한 경쟁 환경이 일부 학생들에게는 지나친 것이지만 대부분의 학생들은 경쟁 속에서도 향상되는 모습을 보인다.
d) 스트레스에 놓이게 되면 대부분의 사람들이 뛰어난 모습을 보이기 원하지만, 사실 대부분이 이를 제대로 감당하지 못해 다른 이들에 비해 뒤처진다.

정답 c

해설 명문대를 가게 되면 일반대학에 비해 우수한 학생들이 많아 경쟁이 활발하다는 것을 전제하고 있다. 이런 경쟁 속에서 일부 학생들은 무너지지만(crumple under), 대부분의 학생들은 더 좋은 모습을 보이므로(excel) 그런 걱정은 기우라는 것이 본문의 주장이다. 따라서 정답은 c)가 적합하다.

4 다음 중 본문의 내용과 다른 것은?
a) 어느 대학을 다니든 학생들이 느끼는 압박감은 대체로 같다.
b) 더 좋은 대학일수록 더 뛰어난 연사나 학자를 초대해 학생들에게 지식을 전달해주도록 하며 학생들을 알 수 있게 한다.
c) Hoxby는 자신의 연구를 통해 명문대가 모든 학생들이 당연히 가장 선망하는 곳이라는 사실을 알게 됐다.
d) 명문대와 일반대를 졸업한 학생들의 연봉은 40만 달러의 차이가 난다.

정답 a

해설 본문의 중후반부에 "This pressure is felt most strongly at the colleges that every student wants to gain access to."라고 설명하고 있으므로, 좋은 대학일수록 압박감이 가장 극심하다는 것을 알 수 있다. 따라서 이런 압박감이 어디든 비슷하다고 한 a)는 본문과 일치하지 않게 된다.

Unit 12

교육

폭넓은 교육의 필요성

미래 직업이 무엇인지는 알려져 있지 않다. 어떤 직업이 계속 살아남을 것인지, 어떤 직업이 바뀔 것인지, 어떤 직업이 사라질 것인지, 그리고 어떤 새로운 직업이 새로 생겨날 것인지 아무도 알지 못한다. 미래에 생겨날 직업이 지금 존재하지 않고 앞으로 10년 후에 나타나게 된다면 우리는 그런 직업을 위해 필요한 교육이 구체적으로 무엇인지 알 수 없게 된다. 오히려 사회와 경제가 변할 경우 미래의 커리어를 담당할 수 있도록 해줄 수 있는 그런 종류의 교육을 습득하는 것이 좋다. 교양과목 교육이 바로 그런 일을 수행할 수 있다. 왜냐하면 교양과목 교육은 방대한 분야의 정보를 담고 있고, 과학, 수학, 사회과학, 인문학 등을 공부할 수 있게 해주기 때문이다. 그런 광범위한 방식으로 세상을 알아가는 것은 학생들이 불확실한 미래와 어려운 상황 등에 대비할 수 있도록 해준다.

또한, 교양과목을 공부하는 학생들은 사회적 책임을 배우고, 지적 기능과 실용적 기능을 습득하고, 학습한 지식을 실생활에 적용할 수 있는 능력을 배우게 된다. 고용주를 설문조사한 미국대학교육협회(AAC&U; Association of American Colleges and Universities)에 따르면, 고용주 93%는 비판적 사고, 명확한 의사소통, 문제해결 능력과 같은 실용적이고 이전 가능한 기술이 특정 전공보다 더 선호된다고 말한다. 또한 80%의 고

용주는 교양과목과 과학과목의 기본적인 학습을 받을 필요가 있다고 밝혔다. 많은 직업이 어떤 특정한 학위를 필요로 하지 않는다. 다시 말하면 단지 대학 학위가 필요한 것이라는 말이다.

인문학 졸업생들 또한 실업을 겪고 있는 것은 아니다. AAC&U는 사람들이 50대 중반에 이를 때쯤이면 교양과목 졸업생들이 보다 전문적인 졸업생들보다 더 높은 수입을 받고 동등한 수준의 고용을 누린다고 밝혔다. 고용주들은 폭넓은 지식 기반이 고용의 요구조건이라고 말하며, 고용인들은 교양과목에서 학습할 수 있는 앞서 언급한 지적 기술과 실용적 기술을 선보일 수 있어야 한다고 말한다. 뿐만 아니라, 이제는 커리어의 변화가 더 만연하다. 그래서 변화 내에서 적응하고 번성할 수 있는 능력이 진화하는 고용 시장에서 살아남기 위해 필요한 능력이다. 이런 내용이 기술 산업에도 적용될 수 있다는 것은 놀라운 일이다. 그곳에서 교양과목 졸업생들이 업계에 필요한 창의성을 제공한다. 예전에 Steve Jobs는 기술의 눈부신 발전은 기술과 창의성의 결합에서 나온다고 했고, 이것이 애플이 성공한 주요 요인이라고 했다. 사실 미국에서 가장 성공적인 기술 기업인 중 일부는 교양과목을 전공한 이들이었다.

1 다음 중 글의 주제에 해당하는 것은?
a) 교양과목 학위와 과학 학위 간의 비교
b) 변화하는 사회에서 교양과목 교육의 이점
c) 고용 안정성을 보장해 줄 수 있는 교육의 종류
d) 더 나은 직업과 훌륭한 커리어 곡선을 찾을 수 있는 방법

정답 b

해설 본문은 변화하는 미래 직업에 필요한 교육은 특정 분야의 전문적 지식이 아닌 보편적으로 사용될 수 있고 직종 간의 이전이 가능한 교양과목 교육이며, 이는 기술 기업에도 적용될 수 있다고 설명하고 있다. 따라서 글의 주제는 교양과목 교육의 이점을 언급한 b)가 된다.

2 다음 중 본문의 내용과 일치하지 않는 것은?
a) 고용주들은 교양과목 졸업생들을 고용하는 것을 좋아하는데, 학생들이 교양과목 교육을 통해 배우는 기술을 선호하기 때문이다.
b) 교양과목 교육은 학생들이 다양한 직업을 대처할 수 있도록 준비시킨다.
c) Steve Jobs는 최고의 기술 혁신은 기술과 창의성이 결합할 때 생긴다고 주장했다.
d) 기술 기업들은 특정 분야에 많은 지식을 가지고 있는 프로그래머를 필요로 한다.

정답 d

해설 기술 기업에도 교양과목 학습이 요구된다고 했으므로, 특정 분야에 많은 지식을 가지고 있는 프로그래머를 필요로

한다는 것은 틀린 진술이다. 정답은 d)가 된다.

3 다음 중 본문을 통해 추론할 수 있는 것은?
a) 교양과목 수업을 받은 이들이 고용시장에서 미래의 격변에도 살아남을 가능성이 더 높다.
b) 교양과목 교육을 받는 것이 고용과 가난을 의미하던 시절도 있었지만 지금은 더 이상 그렇지 않다.
c) 교양과목 학생들이 과학을 공부한 학생들보다 훨씬 더 똑똑하고 사회성도 더 높다.
d) 기술 기업들이 과학 학위 졸업생들에게 교양과목 학습도 동시에 할 수 있는 방법을 찾으라고 장려하고 있다.

정답 a

해설 두 번째 문단에서 "고용주들은 폭넓은 지식 기반이 고용의 요구조건이라고 말하며, 고용인들은 교양과목에서 학습할 수 있는 앞서 언급한 지적 기술과 실용적 기술을 선보일 수 있어야 한다고 말한다. 뿐만 아니라, 이제는 커리어의 변화가 더 만연하다. 그래서 변화 내에서 적응하고 번성할 수 있는 능력이 진화하는 고용 시장에서 살아남기 위해 필요한 능력이다."는 부분을 통해 교양과목이 미래 격변에도 살아남을 수 있는 필요한 능력이라는 것을 알 수 있다. 따라서 정답은 a)가 된다.

4 다음 중 빈칸에 들어갈 가장 적합한 것은?
a) 가끔 학위도 충분하지 않을 수 있다
b) 현장의 경험이 선호된다
c) 단지 대학 학위가 필요한 것이다
d) 올바른 사람을 알 필요가 있다

정답 c

해설 많은 직장이 이제는 특정 학위가 필요한 것이 아닌, 포괄적인 지식을 갖추고 있어야 한다는 의미이므로, 빈칸에는 학위가 필요한 것이지 특정 학위가 요구되는 것은 아니라는 c)가 정답이 된다.

Unit 13   교육

한국의 교육 시스템으로부터 배울 수 있는 것

한국은 세계적 수준의 IT 인프라 덕분에 코로나19 팬데믹 기간 동안 교육을 온라인으로 전환할 수 있었다. 4G 통신은 어디서나 가능하고 5G 통신도 등장하고 있었다. 거의 모든 사람들이 인터넷에 접속할 수 있고 한국 인구의 4분의 3은 컴퓨터를 보유하고 있다. 국가 차원에서 시행은 가능하지만 사람들에게 수용하라는 강요는 할 수 없었다. 학생들은 거의 절반 정도가 휴학 가능성을 두고 고려할 정도로 온라인 학습 경험에 대

해 상당히 질이 떨어진다는 평가를 내렸다. 학생들은 낮은 수업의 질과 수업료에 대해 불만을 표했다. 더군다나, 온라인 교육 기술은 존재하였지만, 교사와 학생이 이를 제대로 활용하지는 못했다. 왜냐하면 기술 활용법에 대한 교육이 제공되지 않았기 때문이다. 모든 학교가 각자 원하는 식으로 온라인 교육을 진행했기 때문에 표준화가 이루어지지 않았다는 불만도 존재했다. 이는 교육 격차에 기여했다.

온라인 교육 기술은 아직은 대면 수업을 대체하기에는 적절치 않다. 공대의 사정은 특히나 좋지 않았다. 학생 중 3분의 1은 온라인 수업이 비효율적이라고 말했고 고작 5%만이 만족스럽다고 답했다. 교수 중 40% 이상은 불만족스럽다고 답했고, 12%만이 만족스럽다고 답했다. 온라인 교육이 가능하긴 하지만 오프라인 교육보다 나은 것도 아니고, 오프라인 교육을 적절히 대체할 수 있으려면 더 많은 노력이 필요하다. 대학 총장들은 재정적인 영향과 정부의 자금 지원 부족 및 온라인 교육에 대한 일반 대중의 불만 등을 고려하면서 위와 같은 변화를 가져오며 교육 콘텐츠를 제공하는 것은 어려운 일이라고 말한다.

게다가, 동료 학습, 교수 간의 상호 작용, 대인 관계 구축 등 온라인상에서는 할 수 없는 것들도 있다. 따라서 교사와 학생을 만족시키기 위해 교육 분야에서 오프라인 및 온라인 기능을 활용할 수 있는 최선의 방법을 조합할 수 있는 "하이브리드택트(hybrid)" 교육이 도입되고 있다. 학생은 온라인 대중 공개 강좌(MOOCs) 및 온라인 대학 학위를 통해 보다 저렴한 가격으로 온라인 교육을 이용할 수 있다. 하이브리드택트가 미래의 대세가 되려면 정부는 개혁이 필요함을 깨달을 필요가 있다. 한국에는 인프라와 기술이 존재하지만, 그 이상의 것이 필요하다. 장비도 중요하지만 장비를 사용하는 사람도 중요하다. 성공을 위해 모든 이해관계자의 참여가 필요하다. 사람들은 가르침 및 배움의 방식을 바꾸고 새로운 방식을 배우는 것을 원해야 한다. 온라인 교육은 현대에 적합한 것이어야 한다. 이 모든 것이 가능해진다면, "하이브리드택트"는 현실이 되고 성공할 수 있을 것이다.

1 다음 중 본문의 주제는 무엇인가?
a) 온라인 교육의 의견에 대한 데이터를 수집하기
b) 온라인 교육의 미래 성공을 가능하게 하기
c) 온라인 교육의 잘못된 점을 알아차리기
d) 교육 기술을 최신 상태로 유지하기

 정답 b

해설 팬데믹 이후 한국은 온라인 수업이 가능한 인프라를 갖췄지만 아직 만족스러운 수준에 이르지는 못하고 있다. 앞으로 온라인 교육이 성공적으로 진행되려면, 마지막 문단에서 언급된 바와 같이, 장비를 갖추는 것 말고도 사람에 대한 교육도 이루어져야 하고, 가르침 및 배움의 방식도 변해야 하고, 이해관계자들의 참여 또한 필요하다. 즉 온라인 교육의 미래 성공을 위해서는 여러 면에서 개선이 필요하다. 따라서 답은 b)이다.

2 다음 중 본문에 따르면 맞는 것은 무엇인가?
a) 다수의 교사와 학생은 온라인 교육에 불만을 표했다.
b) 공대생들은 실제로 온라인을 통해 혜택을 받는 사람들에 속했다.
c) 한국은 인프라 덕분에 온라인 교육을 성공적으로 수행했다.
d) 학생은 교사에 비해 온라인 교육을 더 잘 받아들였다.

 정답 a

해설 "학생들은 거의 절반 정도가 휴학 가능성을 두고 고려할 정도로 온라인 학습 경험에 대해 상당히 질이 떨어진다는 평가를 내렸다. 학생들은 낮은 수업의 질과 수업료에 대해 불만을 표했다"를 보면, 많은 수의 교사와 학생이 현재 진행 중인 온라인 교육에 대해 불만을 표했음을 알 수 있다. 따라서 답은 a)이다.

3 다음 중 본문에 따르면 한국에서 온라인 교육이 실패한 이유는 무엇인가?
a) 온라인 환경하에서 일부 과목은 잘 진행되었지만 실패한 과목도 있다.
b) 교사는 (온라인 환경하에서는) 학생과 상호작용을 할 수 없다는 사실을 좋아하지 않았다.
c) 전국적으로 IT 인프라가 충분하지 않았다.
d) 교사와 학생은 자신들에게 제공된 기술을 활용하는 데 능숙하지 않았다.

 정답 d

해설 "온라인 교육 기술은 존재하였지만, 교사와 학생이 이를 제대로 활용하지는 못했다. 왜냐하면 기술 활용법에 대한 교육이 제공되지 않았기 때문이다."를 보면, 온라인 교육의 실패 원인으로 제대로 된 교육이 제공되지 않아 기술 활용에 어려움을 겪었음을 유추할 수 있다. 따라서 답은 d)이다.

4 다음 중 빈칸에 가장 알맞은 것은 무엇인가?
a) 학생들은 이전보다 더 빨리 배울 것이다
b) "하이브리드택트"는 현실이 되고 성공할 수 있을 것이다
c) 교육의 다양성이 미래 이슈가 될 것이다
d) 온라인 교육은 지나간 일일 것이다

 정답 b

해설 빈칸 앞에서는 "하이브리드택트"의 성공을 위해 어떤 노력이 필요한지를 설명하고 있다. 이러한 노력이 모두 이루어진다면, 당연히 "하이브리드택트"는 현실이 되고 성공할 수 있을 것이다. 따라서 답은 b)이다.

줌(Zoom) 피로의 현실

지난 봄 온라인 교육이 필수가 되었을 때, 이러한 교육 방식에 익숙하지 않았던 사람들은 가르치는 방식을 오프라인에서 온라인으로 급격하게 바꾸지 않았다. 반면에, 지난 25년 동안의 온라인 교육 기술의 발전에 익숙한 사람들은 효과적인 교실을 계속 제공하려면 적응이 필요하다는 점을 알고 있었다. 줌(Zoom) 같은 온라인 플랫폼이 익숙한 존재가 되었다. 줌은 모든 유형의 교육에 도움이 되고 자사의 제품을 개선하는, 지속적인 업데이트를 제공한다. 줌은 그 브랜드명이 전체 업계의 이름이나 마찬가지가 될 정도로 커뮤니케이션 및 미디어 분야에서 널리 사용되게 되었지만, 이처럼 새로울 뿐만 아니라 점점 더 복잡해지는 해당 분야에서의 유일한 경쟁업체는 아니다. 지메일(Gmail)과 연동되는 구글 미트(Google Meet)도 인기를 끌었다. 코세라(Coursera)의 Daphne Koler가 합류한 인게이즐리(Engageli)는 고등 교육을 목표로 한다. 대부분의 학습관리시스템(LMS) 플랫폼은 회의를 할 수 있는 시스템을 제공한다.

그러나 이러한 플랫폼의 편재성과 지속적인 발전에도 불구하고 사용자가 직면하는 주요 과제는 "줌 피로"로 알려진 현상이다. 누구나 줌 피로에 관해 알고 있고, 이는 일상 대화에서도 사용된다. 줌 피로를 야기하는 원인은 많으며, 가능성이 가장 높은 것은 회의에 참여한 사람들이 겪는 음성 문제와 음성 지연 및 낮은 영상 해상도 등이 있다. UCLA 데이비드 게펜 의대(UCLA David Geffen School of Medicine)와 UCLA 매텔 아동병원(UCLA Mattel Children's Hospital) 소속인 Jenna Lee 박사는 자신의 논문인 "줌 피로에 대한 신경심리학적 설명(A Neuropsychological Exploration of Zoom Fatigue)"에서 줌 피로를 유발하는 여러 요인을 조정할 수 있는 능력은 이러한 요인이 어떠한 이익이 될 수 있는지 여부에 영향을 끼친다고 말했다. 가상 회의에 참석하는 사람들에게 분명한 심리적 보상을 제공하는 것은 줌 피로와 줌 피로로 인한 부작용을 줄이는 데 도움이 될 수 있다. 또한 "기술을 통한 관계 형성(Relating Through Technology)"의 저자인 Jeffery Hall 박사는 〈싸이콜로지 투데이(Psychology Today)〉 저널에서 줌 피로를 무시해서는 안 된다고 했다. 우리는 (화상 회의 중에는) 계속 주의를 기울이기 위해 감각을 더 많이 사용해야 하므로, 전화를 할 때보다 카메라 앞에 있는 것이 더욱 부담이 된다. 영상 통화 과정에서 자신뿐만 아니라 남의 모습도 지켜볼 때와 달리, 음성 통화 중에는 다른 일도 할 수 있다. 때로는 음성이나 영상에 문제가 있어 두통 및 불만이 야기된다. Hall 박사는 더 나은 해결책을 내놓기 위해 더 많은 연구가 이루어져야 함을 권장한다.

1 다음 중 본문의 주제는 무엇인가?
  a) 온라인상의 상호작용을 위한 기술은 존재하지만, 그 기술을 활용하는 일은 우리에게 스트레스를 유발한다.
  b) 줌은 더 이상 온라인 교육 플랫폼의 미래로 여겨지지 않는다.
  c) 드러난 문제를 해결하고자 더 나은 온라인 플랫폼이 개발 중이다.
  d) 노동자는 항상 카메라 앞에 있는 것을 좋아하지 않으며 대신 전화 통화를 선호한다.

정답 a

해설 온라인상의 상호작용을 위한 기술이 존재하고, 대표적으로는 "줌"이 있다. 문제는 지식 및 교육 부족으로 기술 활용에 어려움이 있고, 또한 "줌 피로"로 상징되는 스트레스 문제 또한 존재한다. 즉, 본문은 온라인상의 상호작용을 위한 기술의 활용 과정에서 스트레스 등이 유발되는 문제가 있고, 이를 해결하기 위한 연구가 필요함을 말하고 있다. 따라서 답은 a)이다.

2 다음 중 본문에 따르면 사실인 것은 무엇인가?
  a) 교사는 온라인 교육 방식을 바꿀 필요가 없다.
  b) 줌은 회의 맞춤형 소프트웨어를 제공하는 유일한 시스템이었다.
  c) 줌은 제품을 출시한 후 제품을 버렸다.
  d) 어떤 이들은 온라인 환경에 적응할 준비가 되었지만 어떤 이들은 그렇지 않았다.

정답 d

해설 "지난 봄 온라인 교육이 필수가 되었을 때, 이러한 교육 방식에 익숙하지 않았던 사람들은 가르치는 방식을 오프라인에서 온라인으로 급격하게 바꾸지 않았다. 반면에, 지난 25년 동안의 온라인 교육 기술의 발전에 익숙한 사람들은 효과적인 교실을 계속 제공하려면 적응이 필요하다는 점을 알고 있었다"를 보면, 코로나19 팬데믹 이후 온라인 중심 환경으로 전환되는 과정에서 어떤 이들은 이에 적응할 준비가 되었지만 그렇지 않은 이들도 있었음을 알 수 있다. 따라서 답은 d)이다.

3 다음 중 밑줄 친 부분을 가장 잘 재진술한 것은 무엇인가?
  a) 심리적 인센티브를 제공하면 사람들이 줌 피로에 잘 대처하는 데 도움이 될 수 있다.
  b) 줌은 줌에 익숙하지 않은 사람들에게는 심각한 심리적 문제를 야기한다.
  c) 노동자들에게 왜 자신들이 애초에 온라인상에 있는지를 상기시켜 주면 이들은 불평을 하지 않게 된다.
  d) 노동자는 일을 잘 하면 상을 받고 그렇지 못하면 벌을 받아야 한다.

정답 a

해설 밑줄 친 부분은 해석하면 "가상 회의에 참석하는 사람들에게 분명한 심리적 보상을 제공하는 것은 줌 피로와 줌 피로로 인한 부작용을 줄이는 데 도움이 될 수 있다."이며, 이 말

은 사람들은 심리적 보상이 주어질 경우 줌 피로에 더 잘 대처
할 수 있게 된다는 의미이다. 이는 보기 a)의 내용과 일치하며,
따라서 답은 a)이다.

4 다음 중 빈칸에 가장 알맞은 것은 무엇인가?
  a) 사람들은 줌이 경쟁을 파괴했다고 생각했다
  b) 줌은 그 브랜드명이 전체 업계의 이름이나 마찬가지가
     되었다
  c) 투자자들은 줌의 주식을 필수적으로 구매해야 한다고
     간주했다
  d) 사회는 줌이 얼마나 많이 논의의 대상이 되는 것을 두고
     피로를 느끼기 시작했다

정답 b

해설 빈칸 앞에서 줌이 커뮤니케이션 및 미디어 분야에서
널리 사용되고 있음을 알 수 있다. 그리고 줌과 비슷한 유형의
프로그램은 뭉뚱그려 '줌 같은 것' 식으로 분류된다. 이런 상황
에서 "줌은 그 브랜드명이 전체 업계의 이름이나 마찬가지가 되
었음"을 유추할 수 있다. 따라서 답은 b)이다.

Unit 15   대중매체와 인터넷

망 중립성의 또 다른 관점

망 중립성(network neutrality)이란 콘텐츠, 사용자, 플랫폼, 애
플리케이션, 장치 등에 상관없이 모든 유무선 인터넷 서비스
사업자(ISP)와 정부가 데이터에 대해 평등한 접속과 속도를 제
공해야 한다는 개념이다. 그 어떤 데이터도 다른 데이터와 비
교해 불평등하게 처리될 수 없다. 더 나은 접속이나 속도를 제
공하기 위한 ISP와 회사 간 특별 계약도 금지된다.
한편으로, 인권 단체, 소비자 권리 옹호단체 및 소프트웨어 회
사와 같은 망 중립성을 지지하는 이들은 망 중립성이 일부 회
사의 독점을 막고 경쟁을 장려한다고 말한다. 빠른 속도에 대
해 가격이 매겨지지 않을 경우, 소규모 회사가 큰 회사와 경쟁
할 수 있다. 망 중립성 덕분에 일부 소셜 미디어 회사는 <u>무에서
시작해 성공을 거둘 수 있었다.</u> 망 중립성을 지지하는 이들은,
망 중립성이 ISP가 소비자와 경쟁사에 불리한 불공평한 관행
을 시행하지 못하도록 막아주고 있기 때문에 망 중립성은 개
방형 인터넷의 토대라고 생각하며, 민주주의 국가에서 언론의
자유와 기술 혁신을 위해 망 중립성은 필수적이라고 믿는다.
그들은 망 중립성이 미국에서 법으로 자리매김되길 원한다. 또
한 이들은 케이블 회사들이 차별 방지 차원에서 공공사업이나
대중교통 같은 '커먼 캐리어(common carriers)'와 동일한 그
룹으로 분류되길 원한다. 마지막으로, 이들은 인터넷을 단순히
트래픽만 전송하는 '덤파이프(dumb pipe)'라고 주장한다. 이

덤파이프를 통해 데이터가 양 끝단을 이동하게 되며, 네트워크
는 그런 정보가 전달되는 중립적 통로라고 생각한다. 지자체에
서 운영하는 통신망이 이 문제를 해결할 수 있다고 본다.
하지만 다른 한편으로 보수적 집단, 하드웨어 회사, 대형 통신
회사와 같은 망 중립성을 반대하는 이들은 인프라 및 혁신에
대한 ISP의 투자를 평등성이 방해한다고 말한다. 광섬유케이
블을 매설하는 데 많은 비용이 들며, 최종 단계에서 수익 인센
티브가 존재하지 않는다면, 그것을 수행할 동기를 찾기가 어렵
다. 그들은 단계별 가격 정책이 경쟁을 위해 필요하다고 주장
한다. 이를 통해 얻어진 수익은 혁신에 재투자될 수 있으며, 기
존에 들인 비용을 충당할 수 있고, 더 많은 네트워크 회선을 매
립할 수 있다고 주장한다.

1 다음 중 글의 요지에 해당하는 것은?
  a) 미국에서 망 중립성이 법으로 제정될 것인지의 여부
  b) 망 중립성을 둘러싼 서로 다른 견해
  c) ISP에서 경쟁을 펼치고 있는 주요 선수들
  d) 인터넷에 존재하는 차별

정답 b

해설 본문에서는 망 중립성에 대해 소개하고, 이를 두고 지
지하는 측과 반대하는 측의 견해를 대조해서 나열하고 있으므
로, 정답은 b)가 된다. 참고로 ICP(우리나라에서는 네이버, 다음
등)는 인터넷은 누구나 자유롭게 이용할 수 있는 공공자산이라
고 접근할 것이며, 반대로 ISP(우리나라에서는 KT, SKT 등)은
망 구축에 드는 거대 비용에 대해서 ICP 등에 비용 일부를 부담
하도록 해야 한다는 주장을 펼칠 것이다.

2 다음 중 본문을 통해 추론할 수 있는 것은?
  a) 이동통신에서 더 많은 혁신이 지속될수록, 소비자들은
     더 저렴하게 혜택을 받게 될 것이다.
  b) 거대 이동통신 회사들은 자신들의 사업과 이익을 지키
     기 위해 망 중립성을 선호하지 않는다.
  c) 이동통신 회사들이 더 커짐에 따라, 그들의 지배력을 막
     기 위해 더 많은 법이 필요하게 될 것이다.
  d) 망 중립성은 결국 주요 이동통신 회사를 포함한 모두에
     게 피해를 줄 것이다.

정답 b

해설 망 중립성이 시행될 경우, 인터넷 망을 통해 전송되는
데이터에 대해 ISP가 선별적 요금을 부과할 수 없게 된다. 모든
데이터는 평등한 대우를 받도록 하고 있기 때문이다. 그런 이유
로, 본문 두 번째 문단에서 거대 이동통신 회사들이 망 중립성
을 반대하고 있다는 것을 알 수 있다. 따라서 정답은 b)가 된다.

3 다음 중 케이블 회사가 커먼 캐리어로 인정되어야 한다고
   일부 사람들이 생각하는 이유는?
  a) 그들이 사회 운영에 필수적인 커먼 캐리어보다 더 많은

수익을 거두고 있기 때문이다.

b) 그들이 사람들의 혁신에 대한 욕망으로부터 수익을 얻지 못하도록 해야 하기 때문이다.

c) 그들은 언론의 자유를 지지하며, 대중들이 일반적으로 좋아하는 감시는 경멸하기 때문이다.

d) 그들이 공공사업이나 대중교통과 같은 필수적 대중 서비스를 제공하기 때문이다.

정답 d

해설 케이블 회사가 커먼 캐리어로 인정되어야 한다고 망 중립성 지지자들이 주장하는 이유는, 첫 번째 문단 후반부의 "cable companies should be considered in the same group as public utilities and public transportation – "common carriers" to prevent discrimination"에서 잘 드러난다. ISP인 케이블 회사들이 공공의 서비스를 제공하는 사업자이므로 이들의 서비스도 이와 유사하게 분류되어야 한다는 내용이다.

4 다음 중 빈칸에 들어갈 가장 적합한 것은?

a) 수익을 얻어 왔고 성공한 회사가 되었다

b) 망 중립성에 반대하는 주장을 했지만 결국에는 성공했다

c) 그 분야에서 성공하는 데 어려움을 겪고 있다

d) 무에서 시작해 성공을 거둘 수 있었다

정답 d

해설 망 중립성 덕분에 소규모 회사들도 거대 기업들의 독점에서 벗어나 이들과의 경쟁에서 살아남을 수 있었다는 사례가 나와야 하므로, 정답은 d)가 적합하다.

Unit 16   대중매체와 인터넷

인터넷 익명성의 문제점

9월 발표된 퓨 리서치 센터의 결과를 보면, 익명의 댓글을 달아 본 적이 있는 인터넷 사용자가 25%에 이른다는 사실을 알 수 있다. 젊은 사용자들의 경우 댓글을 달면서 익명을 유지하는 비율은 더 높았다. 18세에서 29세 사이의 사용자 중 익명의 댓글을 달아 본 비율은 40%에 이르렀다. 심리학자 John Suler는 익명 댓글의 "온라인 탈억제 효과(online disinhibition effect)"에 대해 말했으며, 이는 댓글을 자신과 단절시키는 것이며, 온라인 댓글이 종종 비난을 받는 이유가 되기도 한다. 이 효과는 자신의 이름이 드러나지 않을 경우 자신이 할 말에 대한 억제에서 벗어난다는 것이다. 글쓴이의 진짜 신원은 알려지지 않는다.

하지만 익명성의 장점은 대중이 더 활발하게 참여할 수 있도록 유도한다는 데 있었다. 집단의식이 더 강하면 개인으로서 두드러져야 한다는 압박감이 줄어든다. 또한 창조적 사고와 문제해결 기술이 익명성에 의해 향상된다. 학생들의 학업과 관련한 연구를 수행한 Ina Blau와 Avner Caspi는 익명성이 없는 경우 만족감이 향상된 반면, 익명의 경우에는 참여도와 위험 감수 등이 증가한다는 사실을 밝혔다. 게다가 익명으로 유지되는 게시판들은 나름대로의 자정능력을 가지고 있기도 하다. 본인의 신분이 드러나지 않는다는 사실은 의견이 더 쉽게 무시될 수 있다는 것을 의미하기도 한다. 2012년 실시한 컴퓨터 기반의 상호작용 연구는 과거의 발견을 확인해 주었다. 익명성으로 인해 논란이 되는 댓글이 더 많아지는 것은 사실이지만, 익명 댓글의 영향력이 실명 댓글에 비해 상대적으로 작다는 것을 보였다. 스탠포드 대학의 컴퓨터 과학자인 Michael Bernstein은 종종 논쟁적이고 매너 없는 글들이 올라오는 온라인 토론방으로 대부분 익명으로 운영되는 4chan에 대해 연구를 진행했다. 유저 간의 상호작용이 자연스러운 규제들을 만들어냈으며, 이에 따라 몇몇 토론자들은 서로 다른 영향력과 신뢰도를 보이는 것으로 알려졌다.

기사에 댓글을 금지하는 것이 해답이 될 수는 없을 것이다. 왜냐하면 아무런 규제가 없는 트위터나 페이스북과 같은 다른 곳으로 쉽게 이동하게 될 것이기 때문이다. 이런 대규모 커뮤니티는 부정적 결과를 가져오는데, 예를 들어 책임의 확산이 대표적으로, 행동에 책임을 질 필요가 없기 때문에 쉽게 나쁜 행동으로 빠질 수 있다. 그룹의 역할과 폭력에 대한 미디어 노출에 대해 저술한 사회 인지 심리학자인 Alfred Bandura에 따르면, 개인적 책임이 낮으면 낮을수록 다른 이들이 더 비인간적인 대우를 받게 되고 공격성에 대한 피해를 더 받게 된다고 밝혔다. 결과적으로 <u>자신의 이름이 달리지 않을 것을 아는 경우 사람들은 자신들의 생각이나 말을 명백할 만큼 철저하게 하지 않는다.</u>

1 다음 중 본문의 제목으로 알맞은 것은?

a) 온라인 커뮤니케이션의 역겨운 형태

b) 온라인에 참여하는 사람들의 유형

c) 온라인 상호작용에서 익명성의 역할

d) 온라인으로 공유되는 의견들

정답 c

해설 온라인 토론방에서 익명성이 갖는 장단점에 대해 살펴보고 있으므로 정답은 c)가 된다.

2 다음 중 온라인 탈억제 효과(online disinhibition effect)에 대한 설명으로 알맞은 것은?

a) 글 작성자가 온라인에 무엇인가를 쓸 때 익명으로 썼기 때문에 쓰고 난 후 무엇을 썼는지 잊어버리는 것을 의미한다.

b) 어떤 사람이 온라인에 익명으로 무엇인가를 쓸 때 그 내

용에 대해 책임을 지지 않는다는 사실을 알기 때문에 좀 더 많은 위험을 감수할 때, 그렇지 않았더라면 말하지 않을 말을 할 수 있다.
c) 글을 쓴 사람이 응징이 두려워 자신의 신분을 밝히길 원하지 않기 때문에 글도 무시되는 것을 의미한다.
d) 글을 쓴 사람이 자신의 의견을 부끄러워해 자신의 신분을 숨기기 때문에 글이 불필요하게 불쾌하게 되는 것을 의미한다.

정답 b

해설 inhibit가 억제하다는 단어이므로 익명을 사용할 경우 실명이 갖는 억제에서 벗어날 수 있다는 사실을 서술하고 있다. 그리고 익명일 경우 좀 더 예의에서 멀어지는 글을 쓰게 되지만 "anonymity increased participation and risk-taking"에서와 같이 참여도와 위험 감수 등이 증가한다고 했다. 따라서 정답은 b)가 적합하다.

3 다음 중 본문을 통해 추론할 수 있는 것은?
a) 온라인 토론방을 사용하는 사람들은 들을 만한 가치가 있는 토론자와 그렇지 않은 토론자를 찾아내는 방법을 자연스럽게 끌어낸다.
b) 익명으로 글을 게시하는 젊은이들이 익명으로 글을 올리는 이유는 자신들의 인지적 능력을 높여서 온라인 토론에 참여하기 위해서이다.
c) 익명으로 글을 쓰면 사람들이 자기 견해를 더 편하게 느낄 수 없고 대중에게 인기가 있지 않을 수 있는 의견도 공유할 수 없다.
d) 기사에 무례한 표현들이 있는 경우 강한 표현이 사용됐음에도 불구하고 그 기사의 의견에 사람들이 동조하지 않는 경향을 보인다.

정답 a

해설 a)의 경우 두 번째 문단 마지막 부분의 "some commentators were, thus, considered to be of varying influence and credibility"를 통해 알 수 있고, c)의 경우 같은 문단의 "anonymity increased participation and risk-taking" 부분을 통해 살펴보면 익명으로 글을 쓰는 경우이므로, 본문의 내용과 반대이다. d)의 경우 본문에 근거가 없다.

4 다음 중 빈칸에 들어갈 알맞은 것은?
a) 온라인 토론방에서 공격적인 성향의 사람들은 적절한 시간이 지나면 어떤 식으로든 파악이 될 것이다
b) 다른 사람들에게 공격받고 싶지 않다면 그런 공격을 허용하는 온라인 공간에 참여하지 않는 것이 좋다
c) 다른 사람들이 자신이 누구인지 알고 있다는 것을 안다면 자신의 솔직한 감정을 나누고 싶은 생각이 들지 않을 것이다
d) 자신의 이름이 달리지 않을 것을 아는 경우 사람들은 자

신들의 생각이나 말을 명백할 만큼 철저하게 하지 않는다

정답 d

해설 앞부분에서는 개인의 책임이 덜 할수록 다른 사람들이 피해를 볼 수 있다는 내용을 담고 있으며, 뒷부분은 시간을 갖고 평가하기보다 성급한 결론을 내린다는 내용이 나온다. 이 둘의 내용을 모두 이어주기 위해서는 정답이 d)가 될 수밖에 없다.

Unit 17   대중매체와 인터넷

스마트폰 중독

'스마트폰에 중독됐다'는 말은 우리 자신이나 우리가 아는 사람에게 약간은 농담으로 던지는 표현이 되었지만, 스마트폰 중독이 심각한 문제가 되고 있다는 것을 부인할 수는 없다. 스마트폰 중독이 공식적인 정신병으로 분류된 것은 아니지만, 정신과 의사들과 심리 치료사들은 스마트폰 중독의 많은 증상들을 다루고 있다. 기술과 건강 사이의 관계는 아일랜드 더블린에 위치한 세인트 패트릭 대학병원의 심리 치료사인 Colman Noctor 박사에 의해 연구되고 있는 주제로, 사람들이 불안이나 우울증 같은 증상에 대한 도움을 호소하고 있지만, 이들은 이런 증상이 스마트폰 중독에 기인한 것이라는 것을 알지 못하고 있다고 말한다. 중독의 첫 징후는 일상적 기능이 스마트폰 사용의 필요성에 의해 손상될 때 나타난다. 사람들의 실제 업무나 업무 수행이 영향을 받을 수 있고, 사람들의 집중력과 기분이 스마트폰을 사용할 수 있는지의 여부로 영향을 받는 것일 수 있다.

대중교통 찾기, 날씨 확인에서부터 엔터테인먼트 제공에 이르기까지 매일 스마트폰이 우리를 위해 많은 일을 수행하고 있기 때문에, 스마트폰에 대한 의존성이 생긴다. 그러나 소셜 미디어에 대한 활동과 소셜 미디어에 참여하고 싶은 욕망이 위험 신호가 될 수 있다. 또한 포르노, 게임 및 도박에 스마트폰을 사용하는 것은 주의가 필요하다. Noctor 박사는 요즘 게임을 하는 사람들이 십대만이 아니며, 중년의 전문직 종사자들 또한 가족과 함께하는 데 더 적은 시간을 보내고 스마트폰에서 더 많은 시간을 할애한다고 지적한다. 여기에 우리가 (휴대폰의 사용으로) 업무와 이메일에서 실제로 벗어날 수 없다는 사실을 추가해 보면, 음주와 같은 중독과 비슷한 상황이 더욱 두드러진다. 스트레스, 불안, 우울증, 주의력 결핍(ADD) 등과 같은 정신장애는 스마트폰 사용과 상관관계를 갖는다. 뇌는 끊임없이 새로 들어오는 정보를 처리하고 있으며, 한 번에 하나씩 집중력을 잃었다가 다시 집중력을 유지한다.

스마트폰 중독을 치료하는 것은 어렵다. 왜냐하면 스마트폰 중독은 신체적 징후를 동반하지 않기 때문이다. 음식이나 도박,

음주에 중독될 경우, 우리는 각각 체중의 증가, 재정적 문제, 숙취 등을 겪지만 스마트폰 중독은 그렇지 않기 때문이다. 하지만 금단 증상은 중독에 영향을 받고 있는 사람들이 보고하는 부정적 감정과 비슷한 방식으로 목격된다. 초조해하고, 화를 잘 내고, 짜증을 내고, 집중하지 못하고, 잠을 잘 자지 못하고, 휴대폰 사용을 거부하지 못하는 것 등이 이에 해당한다. 만약 스마트폰 배터리가 방전되거나 인터넷에 연결할 수 없을 경우 우리가 보이는 반응이 중독을 나타내는 잣대가 될 수 있다. Noctor 박사는 중독을 치료하는 해법은 기술을 탓하거나 바꾸는 것이 아니라 행동을 바꾸는 것이라고 제안한다. 그는 스마트폰을 우리의 뇌를 바꾸고 피해를 입히는 '대량 살상 무기'라고 부른다. 왜냐하면 스마트폰이 도파민수용체를 목표로 음주와 동일한 방식으로 즐거움을 주기 때문이다. 중독성 경향을 갖거나 일상에서 벗어나기를 원하는 이들이 특히 취약하다. 빠른 해법도 존재하지 않고 쉬운 해법도 존재하지 않는다. 왜냐하면 증상과 그 이후 행위가 모두 해결되어야 하기 때문이다.

1 다음 중 글의 요지에 해당하는 것은?
   a) 증상을 찾고 스마트폰 중독을 치료하는 것에 대한 어려움
   b) 사람들이 스마트폰 중독의 희생양이 되기 상대적으로 손쉬움
   c) 스마트폰의 지속적 사용이 뇌와 정신 능력에 미치는 영향
   d) 자신의 스마트폰에 지나치게 의존하게 된 결과와 이를 피할 수 있는 방법

   정답 a

   해설 스마트폰 중독에 대한 내용으로, 어떤 증상이 있는지 설명하고 있고, 후반부에는 중독의 치료가 왜 쉽지 않은 것인지 설명하고 있으므로, 정답은 a)가 된다.

2 다음 중 밑줄 친 부분이 의미하는 것은?
   a) 휴대폰의 배터리가 없거나 인터넷 연결이 안 될 경우, 대부분의 사람들은 일정 수준의 불안감을 느낀다.
   b) 이러한 상황에 처하게 함으로써 자신의 중독 수준을 확인할 수 있다.
   c) 인터넷이 없으면 스마트폰 사용을 많이 하지 않게 되고 그러면 중독은 줄어든다.
   d) 중독된 사람들은 배터리를 끄내고 인터넷을 중단할 필요가 있다.

   정답 b

   해설 밑줄 친 "만약 스마트폰 배터리가 방전되거나 인터넷에 연결할 수 없을 경우 우리가 보이는 반응이 중독을 나타내는 잣대가 될 수 있다."는 부분을 통해, 특정 상황에 직면했을 때 우리가 얼마나 중독되어 있는지를 알 수 있다는 내용이 되므로, 정답은 b)가 된다.

3 다음 중 본문의 내용과 일치하지 않는 것은?
   a) 스마트폰 중독은 다른 것들에 중독되는 것과 동일한 시각적 징후를 갖는다.
   b) 뇌가 쉴 수 없고 한 가지에 집중할 수 없기 때문에 정신적 문제가 발생할 수 있다.
   c) 금단 증상은 다른 중독을 겪고 있는 사람들이 겪는 증상과 동일하다.
   d) 우리가 매일 지나치게 스마트폰을 많이 사용해서 우리는 의존성을 가지게 된다.

   정답 a

   해설 스마트폰 중독은 다른 중독과는 달리 신체적 징후를 보이지 않는다고 말하고 있으므로, 정답은 a)가 된다.

4 다음 중 빈칸에 들어갈 가장 적합한 것은?
   a) 영향을 받는 그 누구도 그것이 문제라고 대처하려 하지 않는다
   b) 가장 취약한 이들은 주로 사회 주변부에서 홀대를 받고 있다
   c) 중독이 좋은 결과를 가져올 수 있을 만큼 충분한 지원금을 받지 못하고 있다
   d) 증상과 그 이후 행위가 모두 해결되어야 하기 때문이다

   정답 d

   해설 스마트폰 중독의 치료가 쉽지 않고 신속하게 될 수 없는 이유에 대한 내용이 들어와야 한다. 중독의 증상을 대처하고도, 중독을 유발했던 행위가 바뀌지 않으면 안 된다는 의미에서 d)가 정답이 된다.

Unit 18   대중매체와 인터넷

사고능력을 떨어뜨리는 SNS

페이스북이나 트위터 같은 소셜 미디어가 생산성에 부정적 영향을 미치고 있다는 것은 모든 사람들이 알고 있다. 학술지 〈Journal of the Royal Society Interface〉에서 발표된 연구에 따르면 소셜 미디어가 우리의 지능을 낮출 수도 있다. 우선 "팜빌(Farmville)"과 같은 게임을 하면서 보내는 시간은 독서나 학습에 더 잘 보낼 수 있는 시간이다. 더군다나 소셜 미디어의 활용은 다른 것들의 복제로 이어지는 듯하다. 이를 조사하기 위해, 이번 연구에서는 지원자들을 다섯 곳의 모조 소셜 네트워크 사이트에 배치했다. 모조 사이트 중 일부는 긴밀하게 짜여 있으며 타인과의 관계도 가까웠지만, 다른 사이트는 구성원들 간의 관계에 거리가 유지되었다. 이후 지원자들에게 몇 가지 난제가 주어졌고 이들이 문제를 얼마나 잘 해결하는지

를 관찰했다. 단기간에는 사람들과의 관계가 가까운 지원자들이 더 좋은 점수를 받았지만, 이들이 더 똑똑했기 때문에 그런 결과가 나온 것은 아니었다. 이들은 단지 답을 복사했을 뿐이었다. Phys.org의 보도에 따르면, 질문을 받은 지원자들 가운데 다른 사람들과의 관계가 긴밀한 지원자들일수록 복사를 할 수 있는 기회가 더욱 많았고, 덕분에 더 똑똑해 보였던 것이다. 관계가 긴밀한 사람들은 자신이 문제를 잘못 풀고 있다는 것을 눈치 채고서 이를 수정하기 위해 다른 사람들의 것을 복사할 수 있었던 것이다. 이렇게 올바른 답을 내고 단기간에 점수가 상승하긴 하지만, 지원자들은 다시 혼자가 되었을 때는 답을 더 잘 파악하지는 못했다. 답을 복사해서 더 똑똑해 보였던 사람들이 새로운 문제의 답을 더 잘 파악하지는 못했다.

이러한 결과는 소셜 미디어를 좋아하는 사람과 싫어하는 사람 모두에게 긍정적으로 받아들여질 수 있다. 단체의 관점에서 보면, 이 결과는 긍정적이다. Phys.org에서는 대규모 네트워크에서 다른 사람들이 하는 말을 복사할 수 있는 능력을 갖추고 있음은 많은 사람들과 관계를 맺는 사람들이 더 많은 분석적 반응을 내릴 수 있고 더 나은 의사결정을 할 수 있음을 의미한다고 본다. 하지만 개인 차원에서는 이러한 긍정적 결과를 경험할 수 없다. 소셜 네트워크 사이트는 여러분을 똑똑하게 만들어 주지 않으며 실제로는 머리를 쓰지 않고도 올바른 답을 얻게 해 주기 때문에 덜 똑똑하게 만든다. 올바른 답을 분석하고 추론하는 능력이 마치 한 번도 운동해 본 적 없는 근육마냥 줄어드는 것이다. 본 연구를 수행한 팀의 결론은 분석적 사고가 덜 필요하게 될수록 분석적 사고를 하는 능력이 줄게 되고, 다른 사람들 간의 관계가 깊어지는 것은 처음에는 우리를 똑똑하게 만들어 줄지 모르나 나중에는 우리를 바보로 만든다는 것이다.

1 다음 중 본문의 주제는 무엇인가?

a) 소셜 네트워크 사이트는 큰 성공을 거두었고, 그 이유는 소셜 네트워크 사이트가 사람들로 하여금 시간을 낭비하고 있다는 생각이 들지 않게 하기 때문이다.

b) 당분간 소셜 네트워크 사이트와 거리를 둬서 다시 사고가 가능하도록 뇌를 훈련시키는 것이 좋다.

c) 대형 소셜 네트워크 사이트를 운영하는 사람들은 그 결과 스스로가 얼마나 바보가 되는지에 관해 전혀 알지 못한다.

d) 소셜 미디어를 많이 사용할수록 자신이 똑똑하다고 생각할지 모르나 오히려 점차 바보가 될 수도 있다.

정답 d

해설 소셜 네트워크 사이트를 많이 이용하는 사람은 문제의 답을 스스로 해결하기보다 남의 답을 복사해서 붙여 넣으려 하기 때문에 두뇌가 발달은커녕 오히려 퇴보한다는 것이 실험을 통해 드러났다. 따라서 답은 d)이다.

2 다음 중 본문에 따르면, 소셜 미디어가 지능에 미치는 궁극

적인 효과는 무엇인가?

a) 소셜 미디어는 사람들을 처음에는 더 똑똑하게 만들지만, 결국 덜 지적으로 만든다.

b) 집단의 지능에는 긍정적인 영향을 미치지만 개인에게는 긍정적인 영향을 미치지 않는다.

c) 생산성을 저하시키지만 지능에는 영향을 미치지 않는다.

d) 창의력과 문제해결 능력을 향상시킨다.

정답 a

해설 본문에 따르면, 소셜 미디어가 다른 사람들의 답변을 복사할 수 있게 함으로써, 단기적으로 사람들을 더 똑똑하게 보이게 할 수 있지만 시간이 지남에 따라 분석적 사고의 필요성을 줄이고 개인을 덜 지적으로 만들 수 있다고 주장한다. 그러므로 정답은 a)이다. b)의 경우, 긍정적인 집단의 효과를 언급하지만, 소셜 미디어가 궁극적인 개인에게 미치는 효과는 초기의 긍정적인 효과 이후에 결국 지능 감소라는 점을 강조해야 하므로, 단지 '긍정적인 영향을 미치지 않는다.'가 궁극의 효과라 할 수 없다.

3 다음 중 본문에서 유추할 수 있는 것은 무엇인가?

a) 바보들만이 대형 소셜 네트워킹 사이트에서 시간을 낭비한다.

b) 소셜 네트워크 사이트에서 벗어나서 책을 집어 드는 것만이 지능을 향상시킬 수 있는 유일한 방법이다.

c) 소셜 네트워크 사이트는 다른 사람들만큼 똑똑하지 않은 사람들에게 도움이 된다.

d) 소셜 네트워크 사이트를 너무 많이 활용하게 되면 스스로 문제를 해결할 수 있는 능력이 줄게 된다.

정답 d

해설 앞 문제 해설에서도 언급된 바 있지만, "실제로는 머리를 쓰지 않고도 올바른 답을 얻게 해 주기 때문에 덜 똑똑하게 만들어 준다. 올바른 답을 분석하고 추론하는 능력이 줄어든다."는 말의 의미는, 소셜 네트워크 사이트를 너무 많이 하다 보면 머리를 쓰지 않다 보니 스스로 문제를 해결할 수 있는 능력이 떨어진다는 것이다. 따라서 답은 d)이다.

4 다음 중 밑줄 친 부분과 의미가 동일한 것은 무엇인가?

a) 답을 복사한 사람들은 소셜 네트워크 사이트의 도움을 얻어 올바른 답을 구한 다음에 자신이 더 나아지고 있다고 확신하게 된다.

b) 친구의 답을 복사한 사람들은 새 문제를 받게 되면 답을 정확하게 할 준비를 더 잘 갖추게 된다.

c) 풀어야 할 문제를 새로 얻었을 때, 사람들과 네트워크상에서 관계를 맺으면서 이전 문제를 푼 사람들이 문제를 더 신속하게 풀 수 있는 것은 아니다.

d) 더 똑똑하게 보일 생각에 다른 사람들의 답을 복사한 사람은 다음 문제에서 또 다른 기회를 얻을 자격이 없다.

정답 c

해설 밑줄 친 부분은 해석하면 "답을 복사해서 더 똑똑해 보였던 사람들이 새로운 문제의 답을 더 잘 파악하지는 못 했다."이며, 이 말의 의미는 "답을 복사해서 문제를 해결하는 사람들은 문제를 해결했기 때문에 더 똑똑해 보일지 몰라도 실제로는 머리를 사용해 푼 것이 아니기 때문에 문제가 새로 주어져도 더 잘 해결할 수 있는 것도 아니다."이다. 보기 중에서 이와 의미상 가장 가까운 것은 c)이다.

Unit 19

대중매체와 인터넷

개인정보와 유출

지난 2013년 6월 당시에는 미국 국가안보국(NSA) 계약직 직원인 Edward Snowden은 상대적으로 알려진 인물이 아니었다. 이 짧은 시기에 벌어진 일을 보면 온라인상의 위험에 대한 양상이 매우 빠르게 변화했음이 나타난다. 이제 Snowden은 전 세계적인 유명인사가 되었고 NSA가 전 세계를 무대로 어떤 감시 행위를 해 왔는지에 관해 그가 유출한 정보는 Zimmerman Telegram 이후 가장 큰 규모의 외교 분야 스캔들이 되었다. 컴퓨터 기술의 발전은 Snowden에게 도움이 되었다. 40년 전이었더라면 Snowden은 펜타곤 페이퍼의 존재를 폭로한 내부고발자인 Daniel Ellsberg처럼 문서를 입수하여 복사했어야 했을 것이며, 20년 전이었더라면 그가 플로피 디스켓을 사용하는 모습을 볼 수 있었을 것이며, 10년 전이었더라면 그는 정보를 시디에 구웠을 것이다. 단순한 USB 메모리 하나가 엄청난 양의 데이터를 보유할 수 있다. 매우 민감한 데이터는 오프라인 상태에서 물리적으로 손실될 경우를 대비해 온라인상에 저장되어야 한다. 이제는 데이터를 통제하고 보호하기가 매우 힘들어졌다.

기술 발전과 형편없는 보안 기술에 직면하여 자신들뿐 아니라 고객의 데이터를 보호할 수 있는 새로운 방법을 찾아야만 하는 금융업계 입장에서 이는 부정적 영향으로 다가오고 있지만, 내부고발자들이 불법행위를 폭로함으로써 야기된 데이터의 손실로 인해 금융업계는 자신들의 관행을 개선하게 되었다. 이는 Snowden이 정보 분야에 미친 영향을 반영한다. Heinrich Kieber는 리히텐슈타인의 LGT 은행에서 수천 명의 고객 정보가 담긴 디스크를 하나 빼돌렸다. 고객 중 대다수는 조세 회피를 위해 리히텐슈타인 공국의 은행을 거래 은행으로 선택했고, 따라서 그는 실질적으로 오늘날까지도 진행 중에 있는 격변을 야기했다. 그는 이 과정에서 영국 재무성 및 여러 기관이 세금으로 30억 파운드를 회수하는 것을 가능하게 했다. 미국의 은행가인 Bradley Birkenfeld는 과거 자신이 일한 스위스 UBS 은행의 조세 회피를 폭로했고 UBS의 숨겨진 은행 정책을 밝혀내기 시작했다.

미래의 은행업은 데이터에 훨씬 더 많이 의존하게 될 것이다. 미국의 탈세방지법인 해외금융계좌신고법(FATCA)은 데이터 통제를 목적으로 정부 간 협정을 통해 이행될 것이며, 경제협력개발기구(OECD)가 주도하는 다자간 교류 협정은 현대의 규제 담당자들과 감시기구가 대량의 정보뿐 아니라 정보를 다루는 기술에 상당히 의존하고 있음을 나타낸다. 내부고발자가 금융업 분야의 이면을 공개한 것은 좋은 일이지만, 은행은 고객 데이터에 대한 제어 능력을 상실하게 되어 상처를 입게 되었다. 이제 은행은 돈세탁이나 탈세 같은 불법적 행동에 관여하면 결국에는 발각되며 처벌받는다는 것을 알아야 한다. 업계 전체뿐만 아니라 전 세계가 이를 통해 이득을 얻는다.

1 다음 중 본문의 주제는 무엇인가?
 a) 금융업계에서 언제나 진행되고 있는 숨겨진 사업의 규모
 b) 내부고발자들이 과거와 비교해 활동하기 쉬워짐
 c) 내부고발자들이 우리에게 보호를 제공하여 얻게 되는 자부심
 d) 내부고발과 기술적 진보가 금융업계에 미치는 영향

정답 d

해설 본문은 여러 내부고발자의 사례와 함께, 기술적 진보로 인해 내부고발이 용이해졌고, 역으로 금융기관이 고객의 정보를 지키기란 어려워졌기 때문에 애초에 불법적 행위를 하지 않는 편이 낫다는 점을 말하고 있다. 따라서 답은 d)이다.

2 다음 중 Heinrich Kieber는 어떤 일을 했는가?
 a) 리히텐슈타인의 LGT 은행에서 진행되던 탈세 행위를 폭로했다.
 b) 탈세 행위를 저지르던 과거 고용주에게 복수를 수행했다.
 c) 리히텐슈타인의 LGT 은행과의 거래에 공모했던 것을 후회했다.
 d) 리히텐슈타인의 LGT 은행은 그가 감당할 수 없을 만큼 엄청난 탈세를 저질렀다.

정답 a

해설 "Heinrich Kieber는 리히텐슈타인의 LGT 은행에서 수천 명의 고객 정보가 담긴 디스크를 하나 빼돌렸다. 고객 중 대다수는 조세 회피를 위해 리히텐슈타인 공국의 은행을 거래 은행으로 선택했다(Heinrich Kieber took a disk out the door of the LGT Bank in Liechtenstein that held the information of thousands bank customers. Most of these customers were banking in the principality to avoid paying taxes)." 즉, 그는 대규모의 탈세가 진행되던 것을 폭로한 것이다. 따라서 답은 a)이다.

3 다음 중 유추할 수 없는 것은 무엇인가?

a) Edward Snowden은 누구나 아는 유명인사가 되기 전에 업계에서 이미 알려진 인물이었다.

b) 내부고발자들이 잘못을 폭로하면, 장기적으로는 모든 이들이 혜택을 본다.

c) 기술적 발전은 은행이 고객을 보호하는 데 부정적인 영향을 미친다.

d) 정부는 표면적으로는 장래에 데이터를 지키기 위해 무언가를 할 것이다.

정답 a

해설 "지난 2013년 6월 당시에는 미국 국가안보국(NSA) 계약직 직원인 Edward Snowden은 상대적으로 알려진 인물이 아니었다(Back in June 2013, the National Security Agency contractor, Edward Snowden, was a relative unknown)." 즉, 답은 a)이다. 참고로 "업계 전체뿐만 아니라 전 세계가 이를 통해 이득을 얻는다(The whole industry and the whole world benefits from this)."는 b)의 근거이며, c)의 근거는 USB 같은 기술 발전으로 인해 "이제는 데이터를 통제하고 보호하기가 매우 힘들어졌다(It is so difficult to control and protect data now)"는 사실이며, d)의 근거는 해외금융계좌신고법(FATCA)이나 경제협력개발기구(OECD)가 주도하는 다자간 교류 협정이다.

4 다음 중 빈칸에 가장 알맞은 것은 무엇인가?

a) 이 문제를 해결하기 위해 제기된 다수의 제안이 존재한다.

b) 미래의 은행업은 데이터에 훨씬 더 많이 의존하게 될 것이다.

c) 국가는 각자의 데이터를 지키기 위해 개별적으로 통제를 하게 될 것이다.

d) 기술은 정부가 국민을 수호할 수 있는 능력을 약화시킨다.

정답 b

해설 "미국의 탈세방지법인 해외금융계좌신고법(FATCA)은 데이터 통제를 목적으로 정부 간 협정을 통해 이행될 것이며, 경제협력개발기구(OECD)가 주도하는 다자간 교류 협정은 현대의 규제 담당자들과 감시기구가 대량의 정보뿐 아니라 정보를 다루는 기술에 상당히 의존하고 있음을 나타낸다(The US anti-tax-evasion law, FATCA, will be implemented by intergovernmental agreements (IGAs) to control data and the upcoming multilateral exchange agreement from the Organization for Economic Co-operation and Development show how much modern regulators and watchdogs rely on bulk information and the technology that deals with it)." 이 두 사례 모두 다량의 데이터를 어떻게 관리할 것인지를 두고 국가 차원에서 시행하는 움직임의

일환이다. 이는 금융기관들이 다량의 데이터에 의존하고 있으므로, 이와 관련된 문제를 해결하기 위해서 규제 당국 및 국가 역시 더 많은 데이터에 의존하게 된다는 의미이다. 따라서 답은 b)이다.

대중매체와 인터넷

잘못된 정보와 허위 정보 간의 비교

인터넷은 누구든 모든 것에 접근할 수 있는 정보화 시대를 열었다. 여기에는 장점도 단점도 존재한다. 누구든 온라인상에서 무언가를 믿고 나서 그것이 사실이 아님을 깨닫게 되는 실수를 한다. 오프컴(Ofcom)의 2022년 보고서에 따르면 60%의 사람들은 허구에서 사실을 구분할 수 있다고 말했지만, 실제로는 그렇지 않다. 허구에서 사실을 구분하는 일은 가짜 뉴스가 무엇인지 아는 것 이상을 의미한다. 우리는 또한 잘못된 정보와 허위 정보를 구분할 수 있어야 하며, 구분을 위한 방법은 의도를 고려하는 것이다. 잘못된 정보는 속이려는 의도는 없지만 실수로 인해 생겨난다. 허위 정보는 어떤 식으로든 속이려는 의도가 수반된다.

시작은 잘못된 정보이다. 언론인이나 뉴스는 인용문이나 날짜 또는 통계에서 실수를 할 수 있다. 과학은 빠르게 발전한다. 역사는 우리가 더 많이 알수록 바뀐다. 모두 부정확한 정보를 공유하고 이를 믿게 되면서 실수를 한다. 이제, 허위 정보의 차례이다. 잘못된 정보와 달리 허위 정보는 틀린 정보를 퍼뜨리기 위한 의도적인 시도이다. 허위 정보로는 부정확한 헤드라인, 편향된 의견, 편집된 이미지 또는 음모 이론 등이 있다. 허위 정보의 성공적인 유포에는 공식적인 목소리를 내는 조직을 활용하고, 멀티미디어 자료를 편집하고, 허위 정보를 가장 잘 받아들일 것으로 생각되는 사람들을 구체적으로 목표로 삼는 등의 행위가 수반된다. <u>허위 정보의 확산이 새로운 현상은 아니지만</u>, 인터넷과 소셜 미디어 덕분에 허위 정보가 확산되는 것은 분명히 쉬워졌다. 예를 들어, 고대 로마 시대에는 정치적 경쟁자의 신용을 없애고자 스캔들이 확산되었고, 빅토리아 시대에는 가짜 약을 선전해 이익을 봤다. 요즘에는 그럴듯한 허위 정보가 널리 빠르게 확산될 수 있으며, 따라서 온라인상에서 찾은 것을 평가하고, 그것의 목적이 무엇인지 그리고 그것이 사람들을 속이려 드는지 여부를 평가하는 일에는 시간을 들일 만한 가치가 있다.

1 다음 중 본문의 주제는 무엇인가?

a) 누가 우리를 표적으로 삼은 허위 정보 캠페인을 하고 있는가

b) 허위 정보가 잘못된 정보보다 위험한 이유는 무엇인가

c) 사실인 것과 사실이 아닌 것을 판단하는 방법

d) 잘못된 정보와 허위 정보는 무엇으로 구분되는가

 d

 본문은 잘못된 정보와 허위 정보를 비교하면서 어떤 차이가 있는지를 말하고 있다. 따라서 답은 d)이다.

2 다음 중 본문에 따르면 잘못된 것은 무엇인가?
a) 허위 정보는 인터넷 덕분에 생겨난 최근의 현상이다.
b) 잘못된 정보에는 악의적인 의도가 없다.
c) 허위 정보는 누군가가 거짓인 것을 믿게 만들려는 시도이다.
d) 거의 모든 사람이 잘못된 정보를 믿은 경험이 있다.

정답 a

해설 허위 정보는 새로운 현상이 아니며, "고대 로마 시대에는 정치적 경쟁자의 신용을 없애고자 스캔들이 확산되었고, 빅토리아 시대에는 가짜 약을 선전해 이익을 봤다."는 말처럼, 예전부터 존재하던 것이다. 따라서 답은 a)이다.

3 다음 중 빈칸에 가장 알맞은 것은 무엇인가?
a) 허위 정보의 확산이 새로운 현상은 아니다
b) 허위 정보가 얼마나 널리 확산되더라도
c) 허위 정보를 확산시키는 일이 지금처럼 간단한 적이 없다
d) 허위 정보는 확산시킬 만한 가치가 있다

 a

해설 빈칸 뒤를 보면 사례를 들고 있다. 즉, 사례를 통해서 허위 정보는 고대 로마 시대 및 빅토리아 시대에도 이미 존재하였다는 것을 알 수 있다. 그러므로 앞의 빈칸에는 이런 사례에 대한 추상적인 진술이 나와야 한다. 따라서 답은 a)이다.

4 다음 중 저자는 잘못된 정보와 허위 정보를 구별하는 가장 좋은 방법은 무엇이라 하는가?
a) 정보의 출처를 고려하라
b) 정보의 인기도 평가하라
c) 정보 이면의 의도를 고려하라
d) 정보가 편향되어 있는지 확인하라

 c

해설 "우리는 잘못된 정보와 허위 정보를 구분할 수 있어야 하며, 구분을 위한 방법은 의도를 고려하는 것이다. 잘못된 정보는 속이려는 의도는 없지만 실수로 인해 생겨난다. 허위 정보는 어떤 식으로든 속이려는 의도가 수반된다." 그러므로 정답은 c)이다.

 Unit 21

경제와 경영

연준(the Fed)에 쏠린 세상의 시선

1980년대 이후로는 미국의 연방준비은행(미국의 중앙은행)이 기준금리를 2022년에 그랬듯 한 해에 일곱 번이나 올린 적이 없었다. 연준이 이렇게 한 것은 경제 성장을 늦추고 물가를 안정시키기 위한 것이었다. 금리가 이런 효과를 낼 수 있는 것에는 다음과 같은 이유가 있다. 연준은 은행들이 돈을 빌려갈 때 이자를 물리는데, 이는 개인이 은행에 돈을 빌릴 때와 같은 구조이다. 우리와는 달리 은행들은 직접적으로 다른 은행에서 돈을 빌리는 것이 아니고, 연준으로부터의 대출한도에 여유가 있는 다른 은행에서 돈을 빌리는 것이다. 연준은 은행들이 지급준비금을 확보할 수 있는, 안전하고 믿을 수 있는 환경을 조성하고자 한다. 대출이자율은 여전히 정상적으로 적용된다. 이것을 연방 기금 금리라고 부르는데, 이것이 바로 연준이 지난 1년간 계속해서 올렸던 금리이다.

모두에게 영향을 주는 거시적 경제라는 맥락에서 이 금리가 큰 의미를 가지기에, 연준의 금리 인상이 중요한 것이다. 연방 기금 금리가 상승하게 되면 은행들은 그것을 내부적으로 흡수하는 것이 아니라 고객들에게로 전가한다. 시중은행에서는 고객들이 찾는 대출 상품에 이 금리 상승을 적용한다. 예를 들어, 우대금리는 거래가 많은 대기업과 같은 우수고객들에게 시중은행이 적용하는 금리이다. 우대금리가 상승하면, 부동산 담보, 차량 구매 금융, 신용카드 리볼빙 등, 모든 대출 상품의 가격 (금리) 또한 상승한다. 신용카드를 가지고 돈을 빌리기가 어려워지면 사람들이 돈을 덜 빌리게 되고, 소비가 줄어들며, 물가도 따라서 하락한다. 차입 비용 증가, 인플레이션 상승, 경제 성장 둔화가 교차할 때 성장과 경기 침체 사이는 한 끗 차이다. 그래서 연준은 결정에 신중해야 한다.

수요와 공급의 균형을 맞추는 것도 하나의 목표라는 게 Jerome Powell 연준 의장의 주장이다. 그러나 중국의 팬데믹과 엄격한 봉쇄정책이 글로벌 공급망에 심대한 피해를 주고 있는데, 이는 중국이 전 세계의 대량 생산 재화를 생산하고 수출하기 때문이다. 이에 더해, 우크라이나에서의 전쟁이 전 세계 식량 공급망과 유럽의 원유 및 천연가스 자원에 모두 영향을 주었다. 이 문제들은 연준에서 해결할 수 없는 것들이다.

1 다음 중 이 글의 주제는 무엇인가?
a) 사람들이 금리와 씨름하면서 더 악화되는 경제상황
b) 연방준비은행의 행동으로 인한 민간 부문의 부 증가
c) 시중은행들과 연방준비은행 간의 협동 부재
d) 연방 기금 금리 상승이 경제에 미치는 영향

 d

해설 미국의 연준이 기준금리를 연거푸 올렸음을 이야기하면서, 이 기준금리가 경제에 어떤 영향을 주는지를 설명하고

있다. 따라서 지문의 주제로는 d)번이 가장 적절하다. 참고로 a)는 금리 조정은 분명히 연준이 노리고 있는 효과(spending will decrease, and prices will decrease)를 가져오지만, 이것이 심하면 경기 침체가 올 수 있다고 하였다. 이는 금리 상승에 대한 사람들의 반응이 경제를 악화시킨다는 서술과는 다르다.

2 다음 중 본문의 내용과 일치하는 것은?
　　a) 시중은행들은 다른 선택지가 없는 한 다른 시중은행의 여유 예금에 손을 대지 않는다.
　　b) 신용카드 금리가 상승하면 사람들이 계속해서 대출을 받을 것이라는 게 이론이다.
　　c) 우크라이나의 전쟁과 코로나19가 많은 이들의 경제적 부담을 완화시켰다.
　　d) 시중은행들은 기준금리가 상승할 때 고객에게 부담을 전가시킨다.

　　정답　d

　　해설　시중은행들이 대출 상품의 금리를 올리는 방식으로 금리 상승의 부담을 고객에게 그대로 전가하므로, 금리 상승 정책이 의도한 효과를 거둘 수 있다는 것이 글의 설명이다. 따라서 시중은행은 고객에게 부담을 전가시킨다는 d)가 정답이다.

3 다음 중 이 글에 따르면, 연방준비은행(연준)은 왜 은행에 대한 금리를 인상하고 있는가?
　　a) 경제를 둔화시켜 물가 상승을 멈추는 게 목표이다.
　　b) 소비를 늘려 경제를 활성화시키고자 한다.
　　c) 물가 상승이 가능해지려면 경제 성장이 느려져야 한다.
　　d) 돈이 없다면 사람들이 소비하지도 않을 것이다.

　　정답　a

　　해설　연준이 결정에 신중해야 하는 이유로, 물가를 안정시키는 것과 경기 침체를 유발하는 것 사이는 한 끗 차이라고 했다. 이는 구분된다는 의미도 되지만, 그것을 경계로 맞대고 있다는 말도 된다. 즉, 연준이 하고 있는 금리 인상이 그 정도에 따라 경제를 둔화시켜 물가 상승을 멈출 수도, 경제를 침체시킬 수도 있다는 의미이다. 연준이 경기 침체를 원치는 않을 것이므로, 연준의 의도는 a)라고 할 수 있을 것이다.

4 다음 중 빈칸에 들어갈 가장 적절한 것은?
　　a) 푸틴은 유럽을 위해 물러나야 한다.
　　b) 세계화는 이런 공격을 받고 재기할 수 없을 것이다.
　　c) 이 문제들은 연준에서 해결할 수 없는 것들이다.
　　d) 유럽과 미국의 은행체계는 매우 다르다.

　　정답　c

　　해설　마지막 문단의 첫 문장에서 연준은 미국의 중앙은행이며, 연준에서 펴는 정책은 미국 내 통화량의 공급과 수요를 조절하는 것임을 Powell의 말을 통해 보여주고 있다. 그리고 역

접의 연결어와 함께 타국에서 일어나고 있는 사건들이 인플레이션을 유발하고 있다고 이야기하고 있다. 빈칸이 걸린 문장은 이러한 해외의 문제들을 평가하는 부분인데, 이러한 문제들은 미국 내의 통화량을 조절하는 연준의 입장에서 해결할 수 없는 문제일 것이다. 즉, c)번의 내용이 빈칸에 들어가야 할 것이다.

Unit 22　　　　　　　　　　　　경제와 경영

IRA와 전기차 구매

바이든 대통령의 인플레이션 감축법안이 도입되면서, 전기차 구매 시 받을 수 있었던 7,500달러 규모의 세금공제를 모두 받기가 갑자기 힘들어졌다. 세금공제 혜택은 차주들이 연소기관차에서 전기차로 차종을 변경하는 데 있어 매우 소중한 요소였는데, 새 법안이 이러한 풍경에 변화를 가져올지 모르는 상황이다. 인플레이션 감축법안의 의도는 전기차의 낮은 가격을 유지하고 중국이 공급망에서 우위를 점하는 것을 방지하는 것이었는데, 법안의 부작용 때문에 대부분의 차들이 세금공제 대상에서 탈락하게 되었다. 전문가들은 부유한 차주들은 전기차를 사는 것을 다시 한 번 생각하겠지만, 소득이 낮은 사람들은 도리어 이 법 덕분에 전기차를 사라고 장려를 받았다고 말하고 있다. 세금공제를 받으려면 전기차 구매자의 소득에 상한선이 있으며, 구매하는 전기차의 가격이 특정 수준 이하여야 함과 동시에 미국제 배터리로 전력을 공급받아야 하기 때문이다. IRA 법안의 기후와 에너지 부문 입안자들은 중국이 원자재 공급망에서 우위를 점하는 것을 막고자 한다. 이에 더해, 법안의 입안자들은 배터리 제조에 중국산 니켈이나 코발트를 대량 사용하게 두는 대신, 미국산 철과 황을 사용하도록 장려하고자 했다. 그러기에 전기차 배터리가 미국산 원자재로 미국 안에서 생산되어야 차주에게 세금공제 혜택이 돌아가도록 한 것이었다. 실제로, 2024년이 되면 전체 전기차 배터리의 절반 이상이 캐나다, 멕시코, 미국에서 생산되어야만 하고, 2028년이 되면 모든 배터리가 북미대륙산이 되어야 한다. 현재로서는 대부분의 배터리 부품이 중국산이므로, (이대로 된다면) 이것은 엄청난 변화가 될 것이다.

그 결과, 대부분의 전기차 차주들은 세금공제를 상한치까지 받지 못하게 된다. 미국 시장 내의 전기차 모델들 중 15개만이 가격 조건에 부합한다. 하지만 그 15종조차 해결해야 할 정치적 재정적 문제가 산적한 배터리 문제 때문에 미국 시장에서의 요구조건을 충족하기가 더 어려울 것이다. 전기차들이 미국에서 판매하기 적합해지려면 시간이 필요할 것으로 보인다. 얼라이언스 오토모티브 이노베이션 사의 John Bozzella 대표는 중국은 IRA 법안이 요구하는 만큼의 배터리를 생산할 능력이 되는 반면 미국은 그렇지 못하기 때문에 몇 년 간 전기차를 보지 못하게 될 것이라고 예견한다. 이론상으로야 상한액까지 세

금공제를 받을 수 있지만, 현실적으로 그렇게 하기는 불가능하다. 2030년까지 차량의 절반가량을 전기차로 전환한다는 계획을 미국이 달성하고자 한다면, 이 방식으로는 불가능할 것이다.

1 다음 중 이 글의 요지는 무엇인가?
 a) 성장세인 전기차 시장에서 높아가는 중국의 영향력
 b) 중국과의 경쟁에서 미국 제조업이 보이는 무력함
 c) 미국과 중국 간에 계속되는 경쟁
 d) IRA 법안이 전기차 확산에 끼치는 영향

 정답 d

 해설 첫 문장에서 IRA 법안의 내용 때문에 전기차 구매에 적용되던 세금공제 액수가 줄어들었다고 했으며, 마지막 문장에서는 전기차를 보급하는 목표를 이루고 싶다면 이렇게는 이룰 수 없다고 지적했다. 즉, IRA 법안의 내용 때문에 전기차를 보급하는 목표가 방해를 받고 있는, 즉 부정적인 영향을 받고 있다는 d)번이 주제로 가장 적절하다.

2 다음 중 본문의 내용과 일치하지 않는 것은?
 a) 이 법은 전기차의 가격을 낮게 유지하려는 의도로 만들어졌다.
 b) 미국은 배터리 업계가 증산을 하도록 자극하고자 한다.
 c) 새로운 법이 모든 사람들로 하여금 전기차 구매를 단념하게 할 것이다.
 d) 고소득자들은 비싼 전기차를 살 수 없게 될 것이므로 불만을 가질 것이다.

 정답 c

 해설 첫 번째 문단 말미에서는 법안에 설정된 세액공제의 소득상한선 때문에 저소득층에게는 전기차에 대한 유인책이 될 것이라고 하였다. 따라서 모든 사람이 전기차 구매를 단념할 것이라는 c)번의 내용은 옳지 않다.

3 다음 중 왜 입법자들은 미국 제조업이 더 많은 배터리를 생산하기를 원하는가?
 a) 중국이 배터리 업계와 공급망을 통제하는 것을 막으려고
 b) 일반적인 미국인들이 원한다면 전기차를 살 수 있게 하기 위해
 c) 팬데믹 기간 동안 실직한 사람들에게 일자리를 제공하기 위해
 d) 중국 제조사들과 협력해 생산량을 공평히 나누기 위해

 정답 a

 해설 두 번째 문단 도입부에서 IRA 법안의 에너지 및 기후 부분 입법자들이 중국을 견제하고자 한다고 하였고(Creators of the climate and energy package want to prevent

China from dominating). 법안을 입안한 사람은 입법부의 일원일 것이다. 따라서 a)번이 가장 적절하다.

4 다음 중 빈칸에 들어갈 가장 적절한 것은?
 a) 기후변화에 있어서는 바다에 물 한 방울일 뿐이다
 b) 현실적으로는 그렇게 하기가 불가능하다
 c) 이로써 환경문제가 해결될 거라는 생각은 너무 위험하다
 d) 이걸로 사람들이 전기차를 살 거라고는 아무도 생각하지 않는다

 정답 b

 해설 미국 내에서 생산되는 전기차 배터리가 많지 않으며, 이 때문에 사람들이 전기차를 사도록 할 수 있는 유인책인 세액공제가 사실상 무력화된다는 맥락이다. 또한 빈칸과 연결된 while 절의 내용이 '이론상으로는 최대치의 세액공제가 가능하다'이므로, 주절인 빈칸에는 그와 상반되는 내용이 등장해야 한다. 그러므로 정답은 b)이다.

Unit 23　　　　　경제와 경영

통화정책 대 재정정책

정부는 거시경제적 결과에 영향을 주기 위해 통화정책 (monetary policy)이나 재정정책(fiscal policy)을 사용한다. 중앙은행은 통화정책을 통해 통화 공급과 금리를 조절한다. 중앙은행은 건강하지 못한 경제에 활력을 불어넣기 위해 금리를 낮추고 대출을 장려하면서 동시에 통화 공급을 늘린다. 무서운 속도로 증가하는 경제를 제한하기 위해서, 높은 금리와 통화 공급의 축소를 포함한 긴축통화정책(strict monetary policy)이 사용될 수도 있다. 반면 재정정책은 정부가 세금을 걷어서 이를 사용하는 것을 말한다. 경제에 활력을 불어넣기 위해 정부는 세율을 줄이고 재정 지출을 더 많이 늘리거나, 아니면 반대로 경제를 제한하기 위해 세금을 늘리고 재정 지출을 더 줄일 수 있다.

두 정책 모두 긍정적인 면과 부정적인 면이 존재한다. 중앙은행은 인플레이션에 초점을 맞추는 것과 같은 거시경제 목표를 추구하기 위해 통화정책을 추진할 수 있다. 예를 들어, 미국에서 연준(Fed)은 완전고용(maximum employment)과 물가안정 (price stability)을 조절한다. 중앙은행은 대체로 독립적이고 객관적이며, 정치적 영향력 없이 운영된다. 의무와 같은 최대 고용 및 가격 안정성이 연방준비은행(Fed)에 의해 통제된다. 중앙은행은 일반적으로 독립적이고 객관적이며 정치적 영향이 없으므로 영향을 받거나 훼손될 수 없다. 급격한 경제 성장의 결과로 인플레이션이 지나치게 상승하는 경우 중앙은행은 긴

축통화정책을 사용하여 잉여 통화를 시중에서 제거하고 새로운 통화가 공급되는 것을 규제한다. 금리가 인상된다면 시중의 통화는 더 줄어들게 되고 대출 비용은 상승하게 되며, 이는 통화의 수요를 줄이게 된다.

중앙은행은 또한 상업은행과 소매은행을 규제하며, 많은 대출을 제공하지 못하게 통제한다. 공개시장(open market)에서 소유하고 있던 정부 채권을 공개적으로 판매함으로써 통화 공급을 줄일 수 있다. 만약 국가가 경기 침체기로 들어갈 경우, 문제 해결을 위해 이런 다양한 전략들이 역으로 사용될 수 있다. 금리는 인하되고, 통화량은 늘어나며, 신규 통화를 발행해 채권을 구입한다. 이런 방법들이 실패할 경우, 일반적 방법은 아니지만 양적완화(QE)가 사용될 수 있다. 통화정책과 재정정책 모두 경제를 안정시키기 위해 사용되며, 낮은 인플레이션과 실업률, 물가안정 등도 함께 사용된다. 그 어느 것도 완벽한 것은 없으므로 성공한다는 보장을 할 수는 없다. 하지만 국가 경제에 재난이 발생했을 경우, 이런 방법들이 효과적이고 긍정적 방식으로 사용될 수 있다.

1 다음 중 글의 요지에 해당하는 것은?
a) 통화정책 및 재정정책 사용에 대한 세부 사항
b) 경제 조작의 결과
c) 재정정책보다는 통화정책이 우선 사용되어야 하는 이유
d) 대안의 경제 정책들이 사용되어야 하는 이유

 a

해설 본문에서는 거시경제의 안정성을 위해 사용되는 통화정책과 재정정책에 대해 설명하고 있다. 따라서 본문의 요지는 a)가 적합하다.

2 다음 중 본문을 통해 추론할 수 있는 것은?
a) 거시경제 목표는 정부에 그리 중요하지 않다.
b) 정부는 경제 위기로 인한 비난을 회피하기 위해 중앙은행과 관련되는 것을 원하지 않는다.
c) 경제 정책은 복잡하며, 제대로 시행하기 위해서는 여러 방법이 필요하다.
d) 어느 시기든 유통되는 돈이 너무 많아서, 통화 공급을 줄이는 것이 항상 좋은 생각이다.

정답 c

해설 중앙은행이 금리를 통해 통화량을 조절하는 것이 통화정책이고, 정부가 거둬들인 세금을 사용해 시중의 통화량을 조절하는 것이 재정정책이다. 그리고 이 두 정책은 경제 안정을 위해 다른 여러 방법들과 함께 사용된다고 본문 후반부에 설명하고 있다. 따라서 정답은 c)가 된다.

3 다음 중 본문의 내용과 일치하지 않는 것은?
a) 경제가 건강한 상태가 아니라면, 사람들이 대출을 늘리도록 유도될 필요가 있다.

b) 긴축 통화정책이 사용될 경우, 경제가 성장하는 것을 막을 수 있다.
c) 중앙은행은 정부에 의해 면밀히 감시받는다.
d) 금리가 더 높을 경우, 사람들은 더 적은 돈을 대출한다.

 c

해설 본문 중반에 "Central banks are usually independent and objective, free from political influence, so they cannot be influenced or undermined."라고 설명하고 있다. 따라서 c)와 같이 중앙은행이 정부의 감시를 받는다는 내용은 올바르지 않다는 것을 알 수 있다.

4 다음 중 빈칸에 들어갈 가장 적합한 것은?
a) 어떤 조치가 빠르고 일관되게 시행되어야 한다
b) 이런 방법들이 효과적이고 긍정적 방식으로 사용될 수 있다
c) 마찬가지로 다른 어떤 것이 효과가 있을 것이라고 장담할 수 없다
d) 경제가 생존할 가능성이 높지 않다

 b

해설 경제 안정을 위해 100% 확실한(foolproof) 방법은 존재하지 않는다고 앞에서 말하고 있다. 그렇지만 역접을 통해 이어지고 있으므로, 그럼에도 불구하고 '통화정책이나 재정정책과 같은 방법들이 효과적으로 사용될 수 있다.'는 내용이 이어지는 내용으로 적합하다. 따라서 정답은 b)가 된다.

Unit 24   경제와 경영

음식 배달과 경제

여러 가지 면에 있어 식사를 배달하는 기업은 디지털 서비스를 제공하는 기업과 유사하다. 고객들은 전에 한 번도 경험하지 못한 편리함을 만끽하고 있지만, 정작 근로자들은 제대로 된 대우를 받지 못하고 있다. 〈뉴욕타임스〉에 따르면 최근까지 도어대시(DoorDash)의 근로자들은 개인에게 주는 팁을 받지 못했고 회사가 대신 팁을 수거했다. 고객은 자신이 원하는 것을 빠르게 얻을 수 있는 반면, 기업은 엄청난 양의 쓰레기를 축적했다. 수많은 신생 스타트업 회사들은 운영에 어려움을 겪다가 자금 조달을 통해 지원을 받고 있다. 도어대시와 우버이츠(UberEats)는 수익을 한 푼도 거두지 않았음에도 수백만 달러의 자금을 얻은 기업의 두 가지 사례에 불과하다. 이 모든 것이 과연 식사 배달 서비스가 생존할 수 있을지에 의문을 던지게 한다.

쿠시먼앤드웨이크필드(Cushman & Wakefield) 소속 부동산

분석가인 Garrick Brown은 생존할 수 없을 거라고 생각한다. 봉급이 증가하고, 팁이 줄면, 식당에서는 배달 서비스 기업에 돈을 덜 지불하게 되고, 기업의 부채는 점차 증가하면서, 그때까지 거리낌 없이 무익한 곳에 돈을 더 투입하던 사람들이 갑작스레 언제 이런 행위가 끝나게 될지 의문을 품는다. 필요한 자금이 조달되지 않으면 일부 기업은 폐업하고 다른 기업은 매각될 필요가 있다. Brown은 식사 배달 기업 중에서 일부가 결과적으로 도중에 실패할 것이니, 여럿 가운데 일부를 솎아내는 것이 가능하리라 본다. 소수만이 살아남게 될 것이다.

반면에 윤리적이고, 생태적이며, 경제적인 이유로 인해 암담한 상태이긴 하지만, 미국인들의 삶이 더 편해지지는 않는다는 점에서 결국 그렇게 나쁜 것은 아닐지도 모른다. 경제로부터 이득을 거두는 사람들은 극도로 바쁘고 애초에 식사 배달 기업을 유명하게 만들어준 편리함이란 요소는 여전히 열심히 일하는 전문직 종사자들이 원하는 바이다. 미국 레스토랑협회(National Restaurant Association)의 한 조사에 따르면 밀레니엄 세대의 경우 근무 시간과 통근 시간이 늘어나고 있다. TV 스트리밍 서비스가 우세한 이유는 현대인의 삶이 일하는 시간과 원가를 보는 시간 간의 균형을 찾는 시간이기 때문이다. 식사 배달은 이런 사람들에게 있어 꼭 필요한 서비스이다. 이들에게는 정찬을 요리한 다음 앉아서 먹을 시간도 에너지도 없다. 이들은 식사를 할 때 휴식에 집중하지 않으며, 그보다는 바쁜 생활을 이어나갈 수 있게 하는 원가를 섭취하는 일에 집중한다. 때문에 식사 배달 기업이 상당한 영향력을 발휘하는 것이다. 이들은 필요한 것을 정확히 제공한다. 모든 성공적인 온라인 사업과 마찬가지로 핵심은 일이 빨리 이루어지기를 원하는 소비자들의 삶을 더욱 간편하게 만드는 것이다. 하지만 이러한 편리함이 다른 어떤 이들에게는 치러야 할 대가로 다가온다는 것을 알게 되면 입맛이 쓰다. 그리고 이는 점차 무시하기 힘든 현실이 되어가고 있다. 하지만 현재로서는 이러한 죄책감은 일종의 필요악이며, 이는 마치 <u>이처럼 편리한 삶의 방식의 동반자인 플라스틱 쓰레기와 종이 쓰레기</u>의 경우와 같다.

1 다음 중 본문의 주제는 무엇인가?
  a) 식사 배달 기업의 현재 필요와 미래
  b) 식사 배달 기업 이용의 장단점
  c) 식사 배달 기업을 창업할 경우의 재정적 불안정
  d) 밀레니엄 세대가 디지털 소비자 시장을 이끌고 추진하는 방식

정답 a

해설 본문은 식사 배달 기업의 현황과, 사람들이 식사 배달 기업을 찾는 이유, 그리고 식사 배달 기업이 맞이하게 될 미래 등에 관해 말하고 있다. 따라서 답은 a)이다.

2 다음 중 Garrick Brown이 생각하는 바는 무엇인가?
  a) 식사 배달 시장은 미래에는 더욱 혼잡해질 것이다.
  b) 재정적 문제가 매우 강력해지면서 식사 배달 기업 중 상

당수는 실패할 것이다.
  c) 디지털 서비스 기업에 대한 현금 투입은 끝나지 않을 것이다.
  d) 사람들이 실제 상황을 알지 못하는 한, 모든 식사 배달 기업은 밝은 미래를 누리게 될 것이다.

정답 b

해설 "봉급이 증가하고, 팁이 줄면, 식당에서는 배달 서비스 기업에 돈을 덜 지불하게 되고, 기업의 부채는 점차 증가하면서, 그때까지 거리낌 없이 무익한 곳에 돈을 더 투입하던 사람들이 갑작스레 언제 이런 행위가 끝나게 될지 의문을 품는다. 필요한 자금이 조달되지 않으면 일부 기업은 폐업하고 다른 기업은 매각될 필요가 있다." Brown의 말은 결국 식사 배달 기업은 재정적 원인으로 구조조정 과정을 겪을 것이라는 의미이다. 따라서 답은 b)이다.

3 다음 중 본문에서 유추할 수 있는 것은 무엇인가?
  a) Garrick Brown은 식사 배달 기업의 수는 줄고 서비스 품질은 높아지길 원한다.
  b) 식사 배달 기업은 투자자들이 자신의 수익에 관해 아는 것을 바라지 않는다.
  c) 밀레니엄 세대는 친구들과 앉아서 오래 식사를 하며 대화할 시간이 있기를 바란다.
  d) 투자자들은 잃어도 괜찮은 돈이 끝없이 들어가는 바닥 없는 구덩이를 갖고 있지 않다.

정답 d

해설 "그때까지 거리낌 없이 무익한 곳에 돈을 더 투입하던 사람들이 갑작스레 언제 이런 행위가 끝나게 될지 의문을 품는다." 및 일부 식사 배달 기업의 파산은 결국 이런 식사 배달 기업에 투자하던 투자자들이 밑 빠진 독에 물을 붓는 것처럼 무한정 돈을 투자할 수는 없는 입장이고, 결국에는 인내심이 바닥나서 돈의 투입을 멈출 것이라는 의미이다. 따라서 답은 d)이다.

4 다음 중 빈칸에 가장 알맞은 것은 무엇인가?
  a) 일부 식당이 고객에게 제공하는 떨어지는 품질
  b) 밀레니엄 세대가 수반하는 오랫동안 스트레스를 주는 시간
  c) 광채가 결국에는 사라지는 편리함의 즐거움
  d) 이처럼 편리한 삶의 방식의 동반자인 플라스틱 쓰레기와 종이 쓰레기

정답 d

해설 식사 배달 서비스를 이용하는 주요 이유 중 하나는 편리함이다. 비록 "이러한 편리함이 다른 누군가에게 치러야 할 대가로 다가온다는 것"이 현실이지만, "필요악"처럼 벗어나고 싶어도 벗어날 수 없는 존재인 것이다. 플라스틱과 종이는 편리한 삶에 있어 필수요소지만 사용한 후 쓰레기가 엄청나게 나온

다는 점에서 식사 배달 서비스처럼 필요악과 같은 존재라 할 수 있다. 따라서 답은 d)이다.

경제와 경영

알파고와 미래의 경영

세계 바둑 대회 18관왕인 이세돌이 인공지능 프로그램인 알파고(AlphaGo)에 4-1로 패배를 당했을 때 알파고의 놀라운 성과를 전 세계가 지켜보았다. 바둑에서 가능한 수는 우주에 있는 원자의 수보다 많기 때문에 인간이 컴퓨터를 이기는 것은 거의 불가능하다. 이와 같은 광경은 IBM의 딥 블루(Deep Blue)가 세계 최강의 체스 챔피언 Garry Kasparov를 체스에서 꺾었을 때도 확인된 바 있지만, 알파고는 여기서 한 발 더 진전했다. 알파고는 불과 몇 달에 걸쳐 스스로 바둑을 배우고 실력을 향상할 수 있었다. 알파고는 과거 기보 10만 개를 살펴보는 것으로 시작해 스스로 수백만 번의 연습을 지속했다.

경영 측면에서 기계 학습 방식은 많은 시사점을 제시해 준다. 매출분석 회사인 클라리(Clari)의 수석 데이터 분석가인 Lei Tang은, 인공지능은 인간이 놓칠 수 있는 조건을 포함해 모든 조건을 자동으로 고려하기 때문에 의사결정 및 복잡한 업무처리 수행에 있어 미래에는 지금보다 훨씬 더 많이 사용되리라고 예측한다. 인공지능은 위치, 고객, 타이밍과 같은 상황의 변화를 수용할 수 있고, 정보가 가장 필요할 때 해당 정보에 대한 도움을 줄 수 있으므로 일종의 경영을 지원하는 기능을 수행할 수 있다. 그뿐만 아니라 알파고가 자신이 흡수하고 수행한 모든 것으로부터 정보를 습득하는 것과 같이, 미래의 인공지능이 더욱 많은 기업 거래에 사용됨에 따라 자신의 능력을 지속해서 향상할 수 있을 것이다.

1 다음 중 본문의 제목으로 가장 적합한 것은?
a) 체스와 바둑의 미래: AI의 역할
b) 알파고의 승리: 인공지능의 새로운 시대
c) 경영에서 인공지능의 진화
d) AI가 전통 게임에 미치는 영향

정답 c

해설 첫 번째 문단은 알파고가 바둑 세계 챔피언을 꺾은 사례로 시작해 AI의 수준 높은 능력을 보여준다. 두 번째 문단에서는 Lei Tang의 견해에서 강조된 바와 같이 관리 및 비즈니스에서 이러한 기계 학습 방법의 광범위한 의미에 대해 논의하는 것으로 전환된다. "경영에서 인공 지능의 진화"라는 제목은 특정 사건(알파고의 승리)에서 비즈니스 및 경영에서 AI의 미래 역할에 대한 일반적인 논의로의 변화를 가장 잘 포착하므로 c)가 정답이다.

2 다음 중 빈칸에 올 수 있는 가장 적합한 것은?
a) 자신의 운명에 대한 통제권을 가지기 시작한다
b) 하려고만 한다면 알파고처럼 강력하게 될 수 있다
c) 더욱 많은 기업 거래에 사용됨에 따라 자신의 능력을 지속해서 향상시킨다
d) 알파고가 한 모든 것을 배우고 알파고의 실수로부터 배운다

정답 c

해설 빈칸 앞부분에서 인공지능의 능력을 나열하고 있다. 그러면서 in addition을 통해 인공지능의 능력을 추가하고 있는 부분이므로, 알파고가 자가 학습을 통해 능력을 키워온 것과 같이 미래의 인공지능은 실제 거래를 통해 자신의 능력을 지속적으로 향상할 수 있다고 설명한 c)가 정답이 된다.

3 다음 중 사람이 컴퓨터를 이길 가능성이 거의 없는 이유에 해당하는 것은?
a) 가능한 계산과 선택의 수가 경기 도중 인간의 두뇌로 수행할 수 있는 것을 넘어선다.
b) 인간의 두뇌는 게임을 처음 시작하기 위해 필요한 모든 것조차 기억할 수 없다.
c) 컴퓨터는 인간의 실수로부터 학습할 수 있지만 인간은 컴퓨터로부터 학습할 수 없다.
d) 인간의 두뇌는 컴퓨터가 볼 수 있는 것을 보지 못한다. 따라서 인간에게 게임은 재미없는 것이 된다.

정답 a

해설 본문 초반의 "The number of possible moves in Go is more than there are atoms in the universe, making it almost impossible for a human to beat a computer."에 인간이 컴퓨터와의 바둑 경기에서 이기기 불가능한 이유가 나온다. 바둑 경기에서 둘 수 있는 수의 조합이 너무 많다는 것으로, a)가 이에 대한 설명에 해당한다.

4 다음 중 궁극적으로 알파고가 바둑을 그렇게 잘할 수 있게 된 방법에 해당하는 것은?
a) 알파고는 이기도록 프로그래밍되어 있었고, 결코 패배를 인정하지 않도록 프로그래밍되어 있었다.
b) 알파고는 결코 패하지 않을 것이라는 확신을 가지고 있었다.
c) 알파고는 진지하게 연습을 시작하기 훨씬 전부터 바둑을 알고 있었다.
d) 알파고는 수백만 번 연습을 할 수 있었으며, 각 연습을 통해 자가 학습을 할 수 있었다.

정답 d

해설 알파고가 기존의 인공지능보다 더 우수한 이유를 "AlphaGo has taken things a step further in that it managed to learn the game and improve by itself in only a few months. It started by examining a database of 100,000 human Go matches, but continued by practicing millions of time by itself."에서 설명하고 있다. 혼자서 연습을 할 수 있고, 그런 연습을 통해 혼자서 실력을 향상시킬 수 있다는 내용이 나오므로, 정답은 d)가 된다.

Unit 26

경제와 경영

지하경제와 세수 부족 문제

미국에는 합법적인 경제와 지하경제가 동시에 존재한다. 전자는 고용주와 고용인들이 세금을 내며, 반면에 후자는 유모나 건설현장 노동자, 조경사 등이 해당되는데, 이들의 소득은 과세되지 않고 있다. 지하경제는 이러한 합법적인 재화와 서비스의 생산으로 인한 미신고 소득뿐 아니라 불법행위도 포함한다. 이런 지하경제의 규모는 2조 달러로 추산되며, 이는 지상경제의 대략 11%에 달하는 수치로 향후 2조 5천억 달러까지 오를 수 있다. 불법 이민자의 증가가 제2의 경제인 지하경제의 주요한 요인이 되고 있다. 정부에서는 불법 이민자의 수를 1,000만 명으로 추산하고 있지만 아마 이보다 훨씬 더 많을 것으로 생각된다. Bear Stearns Asset Management사의 전무 Robert Justich는 불법 이민자 수가 1천 8백만 명에서 2천만 명으로 추산된다며, 이들이 경제와 현재 진행되고 있는 이민 정책과 세재 개혁 논의에 큰 영향을 줄 수 있을 것이라고 주장한다. 지하경제가 철저히 익명이라는 이유 때문에 이 규모를 짐작하기는 쉽지 않다.

하지만 연구에 따르면, 지하경제의 수치가 1990년대 초반부터 매년 5.6%씩 증가하면서 실물경제를 위협하고 있다. 국세청에 따르면 지하경제와 지상경제로부터 단 1년만 모든 세금을 거둘 수 있다면 현 예산적자의 규모를 상당 부분 줄일 수 있다고 주장하는 것을 고려할 때, 이런 지하경제에 의해 국세청이 부정적인 영향을 받고 있다고 할 수 있다. 더군다나 매년 모든 세금을 거두게 된다면, 미국은 예산 흑자를 누릴 수 있게 될 것이다. 전 국세청장인 Donald Alexander는 과세 대상의 규모와 실제 거둬들인 세금의 차이가 매년 4,500억 달러에 달했으며, 이 수치는 조만간 최대 6,000억 달러에 이를 수 있다고 주장한다. 하지만 이는 불법 이민자들의 책임만이 아닌 재계의 구조조정도 한몫하고 있다. 현재 85%의 과세 대상자들이 세금을 납부하고 있지만, 급여에서 원천징수되는 이들의 수가 줄어들면서 이 수치도 줄어들 수 있다고 국세청의 납세자보호관인 Nina Olsen은 주장한다. 급여에서 원천징수가 되는 납세자들은 합법적으로 납세를 할 확률이 99%지만, 요즘은 이들이 자영업자로 일하고 있는데, 이는 세금 납부를 장려하는 곳에서 일하지 않는 것임을 의미한다.

---

1 다음 중 본문의 주제에 해당하는 것은?
   a) 미국 경제에서 불법 이민자의 역할
   b) 미국 지하경제의 성장과 시사점
   c) 미국의 세제 개혁 및 정책
   d) 법인 규모 축소가 세금 징수에 미치는 영향

   정답 b

   해설 이 글은 지하경제의 규모, 성장률, 세금징수에 미치는 영향, 이민 및 기업 축소와 같은 문제와의 관계에 초점을 맞추고 있다. 더불어 불법이민자의 역할과 IRS의 어려움과 같은 다른 측면이 언급되는데, 이는 지하경제의 맥락에서 논의되기 때문에 '미국 지하경제의 성장과 시사점'이 본문의 중심적인 주제가 된다.

2 이 글에서 지하경제와 이민정책의 관계에 대해 암시하는 것은?
   a) 이민 정책은 지하경제의 성장을 성공적으로 억제했다.
   b) 불법 이민자의 수는 지하경제의 맥락에서 중요하지 않다.
   c) 불법 이민자 수와 지하경제 규모 사이에는 직접적인 상관관계가 있다.
   d) 이민 정책은 지하경제에 영향을 미치지 않는다.

   정답 c

   해설 이 글에서는 불법 이민자의 증가를 언급하고 이를 지하경제의 성장과 연결시킨다. 이는 불법 이민의 증가가 지하경제의 확장에 기여하는 요인임을 시사하며, 둘 사이에 직접적인 상관관계가 있다는 것을 의미하므로 정답은 c)가 된다.

3 다음 중 본문의 내용과 일치하지 않는 것은?
   a) 만일 모두가 각자의 세금을 납부한다 하더라도, 정부는 지출하는 모든 비용을 전부 충당하지는 못할 것이다.
   b) 매년 납부되지 못한 세금의 차액이 증가하고 있다.
   c) 지하경제의 근본 속성으로 인해 지하경제를 규제하는 것은 불가능하다.
   d) 정부가 주장하는 것보다 훨씬 더 많은 불법 이민자들이 확실히 존재한다.

   정답 a

   해설 본문에서 지하경제와 지상경제 모두에게 100% 세금을 1년만 거둘 수 있어도 현재 미국이 겪고 있는 예산적자는 상당부문 해소되고, 매년 거둘 수 있다면 예산흑자를 누릴 수 있다고 했으므로 a)는 본문과 일치하지 않는다. b)의 경우 "the tax-gap is about $450 billion each year and even up to $600 billion this year" 부분을 통해 알 수 있고, c)의 경우 "Exactly because this second economy is anonymous means it is difficult to estimate how big it is."라고 주장한 대목을 통해 저자가 지하경제의 규모를 추정하는 것은 그 자체의 익명성이라는 속성으로 인해 어렵다고 주장하고 있다. 참고로 d)의 경우 "The government thinks this number is 10 million, but it is probably much more than that." 부분을 통해 알 수 있다.

4 다음 중 지하경제에 대한 책임이 있는 측은?
   a) 자영업자들과 실업자들
   b) 고용주와 고용인들
   c) 국세청
   d) 불법 이민자들과 실직한 이들

정답 **d**

해설 본문 후반부에 나오는 "it is not only illegal immigrants who are responsible but also corporate downsizing." 부분을 통해 지하경제에 대한 책임이 불법 이민자들뿐만 아니라 회사의 구조조정도 한몫하고 있다고 나온다. 즉, 회사 구조조정으로 실직해 자영업을 하게 된 이들의 경우, 회사 급여에서 원천징수되는 경우에서 벗어나게 되어 세수 증가에는 도움이 되지 않는다고 설명하고 있다. 따라서 정답은 양측을 언급한 d)가 적합하다.

Unit 27
경제와 경영

근로자에게 유리한 긱 이코노미

긱 경제(gig economy)는 유연성, 더 큰 자율성, 직업의 다양성, 봉급 등의 측면에서 프리랜서에게 이점을 안겨다 준다. 우선 프리랜서는 언제 어디서든 일할 수 있다. 기한 내에 업무를 완수해내는 한 어떻게 완수하는지 여부는 문제가 되지 않으며, 자신의 개인적 일정에 맞춰 일을 조정할 수 있다. 프리랜서가 주말 아침에 가장 생산적으로 일을 할 수 있다면, 주중에만 일할 수 있는 것을 장애로 여길 것이다. 더군다나, 프리랜서는 집에 있을 필요조차 없다. 어디든 갈 수 있는 것이다. 가정이 있는 사람은 이런 직업적 유연성을 반긴다. 게다가, 프리랜서는 사무실 밖에서 더 큰 자율성을 누릴 수 있다. 아무도 자신을 바라보거나 살펴보지 않기 때문에 원하는 대로 일을 할 수 있다. 프리랜서는 다른 사람의 지도에 의존하는 일 없이 자신의 방식으로 일을 하기 때문에 자신의 능력에 대해 보다 확신을 갖게 될 것이다.

다음으로는, 보다 더 크고 다양한 종류의 직업에 접하는 것이 긱 경제의 부산물이다. 매일 같은 일을 하기도 하는 일반적인 사무직 직원과는 달리, 프리랜서는 다른 업무 절차와 기술을 요하는 다른 일을 받아들일 수 있다. 이처럼 매일이 다를 것이라는 지식은 다음에 곧 있을 일에 대한 기대로 이어지고 각각의 업무에 있어 창의성을 발휘하도록 장려한다. 프리랜서가 누리게 될 마지막 이점은 봉급과 관련이 있다. 이들이 받는 급여는 안정적이지 않고, 때로는 원하는 것보다 급여를 덜 받기도 하지만, 또 다른 경우 고용주가 프리랜서를 사용하여 정규직 직원을 위한 복리후생제도에 드는 비용을 아끼게 되기 때문에 프리랜서가 더 높은 봉급을 받기도 한다.

프리랜서가 시급으로 지급할 것을 요구하는 것도 하나의 선택이며, 이를 통해 프리랜서는 자신이 일하는 시간을 조정하고 초과 근무에 대한 급여를 분명히 받는다. 이들은 업무 완수를 위해 추가로 만나거나 전화를 하는 것에도 고용주에게 비용을 청구할 수 있다. 이러한 시간적 유연성 덕분에 프리랜서는 온라인을 통해 고등교육을 받을 수 있는데, 이는 프리랜서가 일의 성격상 공부를 해야 하기 때문이다. 프리랜서는 이렇게 고등교육을 통해 프리랜서 업무든, 정규직 업무든 간에 더 많은 일을 받게 되며, 따라서 해당 일을 마친 후에는 돈도 더 많이 벌게 된다. 긱 경제하에서 일하는 프리랜서에게는 온라인 공부가 딱 맞다.

1 다음 중 본문의 주제는 무엇인가?
   a) 모두가 프리랜서로 일해야 할 이유
   b) 긱 경제하에서 프리랜서가 될 경우의 이점
   c) 어떻게 긱 경제는 프리랜서가 되는 것을 더 쉽게 만들어 줬는가
   d) 긱 경제하에서 프리랜서가 될 경우의 효과

정답 **b**

해설 긱 경제하에서 프리랜서가 될 경우의 효과라면 긍정과 부정 모두를 의미할 수 있으므로 d)는 오답이다. 본문에서는 긱 경제하에서 프리랜서의 삶에 어떤 이점이 있는지를 설명하고 있다. 따라서 답은 b)이다.

2 다음 중 본문에서 유추할 수 있는 것은 무엇인가?
   a) 사무실에서 일해야 하는 사람은 그렇지 않은 사람만큼 자신의 기술을 성장시키고 발전시키지 못한다.
   b) 프리랜서는 자신의 일이라면 어떤 일이든지 사랑하고 매일 그 일을 할 수 있기를 고대한다.
   c) 프리랜서는 평일 아침에 가족들이 외출했을 때 자신은 일해야 하는 경우가 흔하다는 것과, 평화로운 환경에서 일을 할 수 있다는 것을 알게 된다.
   d) 프리랜서는 사무직 직원만큼 지도를 받지는 못하며 실수를 더 많이 범하기가 쉬울 수도 있지만, 이를 통해 교훈을 얻을 수 있다.

정답 **a**

해설 사무직 직원은 매일 같은 일을 해야 하지만, 프리랜서는 "시간적 유연성 덕분에 온라인을 통해 고등교육을 받을 수" 있고, 이렇게 교육을 받아 더욱 발전할 수 있다. 즉, 사무직 직원은 프리랜서에 비해 자신의 기술을 성장시키고 발전시키지는 못한다는 의미이다. 따라서 답은 a)이다.

3 다음 중 프리랜서에 관해 사실이 아닌 것은 무엇인가?

　a) 다른 책무를 피해 가면서 자신의 일을 조정할 수 있기 때문에 가족을 부양할 의무가 있는 프리랜서는 특히 일정에 자유가 있다는 이점을 누릴 수 있다.

　b) 프리랜서는 시간 단위로 급여를 받으며, 이는 예상보다 시간이 더 걸릴 경우 늘어난 시간에 맞춰 급여를 받는다는 의미이다.

　c) 프리랜서는 자신의 일정과 특정한 관심사에 따라 자신이 하고 싶은 일을 골라서 할 수 있다.

　d) 프리랜서의 근무일은 꽉 차 있기 때문에 공부나 개인적 약속 같은 다른 일들을 할 시간이 거의 없다.

정답 d

해설　프리랜서는 일정 내로 업무를 완수할 수만 있다면 "자신의 개인적 일정에 맞춰 일을 조정할 수 있다." 따라서 공부를 하거나 개인적으로 약속을 잡는 일이 문제가 되지 않는다. 따라서 답은 d)이다.

4 다음 중 본문에 따르면 왜 일부 고용주는 프리랜서에게 높은 급여를 주는가?

　a) 고용주는 정규직 직원이 요구하는 일반적인 복리후생에 돈을 쓸 필요가 없기 때문에 프리랜서에게 더 높은 급여를 줄 수 있다.

　b) 고용주는 매우 빠르면서 효율적인 업무를 위해 프리랜서에게 더 많은 돈을 줄 준비가 되어 있다.

　c) 프리랜서는 자신을 사용하기로 선택한 고용주에게 종종 더 좋은 서비스를 제공할 수 있는 고도로 전문적인 근로자이다.

　d) 고용주는 프리랜서에 대해 기대하는 바가 다르며, 프리랜서가 더 좋은 결과를 내놓기 때문에 정규직 직원에 비해 더 높은 급여를 제공하는 일이 흔하다.

정답 a

해설　"고용주가 프리랜서를 사용하여 정규직 직원을 위한 복리후생제도에 드는 비용을 아끼게 되기 때문에 프리랜서가 높은 봉급을 받기도 한다." 즉, 고용주는 정규직 직원을 채용하여 고정적으로 드는 비용을 프리랜서를 활용하여 아낄 수 있기 때문에, 프리랜서에게 많은 돈을 줄 수 있는 것이다. 따라서 답은 a)이다.

경제와 경영

근로자에게 불리한 긱 이코노미

긱 경제에는 좋은 점도 있지만 일부 단점도 존재한다. 고용주로부터 복리후생제도를 받고자 한다면 실망할 것이다. 법적으로는 당신이 정규직이 아닌 이상 기업은 복리후생제도를 제공할 의무가 없다. 당신이 만일 특정 기업과 오랜 시간 일했다면 특별히 고려할 만한 점이 있겠지만. 이를 기대하지는 말라. 긱 경제의 근로자는 매달 자신이 벌어들인 돈을 일부 따로 떼어 놓아 개인 차원에서 직접 보험 및 퇴직기금을 처리해야 한다. 정규직 근로자의 경우 이 업무는 기업 차원에서 처리해 주지만, 그렇지 않은 경우 근로자에게 책임이 있다. 그래서 재정 전문가에게 연락하여 이용 가능한 다양한 선택지에 관해 논하는 것이 권장된다.

더군다나, 정규직 고용 상태가 아니라면, 긱 경제의 근로자는 봉급에서 세금이 자동적으로 빠져나가지 않기 때문에 직접 세금을 처리해야 한다. 한 가지 선택지는 분기별로 세금을 납부하는 것이다. 얼마나 절세할 수 있을지의 측면에서 보면, 세금을 적게 지불하여 미국 국세청과 불편하게 엮이지 않기 위해서는 수입의 약 25~30%를 세금으로 처리하겠다는 목표를 정하라. 서류는 올바르게 처리하고 서류와 함께 국세청에 수표를 동봉하라. 컴퓨터비 및 전화비 같은 업무 과정에서 우리가 개인적으로 지불해야 하는 비용은 회사에서 부담하지 않기 때문에, 직접 공제액을 처리하는 동안 공제할 수 있는 것과 없는 것이 무엇인지를 정확히 알고 있어야 한다. 회계사와의 대화는 일이 제대로 처리되도록 하는 데 도움이 될 것이다.

동료들과 사무실 주변에서나 행사를 통해 정기적으로 사교적인 모임을 갖는 일 없이 홀로 일할 때, 긱 경제의 근로자는 혼자 모든 시간을 보내는 동안 외로움과 인간과의 상호 작용이 부족하다는 생각을 품을 수도 있다. 친구와 의사소통을 하지 않는 단점이 시간적인 유연성을 누릴 수 있다는 이점을 능가할 수도 있다. 또한 수입을 얻을 수 있는 더 많은 방법을 지속적으로 찾아야 할 책임이 있다는 사실은 꽤나 스트레스를 줄 수도 있다. 꾸준한 수입이 없는 상태에서, 긱 경제의 근로자는 일거리를 찾을 수 없거나 일거리를 상실하거나 봉급이 변하거나 할 때 불안함을 느끼고, 돈에 관해 불안함을 느낄 수 있다. <u>필요할 때 지원을 요청하려 해도 주변에 아무도 없기 때문에 다른 직원으로부터 고립되는 것 또한 스트레스의 원인이 될 수 있다.</u>

1 다음 중 본문의 주제는 무엇인가?

　a) 긱 경제의 근로자들이 박탈당한 것

　b) 긱 경제 근로자들이 상황을 개선시킬 수 있는 방법

　c) 긱 경제가 당신을 위해 움직일 수 있도록 하는 방법

　d) 긱 경제 상황에 처한 근로자로서 가장 큰 이득 취하기

해설 본문은 긱 경제의 근로자들 특히 프리랜서 근로자들이 누리지 못하는 혜택 및 이점에 관해 말하고 있다. 즉, 긱 경제의 근로자들에게 불리한 상황에 대한 내용이다. 따라서 답은 a)이다.

2 다음 중 본문에 따르면 긱 경제의 근로자들은 무엇을 알아야 하는가?
a) 자신이 수월하게 완료할 수 있는 것 이상을 맡지 않기
b) 고용주가 근로자가 받아야 할 혜택을 주지 않는다는 것
c) 사무실 공간의 사회적 요소를 놓침
d) 세금을 잘못 신고하여 벌금을 초래함

정답 d

해설 긱 경제의 근로자들은 세금을 회사에서 대신 처리해주지 않기 때문에 세금 문제는 직접 처리해야 한다. 이 점을 제대로 알고 있지 못하면 세금을 잘못 신고하여 벌금을 초래하는 등의 손해를 볼 것이다. 따라서 답은 d)이다.

3 다음 중 맞는 것을 고르시오.
a) 보험 및 세금과 관련하여 긱 경제의 근로자에게는 다른 규칙이 존재한다.
b) 긱 경제 근로자들에게 조언을 하는 많은 사람이 존재하지만, 이건 돈 낭비에 불과하다.
c) 매일 공용 사무실로 가는 것은 전문적인 지원뿐만 아니라 사회적 지원 또한 제공한다.
d) 국세청에서 도움을 주기 때문에 긱 경제의 근로자는 세금 지불에 관해 너무 많은 계획을 세울 필요가 없다.

정답 c

해설 공용 사무실로 매일 향한다는 말은 정규직으로 근무한다는 소리이고, 정규직으로 근무할 경우 세금 처리 및 복리후생 등의 측면에서 기업 차원의 전문적 지원을 받을 뿐만 아니라 직원들과 함께 하면서 사교적인 모임을 통해 인맥을 쌓으며 사회적 지원도 받게 된다. 따라서 답은 c)이다. 참고로 a)의 경우 규칙이 다른 게 아니라, 혼자서 해결해야 하는 문제가 있을 뿐이다.

4 다음 중 빈칸에 가장 알맞은 것은 무엇인가?
a) 원격 근로자와 연락하는 것을 자신들의 문제로 여기지 않기 때문에
b) 사무직 직원과 다시 연락을 취하는 방법이라는 보다 추가된 문제를 야기하여
c) 일부 동료는 연락을 취하려는 노력을 할 수 있지만
d) 필요할 때 지원을 요청하려 해도 주변에 아무도 없기 때문에

정답 d

해설 긱 경제의 프리랜서 근로자는 어딘가에 소속된 상태가 아니라서 일거리가 사라지거나 봉급이 변하는 등의 불안정성 때문에 불안감을 느낄 수밖에 없고, 게다가 기본적으로 혼자 일하기 때문에 고립된 상태에서 "필요할 때 지원을 요청하려 해도 주변에 아무도 없기 때문에" 스트레스를 받을 수밖에 없다. 따라서 답은 d)이다.

Unit 29 경제와 경영

밀키트의 혜택을 누리는 이들

2020년 코로나19 팬데믹이 발생했을 당시, 사람들이 집에서 식사를 더 많이 하게 되면서 미국에서 밀키트 구독의 인기가 폭발적으로 늘어났다. 헬로프레시(HelloFresh), 블루에이프런(Blue Apron), 에브리플레이트(EveryPlate) 같은 기업은 이를 활용하면서 몸에 좋은 다양한 재료를 1인분씩 나눈 다음 사람들 집에 배달하는 일에 초점을 맞추었다. 프로모션 기간이 종료되고 식당이 다시 문을 열면서 이러한 밀키트 제공업체의 가치에 관해 의문이 제기되고 있다. 밀키트 1인분당 가격이 6~12달러인데 이는 일반적으로 포장하는 가격과 비슷하다. 또한 밀키트 기업은 1주일에 4~6끼만을 제공하므로 장을 볼 필요는 여전히 존재한다. 따라서 밀키트 서비스 구독 이전에 몇 가지 사항을 고려할 필요가 있다.

우선 가격을 고려하고 예산 및 식구들에게 과연 밀키트가 가치가 있는지 고려하라. 밀키트 고객 가운데 Nadia Russell은 처음에는 밀키트가 편리했고, 종류도 많았고, 보통 식료품을 살 때보다 비용도 덜 들었지만, (프로모션 종료 후) 정가가 책정되자 더 이상 서비스를 지속할 수 없었다. 외식이나 포장음식에 돈을 쓰는 경우 또는 먹여야 할 사람이 많을 경우에는, 밀키트가 외식보다 저렴하고 프로모션 거래는 대량 주문에는 여전히 적용되기 때문이 밀키트를 이용할 만한 가치가 있을 수 있다. 또한 밀키트는 시간 및 에너지를 절약할 수 있는데, 밀키트가 없었다면 주방에서 창의력을 발휘하는 데는 방해가 될 수 있었다.(저자주: 시간이나 에너지 부족으로 새로운 요리법을 실험하거나 시도할 수 없었는데, 밀키트로 인하여 요리의 창의성을 고취시킬 수 있는 편리한 선택지가 되었다는 의미) 밀키트 고객인 Christina McNichol은 복잡한 요리를 새로 시도하는 일에는 돈이 들지만, 밀키트는 새로운 요리를 더 저렴한 비용으로 그리고 정확한 양에 맞춰 제공한다고 말한다. 장보기가 쉽지 않거나 시간을 내기 힘든 사람에게는 밀키트가 다양한 건강식품을 편리하게 섭취할 수 있는 방법이다. 집에서 요리를 할 때는 먹다 남은 음식을 다 처리할 방법을 찾아야 하며, 결국에는 먹었던 것을 또 먹게 된다. 밀키트는 재료가 1인분에 맞게 완벽하게 나뉘기 때문에 음식이 거의 남지 않는다. McNichol은 음식물 쓰레기가 줄어들었고, 특히 전에 요리했다

가 다시 요리하는 데 애를 먹은 음식의 경우 특히 그러하다고 주장했다. 따라서 집에서 항상 비슷한 음식을 먹던 사람에게는 종류가 다양한 밀키트는 그다지 맞지 않다. 하지만 밀키트에 드는 비용은, 밀키트를 사용함으로써 얻는 편리함과 음식물 쓰레기가 없어진다는 사실을 고려해 보면, 결국 상쇄될 수 있다.

1 다음 중 본문의 주제는 무엇인가?

    a) 코로나19 유행기에 가입한 대부분의 고객은 구독을 유지하지 않고 있다.

    b) 밀키트 서비스에 가입하기 전에 생각해 봐야 할 사항이 있다.

    c) 밀키트 기업은 어떤 음식이든 또는 무슨 식단을 선택하든 수용할 것이다.

    d) 음식에 무엇이 들어갔는지 알고 싶다면, 음식을 직접 만들어야 한다.

 b

해설 본문은 어떤 유형의 사람들에게 밀키트 서비스가 맞는지를 설명하고 있으며, 이는 밀키트 서비스를 구독하기 전에 과연 자신에게 맞는지 여부를 고려해야 함을 의미한다. 따라서 답은 b)이다.

2 다음 중 본문에 따르면 사실인 것은 무엇인가?

    a) 밀키트의 가격은 출시 기념 할인이 종료된 이후에 인상되었다.

    b) 식사 비용은 포장 비용보다 훨씬 크다.

    c) 밀키트는 식품점에 가는 데 어려움을 겪는 사람들에게는 도움이 되지 않는다.

    d) 밀키트는 영양이 부족한 경향이 있으며 품질이 좋지 않은 재료에 의존하는 경향이 있다.

정답 a

해설 프로모션 기간 동안에는 밀키트 가격이 그리 높지 않았지만 프로모션 종료 후 밀키트에 정가가 책정된 후 밀키트 구독을 중단한 경우가 본문에 등장한다. 본문에서 이 사례가 등장한 부분이 밀키트의 가격 및 예산에 관해 언급한 부분으로, 출시 기념 프로모션 할인이 종료된 후 밀키트의 가격이 인상했음을 유추할 수 있다. 따라서 답은 a)이다.

3 다음 중 Christina McNichol이 밀키트가 편리하다고 생각한 이유는 무엇인가?

    a) 매일 똑같은 것을 먹는 경향이 있고, 음식에 대해 생각하는 일을 즐기지 않는다.

    b) 남은 음식을 다 써버리는 새롭고 흥미로운 방법을 찾는 것을 즐긴다.

    c) 밀키트는 직장에서 바쁠 때 영양가 있는 음식을 섭취하는 데 도움이 된다.

    d) 주방에서 새로운 것을 시도하고는 싶지만, 남은 음식으

로 번거로워지는 것은 원하지 않는다.

정답 d

해설 밀키트는 1인분에 맞춰 제공되기 때문에 새로운 음식을 시도하는 과정에서 남은 음식이 거의 생기지 않는다. 덕분에 음식물 쓰레기도 줄고, 번거로움도 덜 느끼게 되었다. 여기서 답은 d)임을 유추할 수 있다.

4 다음 중 빈칸에 가장 알맞은 것은 무엇인가?

    a) 정기적으로 구매하는 다른 필수 품목에 지불하는 금액보다는 아마도 적을 것이다

    b) 매주 평균적으로 쇼핑하는데 일반적으로 드는 금액보다 더 많은 것으로 드러났다

    c) 밀키트를 사용함으로써 얻는 편리함과 음식물 쓰레기가 없어진다는 사실을 고려해 보면 결국 상쇄된다

    d) 예산에 따른 요구사항을 고려하지 않을 경우 더 비싼 것으로 드러나다

정답 c

해설 밀키트는 생각보다 많은 돈이 들 수 있지만, 직접 요리할 때와 비교하면 1인분에 맞춰 편리하게 식사하면서 음식물 쓰레기는 거의 남지 않게 된다. 즉, 비용 측면에서의 단점이 편리함 및 음식물 쓰레기의 감소라는 장점으로 서로 상쇄되는 것이다. 따라서 답은 c)이다.

 Unit 30   **정치와 국제관계**

낙태에 대해 헌법상 권리가 없는 미국여성들

연방대법원이 오랫동안 유지되던 로 대 웨이드 판결을 6 대 3으로 파기하면서, 이 문제에 관해 찬반양측에서 큰 소동이 있었다. 연방대법원의 판결은 문제를 해결하기는커녕 더 헤집어 놓은 꼴이 되었다. 이 다툼은 오랫동안 계속되어 왔다. 최근까지도 로 대 웨이드 판결이 파기될 일은 없어 보였지만, 연방대법원은 낙태에 대한 헌법상의 권리가 없다는 판결을 내렸고, 주정부가 낙태에 대한 제한을 부과하여 특정 지역에서 접근을 더 어렵게 만들었다. 낙태 반대 운동가들은 자신들이 구했다고 생각하는 수천 명의 아기들을 생각하며 환희에 차 있다. 낙태의 권리를 옹호하는 이들은 50년간 발전해 온 여성의 권리를 다시 빼앗고, 뒷골목 시술이 다시금 떠오르고 있다는 사실에 대해 심란해 하고 있다. 실제로 최근의 여론조사를 살펴보면 미국인 중 3분의 2가 연방대법원의 이런 판결을 원치 않았음을 알 수 있다.

이 정치적으로 곤란한 문제에 있어서 연방대법원은 단순히 판사 이상의 역할을 했다. 대법관들은 헌법체계 속에서의 법리

해석뿐만이 아니라 개인적인 정치성향에 기댔을 수 있다. 법원이 이전 판결을 뒤집을 경우, 이 결정에 대한 비판론자들은 이것이 정치적 의도에 의한 것이라는 의심을 거두기가 힘들다. 이러한 의심은 6 대 3 판결의 다수 중 세 명이 도널드 트럼프 당시 대통령에 의해 지명된 법관이며, 이들을 지명한 이유가 로 대 웨이드 판결을 파기하라는 사실에 –그것도 성공적으로– 의한 것이었기 때문이다. 연방대법원 판결에 뒤이어, 26개 주가 추가적인 낙태 제한 조치에 대해 주시하고 있으며, 13개 주는 이미 연방대법원의 판결을 기대하고 판결 시점에 맞추어 효력이 발생하는 트리거 법안을 통과시켜 둔 상태이다. 이 법안들에는 성폭행이나 근친상간을 위한 예외를 둔 경우도 거의 없다. 반면, 민주당이 강세인 주들은 낙태를 원하는 여성들을 위한 안전지대로 스스로 거듭나고 있으며, 20개의 민주당이 우세한 주에서는 2,650만 명의 가임기 여성에 대해 임신중절권리를 보호해주고 있다. 낙태를 허용하면서 낙태가 금지된 주와 맞닿은 주들은 주 경계 밖으로 이동해서라도 낙태를 하려는 여성들을 위해 주 경계 근처에 낙태시술소를 배치하려고 하고 있다. 온라인으로 구입한 알약(낙태유도제 등)으로 다른 낙태 조치를 사용하는 것이 법에 위배될 수 있지만, 이것은 합법적인 낙태 서비스를 이용할 수 없는 어떤 여성들에게는 여전히 유일한 선택지일 수 있다.

1 다음 중 이 글의 요지는 무엇인가?
   a) 낙태가 제한된 이유
   b) 로 대 웨이드 판결 파기의 영향
   c) 여성들에게 낙태의 길이 막힌 현실
   d) 낙태에 대한 주정부들의 엇갈리는 의견

   정답 b

   해설 로 대 웨이드 판결의 대략적인 내용과 그에 대한 각계의 반응, 그리고 앞으로 이어질 수도 있는 여파나 변화 등을 묘사하고 있다. 따라서 지문의 주제는 b)번이 가장 적절하다.

2 다음 중 본문의 내용과 일치하지 않는 것은?
   a) 연방대법원의 구성이 현재로서는 대부분 보수이다.
   b) 도널드 트럼프는 여성에게 낙태를 할 권리가 있다고 믿는다.
   c) 양측 모두 자신의 신념을 매우 굳게 믿는다.
   d) 여성들은 가능하다면 주 경계를 넘어서라도 낙태를 하고자 할 것이다.

   정답 b

   해설 도널드 트럼프가 낙태의 권리 보호를 명시했던 판결을 뒤집기 위해 법관들을 임명했고, 이들이 이 임무를 성공적으로 수행했다고 하였다(specifically—and successfully— appointed by then-president Donald Trump to overturn Roe v Wade). 따라서 도널드 트럼프는 여성의 낙태 권리를 국가가 나서서 보호하지 말아야 한다는 입장으로 볼 수 있다. 지

문의 내용에 비추어 옳지 않은 내용은 b)번이다.

3 다음 중 왜 이번 판결이 그동안 연방대법원의 다른 판결보다 더 정치적인가?
   a) 낙태는 몇몇 법관들이 개인적으로 반대의견을 보이는 문제로서, 특히나 논란의 여지가 많다.
   b) 각 대통령들은 연방대법원이 뭘 해야 하는지에 대한 각자의 믿음이 있다.
   c) 이것은 지금껏 연방대법원에 올라온 문제들 중 가장 논란의 여지가 많다.
   d) 이 판결의 결과는 앞으로 몇 년간 대선에도 영향을 줄 것이다.

   정답 a

   해설 법조문 해석이 아니라, 개인적인 의견에 법관들이 기댄 것으로 보인다는 두 번째 문단 초반부의 내용(The justices may have leant on their personal political leaning instead of their interpretation of constitutional law only.)으로 보아, 이번 판결이 특히나 논란이 많았던 이유로는 a)번이 가장 적절함을 알 수 있다.

4 다음 중 낙태를 원하는 여성에 대한 *Roe v. Wade*에 대한 대법원의 판결의 결과는?
   a) 그들은 낙태 서비스에 더 많이 접근할 수 있을 것이다.
   b) 낙태 서비스를 받으려면 더 멀리 여행해야 한다.
   c) 낙태 서비스에 대해 더 적은 비용을 지불해야 한다.
   d) 낙태를 하기 전에 더 많은 의학적 검사를 받아야 한다.

   정답 b

   해설 낙태를 허용하면서 낙태가 금지된 주와 맞닿은 주들은 주 경계 밖으로 이동해서라도 낙태를 하려는 여성들을 위해 주 경계 근처에 낙태시술소를 배치하려고 하고 있다고 하였으므로, 낙태를 하려면 주 경계 밖으로 더 멀리 이동해야 한다. 그러므로 정답은 c)이다.

Unit 31   정치와 국제관계

개혁이 시급한 연방대법원

매우 중요한 돕스 대 잭슨 여성건강기관 재판의 선고가 있었던 작년에, 연방대법원은 각 주들이 낙태에 대한 통제권을 가져야 한다고 판결했고, 이러한 헌법 해석은 법조문과 역사에 기반을 둔다고 주장하였다. 당시 법관들은 정당 노선에 따라 6 대 3으로 이러한 판결을 내렸고, 대법원의 판결은 법조문과 역사에만 근거하지 않을 수 있음을 의미했다.

헌법이 1868년 입안 당시에 낙태에 대한 권리를 명시하지 않았다는 건 사실이지만, 명시되지 않은 것은 신체에 대한 자율권이나 치료거부권 같은 것 또한 마찬가지다. 그러나 헌법이 제정된 뒤로 이런 권리들은 보장되어왔다. 이번 판결의 다수를 구성한 여섯 명의 다수의견에 따르면 다른 권리의 문제들은 태어나지 않은 인간에게는 해당이 되지 아니하며 따라서 비교될 수 없다고 한다. 그러나 헌법은 또한 태아의 권리를 명시적으로 보장하지 않기 때문에 대법원은 태아의 권리를 보호하기 위해 자신의 몸에 대한 여성의 권리를 침해하기로 사실상 선택한 것이다.

연방대법원의 헌법 사건은 종종 복잡하고 헌법 본문과 역사를 검토하여 쉽게 결정할 수 없기 때문에 어느 쪽도 우세하다고 주장하기 어렵다. 따라서 대법관이 자신의 결정을 알리기 위해 조문과 역사를 사용한다는 주장은 전적으로 뒷받침되지 않는다. 그들은 종종 개인적인 신념과 정치적 성향에 따라 미국의 주요 문제를 결정하는 것으로 보인다.

대법원 개혁의 주제는 이제 중요한 토론의 핵심이며, 법원의 극보수 다수가 자신의 정치에 맞게 권리를 제거함에 따라, 많은 사람들이 개혁을 요구하고 있다. (대법원의) 개혁에는 2세기 전에 쓰인 헌법을 해석하는 대법원 판사들의 종신 임기 측면에 대한 변화가 포함될 수 있다. 대법관은 또한 너무 많은 권한을 가질 수 있으며 일부 권한을 박탈하자는 제안이 있었다. 바이든 대통령은 이 주제에 대해 블루리본위원회에 보고서를 의뢰했지만, 아직 이에 대해 아무 조치도 취하지 않았다. 어떤 사람들은 지금이 <u>대법원의 폭정이 미국을 파괴하는 것을 막을 때라고 생각한다.</u>

1 다음 중 이 글의 요지는 무엇인가?
  a) 연방대법원이 결정을 내리는 방법에 대한 명확성이 부족했다.
  b) 대법원 구성에 대해서 견론이 벌어졌다.
  c) 낙태에 대한 대법원 판결이 개혁에 대한 논의를 촉발했다.
  d) 우리는 연방대법관을 제대로 고르는 것의 중요성을 알았다.

정답 c

해설 이 글의 핵심은 연방대법원이 돕스 대 잭슨 여성건강기관 판결로 사회에 미친 영향을 소개하면서, 대법원의 최근 판결과 보수적 다수로 구성된 연방대법원이 미국인의 권리를 침해하는 것을 방지하기 위한 잠재적 개혁에 대한 논의로 이어졌다는 것이다. 따라서 c)가 정답이 된다.

2 다음 중 본문의 내용과 일치하는 것은?
  a) 주정부들은 이제 여성이 아이를 가질 수 있을지 없을지를 결정하게 될 것이다.
  b) 국가적인 정책이 몇 안 되는 사람들의 개인적인 신념에 의해 결정된다.

  c) 법원의 결정이 영구적으로 여성들에게 자신의 몸에 대한 결정권을 줬다.
  d) 헌법은 여성들이 하고자 한다면 낙태를 할 수 있도록 해준다고 명시하고 있다.

정답 b

해설 "대법관들이 개인적인 신념에 따라 중대한 판결을 내리며, 이를 부정해선 안 된다(They clearly decide the big issues in America to align with their personal beliefs and politics and need to stop lying that they don't)."는 내용을 보아, b)번의 내용이 지문의 내용과 일치함을 알 수 있다.

3 다음 중 이 글의 저자는 어떤 해결책을 제시하고 있는가?
  a) 법원은 대중의 여론에 기반을 두고 결정을 내려야 한다.
  b) 법원은 진보와 보수 성향 법관이 동수로 구성되어야 한다.
  c) 연방대법관들은 판결에 대해 더 제대로 설명해야 한다.
  d) 대법관의 종신 임기 측면을 제거하고 권한을 제한하기 위해 대법원을 개혁해야 한다.

정답 d

해설 저자는 극보수 다수가 정치와 일치하지 않는 권리를 제거하는 것을 막기 위해 대법원 개혁이 필요하다고 제안하면서, 또한 2세기 전에 쓰인 헌법을 해석하는 대법원 판사의 종신 임기 측면을 제거할 것을 제안하기도 한다. 또 저자는 대법원이 너무 많은 권한을 가지고 있으며 그 구성원들이 자신의 희망을 따르기 위해 헌법 조문과 역사 뒤에 숨어 있다고 주장한다. 이런 내용과 연결되어 있는 d)가 정답이 된다.

4 다음 중 빈칸에 들어갈 가장 적절한 것은?
  a) 여성들이 낙태에 대한 권리를 가졌는지 여부를 완전히 결정할
  b) 연방대법원이 왜 이렇게 많은 권력을 가졌는지
  c) 개혁이 어떻게 진행되어야 할지에 대한 연구를 더 할
  d) 대법원의 폭정이 미국을 파괴하는 것을 막을 때

정답 d

해설 바이든이 연방대법원의 비대한 권력에 대한 보고서를 직접 받아보고서도 아무 조치도 취하지 않았다는 내용 바로 뒤에 빈칸이 걸린 문장이 이어진다. 즉, 지금까지 계속해서 언급한 대법원의 문제에 대해 아무 조치가 없었던 것이므로, 곧바로 조치를 취해야 한다는 내용인 d)가 빈칸에 들어가야 한다.

Unit 32 정치와 국제관계

민족주의의 중요성

민족주의와 그 용도를 평가할 때, 인간이 사회적 존재라는 사실을 살펴보는 것부터 시작하는 것이 가장 좋다. 우리는 모두 어떤 식으로든 공동체에 속해 있고, 공동체에 속한 다른 사람들에게 도움을 의지하고 있기 때문에, 내부자와 외부인은 분명하게 구별된다. 오래 전에는 내부자와 외부인의 차이가 빠르게 구별될 수 있는 것이 중요했고, 그렇기에 언어와 생김새 같은 쉽게 타인을 식별할 수 있는 특징들이 타인을 더 잘 아는 것 대신 흔히 사용되었다. 이와 같은 진화적 방식으로 인해 우리가 동질감을 느끼고 협력을 위해 신뢰할 수 있는 이들을 결정하는 문제를 두고 오늘날에도 같은 것들을 고려하는 경향이 생겨나게 되었다. 그래서 우리는 국가가 서로 다른 집단을 정의 내리는 주요한 방법이라는 생각에 이르게 된다. 왜냐하면 국가가 일반적으로 동일한 언어, 문화적 특성, 출생지 및 역사를 강조하기 때문이다.

국가의 구성원들 또한 자신들이 다른 모든 이들과 구별되는 동일한 하나의 정체성을 가지고 있다고 생각한다. Benedict Anderson의 유명한 얘기인 '상상의 공동체(imagined communities)'는 완벽한 타인들이라고 하더라도 서로를 인식하고 식별할 수 있다는 것을 의미한다. John Mearsheimer의 저서 《대망상(The Great Delusion)》에서는 민족주의와 국가 간 상호 이득이 되는 관계가 민족주의에 힘을 실어준다고 주장한다. 세상 전체를 지배하는 권력이 없기 때문에, 국가는 어려운 시기에 사용될 수 있는 국가적 결속을 장려함으로써 자신의 힘을 키우고자 한다. 국가 경제와 생산성 또한 모두 이런 결속감에 의해 향상된다. 침략과 학대를 막고, 다른 국가로 흡수되거나 동화되는 것을 막기 위해, 민족집단은 독립적 생존을 확보하기 위해 스스로 국가적 지위를 갖는 것으로 정의한다. 쿠르드족, 팔레스타인, 타밀족 등이 독립에 대한 이러한 주장들이 거절됐을 때 일어나는 것을 극명하게 상기시켜 주는 예이다.

본질적으로 국민국가(nations)는 많은 민족국가(states)를 가져서 독자적으로 생존하길 원하는 반면, 민족국가는 민족주의를 이용해 흡수되는 것을 막는다. 일부 민족집단은 유엔 가입을 추구하고 있는 반면, 국민국가는 그들의 주장을 억압하고 그들을 동질적이고 충실한 하나의 집단으로 동화시키려고 한다. 이는 중국의 신장 위구르(Uighurs in Xinjiang)와 같은 극단의 상황이 될 수 있다. 그곳에서는 소수민족이 추방되고, 살해되고, 강압적 동화의 대상이 되고 있다.

1 다음 중 글의 요지에 해당하는 것은?
  a) 민족주의 경향의 잘못된 적용
  b) 민족주의에 대한 정의의 진화
  c) 민족주의를 추구하는 사람들에 대한 학대

  d) 민족주의의 기원과 사용

 d

해설 본문은 민족주의가 어떻게 생겨났고, 어떻게 사용되는지에 대해 다루고 있으므로, 정답은 d)가 된다. 전반부에서 민족주의의 시초는 내부자와 외부인을 구분하는 것으로 시작했다고 설명하며, 후반부에서 민족국가들이 민족주의를 이용해 독자적 생존을 추구한다고 설명한다.

2 다음 중 본문을 통해 추론할 수 있는 것은?
  a) 민족주의에 대한 우리의 성향은 한 집단에 속하려는 역사의 산물이다.
  b) 민족주의적 이상에 대한 반대는 실제로는 인간의 본성을 거스르는 것이다.
  c) 요즘 신뢰할 수 있는 사람을 찾을 때, 우리는 항상 우리와 비슷하게 생겼거나 비슷한 언어를 사용하는 이들을 찾는다.
  d) 공동체는 도움을 진지하게 필요로 하는 사람에게는 누구든 도움을 제공한다.

정답 **a**

해설 본문의 초반부인 "오래 전에는 내부자와 외부인의 차이가 빠르게 구별될 수 있는 것이 중요했고, 그렇기에 언어와 생김새 같은 쉽게 타인을 식별할 수 있는 특징들이 타인을 더 잘 아는 것 대신 흔히 사용되었다. 이와 같은 진화적 방식으로 인해 … 경향이 생겨나게 되었다."는 부분을 통해 민족주의적 성향은 집단에 소속하려는 진화적 산물이라는 것을 알 수 있다. 따라서 정답은 a)가 된다.

3 다음 중 본문의 내용과 일치하는 것을 고르시오.
  a) 역사적으로 우리와 동일한 언어를 말하는 사람이라고 해서 반드시 아군으로 여겨진 것은 아니었다.
  b) 개별 정부는 민족주의와 국가에 대한 충성을 강조하는 것으로부터 거의 혜택을 얻지 못한다.
  c) 한 국가의 국경 내에 여러 언어와 문화가 존재할 때, 그 힘은 증가한다.
  d) 시민들이 국가에 대해 더 충성심을 느끼기 시작할 때, 생산성은 줄어들기 시작한다.

 b

해설 a) 역사적으로 동일한 언어를 사용하는 사람은 같은 편이라고 인식했다. c) 국민국가 내에서 국가적 결속이 강화될 때 국력이 증가한다고 설명한다. d) 국가에 대한 충성심이 늘어나면 생산성 또한 늘어난다고 설명한다. 정답은 b)로, 민족주의와 국가에 대한 충성을 강조해서 이득을 보는 측은 민족국가(states)이며, 개별적 정부는 해당되지 않는다.

4 다음 중 빈칸에 들어갈 가장 적합한 것은?

a) 한 국가가 민족주의에 대한 요구에 지나치게 반응할 때 일어나는 것에 대한 경고 신호
b) 독립에 대한 이러한 주장들이 거절됐을 때 일어나는 것을 극명하게 상기시켜 주는 예
c) 민족주의 개념이 전복되는 자연스러운 진화
d) 모든 사람에게 자유를 주기 위한 민족주의 과정의 다음 단계

 b

 침략과 학대를 막고, 다른 국가로 흡수되거나 동화되는 것을 막기 위해, 민족집단은 독립적 생존을 확보하기 위해 스스로 국가적 지위를 갖는 것으로 정의한다는 내용 뒤에 소개된 사례로 쿠르드족, 팔레스타인, 타밀족 등을 들고 있다. 그렇다면 이는 독립에 대한 이러한 주장들이 거절됐을 때 일어나는 것을 극명하게 상기시켜 주는 예로 볼 수 있을 것이다.

Unit 33 — 정치와 국제관계

보수 대 진보

각기 보면 보수주의적 경제사상은 반연방주의적이고 진보적 경제사상은 연방주의적이다. 보수주의자들은 정부가 인간적 입장에서 최대한 시장경제에 관련되지 않기를 바라고 진보주의자들은 더 많은 규제를 환영한다. 보수적인 측면에서 보면 민간기업이 서비스를 보다 더 잘 제공하며, 기업은 정부 정책으로 인해 부정적 영향을 받는데, 정부 정책의 결과는 알려진 바 없다. "낙수(trickle-down)" 경제라는 보수적 견해는 정부가 돈을 최대한 적게 모으고 써야 한다는 전제에 근거한 견해이다. 반면에, 진보적 측면에서는 정부가 더 많이 개입하기를 원하고, 다른 무엇보다도 의료, 실업보험, 건강 및 안전 규정 등에 지출을 늘리는 걸 옹호한다.

더군다나 진보주의자들은 민간기업에 대해 낮게 평가하며, 이들이 보기에 민간기업은 타인을 돕고자 하는 욕구가 아니라 사리사욕이 행동의 동기가 된다. 일부 진보주의자들은 민간인, 민간기업 및 민간업계를 돈만 관심 갖는 존재로 여기고, 사회가 고통받고, 사회가 그들을 통제할 수 없을 때 보다 강력해진다고 생각한다. 이들은 정부가 민간기업의 해롭고 비윤리적인 행동을 제한할 수 있도록 민간기업을 통제할 수 있는 능력을 갖춰야 한다고 생각한다. 이들은 위험한 일터와 제품 및 생활환경으로부터 시민을 보호하기를 원한다. 이들은 정치적 소수자들에게 과거에 가해진 공격은 아무도 감시하지 않을 때 부패와 남용이 어떻게 드러나는지를 보여주는 증거로 본다. 이들은 교육과 과학을 사모하며, 관용과 관대함이 다양한 관점과 생활방식을 허용하는 더 나은 사회를 위한 비결이라 믿는다. 이와는 반대로, 보수주의자들은 영리활동에 대한 규제를 부정

적으로 바라보며, 규제가 정치적 자유를 앗아가며, 혁신을 가로막고, 끝없이 이어지는 일련의 규제를 야기한다고 믿는다. 보수주의자들은 상업적 영역뿐만 아니라 비영리활동에 대한 정부의 간섭을 반대한다. 이들은 지방의 필요에 따라 각자 결정을 내릴 수 있도록 권력을 각 주로 돌려주기를 원한다. 이들은 개인의 책임을 장려해야 하고, 사람은 스스로 문제를 처리해야 한다고 말한다. 이들은 군과 종교를 숭배한다. 이들은 안정을 우선순위에 두고 법질서를 지키기 위해 강력한 권위를 옹호한다.

1 다음 중 본문의 주제는 무엇인가?
a) 정부가 보수주의자 및 진보주의자들에 의해 얼마나 통제되는가
b) 보수적 정부와 진보적 정부 간의 차이점
c) 정부의 역할에 있어 보수주의자 대 진보주의자
d) 보수주의자와 진보주의자가 자신의 삶을 살아가는 가치

정답 c

해설 본문은 정부의 역할을 바라보는 보수주의적 견해와 진보주의적 견해를 서로 비교하며 설명하고 있다. 따라서 답은 c)이다.

2 다음 중 밑줄 친 부분이 의미하는 것은 무엇인가?
a) 규제가 시작되는 즉시 더 많은 규제가 필요하게 되며, 이 과정은 결코 끝나지 않는다.
b) 규제가 효과적이려면 엄청나게 많은 규제를 필요로 할 것이다.
c) 진보주의자들이 원하는 유형의 규제는 보수주의자들에게는 받아들일 수 없는 것일 것이다.
d) 규제는 사람들을 제약하는 역할만을 하기 때문에 좋은 결과를 낳을 수가 없다.

정답 a

해설 밑줄 친 부분을 해석하면 "끝없이 이어지는 일련의 규제를 야기한다."이고, 이는 규제가 시작되면 멈추는 일 없이 계속 규제가 이어지는 모습과 같다는 의미이다. 따라서 답은 a)이다.

3 다음 중 진보주의자들은 민간 분야에서 정부의 개입을 왜 원하는가?
a) 이들은 통제하지 못하는 민간 분야의 탐욕으로 인해 사회가 고통받을 거라 생각한다.
b) 이들은 규제 당하지 않는 민간 분야가 제대로 기능을 발휘할 수 없으리라 생각한다.
c) 이들은 민간 분야가 스스로 할 것이라 말한 서비스를 수행할 것이라고 믿지 않는다.
d) 이들은 민간 분야가 서로 돕는 부유한 친구들만의 폐쇄적 네트워크가 될 것이라고 우려한다.

a

 "더군다나 진보주의자들은 민간기업에 대해 낮게 평가하며, 이들이 보기에 민간기업은 타인을 돕고자 하는 욕구가 아니라 사리사욕이 행동의 동기가 된다. 이들은 민간인, 민간기업 및 민간업계를 돈에만 신경 쓰는 존재로 여기고, 사회가 고통 받고, 사회가 그들을 통제할 수 없을 때 보다 강력해진다." 즉, 진보적 관점에서 보면 민간 부문은 오직 자신의 이익만을 탐욕스럽게 추구하기 때문에 정부 차원의 개입이 없으면 사회가 고통을 받는다. 따라서 답은 a)이다.

4 다음 중 빈칸에 가장 알맞은 것은 무엇인가?

a) 높은 수준의 기업 책임을 일치시킨다
b) 옳고 그른 것을 구분하는 보다 영리한 사회로 인도한다
c) 사람들이 실수를 할 수 있고 이에 대해 비용을 지불할 수 있다
d) 사람은 스스로 문제를 처리해야 한다

 d

 빈칸 앞의 "개인의 책임을 장려한다"는 말은 보수적 관점에 부합하며, "사람은 스스로 문제를 처리해야 한다"와도 일치하는 관점이다. 따라서 답은 d)이다.

Unit 34　　　　정치와 국제관계

러시아가 우크라이나를 원하는 이유

1990년대 소련의 몰락과 함께 소련이 인접국들에 대해 가지고 있던 영향력은 약해졌고, 이후 인접국들은 NATO에 더 가까워졌다. 이들 국가 중에는 그 중에서도 발트해 지역에 속하는 리투아니아, 라트비아, 에스토니아가 있고, 폴란드와 루마니아도 인접국에 포함된다. 그리하여 NATO는 자신의 힘을 러시아 국경까지 확장시킬 수 있었고, 2008년에는 언젠가 우크라이나도 NATO에 가입하기를 희망한다고 발표하였다. 푸틴(Putin)은 소련의 붕괴를 20세기의 거대한 비극으로 간주하며 러시아가 소련 당시의 영광스럽던 시절로 회복하는 모습을 보기를 고대한다. 푸틴은 22년간 통치하면서 군사적 및 지정학적 영향력을 강화함으로써 이러한 목표를 달성하는 일에 전념하였다. 푸틴은 NATO 및 미국의 영향력에 관해 그리고 이에 수반하여 우크라이나에 탄도 미사일이 들어오는 사태를 두고 종종 언급했으며, 러시아 당국 입장에서는 우크라이나가 NATO에 가입하는 것은 엄청난 위협이 된다. 러시아가 군사적으로 강해질수록 푸틴은 위와 같은 상황을 두고 비난하였고, 이에 반해 우크라이나와 NATO 및 미국은 그러한 모든 상황에 대해 부인하였다.

푸틴이 우크라이나를 러시아의 것으로 여기는 데 문제가 존재한다. 그리고 우크라이나를 영원히 잃게 될 것이라는 위협은 2014년에 대중 시위로 인해 친푸틴파 대통령이 쫓겨나면서 한층 더 심화되었다. 러시아는 즉각 크림 반도를 점령하기 위해 움직였고, 우크라이나의 돈바스 지역의 분리주의자 집단을 지원했다. 전쟁은 지속되고 있으며 이미 13,000명이 넘게 사망했다. 러시아가 해당 지역 내에서 자신의 영향력을 재건하기 위해 노력하고 있기 때문에 지난 30년 동안의 우크라이나의 발전은 위협받고 있다. 69세의 푸틴은 어쩌면 러시아 대통령으로서 자신의 최후의 목표인 우크라이나 및 우크라이나의 4,400만 국민이 러시아에 합병되는 모습을 보게 될지도 모른다.

1 다음 중 본문의 주제는 무엇인가?

a) 지역 내 러시아의 전략적 이익의 보호
b) 러시아에 의한 우크라이나의 최종적이면서 예상 가능한 합병
c) 우크라이나가 NATO에 가입하기를 원한다는 사실을 러시아가 받아들이지 않음
d) 과거의 힘을 회복하고자 하는 러시아의 가장 최근의 시도

 d

 본문은 러시아가 우크라이나를 침공한 이유는 우크라이나를 손에 넣기 위함이고, 우크라이나를 손에 넣으려는 이유는 러시아가 과거 소련 시대의 영광을 재현하려 하기 때문임을 말하고 있다. 따라서 본문의 주제에 해당하는 것은 d)이다.

2 다음 중 본문에 따르면 맞지 않는 것은 무엇인가?

a) 푸틴은 할 수 있을 때 우크라이나에 대한 통제력을 되찾기를 원한다.
b) 러시아는 우크라이나가 러시아에 속해 있다고 생각한다.
c) 우크라이나 전쟁은 사상자가 너무 많이 나왔기 때문에 끝났다.
d) 우크라이나는 러시아의 일부가 되기를 원하지 않는다는 것을 보여주었다.

 c

 이미 13,000명이 넘게 사망했지만, 전쟁은 아직 끝나지 않았다. 따라서 답은 c)이다.

3 다음 중 밑줄 친 부분이 의미하는 것은 무엇인가?

a) 푸틴은 러시아가 과거처럼 강대해지기를 진심으로 바란다.
b) 러시아는 과거에 자신이 겪은 일을 결코 잊지 않는다.
c) 러시아는 현재 자신이 처한 상황이 미국과 NATO의 탓이라고 비난한다.
d) 푸틴은 러시아가 과거와 마찬가지로 지금도 영광스럽다고 생각한다.

a

밑줄 친 부분은 해석하면 "러시아가 소련 당시의 영광스럽던 시절을 회복하는 모습을 보기를 고대한다."이다. 이 말은 즉, 푸틴은 러시아가 과거 소련이었던 시절만큼 다시 강대해지길 바란다는 의미이다. 따라서 답은 a)이다.

4 다음 중 빈칸에 가장 알맞은 것은 무엇인가?

a) 해당 지역 내에서 자신의 영향력을 재건하기
b) 우크라이나 사람들이 원하는 것이 무엇인지 알아내기
c) 해당 지역 내에서 다른 국가와의 관계를 파괴하기
d) 인접국들 사이에서 더 많은 안정성을 창출하기

a

국가 수립 이후 30년 동안 우크라이나가 제대로 발전하지 못하고 러시아의 위협을 받게 된 원인은 러시아가 우크라이나를 다시 자신의 손아귀에 넣거나 최소한 "해당 지역 내에서 자신의 영향력을 재건하기"를 바라기 때문이다. 따라서 답은 a)이다.

PART 2 | 과학 · 기술

Unit 35
과학과 환경

전기차에 활용되며 점점 귀해지는 리튬

PC와 전기차량은 일반적으로 리튬이온 배터리가 필요하지만, 그 가격은 최근 매우 올랐다. 6년 전, 탄산 리튬의 1톤당 가격이 1만 1천 달러였지만, 그때 이후 가격은 올랐고, 지난 8월에는 같은 양의 가격이 거의 6만 달러까지 치솟았다. 이렇게 된 이유는 빠르게 성장 중인 전기차 업계, 배터리 제조사, 그리고 시장에서 빼놓을 수 없는 리튬 공급사에서 찾을 수 있다. 리튬이 부족한 상황은 아니며, 분명 양은 충분하다.

진짜 문제는 리튬이 염수 저수지와 지하에서 추출되어야 한다는 것이며, 현대의 채광 기술로는 전기차 업계의 수요를 따라갈 수가 없다. 한때 리튬이온 배터리는 특수 제품이었지만, 21세기의 기술에서는 필수재가 되어버렸다. 그러나 이 문제는 오랫동안 쌓여온 문제다. 실제로 전기차 생산과 대중화에는 엄청난 자본과 연구가 들어갔지만, 성과가 없어 보인다. 리튬 채광은 매우 큰돈이 드는 일이고, 투자에 성과가 따를지에 대한 보장도 없기 때문이다. 생산에 속도가 붙고는 있지만, 시간이 걸리는 일이다. 광산이나 처리공장을 하룻밤 사이에 뚝딱 지어서 쓸 수는 없으니 말이다.

리튬이온 제조사들은 다중고를 겪고 있다. 앞서 언급한 생산시설 개선비용도 흡수해야 할 뿐만 아니라, 인플레이션과 인건비 상승, 공급망 문제, 다른 원자재 가격의 상승까지도 감당해야 하는 것이다. 시장에서의 경쟁이 증가하면서 전기차의 가격이 떨어져야 할 때, 오히려 전기차 가격이 급등하는 식으로 이 현상의 직접적인 여파가 나타나고 있다. 소비자들은 이런 가격 증가가 더욱 당혹스러울 것이고, <u>연소기관 차량을 계속해서 사용하려 할지도</u> 모른다.

1 다음 중 이 글의 주제는 무엇인가?
  a) 리튬이온 배터리 제조사들이 원자재 공급과 관련하여 겪고 있는 문제
  b) 전기차의 수요를 감당할 만큼의 리튬이온 배터리를 생산하는 것의 어려움
  c) 리튬이온 배터리 생산에 있어서, 생산업체들과 공급망 각 단계 간의 소통 부족
  d) 리튬이온 배터리 제조사들에 가해지는, 환경 친화적이고 덜 해로운 것을 만들라는 압력

정답 b

해설 리튬이온이 부족해 가격이 상승하고 있는데, 매장량은 충분하나 여러 가지 생산상의 이유로 채굴이 어려운 실정이라는 것이 지문의 내용이다. 이러한 지문의 주제로는 b)가 가장

적절하다.

2 다음 중 본문의 내용과 일치하는 것은?
  a) 리튬은 천천히 고갈되어 가고 있다.
  b) 전기차의 가격은 추가적인 제조원가 반영을 위해 상승할 것이다.
  c) 리튬 채광이 시작되었을 때는 좋은 투자처라고 여겨졌다.
  d) 리튬을 채굴하고 공급하는 것이 쉽거나 저렴한 일이 아니다.

 d

해설 리튬 채광에는 큰 투자가 필요하고, 증산을 하고자 해도 여러 생산 요소들을 함께 개선해야 하므로 그 속도가 느리다는 게 두 번째 문단의 내용이었다. 따라서 지문에 비추어 옳은 진술은 d)이다.

3 다음 중 이 글에 따르면, 리튬이온 배터리의 가격이 왜 그렇게 빠르게 상승하고 있는가?
  a) 채광되고 배터리로 만들어지는 속도가 충분하지 못하다.
  b) 매장지를 찾는 데 시간이 오래 걸리며, 채광에 결부된 정치적 문제가 있다.
  c) 쉽게 말해 전 세계적으로 리튬이 충분히 남아있지 못하다.
  d) 리튬 채광에 필요한 채광 기술이 시대에 뒤떨어진다.

 a

해설 전기차 업계, 배터리 제조사, 그리고 빼놓을 수 없는 리튬이온 공급사에 가격 상승의 책임이 있다고 하는 것이 첫 번째 문단 마지막의 내용이다. 따라서 리튬이온 배터리 가격 상승의 원인을 묻는 문제의 답으로는 a)가 가장 적절하다.

4 다음 중 빈칸에 들어갈 가장 적절한 것은?
  a) 미래에는 종류를 불문하고 차를 아예 사지 않으려 할지도
  b) 그토록 요구해 왔던 업계를 활성화시킬지도
  c) 연소기관 차량을 계속해서 사용하려 할지도
  d) 경제적 폐기물을 끝내는 운동을 시작할지도

 c

해설 경쟁이 심해져서 가격이 떨어져야 할 시기에 가격이 오히려 오르고 있다면, 소비자들의 입장에서는 이것이 긍정적으로 받아들여지지 않는다는 것이 빈칸 앞까지의 내용이었다. 빈칸과 앞 내용 사이에 특별한 역접의 연결어가 없으므로, 빈칸의 내용은 소비자들이 전기차를 선택하지 않는다는 내용이 되어야 할 것이다. 따라서 빈칸에 적절한 내용은 c)이다.

Unit 36

과학과 환경

지구 온난화와 기상 이변과의 관계

지구의 온도가 상승함에 따라 더 많은 가뭄과 비가 발생할 뿐만 아니라 더 강한 폭염과 허리케인이 발생하고 있다. 2015년에는 캘리포니아주에 1,200년 만의 최악의 가뭄이 발생했고, 과학자들은 가뭄의 세기가 지구 온난화로 인해 15~20% 증가했다고 말한다. 이러한 유형의 가뭄이 발생할 비율도 지난 100년 동안 두 배로 증가했다. 2016년에 전미 과학공학의학한림원(National Academies of Science, Engineering, and Medicine)에서 발표한 보고서에서는 이런 기상 이변과 기후 변화가 직접적인 연관성이 있다고 밝혔다. 게다가 대양의 온도가 증가하면서 3등급(category)으로 분류되었던 열대성 폭풍이 4등급으로 바뀌는 경우가 보다 빈번해지고 있다. 1980년대부터 북대서양의 허리케인은 더 자주 발생하고 있으며 등급은 4등급에서 5등급에 도달하고 있다. 2020년에는 북대서양에서 총 30번의 열대성 폭풍과 6번의 거대 허리케인 및 13번의 허리케인이 발생하여 기존의 기록이 깨졌다. 그 결과 더 많은 피해가 발생했고, 심지어 더 많은 사람이 사망했다. 예를 들어 2017년의 열대성 폭풍으로 3천억 달러 상당의 피해가 발생했고 3,300명이 넘게 사망했다. 보다 최근인 2020년에는 이러한 기상 이변으로 인해 10억 달러 이상의 피해가 발생했다. 지구 온난화의 영향으로 모든 사람이 어디서든 피해를 입고 있다. 폭염으로 인해 더 많은 사람들이 죽어가고 있다. 1990년대부터 남극 대륙의 얼음은 거의 4조 미터톤이나 소실되었다. 당장 변화를 이끌어내지 않고 화석 연료 사용을 중단하지 않을 경우, 해수면은 계속 상승할 것이며 앞으로 150년 동안 <u>해안에 위치한 지역 사회는 파괴될 것이다</u>.

1 다음 중 본문의 주제는 무엇인가?
 a) 기후 변화의 원인
 b) 기후 변화에 대처하기 위해 필요한 행동
 c) 지구 온난화의 영향
 d) 기상 이변으로 인한 문제

> **정답** c

> **해설** 본문은 지구 온난화가 현재 발생 중인 여러 기상 이변의 원인임을 말하고 있다. 따라서 답은 c)이다.

2 다음 중 본문에 따르면 맞는 것은 무엇인가?
 a) 기온 상승으로 전반적으로 강수량이 줄었다.
 b) 전문가들은 최악의 상황이 끝나고 날씨가 진정될 수도 있다고 생각한다.
 c) 1980년대는 허리케인으로 인한 피해와 인명 피해가 최악이었던 시기였다.
 d) 허리케인은 보다 심해지고 있으며 더 자주 발생하고 있다.

> **정답** d

> **해설** a)의 경우 지구의 온도 상승으로 기상 이변과 기후 변화가 발생하는 것이지, 전반적으로 강수량이 줄었다는 게 아니다. "대양의 온도가 증가하면서 3등급(category)으로 분류되었던 열대성 폭풍이 4등급으로 바뀌는 경우가 보다 빈번해지고 있다. 1980년대부터 북대서양의 허리케인은 더 자주 발생하고 있으며 등급은 4등급에서 5등급에 도달하고 있다. 2020년에는 북대서양에서 총 30번의 열대성 폭풍과 6번의 거대 허리케인 및 13번의 허리케인이 발생하여 기존의 기록이 깨졌다."는 보기 d)의 근거가 된다.

3 다음 중 이 글에서 유추할 수 없는 것은 무엇인가?
 a) 지구 온난화로 인해 극단적인 기상 현상의 심각성이 증가하고 있다.
 b) 열대성 폭풍으로 인한 경제적 피해는 시간이 지남에 따라 감소하고 있다.
 c) 해수온도의 상승은 더 강력한 열대성 폭풍의 원인이 된다.
 d) 지구 온난화의 증가는 더 빈번하고 심한 허리케인으로 이어졌다.

> **정답** b

> **해설** 이 글에 따르면 열대성 폭풍으로 인한 경제적 피해가 감소하고 있음을 시사하는 어떠한 정보도 제공하지 않는다. 오히려 열대성 폭풍으로 인한 상당한 피해와 사망자를 언급하고 있으며, 이는 그 영향이 감소하기보다는 증가할 수 있음을 암시한다. 그러므로 정답은 b)가 된다. 참고로 a) 지구 온난화가 극단적인 기상 현상을 심화시킨다거나, 해수온도 상승이 열대성 폭풍을 더 강하게 만들고 있다거나, 허리케인의 빈도와 강도가 증가했다는 것은 명시적으로 진술하거나 암시하는 구절에서 추론할 수 있다.

4 다음 중 빈칸에 가장 알맞은 것은 무엇인가?
 a) 새로운 유형의 연료를 채택해야 한다
 b) 과학자들은 실험적인 생각을 내놓아야 한다
 c) 해변 관광은 (상황에) 적응해야 한다
 d) 해안에 위치한 지역 사회는 파괴될 것이다

> **정답** d

> **해설** 빈칸 앞에서 해수면 상승이 진행 중에 있음을 알 수 있고, 해수면이 계속 상승한다면 해안에서는 사람들이 살기 힘들어질 것이다. 즉 "해안에 위치한 지역 사회는 파괴될 것이다." 따라서 답은 d)이다.

과학과 환경

비인도적인 동물 집단 사육시설

동물 집단 사육시설(CAFO, 일명 공장식 밀집사육)은 오늘날 동물을 사육하는 주요 방식이다. 하지만 이런 시설들은 동물을 비인간적인 상황에 처하게 하면서 수익을 창출한다. 한 시설에 수천 마리의 동물들이 빼곡하게 모여 있기 때문에 정상적으로 움직이거나 살아가는 것이 불가능하다. 예를 들어, 알을 낳는 여러 암탉들이 작은 우리에 갇혀 살면서 날개를 펼 수 없는 지경이므로 서로에게 상처를 줄 수밖에 없다. 분만을 앞둔 돼지는 임신 기간 동안 자신의 몸집보다 더 클 것 없는 우리를 벗어날 수 없고, 그 결과 육체적·정신적 질병에 시달린다. 어린 돼지는 슬랫 형태의 바닥이나 콘크리트 바닥을 거닐고, 지루함을 이기기 위해 서로 싸움을 건다. 소는 공장식 사육시설의 콘크리트 바닥에서 살아간다. 갇혀서 사육되는 소에서 더 많은 것을 얻기 위해, 성장 호르몬을 사용하면 젖소의 절름발이와 방광 감염으로 이어질 수 있다. 사육 환경의 결과로 야기되는 동물들의 행동에 대처하기 위해, 이들은 뿔이나 부리, 꼬리와 같은 다른 동물에게 피해를 줄 수 있는 부위를 제거하는 고통스러운 신체 절단을 받게 된다. 이런 끔찍한 환경에 대한 대안이 될 수 있는 것은 <u>통증과 고통을 일반적 삶으로 대체하는</u> 복지 농업이다.

이뿐 아니라, 이런 방식의 동물 사육으로 인해 사람들의 건강도 영향을 받는다. 비위생적 환경에서 수천 마리의 동물이 함께 생활하는 이런 시설에서 벌어지는 집약농업은 질병의 온상이 된다. 집약적인 농업 관행은 인간에게 전염병의 확산, 항생제 내성, 오염된 음식 및 H1N1과 같은 새로운 바이러스의 출현으로 이어질 수 있다. 특히, 항생제의 내성이 문제가 되고 있다. 왜냐하면 인간에 사용되는 것과 유사한 항생제가 가축 및 가금류에 사용되면서 인간 또한 약물에 대한 내성이 생기고 있기 때문이다.

미국 질병통제예방센터(CDC)에 따르면, 매년 미국 내에서 2백만 명이 항생제 내성균에 감염되고 있고, 이 중에서 23,000명이 사망한다고 밝힌 바 있다. 사육 동물에 대한 항생제 사용이 문제로 지목되고 있다. 또한, 비위생적 가축 관리 및 배설물을 통해, 대장균과 살모넬라균, 기타 식품 오염균이 확산되고 있다. 존스 홉킨스 블룸버그 공중보건대학(Johns Hopkins Bloomberg School of Public Health)에서 집약농업 방식으로 사육되고 있는 돼지 및 그런 돼지들의 배설물을 비료로 사용해 경작되는 농작물과의 밀접한 접촉과 특정 항생제로 치료할 수 없는 황색포도알균(MRSA) 감염 사이의 연관성을 보여주는 연구를 발표하기도 했다.

1 다음 중 이 글의 요지에 해당하는 것은?
   a) 집약농업으로 사육되는 동물들이 증가하는 원인
   b) 채식주의 식단 채택에 찬성하는 주장
   c) 집약농업으로 사육되는 동물들에 의해 야기되는 문제
   d) 집약농업에서 발생하는 고기를 먹지 않아야 하는 이유

 c

 본문은 집약농업으로 고통받는 동물들의 실상과 이로 인해 사람들에게 발생하는 건강상의 문제점 등을 다루고 있으므로, 정답은 c)가 된다.

2 다음 중 본문의 내용과 일치하지 않는 것을 고르시오.
   a) 이런 방식의 집약농업 동물사육은 농장주에게 이익이 되지 않는다.
   b) 가축들이 더러운 환경에서 너무 밀집해 살기 때문에 질병이 퍼지고 있다.
   c) 항생제에 대한 내성이 높아짐에 따라 점점 더 많은 사람들이 죽어가고 있다.
   d) 경작지에 사용되는 동물들의 배설물이 사람들에게 질병을 유발할 수 있다.

 a

 a)를 제외하고 모두 두 번째 문단에서 언급되어 있다. 정답은 a)로, 집약농업이 농장주에게 수익을 가져다주지 않는다는 내용은 본문에 언급되어 있지 않다.

3 다음 중 동물 집단 사육시설 운영자들이 동물들의 신체 일부를 절단하는 이유로 적합한 것은?
   a) 동물 사이에 질병이 퍼지는 것을 막기 위해서
   b) 농장 노동자들이 동물들 사이에서 더 쉽게 일할 수 있도록
   c) 동물들이 서로 상처를 주는 것을 막고 농장의 수익성을 해치는 것을 막기 위해서
   d) 동물들의 삶을 더 쉽고 편안하게 만들기 위해서

 c

 첫 번째 문단 후반부에 "뿔이나 부리, 꼬리와 같은 다른 동물에게 피해를 줄 수 있는 부위를 제거"한다고 밝히고 있으므로, 정답은 c)가 된다.

4 다음 중 빈칸에 들어갈 가장 적합한 것은?
   a) 비용은 더 들지만 맛은 더 좋은
   b) 통증과 고통을 일반적 삶으로 대체하는
   c) 더 많은 농부들이 지지하는
   d) 그 자체의 문제를 가지고 있지만 집약농업보다는 문제가 덜한

 b

 가축의 비인도적 집단 사육 방식에 대한 대안으로 '복지 농업(high-welfare farming)'을 제시하고 있다. 그리고 빈칸은 이를 수식하는 관계대명사절로, 가축들의 복지를 향상시

킬 수 있는 농업 방식의 설명이 적합하다. 따라서 정답은 b)가 된다.

Unit 38
과학과 환경

커피 캡슐의 환경적 영향

커피는 석유 다음으로 세계에서 두 번째로 가치 있는 거래 상품이며 물 다음으로 두 번째로 많이 소비되는 음료로, 많은 사람들의 일상생활에서 중요한 역할을 한다. 2019년 전 세계 커피 소비량은 무려 10억 킬로그램에 달했다. 그렇지만 광범위한 커피 공급망은 상당한 환경 발자국을 남기며, 수질 오염, 삼림 벌채, 폐기물 생성 및 노동 착취 문제에 영향을 준다. 커피 생산의 환경 비용에는 비료와 살충제의 과도한 사용, 상당한 물 소비, 농기구로 인한 대기 오염이 포함되며, 가정에서 커피를 준비하는 방법 역시 환경에 다양한 영향을 끼친다. 드립 커피 메이커, 프렌치 프레스 및 캡슐 머신과 같은 일반적인 가정 내 제조 방법 중에서 캡슐 머신은 구매 전 생산 및 소비 후 폐기물 측면에서 환경에 가장 해로운 것으로 확인되었다.

환경적인 단점에도 불구하고 1인용 커피 캡슐은 편리함, 일관된 품질, 다양하고 우수한 맛으로 인해 인기가 급증했다. 그렇지만 이 캡슐이 지닌 환경상의 문제는 바로 재활용이 복잡하다는 것이다. 플라스틱 본체, 5~7g의 커피 찌꺼기, 밀봉용 플라스틱 또는 알루미늄 필름으로 구성된 캡슐은 효과적인 재활용을 위해 재료를 세심하게 분리해야 한다. 플라스틱, 커피 폐기물 및 알루미늄을 분리하는 이 분리 공정은 소비자에게 번거로울 수 있다. 그 결과 대부분의 캡슐은 재활용 과정을 완전히 건너뛰고 일반 쓰레기로 폐기된다. 더욱이 커피 캡슐의 인기가 높아짐에 따라 폐기물 처리와 관련된 문제가 심화되어 커피 부문에서 보다 친환경적인 포장 대안이 시급하다는 것을 강조하고 있다.

1 다음 중 이 글의 제목으로 가장 적당한 것은?
   a) 커피의 세계적인 인기
   b) 커피 소비가 환경에 미치는 영향
   c) 커피 캡슐 시장의 부상
   d) 식품 산업의 재활용 과제

   정답 b

   해설   이 글은 주로 커피 생산 및 소비가 환경에 미치는 영향에 대해 논의하며, 특히 커피 캡슐 기계의 해로운 영향에 중점을 두고 있다. 더불어 오염, 폐기물 발생 및 커피 캡슐 재활용과 같은 문제를 논의하고 있다. 그러므로 정답은 b)가 된다.

2 다음 중 전 세계 커피 소비에 대해 추론할 수 있는 것은?

   a) 환경 문제로 인해 감소하고 있다.
   b) 주로 커피 캡슐의 인기에 의해 주도된다.
   c) 많은 사람들의 일상생활에서 중요한 부분을 차지한다.
   d) 전 세계 차 소비량보다 적다.

   정답 c

   해설   이 글은 일상생활에서 물 다음으로 중요한 커피의 중요성을 언급하는 것으로 시작하여 많은 사람들의 일상에서 커피가 중요한 역할을 한다는 것을 암시하고 있다. 그러므로 정답은 c)가 된다.

3 다음 중 이 글에서 커피 캡슐의 인기에 대해 시사하는 것은?
   a) 환경 친화적이지 않음에도 불구하고 인기가 있다.
   b) 환경 문제로 인해 인기가 떨어지고 있다.
   c) 그들의 인기는 주로 재활용률이 높은 국가에서 있다.
   d) 사용 가능한 가장 저렴한 옵션이기 때문에 인기가 있다.

   정답 a

   해설   이 글은 커피 캡슐이 특히 재활용 가능성과 관련된 환경 문제에도 불구하고 편리함과 품질로 인해 점점 더 인기를 얻고 있다고 언급하고 있다. 그러므로 정답은 a)이다.

4 다음 중 이 글에 따르면 커피 캡슐 재활용에 관한 올바른 진술은?
   a) 커피 캡슐은 식품산업에서 가장 많이 재활용되는 제품이다.
   b) 커피 캡슐을 재활용하는 과정은 간단하다.
   c) 커피 캡슐은 주로 생분해성 소재로 만들어진다.
   d) 복잡성으로 인해 커피 캡슐의 재활용은 종종 무시된다.

   정답 d

   해설   커피 캡슐의 재활용은 플라스틱, 커피 찌꺼기, 알루미늄을 분리해야 하기 때문에 지루한 일이며, 많은 사람들이 일반 쓰레기로 버리게 된다. 그러므로 재활용이 잘 이루어지지 않는다는 d)가 정답이 된다.

Unit 39
과학과 환경

빅 데이터의 필요성

하나의 데이터 모음이 너무 거대하고 복잡한 나머지 일반적인 데이터 관리 도구나 데이터 처리용 응용 프로그램만으로는 데이터를 관리하기가 쉽지 않을 경우를 두고 빅 데이터라는 표현이 널리 쓰이기 시작했으며, 그 이유는 데이터의 수집, 큐레이션, 저장, 검색, 공유, 이전, 분석, 시각화 등의 문제가 부각되기 때문이다. 빅 데이터는 대규모의 단일 데이터 세트가 존재할 경우와 이와 데이터의 규모는 동일하지만 단일 세트가 아닌 여러 개의 작은 세트로 구성한 데이터를 비교했을 때, 대규모의 단일 데이터 세트를 분석하는 과정에서 더 많은 정보를 얻을 수 있는 능력이 있기 때문이다. <u>빅 데이터를 통해 비즈니스 경향, 연구 품질, 질병 예방, 법적 인용의 연관성, 범죄 예방, 현재의 도로교통 상태 등의 분석이 가능하다.</u>

2012년부터는 데이터가 하나의 세트로 묶여 있을 경우 정해진 기간 내에 처리 가능한 데이터의 양은 엑사바이트 단위이다. 기상학, 유전체학, 커넥토믹스, 복잡한 물리학 시뮬레이션, 생물 및 환경 연구와 같은 분야뿐만 아니라 인터넷 검색, 금융 및 비즈니스 정보학과 같은 응용 분야에서도 한계가 종종 발생한다. 데이터 수집을 위해 사용되는 장비의 수는 수집되는 데이터의 양에 영향을 미치며, 여기서 말하는 장비는 정보를 수집하는 모바일 장비, 정보, 대기 센서 기술, 소프트웨어 로그, 카메라, 마이크, RFID 리더, 무선 센서 네트워크 등이 있다. 1980년대 이후 40개월마다 1인당 저장되는 정보의 양이 두 배로 늘어났다. 2012년부터는 하루 단위로 2.5 엑사바이트의 정보가 창조된다. 대기업들은 기업 전체를 관장하는 데이터 모음의 소유권이 누구에게 있는지를 두고 딜레마에 처하게 된다. 보통의 관계형 데이터베이스 관리 시스템과 데스크톱 통계 및 시각화 패키지로는 빅 데이터를 관리할 수 없고, 가동을 위해 수백 또는 수천 개의 서버가 필요한 병렬 소프트웨어가 있어야 빅 데이터 관리가 가능하다. 빅 데이터라는 용어를 붙일 수 있을지 여부는 데이터를 다루는 조직의 역량과 기업이 데이터를 다루기 위해 사용하는 응용 프로그램의 성능에 달려있다. 수백 기가바이트에 달하는 빅 데이터를 처음 마주한 일부 기업은 기존의 자신들이 보유한 데이터 관리 시스템을 업데이트할 필요성을 느끼게 된다. 이에 비해 <u>다른 기업들은 엄청난 테라바이트의 데이터를 마주할 때까지는 이러한 필요를 느끼지 못할 것이다.</u>

1 다음 문장이 들어갈 최적의 위치는?
빅 데이터를 통해 비즈니스 경향, 연구 품질, 질병 예방, 법적 인용의 연관성, 범죄 예방, 현재의 도로교통 상태 등의 분석이 가능하다.
a) [1]   b) [2]
c) [3]   d) [4]

 b

해설 문장을 삽입하라는 문제는 앞뒤의 정보를 체계적으로 분석해야 한다. 본문에서는 대규모의 단일 데이터 세트를 분석하는 과정에서 빅 데이터가 더 많은 정보를 얻을 수 있는 능력이 있다는 내용 뒤에, 이러한 빅 데이터를 통해 비즈니스 경향, 연구 품질, 질병 예방, 법적 인용의 연관성, 범죄 예방, 현재의 도로교통 상태 등의 분석이 가능하다는 내용으로 구체화되는 것이 타당하다. 그리고 구조적으로도 it이 받는 것이 빅 데이

터임을 알 수 있다. 그러므로 정답은 [2] 자리에 문장이 삽입되어야 한다.

2 다음 중 빅 데이터의 크기가 규정되지 못한 이유는 무엇인가?
a) 아무도 빅 데이터의 수집 규모가 얼마나 될지 모르고, 따라서 수치로 정의가 이루어지지 않았다.
b) 어떤 것이 빅 데이터인지 아닌지 여부는 데이터를 관리하는 회사나 시스템이 결정한다.
c) 빅 데이터의 규모는 언제나 조직이 발견하고 싶어 하는 정보의 양에 달려있다.
d) 어떻게 빅 데이터를 정의할지에 관해 정확히 알려진 바가 없으며, 심지어 빅 데이터 분석에 관여한 과학자들에 의해서도 알려진 바가 없다.

정답 b

해설 "빅 데이터라는 용어를 붙일 수 있을지 여부는 데이터를 다루는 조직의 역량과 기업이 데이터를 다루기 위해 사용하는 응용 프로그램의 성능에 달려있다(The use of the term big data depends on the capability of the organization and the applications to handle data that the company uses)." 즉 어떤 데이터가 여러 요인에 따라 빅 데이터로 불릴 수도 있고 아닐 수도 있다는 소리는, 같은 용량이라도 어떤 것은 빅 데이터로 불릴 수도 있고 아닐 수도 있다는 의미이다. 때문에 빅 데이터는 양을 기준으로는 명확히 구분할 수 있는 것이 아니기 때문에 빅 데이터의 크기를 규정할 수는 없는 것이다. 따라서 답은 b)이다.

3 다음 중 본문에 따르면 잘못된 것은 무엇인가?
a) 전체적인 양은 동일하지만 모아놓은 단위가 작은 데이터는 단위가 큰 데이터에 비해 생산하는 정보가 적다.
b) 보통의 데이터 관리 도구는 빅 데이터가 야기하는 문제를 감당할 수 없다.
c) 오늘날 갑자기 증가한 데이터에 직면하게 된 기업은 시스템을 업그레이드해야 하는 문제에 직면하게 되었다.
d) 대기업이 빅 데이터를 수집하게 되면, 데이터의 소유권은 기업 총수에게 있다.

 d

해설 "대기업들은 기업 전체를 관장하는 데이터 모음의 소유권이 누구에게 있는지를 두고 딜레마에 처하게 된다(Large companies have faced the dilemma of who has ownership of data collections that cover the whole enterprise)." 여기서 말하는 데이터 모음은 문맥상 빅 데이터를 뜻하고, 이는 보기 d)와 정반대되는 내용이다. 따라서 정답은 d)이다.

4 다음 중 빈칸에 가장 알맞은 것을 고르시오.

a) 빅 데이터는 오랫동안 빅 데이터를 관리한 적 없는 사람들에겐 대단한 것으로 보일 수 있다.
b) 빅 데이터에 직면하게 된다고 기업들이 주춤할 일은 거의 없다.
c) 다른 기업들은 엄청난 데이터를 마주할 때까지는 이러한 업데이트의 필요를 느끼지 못할 것이다.
d) 변화를 거부할 경우 기업이 확장할 수 있는 능력이 방해받을 것이다.

정답 c

해설 빈칸 앞 문장의 주어가 some이라는 점, 그리고 빈칸 바로 앞의 in comparison을 고려해 보면, '일부(some)는 ~하고, 이와 비교해(in comparison) 다른 나머지(other)는 ~하다'로 문장이 구성되었을 것으로 유추 가능하다. 이 점을 감안해 보기 c)를 빈칸에 넣고 해석해 보면, 문맥상 '일부는 빅 데이터와 처음 마주하면 업데이트를 고려하지만, 다른 나머지는 엄청난 규모의 데이터와 다시금 마주하기 전까지는 업데이트의 필요성을 느끼지 못한다.'는 내용으로 서로 대비되는 문맥상 자연스러운 문장 구성이 이루어진다. 따라서 답은 c)이다.

Unit 40 　　　　　　　과학과 환경

남극의 빙하가 증가하는 이유

북극은 지구 온난화로 얼음이 줄고 있는데, 남극의 빙하는 계속 커지는 모순이 발생하는 이유는 남극 빙하 밑에서 녹아 뿜어져 나오는 상당히 차가운 담수에 기인하는 것으로 생각된다. 이렇게 녹은 담수의 경우 밀도가 낮아 해수면 쪽으로 올라가 쌓이게 되고, 이렇게 올라온 해수면 위의 차가운 물이 추운 계절에는 더 잘 얼기 때문이다. 그 결과 더 많은 얼음이 해수면에 발생하고 있다고 De Bilt에 위치한 네덜란드의 왕립기상학연구소(Royal Netherlands Meteorological Institute, KNMI)의 연구팀은 밝혔다. 기후 과학자들은 북극의 얼음이 줄어들고 있는 상황에서 남극의 얼음은 10년마다 1.9%씩 더 증가하고 있는 현상을 1985년 이래 계속해서 흥미롭게 관측해왔다. KNMI 연구원들은 자신들의 연구에서 논의된 음성 피드백(negative feedback)의 영향이 계속 지속될 것이라고 주장했다. 연구원들은 자신들이 관측한 변화를 재현하기 위해 컴퓨터 기반의 기후 모델을 사용해 연구했다. 남반구의 차가운 달이 찾아오면 해수면의 빙하가 더 증가하는데, 이는 상대적으로 따뜻한 바닷물 위에 더 차가운 담수가 형성되기 때문이다. 남극의 빙하 바닥이 녹아 이런 차가운 담수 층을 형성한다. 이 연구팀의 수석연구원인 Richard Bintaja는 〈로이터〉와의 인터뷰에서 지구 온난화에도 불구하고 남극의 얼음이 증가하는 것은 바로 녹고 있는 빙하 때문이라고 밝혔다.

남극의 빙하가 증가하는 이유로 이 이론만 거론되고 있는 것은 아니다. 영국 남극조사단(British Antarctic Survey, BAS)의 Paul Holland는 이런 현상이 지구 온난화에 기인한 풍향의 변화로 야기된 것이라고 생각한다. 풍향의 변화로 해안가에서 바람에 얼음이 실려가 얼음이 얼지 않은 해수면을 얼게 만들고, 그 결과 더 많은 얼음이 생기게 한다는 것이다. 그는 이런 현상이 바람과 빙하가 녹는 것 모두의 변화에 기인한 현상이라고 주장하면서도, 자신의 생각에는 바람의 영향이 더 클 것이라고 런던과학미디어센터(London Science Media Centre)에서 주장했다. 〈Nature Geoscience〉에 보도된 이번 연구에서는 차가운 공기가 더운 공기보다 더 건조해 수분을 적게 함유하고 있기 때문에, (빙하가 녹아 해수면에 생긴) 차가운 얼음층이 바로 유입되어 남극의 눈이 되게 만드는 양을 줄어들게 했다는 내용도 함께 발표했다.

1 다음 중 본문의 주제로 올바른 것은?
a) 남극을 이해하려고 노력하는 과학자들
b) 이런 현상을 일으키는 근본 원인을 밝히려는 여러 연구소 간의 경쟁
c) 남극 빙하가 증가하는 이유에 대한 설명
d) 남극 연구가 있기까지 이를 지지했던 역사적 인물들

정답 c

해설 본문은 기후 변화로 인해 지구의 온도가 증가하는 상황에서 북극은 예측대로 얼음이 녹고 있지만, 남극은 예측과는 달리 빙하가 더 커져가는 모습을 보이고 있다. 이런 상황을 과학적으로 두 가지 이론을 이용해 접근하고 있는 내용이므로 정답은 c)가 적합하다.

2 다음 중 본문의 상황이 흥미로운 이유는 무엇인가?
a) 남극의 얼음 바다 높이가 원래는 변하지 않기 때문이다.
b) 이런 현상이 지구 온난화와 북극에서 벌어지고 있는 상황과 반대로 진행되기 때문이다.
c) 북극이 아닌 남극에 관심이 집중된 것은 처음이기 때문이다.
d) 빙하가 남극에 사는 주민들에게 심각한 위협을 가하고 있기 때문이다.

정답 b

해설 본문의 "Since 1985, because Arctic sea ice is decreasing, climate scientists have been curiously observing the increase in Antarctic sea ice of around 1.9% each decade."라는 부분에 왜 이들이 호기심을 갖고 이 문제를 지켜봤는지 잘 설명하고 있다. 북극의 상황과는 다르게 남극의 상황이 진행되고 있기 때문이므로 정답은 b)가 된다.

3 다음 중 Paul Holland에 대해 맞는 내용은?
a) 그는 바람의 변화가 빙하에 영향을 준 다른 어떤 변화보

다 더 막강하다고 생각한다.

b) 그는 KNMI 연구가 잘못됐으며, 이런 잘못이 엉뚱한 결과를 야기했다고 생각한다.

c) 그는 KNMI 연구원들은 수행하고 있는 내용을 잘 알지 못할 뿐만 아니라 자신의 연구 결과를 고려하지도 않았다고 생각한다.

d) 그는 KNMI의 연구 결과를 깎아내리지는 않았지만, 자신의 이론이 더 비중 있게 작용한다고 믿고 있다.

정답 d

해설 본문 후반의 "it could be as a result of both the wind and melting water changes combined although the wind effects were believed by him to be the stronger." 부분을 통해, 자신의 이론과 KNMI 이론이 모두 영향을 미쳤을 것이라고 주장하면서도, 자신의 이론인 바람의 영향을 더 받고 있을 것으로 주장하고 있기 때문에 정답은 d)가 된다.

4 다음 중 본문 서두에서 'contradiction'으로 내용이 시작된 이유는 무엇인가?

a) 남극의 온도가 남극의 명성과 일치하지 않아서이다.

b) 남극은 항상 기상학자들에게 의문의 존재로 남아왔기 때문이다.

c) 남극의 상황이 과학자들이 예상한 상황이 아니기 때문이다.

d) 과학자들이 남극에서 그런 현상을 발견했을 때 결코 특이한 것을 찾고 있던 상황이 아니었기 때문이다.

정답 c

해설 북극은 지구 온난화로 얼음이 줄고 있는데, 남극의 빙하는 예상과는 달리 계속 커지는 현상을 모순이라고 지칭하고 있으므로, 예상과는 달랐다는 내용의 c)가 정답으로 적합하다.

Unit 41

생물과 인간

바이오해커

기술 발전과 함께 허용의 한계를 뛰어넘으려는 사람들이 등장하고 있다. 어떤 사람들은 자신의 생물학적 구조를 쉽게 변경할 수 있게 해주는 유전자 편집 기술이 고가의 약품에 들어가는 비용을 줄이기 원하는 이들과 자신을 개선하기 원하는 사람들에게 모두 이용되어야 한다고 주장한다. 이러한 (기존의 질서를 따르지 않는) 변절자와 선구자들이 공개적으로 극단의 상황을 연출하면서, 때로는 찬사를 받고 때로는 두려움의 대상이 되고 있다. 컨퍼런스에서 유전자 편집 기술을 자신에게 직접 주입하거나, 검증되지 않은 유전자 치료를 헤르페스 치료에

사용하거나, 자신의 HIV를 치료하기 위해 약물을 주입하는 것과 같은 행위들이 목격되고 있다.

캘리포니아주는 최근 개인이 직접 실시하는 DIY 유전자 편집을 줄이기 위한 조치를 취했다. 무면허 의약 시술도 조사하고 있다. [1] 기존의 의료체계에 반기를 들고 대항할 시간이 끝날 수 있고, 이제는 기존의 체계에 편입되는 것을 제외하고 다른 대안이 남아있지 않을 수 있다. [2] 바이오해커들의 컨퍼런스에서 Gabriel Licina는 한때 스스로 야간에도 사물을 식별할 있는 나이트비전 안약을 만들어 헤드라인을 장식한 적도 있지만 지금은 바이오 해커들에게 철이 들 것을 애원하며 스스로 자신의 몸에 해를 가하는 것을 그만두라고 간청했다. [3] 그 회의는 라스베이거스에 있는 르네상스 호텔의 호화로운 회의실에서 열렸다. [4] 최신의 과학과 기술을 자유롭게 연구하기 위해서는(규칙을 지키며) 게임에 동참하고 동료 평가(peer review)와 같은 방법들에 자신들도 순응해야 한다는 사실이 명확해지고 있다. 그는 터무니없이 비싼 고가의 희귀성 혈액 질병 치료제를 대체하기 위한 복제약품의 개발 소식을 전달하면서, 이와 함께 이 약품을 개선하고 검증하는 데 일조해 달라고 다른 이들에게 호소했다. 그는 신생 바이오 기업에 속한 이들이 회사의 성장과 함께 책임감 있는 동료 평가와 외부 검증에 참여해 줄 것을 원했다.

바이오해커들은 과거 컴퓨터 해커들이 소프트웨어 엔지니어로 변모하기 위해 겪었던 사례를 따를 필요가 있고, 이 분야에서 새로운 길을 개척할 필요가 있다. 이런 일을 하고 있는 사람이 바로 'Biohack the Planet'의 Josiah Zayner이다. 그는 바이오 기술 보급을 위한 신병 훈련소를 운영하고 있으며, 기업에서 과학 관련 직종에 근무하기 원하는 이들을 온라인으로 훈련시키고, 이들이 전문 산업직종에 편입될 수 있도록 돕고 있다. Zayner의 프로그램은 해고나 산업 붕괴로 인해 일자리를 잃은 사람들에게 다가가는 것을 목표로 한다. 즉 그의 목표는 사람들에게 시간과 비용 효율적인 방식으로 새로운 기술을 배울 수 있는 기회를 주는 것이다.

1 다음 중 글의 요지에 해당하는 것은?

a) 최근 이뤄진 기술적 발전 및 생물학적 발전

b) 체제에 순응하는 이들과 순응하지 않는 이들의 만남

c) 바이오 지원금과 연구 승인을 얻기 위한 새로운 접근법

d) 산업의 주변부에 있던 이들이 점차 기존 체제에 순응해가는 과정

정답 d

해설 본문은 바이오해커라고 알려진 이들에 대해 설명하는 글이다. 원래 그들은 기존의 의료 체제에 동조하지 않고 자신만의 연구를 수행하고 이를 직접 인체에 실험하였기 때문에 변절자(renegade)로 지칭된다. 하지만 그들도 점차 기존의 틀에 편입될 필요성을 느끼며, 동료들에 의한 연구의 교차검증 등이 필요하다는 사실을 인식하고 있고, 기존 산업의 틀로 다시 들어와야 한다는 내용이므로 d)가 글의 요지로 적합하다.

2 다음 중 본문의 내용과 일치하는 것은?

a) 전국의 바이오해커들은 장비 가격이 저렴해지면서 유전자 편집 기술을 자신에게 사용했다.

b) 정부 당국은 무면허 실습 및 실험의 양을 줄이기 위한 조치를 취해왔다.

c) Gabriel Licina는 한때 독립적으로 실험을 진행하는 변절자였지만, 이후 변화한 모습을 보였다.

d) 컨퍼런스 주최자는 행사를 합법화하기 위해 큰 변화를 주기로 결정했다.

정답 c

해설 본문 중반에 "Gabriel Licina는 한때 스스로 야간에도 사물을 식별할 있는 나이트비전 안약을 만들어 기존의 의료 체계에 대항했던 적이 있지만 지금은 바이오 해커들에게 '철이 들 것'을 애원하며 스스로 자신의 몸에 해를 가하는 것을 그만 두라고 간청했다."는 부분을 통해 c)가 정답임을 알 수 있다. 참고로 a)의 경우 장비의 가격이 저렴해졌다는 진술은 본문에 전혀 근거가 없다.

3 다음 중 본문을 통해 추론할 수 있는 것은?

a) 컨퍼런스에 참석한 사람들은 새로운 방향에 실망했다.

b) 컨퍼런스를 후원했던 벤처 캐피탈 회사는 후원하기로 합의한 사실을 후회하고 있다.

c) 유전자 치료 연구가 요즘 들어 덜 관심을 받고 있는 것은 모든 사람들이 유전자 치료의 응용에 대해 두려워하기 때문이다.

d) Biohack the Planet의 목적은 내부에서 기득권을 해체하는 것이다.

정답 a

해설 컨퍼런스에 참여한 이들은 기존의 의료 체계에서 불만이 있던 이들일 것이고, 컨퍼런스에서 바이오기술에 대한 새로운 혁신이 도출되기를 원했을 것이다. 하지만 컨퍼런스에서 바이오해커들에게 위험을 경고하고 있고 다시 기존의 질서에 순응할 것을 희망하고 있기 때문에, 참석한 이들은 a)와 같이 새로운 방향 제시에 실망했을 수 있다.

4 다음 중 텍스트의 흐름을 고려할 때, 어떤 문장을 삭제해야 하는가?

a) [1]   b) [2]

c) [3]   d) [4]

정답 c

해설 글의 전반적인 흐름으로 볼 때, 바이오해커들이 이제는 철이 들어서 기존의 의료 체계에 반기를 들 것이 아니라, 의료 체계에 편입되어 도움이 되어야 한다는 취지이다. Gabriel Licina가 바이오해커들의 컨퍼런스에 가서도 이런 사실에 대해 호소했다는 것이 핵심이지, 컨퍼런스가 어디에서 열렸는지는 중

요하지도 않고 글의 흐름과도 연결되지 않는다. 그러므로 정답은 c)이다.

Unit 42
생물과 인간

노화 연구의 새로운 진보

뇌의 바깥 영역에 위치하는 대뇌 피질은 판단력과 복잡한 사고를 담당한다. 노인들이 뇌를 활발하게 유지하면 대뇌 피질의 두께가 두꺼울 것이라고 흔히 생각한다. 하지만 〈분자 정신과학(Molecular Psychiatry)〉 저널에 따르면, 어린 시절 뇌 활동이 노년 시절의 대뇌 피질의 두께와 인지 능력 향상에 영향을 준다고 밝히고 있다. 1936년에 태어난 600명의 스코틀랜드인들이 11세에 IQ 검사를 받고, 그 이후 70세가 되어 다시 IQ 검사를 받았다. 73세가 됐을 때 대뇌 피질의 두께가 측정됐다. 그 결과 인지 능력과 대뇌 피질 두께 간의 상관관계 중 상당 부분이 어린 시절 IQ를 검사받았던 시절에 결정된다는 사실을 발견했다. 몬트리올의 McGill 대학의 임상 정신과학 연구소의 조교수이자 이번 연구를 주도한 Sherif Karama 박사에 따르면, 노년기의 인지 능력은 노년기의 특정 활동보다는 생애 전체에 걸친 활동의 결과라는 결론을 내리고 있다. 이번 연구는 노화 연구에 도움이 될 것으로 보인다. 성공적인 노년기는 애당초 줄어들 대뇌 피질이 거의 없는 일부 사람들이 누린다는 것이다. 일단 노년기에 이르면 나타나는 증상을 제어할 수 없다. 생애 전체에 걸쳐 이런 점을 인식하고 있어야 한다. 노년기는 어린 시절과 연결되어 있다. 이번 연구는 노년기 연구에서 잘 포함되지 않는 어린 시절의 데이터를 사용했다는 점과 과거 신뢰성을 인정받지 못했던 IQ 검사 결과를 활용했다는 점에서 특별하다. 노화에 대해 밝혀져야 할 것들이 아직 많이 있으며, IQ와 대뇌 피질 사이의 관계도 아직 충분히 연구되지 않고 있다. 또한 경험뿐만 아니라 유전적인 요인들도 작용할 것으로 보인다. 이번 연구를 통해 우리가 알 수 있는 것은 뇌는 뇌 활용을 통해 향상될 수 있다는 점이다. 그렇다면 유전자가 뇌를 더 많이 활용하도록 작용할까? Karama 박사는 노화 연구의 미래는 열려있다고 말한다.

1 다음 중 본문의 목적으로 알맞은 것은?

a) 노화 연구에 불을 밝히는 새로운 정보를 소개하기 위해서

b) 노인들에게 자신들의 활동에 대해 보다 더 생각하도록 권면하기 위해

c) 노인들에게 더 많은 관심을 갖도록 하며 그들을 더 잘 대할 수 있도록 사람들을 설득하기 위해

d) 노인들에게 적극적으로 나서서 향후 연구를 도와주도록 호소하기 위해

정답 a

해설 본문은 노년기의 뇌는 어린 시절의 두뇌 활동에 큰 영향을 받는다는 새로운 사실을 알려주고 있다. 이런 관점에서 노년기가 되어 뇌를 더 많이 활성화하려고 노력한다고 해서 뇌의 상태가 진전되기 어렵다는 것을 알려주고 있으며, 이를 통해 노화 연구에도 도움이 된다고 밝히고 있으므로 이와 관련한 a)가 정답이 된다.

2 다음 중 본문의 결론으로 알맞은 것은?
a) 노인들은 평생에 걸쳐 자신들의 두뇌에 대해 생각해야 한다.
b) 진행되고 있는 연구들을 계속 유지하기 위해 더 많은 지원금이 긴급히 필요하다.
c) 노화 연구는 다른 분야의 연구에 특히 중요하다.
d) 노화 연구는 이제 막 시작 단계이며, 그렇기에 무한한 가능성을 보여주고 있다.

정답 d

해설 본문 후반부에서 아직 연구가 진행되지 않은 부분들이 많다는 사실들을 언급하면서 "the future of aging research is boundless"라는 마지막 문장을 통해 연구의 미래가 경계가 없을 정도로 열려있다고 말하고 있으므로, 무한한 가능성을 지닌다는 d)가 결론으로 적합하다.

3 다음 중 본문과 일치하는 내용을 고르시오.
a) 대뇌 피질이 두꺼울수록 어떻게 성공적으로 노년기를 맞을 것인지 더 잘 알고 있다.
b) 대뇌 피질의 두께는 당신이 어떤 삶을 살았는지와 직접적으로 연결된다.
c) 대뇌 피질의 두께는 어린 시절부터 변하지 않고 굳어지는 것으로 보인다.
d) 노년기에 신체적, 정신적으로 적극적인 삶을 유지하면, 노화의 문제를 되돌릴 수 있다.

정답 c

해설 본문의 "cortical thickness in old people had been set years earlier when they were children" 부분을 통해 노년기 대뇌 피질의 두께는 어린 시절에 결정된다는 것을 알 수 있으므로 c)가 정답이 된다.

4 다음 중 본문의 빈칸에 들어갈 문장으로 알맞은 것은?
a) 노인들은 퍼즐을 가지고 뇌 훈련을 해야 한다.
b) 노년기는 젊음과 어린 시절에 연결되어 있다.
c) 노화는 멈춰지거나 막을 수 없다.
d) 노인들이 인생의 마지막 순간을 즐기도록 해주어야 한다.

정답 b

해설 빈칸 앞부분의 내용은 나이가 들어서는 노년기를 변화시킬 수 없으므로 전 생애에 걸쳐 이런 사실을 인지하고 있어야 한다고 나오며, 뒷부분은 이번 연구가 특별한 점을 밝히고 있다. 따라서 빈칸은 앞부분을 요약하는 내용이 나오며 이야기가 일단락되면서 뒤의 내용으로 넘어가야 된다는 것을 알 수 있다. 따라서 노년기는 인생의 이른 시점과 관련이 있다는 b)가 정답이 된다.

Unit 43 — 생물과 인간

미국도 예외 없는 저출산 문제

미국도 마침내 다른 서구 국가들이 수년간 직면해 온 저출산 문제와 사상 최초로 마주하게 되었다. 노인의 수는 증가하는 와중에 미혼 여성이 기혼 여성의 수를 앞질렀다. 이민은 미국 입장에서 도움이 된다. 아이를 갖지 않는 것은 인간의 권리지만, 모든 사람들이 이런 선택을 하면 결코 극복할 수 없을 문제가 존재하게 된다. 미국은 이러한 방향으로 나아가고 있다. 하지만 다른 국가는 이보다 더 심각하다. 러시아의 경우 정부는 여성들이 아이를 갖도록 여러 장려책을 제공하고 있다. 전 세계에서 평균연령이 가장 높은 일본은 아기용 기저귀보다 성인용 기저귀가 더 많이 팔렸다. 중국의 한 자녀 정책은 남성 대비 결혼할 여성의 수를 급격히 감소시켰다. 유럽 또한 영향을 받고 있다. 만일 출산율이 지속적으로 곤두박질칠 경우, 전 세계는 경제적, 정치적, 문화적, 사회적, 그리고 정신적으로 영향을 받을 것이다. 의료 보험이나 연금 제도도 지속되지 못할 것이다. 1930년대에 사회보장제도가 제 기능을 발휘했던 이유는, 나이 들고 병든 이들이 젊고 건강한 이들의 수를 넘어설 것으로 예측하지 못했기 때문이다. 보건 서비스에 제한을 둬야 할 수도 있다.

핵심은 출산율이 건강하지 못할 경우 부흥은 불가능하다는 점이다. 젊은이뿐만 아니라 젊은이들이 지닌 자질 또한 사라질 것이다. 나이 들고, 지치고, 죽어가는 사람들로부터 벗어나지 못하는 문화가 등장할 것이고, 세상은 이로 인해 혜택을 보지는 못할 것이다. 아직까지는 정치인들이 가족을 향해 관용과 친절함을 보임으로써 이러한 흐름을 끊을 시간이 있다. 자녀 세액 공제가 존재하긴 하지만, 오랫동안 가족은 무시당했고 처벌받았다. 1969년 미 의회는 "결혼 벌금세"를 도입했고, 이는 32년 동안 지속되었다. 반면 결혼을 하지 않았고 자녀가 없는 커플은 세액 공제 혜택을 누린다. 이는 바람직하지 않은 일이다. 미국은 출산을 부양하기 위해 모든 힘을 기울여야 하고 사회는 자녀를 가진 사람들에게 보상을 해야 한다. 아이는 신께서 우리에게 주신 선물이고, 아이가 우리를 미래로 인도할 것이다.

1 다음 중 본문 첫 번째 단락의 주제는 무엇인가?
 a) 전 세계 여성의 저조한 출산율
 b) 미국에서 출산율을 상승시키기
 c) 전 세계의 출산율을 향한 태도
 d) 출산율 문제에 있어 정부의 개입

 정답 a

 해설 본문 첫 번째 단락은 미국 및 전 세계에서 진행 중인 출산율 하락 현상, 출산율 하락이 끼치게 될 악영향, 그리고 이에 대처하기 위한 방안 등에 관해 논하고 있다.

2 다음 중 빈칸에 알맞은 것은 무엇인가?
 a) 인간이 없는 미래는 아무도 참여하고 싶지 않은 미래이다.
 b) 아이는 신께서 우리에게 주신 선물이고, 아이가 우리를 미래로 인도할 것이다.
 c) 여성들에게 자녀를 갖는 문제에 관해 주의 깊게 생각을 하도록 강요할 필요가 있다.
 d) 여성들이 존중받고 있다는 기분을 느끼게 하면 여성들은 우리를 위해 아이를 낳을 것이다.

 정답 b

 해설 "핵심은 출산율이 건강하지 못할 경우 부흥은 불가능하다는 점이다. 젊은이뿐만 아니라 젊은이들이 지닌 자질 또한 사라질 것이다. 나이 들고, 지치고, 죽어가는 사람들로부터 벗어나지 못하는 문화가 등장할 것이고, 세상은 이로 인해 혜택을 보지는 못할 것이다(The bottom line is that without a healthy birthrate there is no regeneration. The young and all of their qualities will fade away. A culture preoccupied with old, tired, dying people will appear, and the world will not benefit from this)." 이 부분의 핵심은 '고령화 사회는 정체된 사회이고, 부흥이 불가능한 사회이다'라는 것이다. 역으로 말해, 아이가 많이 태어나는 사회는, 나이 들고, 지치고, 죽어가는 사람들의 사회가 아니라 활기 있고, 생기 있으며, 부흥하는 사회이다. 보기 중에서 빈칸에 대입했을 때 이와 의미상 가장 잘 통하는 것은 '미래'에 관해 논하는 b)이다. 출산율이 떨어진다고 인간이 사라지는 것은 아니므로 a)는 과장이 심하다고 할 수 있고, '여성에게 강요한다'는 내용이 담긴 c)나 '~을 위해 아이를 낳아준다'는 내용의 d) 또한 대입해 보면 문맥상 맞지도 않고 논리적으로도 비약이 심하다.

3 다음 중 밑줄 친 부분을 가장 잘 재진술한 것은 무엇인가?
 a) 정치인들은 즉각 가족을 수용하고 받아들이기 시작함으로써 곤란한 상황을 해결하는 데 도움을 줄 것이다.
 b) 정치인들은 너무 늦기 전에 가족에게 다가갈 수 있는 기회를 모두 망쳤다.
 c) 정치인들이 뭔가를 할 수 있던 시기는 이미 지났고 따라서 우리는 단지 두고 볼 뿐이다.

 d) 가족은 정치인들에 의해 아주 좋지 못한 대우를 받았기 때문에 더 이상 정치인들에게 귀를 기울이지 않고 있다.

 정답 a

 해설 밑줄 친 부분을 해석하면 "아직까지는 정치인들이 가족을 향해 관용과 친절함을 보임으로써 이러한 흐름을 끊을 시간이 있다."이다. 즉 아직은 정치인들이 조치를 취하면 문제를 해결할 수 있다는 의미이다. 보기 중에서 이와 의미상 가장 가까운 것은 a)이다.

4 다음 중 옳은 것을 고르시오.
 a) 중국은 가족이 가질 수 있는 자녀의 수를 제한하도록 한 필요조건이 어떤 영향을 미치게 될 것인지 곧 느끼게 될 것이다.
 b) 러시아는 아직 자국의 감소하는 출산율 문제를 해결할 수 있는 방안을 내놓지 못했다.
 c) 결혼을 하지 않았고 자녀가 없는 커플은 아이 낳기를 권장하는 움직임 속에서 자신들의 혜택을 박탈당하고 있다.
 d) 일본은 지구상에서 고령인구가 가장 많은 나라들 중 하나이고, 그래서 나이든 어른들의 성인 기저귀 사용이 일본의 모든 아기들 사용보다 더 많다.

 정답 d

 해설 "전 세계에서 평균연령이 가장 높은 일본은 아기용 기저귀보다 성인용 기저귀가 더 많이 팔렸다(Japan, with the oldest average age globally, saw higher sales for adult diapers than baby diapers)."고 하였으므로, 이를 재진술한 d)가 정답이다. 참고로 중국의 한 자녀 정책으로 인해 여성의 수가 줄어드는 부작용이 나타났으므로, 곧 영향이 닥치겠지만 아직은 영향이 없다고 하는 a)는 답이 될 수 없다. 러시아는 여성들이 아이를 낳도록 유인책을 제공하고 있으므로, 아무 방안도 내놓지 못했다고 말하는 b)도 답이 될 수 없다. "결혼 벌금세"는 결혼을 하지 않았고 자녀가 없는 커플에게 주어지는 혜택이라 할 수 있으므로 c)는 답이 될 수 없다.

Unit 44   생물과 인간

인간 복제

복제(cloning)란 세포핵이 제거된 새로운 세포에 한 가닥이 아닌 두 가닥의 DNA를 지닌 성체 세포(adult cell)의 핵을 주입해 성체 세포를 복사하는 것을 의미한다. 전기 충격을 가하면 핵 분열이 시작되고, 이후 배아로 변한다. 시간이 흐르면 배아 줄기세포가 생성이 되며, 이는 애초 무엇이었든 그것과 유전적으

로 동일한 복제가 되는 것이다. 하지만 인간 복제는 종종 혐오스러운 것으로 간주된다. 심지어 복제를 수행하는 사람들도 그렇게 생각하는데, 이것은 모든 사람이 다르지만 동일한 가치를 지닌다는 우리의 이해에 반하는 것이기 때문이다. 공상과학(SF) 작가들은 인류를 파괴하거나 특정 사람들을 영원히 죽지 않고 살 수 있도록 하기 위한 복제 군단에 대한 이야기를 오래 전부터 써 왔다. 25년 전 복제양 돌리가 태어나고 나서야 비로소 복제가 현실이 되었지만 말이다.

복제(체세포 핵치환)를 처음 탐색했던 과학자들은 인간 복제가 자신들의 목표가 아니며 바람직하지도 않다고 말하며, 자신들의 연구는 다른 활동들, 예를 들어 번식을 돕기 위한 가축의 생식용 복제나 성장한 세포로 질병을 치료하기 위한 치료용 복제 등에 사용하기 위한 것이라고 주장했다. 인간 복제는 자신들이 의도한 것이 결코 아니라는 것이다. 현재 전 세계 소수의 실험실만이 복제 연구에 참여하고 있으며, 다른 발전 등으로 인해 이조차 곧 인기가 떨어질 수 있다. 콜롬비아 대학의 발달 세포 생물학 조교수인 Dietrich Egli는 복제의 혁신적 기술이 사람들을 흥분시키는 것은 사실이나, 이를 수행하는 데 있어 여러 생물학적 장애물이 존재한다고 말한다. 런던 프란시스 크릭 연구소(Francis Crick Institute)의 발달 생물학자이자 줄기세포 연구가인 Robin Lovell-Badge는 인간 복제가 아직 이루어지지 않았는데, 그 이유는 인간 복제를 추구할 충분히 좋은 근거가 제시된 적이 없기 때문이라고 말한다.

만약 우리가 또 다른 우리 자신을 갖기 원한다면, 아기를 갖는 것이 더 쉽고 윤리적인 방법이 될 것이다. 죽은 사람이나 죽은 애완동물을 새로 만들려고 하는 것은 한마디로 말해 효과가 없을 것이라고 Lovell-Badge는 주장한다. 복제는 동일해 보이지만 동일한 사람이나 애완동물은 아니기 때문에 속상한 경험이 될 수 있다.

1 다음 중 이 글의 요지에 해당하는 것은?
   a) 인간 복제를 추구하지 않는 이유
   b) 인류를 개선하기 위한 목적으로서의 인간 복제
   c) 인간 복제와 관련한 어려움
   d) 인간 복제에 대한 과학계의 수용

 a

해설 글의 도입부에서 복제의 정의를 제시한 다음, 글의 결말 부분까지 인간 복제와 관련된 얘기를 전개하다가 결국 인간 복제가 아직 이루어지지 않은 이유를 인간 복제를 추구할 충분히 좋은 근거가 제시된 적이 없기 때문이라고 결론적으로 얘기한다.

2 다음 중 빈칸에 들어갈 가장 적합한 것은?
   a) 모든 면에서, 그리고 우리는 그 차이를 구분할 수 없을 것이다
   b) 하지만 동일한 사람이나 애완동물은 아니다
   c) 현실 세계의 지식과 기술이 없음에도 불구하고

   d) 면밀한 조사가 실시될 경우 오류가 발견될 수도 있지만

 b

해설 죽은 사람이나 죽은 애완동물을 새로 만들려고 노력하는 것은 부질없다는 내용이며, 빈칸은 그런 주장에 대한 근거에 해당한다. 따라서 복제와 실제는 다르기 때문이라는 b)가 흐름상 가장 적합하다.

3 다음 중 본문의 내용과 일치하는 것은?
   a) 과학자들이 처음 복제를 시작했을 때, 궁극적으로는 인간 복제를 염두에 두고 있었다.
   b) 복제는 오직 농업과 축산을 개선하는 데 사용되도록 의도된 것이었다.
   c) Robin Lovell-Badge는 아직 그 누구도 인간 복제 사용에 대해 적합한 주장을 내놓은 이가 없다고 주장한다.
   d) Dietrich Egli는 사람들이 인간 복제를 일축하기 전에 인간 복제의 이점을 바라볼 수 있기를 희망한다.

 c

해설 두 번째 문단 후반부에서 "인간 복제가 아직 이루어지지 않았는데, 그 이유는 인간 복제를 추구할 충분히 좋은 근거가 제시된 적이 없기 때문"이라고 말하고 있으므로, 정답은 c)가 된다.

4 다음 중 본문을 통해 추론할 수 있는 것은?
   a) 복제양 돌리로 인해 사람들은 인간 복제에 대해 신경을 쓰지 않게 됐다.
   b) 사람들은 점차 인간 복제에 점점 더 매혹되고 있다.
   c) 복제 연구는 위험하며, 그 이유로 인해 요즘 많은 과학자들이 복제에 참여하고 있지 않다.
   d) 누군가를 다시 되살려내기 위해 복제를 하는 것은 결국 실망으로 끝날 것이다.

 d

해설 마지막 문단에서 "죽은 사람이나 죽은 애완동물을 새로 만들려고 하는 것은 한마디로 말해 효과가 없을 것"이라고 말한다. 즉 누군가를 다시 되살려내기 위해 복제를 하는 것이 원하는 결과를 가져다주지 못할 것이라는 말이므로, 정답은 d)가 된다.

유전자 가위

유전공학의 오래된 방법은 보다 정확한 기술로 대체되었다. 과거에는 "샷건(shotgun)" 방식을 활용했는데, 이 방식은 게놈의 특정한 최종 목적지를 프로그래밍하는 일 없이 다른 게놈에 DNA를 도입하는 방식이다. 그러나 이제 "유전자 가위(gene scissors)", 보다 구체적으로는 CRISPR/Cas9은 "가이드 RNA(guide RNA)"로부터 약간의 도움을 받아 세포 내에서 DNA의 특정 위치를 찾는 데 사용된다. 그 다음에는 유전자가 변경되거나 제거되거나, 혹은 새로운 유전자가 추가될 수도 있다. 뉴클리아제란 명칭으로도 불리는 유전자 가위는 진짜로 DNA를 자르는 것은 아니며, 대신에 유전자 편집은 변경된 유전자 발현(epigenetic) 또는 단일 염기쌍 순서 변경을 야기하는 것과 같은 생화학적 변화를 통해 수행될 수 있다. 이것은 유전자가 완전히 폐쇄되거나 제거되거나, DNA에 새로 도입되거나, 발현이 후성 유전적으로 변경될 수 있음을 의미한다.

뉴클리아제를 세포에 직접 주입하기 위해 다양한 방법이 사용될 수 있다. 가장 일반적인 방법은 세포에 새로운 DNA를 도입하여 CRISPR/Cas 유전자 가위를 만든 다음, 가위를 사용하여 DNA의 특정 부위를 변화시킨 후, 마침내 더 많은 증식을 통해 뉴클리아제에서 DNA 인코딩을 제거한다. 보다 덜 일반적인 방법은 세포 밖에서 유전자 가위를 만든 다음에 세포 안에다 가위를 집어넣는 것으로, 이 방식은 효과가 떨어지는데, 이는 가위는 일단 만들어진 다음 세포에 집어넣을 때 빠르게 붕괴하기 때문이다.

2016년 과학자들은 CRISPR/Cas9 유전자 편집을 사용하여 질병에 더 강한 새로운 벼 균주를 만들었다. 연구자들은 특정 해충을 유인하는 단백질을 생산하는 역할을 하는 벼의 유전자를 표적으로 삼았다. CRISPR/Cas9를 사용함으로써, 이 유전자를 비활성화하여 쌀을 해충에 덜 매력적으로 만들어 질병에 대한 내성을 높일 수 있었다. 이것은 CRISPR/Cas9가 질병에 더 강한 작물을 만드는 데 어떻게 사용될 수 있는지에 대한 한 가지 예일 뿐이다. 이 기술은 겸상 적혈구 빈혈 및 헌팅턴병과 같은 유전 질환에 대한 새로운 치료법을 개발하기 위해 의학 연구에도 사용되었다.

1 다음 중 본문의 주제는 무엇인가?
a) 유전공학의 새로운 방식
b) 유전공학에서 최대한의 결과를 이끌어내기
c) 유전공학의 윤리
d) 유전공학의 효험

정답 a

해설   본문은 유전공학 방식의 주류가 과거의 "샷건" 방식에서 "유전자 가위" 방식으로 대체되고 있음을 말하면서, 유전자 가위 방식이 어떤 것인지를 설명하고 있다. 따라서 답은 a)이다.

2 다음 중 본문에 따르면 맞는 것은 무엇인가?
a) 새로운 유전공학 방식은 실시하기에는 더욱 위험하지만 통한다면 보다 효과적이다.
b) 새로운 기법의 개발을 통해 과학자들은 DNA 조작에 있어 보다 나은 제어가 가능하다.
c) 유전자 가위를 활용하는 방식의 유전공학은 어렵기 때문에 일반적으로 쓰이지는 않는다.
d) 과학자들은 현재는 DNA를 자르고 고치는 법은 알지만 바꾸는 방법은 파악하지 못했다.

정답 b

해설   유전자 가위 방식은 "보다 정확한" 방식으로, DNA의 특정 위치를 찾아 편집할 수 있기 때문에 DNA를 보다 잘 조작할 수 있다. 따라서 답은 b)이다.

3 다음 중 유전공학의 "샷건" 방식이란 무엇인가?
a) 세포의 고통을 줄이기 위해 최대한 빨리 유전공학을 수행하는 것
b) 하나의 종에서 DNA를 추출하여 다른 종의 세포에 적극적으로 도입하는 것
c) 유전공학의 위험을 이해하지 못하고 이로움보다 해를 더 끼치기
d) DNA가 결국 어디로 가는지를 정확히 알지 못한 채 제대로 된 곳에 다다르기를 바라는 것.

정답 d

해설   샷건 방식이란 게놈의 특정한 최종 목적지를 프로그래밍하는 일 없이 다른 게놈에 DNA를 도입하는 방식이다. 최종 목적지를 프로그래밍하지 않았다는 말은 DNA를 도입했을 때 DNA가 어디로 가게 될지를 모른다는 소리이며, 결국은 운에 맡긴 채 제대로 된 곳에 다다르기를 바란다는 소리와 같다. 따라서 답은 d)이다.

4 다음 중 CRISPR/Cas9 뉴클리아제를 세포 내로 가져오는 데 사용되는 가장 일반적인 방법은 무엇인가?
a) 셀 외부에 가위를 만들어 넣기
b) 증식을 통해 뉴클리아제로부터 암호화된 DNA 제거
c) 생화학적 변화를 이용하여 유전자 발현 변화
d) 세포에 새로운 DNA를 도입한 다음 가위를 사용하여 DNA의 특정 부분 변경

정답 d

해설   뉴클리아제를 세포에 직접 가져오는 가장 일반적인 방법은 세포에 새로운 DNA를 도입하여 CRISPR/Cas 가위를 만든 다음 가위를 사용하여 DNA의 특정 부분을 변경하고 마지막으로 증식을 통해 뉴클리아제에서 암호화된 DNA를 제거하는 것이다. 그러므로 정답은 d)이다.

Unit 46 생물과 인간

슈퍼에이징에 대한 이해

우리 모두는 모든 일을 잘 해나가면서 삶을 살아가는 것으로 보이는 누군가를 알고 있다. 학교에서 이런 사람의 성적은 완벽하며, 이들은 스포츠에 탁월한 솜씨를 보이고, 과외 활동에서 다른 사람들과 경쟁도 하고, 자유 시간에는 자진하여 어려운 사람들을 위해 봉사활동을 할 시간이 있다. 이러한 유형의 사람은 나이가 들어서도 사라지지 않는다. 과학자 Marcel Mesulam은 나이가 들어도 훨씬 젊은 사람 수준의 정신적 명민함을 보유한 "슈퍼에이저(superager)"에 관해 말한다.

슈퍼에이저를 구현하려면 몇 가지 간단한 지침을 따르는 방식을 통해 젊을 때 스스로 준비하는 것이 중요하다. 과학적 조언에서 출발하자면, 슈퍼에이징을 촉진하는 뇌의 특정 영역이 존재한다. 노스이스턴 대학 심리학 교수인 Lisa Feldman Barrett은 〈뉴욕타임즈〉에 기고하기를, 대뇌 변연계는 슈퍼에이징과 관련하여 매우 중요한 뇌의 영역이며, 대뇌 피질이 두터울수록 슈퍼에이징과 관련이 깊다고 말했다. 하지만 피질이 두터워지려면 노력을 기울여야 한다. 신체 운동이 단기적으로는 신체를 지치게 하지만 장기적으로는 신체를 강화시키는 것처럼, 정신 운동은 처음에는 사람의 진을 빼놓는 것 같지만 시간이 흐를수록 뇌의 능력을 향상시킨다. 정신 운동으로 마음을 훈련시키면 피곤함을 느끼고 다시 기분이 좋아지기 위해 포기하고 싶다는 기분이 들 수 있지만, 바로 그 순간이 정신 운동을 계속하여 뇌가 더 많은 일을 하도록 도전해야 할 순간이다. 이를 통해 슈퍼에이징의 달성 가능성은 보다 높아진다.

하지만 한 가지 주의할 점은 확실히 보장할 수 있는 것은 아무 것도 없다는 점이다. 이 모든 일을 하고도 슈퍼에이저가 되지 못할 수도 있고, 아무것도 하지 않았음에도 슈퍼에이저가 될 수도 있다. 평생 뇌를 훈련시켜 슈퍼에이저가 될 수도 있고, 술과 담배를 과도하게 즐기면서도 동일한 단계에 도달할 수도 있다. 우리는 노화 과정에서 유전적 특질에 따른 인도를 받는다. 슈퍼에이저가 되기 위해 가능한 모든 일을 하는 것이 권장되지만, 단지 DNA로 인한 결과로 노력 없이 슈퍼에이저가 될 수도 있다.

1 다음 중 본문의 주제는 무엇인가?
a) 슈퍼에이저가 되는 방법
b) 누가 슈퍼에이저가 될 수 있을까
c) 슈퍼에이저의 배경
d) 슈퍼에이징의 이점

정답 a

해설 본문은 슈퍼에이징이 무엇인지 설명한 다음 나이 들어 슈퍼에이저가 되려면 무엇을 해야 하는지에 관해 말하고 있다. 따라서 답은 a)이다.

2 다음 중 본문에서 유추할 수 없는 것은 무엇인가?
a) 모든 연령대에 걸쳐 정신적으로 강한 사람이 존재한다.
b) 정신 운동과 신체 운동 모두 단기적으로는 힘들지만 장기적으로는 기분이 좋다.
c) 새로운 것을 시도하는 것이야말로 뇌를 적응시키고 보다 강하게 만든다.
d) 유전적 특질에 관해 연구하는 것이 슈퍼에이저가 되기 위한 능력을 향상시킬 수 있다.

정답 d

해설 본문에서 유전적 특질은 슈퍼에이저가 되는 데 있어 우연적 요소로 취급되며, 개발이나 발전할 수 있는 성격의 것이 아니다. 즉 유전적 특질 때문에 훈련 없이도 슈퍼에이저가 될 수도 있고 훈련을 열심히 해도 될 수 없기도 하다. 따라서 유전적 특질은 d)에서 말하는 것처럼 연구를 통해 발전시킬 수 있는 것이 아니다. 따라서 답은 d)이다.

3 다음 중 정신 운동이 뇌에 미치는 영향은 무엇인가?
a) 운동 활동이 무엇인지를 식별하고 피할 수 있으면 피할 수 있는 방법을 가르친다.
b) 규칙적인 정신 운동은 뇌가 열심히 일할 수 있게 한 다음 보다 더 열심히 일할 수 있게 한다.
c) 뇌로부터 귀중한 영양분을 고갈시키고 단기적으로 고통을 겪게 한다.
d) 정신 운동은 자신에 관해 많은 것을 배우고, 사물에 반응하는 방식을 배울 수 있게 도와준다.

정답 b

해설 "정신 운동은 처음에는 사람의 진을 빼놓는 것 같지만 시간이 흐를수록 뇌의 능력을 향상시킨다. 정신 운동으로 마음을 훈련시키면 피곤함을 느끼고 다시 기분이 좋아지기 위해 포기하고 싶다는 기분이 들 수 있지만, 바로 그 순간이 정신 운동을 계속하여 뇌가 더 많은 일을 하도록 도전해야 할 순간이다. 이를 통해 슈퍼에이징의 달성 가능성은 보다 높아진다." 즉 정신 운동을 규칙적으로 할 경우 뇌가 더욱 열심히 일할 수 있도록 발전시킬 수 있는 것이다. 따라서 답은 b)이다.

4 다음 중 빈칸에 가장 알맞은 것은 무엇인가?
a) 따라서 당신은 오래 살면서 가능한 한 오랫동안 정신적으로 건강함을 유지할 수 있다
b) 삶의 질을 개선할 뿐만 아니라 주변 사람의 삶의 질도 개선하기 때문이다
c) 단지 DNA로 인한 결과로 노력 없이 슈퍼에이저가 될 수도 있다
d) 우리가 어떤 사람은 슈퍼에이저가 되게 하고 다른 사람은 그렇지 않은 것에 관해 아직 정확히 알지 못해도

정답 c

해설 "이 모든 일을 하고도 슈퍼에이저가 되지 못할 수도 있고, 아무것도 하지 않았음에도 슈퍼에이저가 될 수도 있다. 평생 뇌를 훈련시켜 슈퍼에이저가 될 수도 있고 술, 담배를 과도하게 즐기면서도 동일한 단계에 도달할 수도 있다." 이 말은 슈퍼에이저가 될 수 있을지 여부는 개인마다 다르다는 소리이다. 다음에 언급된 유전적 특질을 고려해 보면, 개인마다 유전적 특질에 차이가 있어서 아무것도 하지 않았음에도 유전적 특질, 즉 "DNA로 인한 결과로 노력 없이 슈퍼에이저가 될 수도 있다." 따라서 답은 c)이다.

Unit 47   생물과 인간

탈인간주의

포스트 휴머니즘이 무엇인지 이해하기 위해서는, 무엇으로부터 벗어나고 있는지에 대한 정의부터 시작하는 것이 중요하다. 휴머니즘은 많은 철학적·윤리적 분야를 포함하지만, 간단히 말해 휴머니즘이란 인간은 인간만의 가치, 행위주체성, 도덕적 우위를 지닌다는 확고한 신념이다. 중세 유럽의 미신과 종교의 절대적 지배가 르네상스 시대에 반란을 야기했다. 권력과 통제가 종교 지도자로부터 논리적 사고력을 가진 이들로 옮겨갔다. 오늘날 우리의 정치 및 사회 제도의 도덕적 세계는 여전히 이러한 휴머니즘에 기반하고 있다. 이후 오직 인간만이 도덕에 영향을 미친다는 생각에 대한 도전으로 포스트휴머니즘이 1990년대 출현했다. 이는 기술의 발전이 인간을 최고의 지위에서 끌어내릴 것이며, 그렇게 하는 것이 논리적으로나 도덕적으로 필요하다고 주장한다.

트랜스휴머니스트로도 알려진 포스트휴머니스트들은 지금까지와는 다른 방식으로 인간이 진화할 것이라는 증거로 임플란트, 바이오해킹, 인지향상 등의 미래의 생체 의학 기술을 지적한다. 실리콘 밸리에서 널리 퍼진 이론을 설명하면서, 구글의 수석 엔지니어인 Ray Kurzweil은 급속한 기술 발전의 증가로 오늘날 우리가 알고 있는 인간의 역사에 종말이 다가오고 있고, 대신 이를 대체하기 위해 이전에는 상상하지 못했던 새로운 세상이 떠오르고 있다고 주장한다. 포스트휴머니스트가 모두 그의 생각에 동의하는 것은 아니다. 철학자 Donna Haraway에 따르면, 인간과 기술의 결합이 앞서 말한 휴머니즘을 바꾸는 것 대신 인간이 주변의 다른 대상, 즉 기계와 결합되는 데 일조할 것이라고 한다. 인간과 기계가 결합되어 있는 사이보그가 우리가 기존에는 거부해왔던 비인간적인 것들과 인간이 맺게 되는 결합을 보여줄 것이다.

뿐만 아니라 이는 성별, 인종, 종에 대한 인식적 구분에 연쇄적 영향을 미칠 것이다. 요약해 보자면, 한편에서 Kurzweil은 기술적 발전이 인간을 향상시킬 것이라는 생각에 동조하는 반면, 다른 한편에서 Haraway는 기술의 발전이 인간과 인간 사이,

그리고 인간을 둘러싼 차이점에 대한 이해를 증진시킬 것이라고 믿는다. 그녀는 종이 서로 만나고 인간의 도덕이 인간 이외의 것에 확장되는 세상을 예상한다. 이것이 포스트휴머니즘의 윤리이다. 즉 인간이 아닌 종도 관심과 존경을 받을 가치가 있고, 인간만이 가치 있는 존재가 아니라는 생각을 담고 있다.

1 다음 중 글의 요지에 해당하는 것은?
    a) 휴머니즘과 포스트휴머니즘의 정의
    b) 휴머니즘이 인간의 사고에 미친 영향
    c) 휴머니즘의 부상에 대한 포스트휴머니스트의 반응
    d) 도덕성에 대한 휴머니스트와 포스트휴머니스트의 인식

정답 a

해설 본문 서두에는 휴머니즘에 대해 서술한 후, 이후 포스트휴머니즘이 어떤 것인지를 몇몇 인물들이 주장하는 예를 들어 설명하고 있다. 따라서 본문의 요지는 a)가 된다.

2 다음 중 본문을 통해 추론할 수 있는 것은?
    a) Kurzweil의 생각이 실리콘 밸리의 다른 이들 사이에서 지지를 받아왔다. 그래서 그의 생각이 실현될 수 있는 가능성이 더 높다.
    b) Haraway에 따르면, 포스트휴머니즘은 도덕적 관심을 우리와 다른 것들, 특히 우리가 세계에 공존하는 다른 종들과 사물들로 확장하는 윤리적 입장이다.
    c) 휴머니스트들은 자신들의 생각에 관심을 갖게 한 것을 후회한다. 왜냐하면 그 결과 자신들이 지지했던 모든 것을 거부하는 포스트휴머니스트들이 등장했기 때문이다.
    d) 인간은 기술의 부상을 더 이상 무시할 수 없다. 왜냐하면 그렇게 하는 경우 인간의 미래를 부정적으로 손상시킬 수 있기 때문이다.

정답 b

해설 a)에서 Kurzweil의 생각이 실리콘 밸리에서 지지를 받고 있다는 내용은 등장하지만, 후반부의 실현 가능성에 대한 내용은 본문에 등장하지 않는다. c)와 d)는 본문과 무관하다. Haraway는 기술의 발전이 인간과 인간 사이, 그리고 인간을 둘러싼 차이점에 대한 이해를 증진시킬 것이라고 하며, 종이 서로 만나고 인간의 도덕이 인간 이외의 것에 확장되는 세상이 바로 포스트휴머니즘의 윤리라고 하였으므로, 포스트휴머니즘은 도덕적 관심을 우리와 다른 것들, 특히 우리가 세계에 공존하는 다른 종들과 사물들로 확장하는 윤리적 입장이라는 b)가 정답이다. 즉 b)는 포스트휴머니즘에 대한 Haraway의 견해를 우리가 공존하는 다른 종과 대상을 포함하여 인간을 넘어 도덕적 관심을 확장하는 윤리적 입장으로 정확하게 요약하였기에 올바른 추론이다.

3 본문에 따르면 Kurzweil과 Haraway의 생각은 어떤 방식으로 서로 다른가?

a) Kurzweil은 인류가 지능형 기계의 등장으로 위협받을 것이라고 주장하지만, Haraway는 그러한 발생이 인간의 진화에 도움이 될 것이라고 생각한다.

b) Kurzweil과 Haraway 모두 인간과 기계가 서로 결합될 것이라고 믿지만, 언제 그리고 어떤 방식으로 그런 일이 벌어질 지에 대해서는 견해를 달리한다.

c) Kurzweil은 인간이 더 이상 자기 자신에 대한 행위주체성을 갖는 지각을 가진 존재가 아니게 될 것이라고 생각한다. 반면 Haraway는 인간과 비인간 모두 서로를 거부할 것이라고 생각한다.

d) Kurzweil은 인간과 기계가 완전히 결합해 하나가 될 것이라고 예상하지만, Haraway는 인간과 기계 사이의 이해와 상호 존중이 더 커질 것으로 예상한다.

정답 d

해설 Kurzweil은 기술의 발전으로 기존의 인류가 사라지고 전혀 새로운 방식의 세상이 올 것이라고 예상한다. 반면 Haraway는 인류와 기계가 결합되어 상호 간의 이해와 도덕이 증가하는 세상을 예상하고 있으므로, 정답은 d)가 적합하다.

4 다음 중 빈칸에 들어갈 가장 적합한 것은?
a) 인간만이 가치 있는 존재가 아니다
b) 기계는 인간의 옆에 놓인 자신들의 위치를 알아야 한다
c) 인간은 결코 이전에 이러한 절대적 우위를 가져본 적이 없다
d) 평화적인 미래를 위해 상호작용이 우선시된다

정답 a

해설 포스트휴머니즘에 대한 설명으로 바로 앞 문장에서 '종이 서로 만나고 인간의 도덕이 인간 이외의 것에 확장되는 세상'이라고 설명하고 있다. 또한 '인간이 아닌 종도 관심과 존경을 받을 가치가 있다'는 내용을 통해 인간만이 가치 있는 존재는 아니라는 a)가 빈칸에 적합한 것을 알 수 있다.

Unit 48
의학과 건강

명상과 금연의 상관관계

명상은 흡연이나 정신질환과 같은 중독을 치료하는 데 도움이 된다. 명상을 하면 금단에서 오는 불안을 완화시켜주기 때문에, 중독을 떨쳐버리기 위한 방법으로 활용되고 있다. 〈미국국립과학원회보(Proceedings of the National Academy of Sciences)〉에서 발간된 최근 연구 자료를 보면, 두 흡연 집단이 동일한 양의 강의를 수강함에도 음악을 듣고 현재에 집중했던 명상 수행 흡연자들이 단순히 몸의 이완에 대해서만

강의를 들은 흡연자들에 비해 60% 더 중독에 저항할 수 있었다고 밝히고 있다. 명상을 수행했던 27명의 흡연자들은 금연에 대한 교육을 받지 않았으며, 실제로 본인들이 얼마나 큰 폭으로 흡연을 줄였는지에 대해서도 인지하지 못했다. 이들은 자신들이 흡연한 양에 대해 차이가 없었을 것이라고 응답했지만, 호흡 검사에서 흡연이 줄었다는 것이 입증됐고, 그런 후에야 담배가 이전보다 더 남아있는 것을 알게 됐다.

미국 캘리포니아 대학 데이비스 캠퍼스 뇌 의식 센터(UC Davis Center for Mind and Brain)의 Clifford Saron 부연구원은 위의 연구에 참여하지는 않았지만, 훈련의 내용과 욕망에 대한 무의식적 감소 사이에 상관관계가 있을 것으로 본다. 다른 연구 조사를 보면 명상이 욕망과 흡연 사이의 관계를 끊는데 직접적인 영향을 주었다고 밝히고 있다. 명상을 하면 욕망에 굴복하는 경우가 줄어들고, 다시 중독에 빠지는 위험도 낮아진다. Saron 부연구원은 깨어있음을 강조하는 명상을 통해 감정이 행동을 제어하지 않아도 됨을 가르쳐준다는 사실에 주목한다. 간지러운 곳을 긁는 행위를 예로 들어 보자. 처음 간지러운 부분을 긁지 않고 참으면 긁고 싶은 욕망이 더 커진다. 하지만 이런 욕망은 이내 곧 줄어들기 시작한다. 우리의 욕망이 어떻게 작동하는지 이해하면 이를 제어할 수 있는 힘도 얻을 수 있는 것이다.

1 다음 중 본문의 주제로 알맞은 것은?
a) 명상이 뇌에 미치는 영향
b) 자신이 쉽게 중독되는 취약 부분이 무엇인지 아는 것
c) 명상을 통해 흡연가들이 담배를 끊는 데 도움을 받은 방법
d) 흡연에 대해 통제할 힘을 갖는 것

정답 c

해설 본문에서는 중독을 치료하는 기법의 하나로 명상의 효용성을 설명하고 있다. 명상과 중독 완화의 긍정적 관계가 핵심 내용이 되므로 c)가 정답으로 적합하다.

2 다음 중 본문의 상황에 들어맞는 문장은?
a) 아는 것이 힘이다.
b) 중단하는 사람은 결코 잘 될 수 없다.
c) 마음을 비워라.
d) 계속되는 갈망.

정답 a

해설 본문의 마지막 문장인 "Understanding how your cravings work gives you power over them."을 통해, 명상으로 우리의 욕망이 어떻게 작용하는지 알게 되고, 그런 과정을 통해 중독에 대한 욕망을 제어할 수 있는 힘이 생긴다는 내용이므로 a)가 적합하다.

3 다음 중 본문을 통해 추론할 수 있는 것은?

a) 명상은 실제 깨닫지 못하는 가운데 담배를 끊는 데 도움을 줄 수 있다.

b) 정기적으로 명상을 하지 않으면 담배를 완전히 끊을 수 없다.

c) 여러분의 느낌과 계속 소통하고 있다면, 명상이 더 좋은 효과를 발휘할 것이다.

d) 이완 요법은 담배를 끊고자 하는 데 도움이 되지 못한다.

정답 a

해설 본문의 "The 27 smokers involved did not join the study to quit and were actually unaware of how much less they had smoked." 부분을 통해 a)가 정답임을 알 수 있다. b)는 본문과 무관하고, c)는 본문의 "feelings do not have to control your behavior"를 통해, 감정적 제어는 효과가 없음을 알 수 있으므로 사실과 반대이다. d)의 경우 이완 요법을 수강한 흡연자들에 비해 명상을 수강한 흡연자들의 비교에서 일부 추론이 가능하지만, 이것은 어디까지나 두 방식의 비교이기 때문에 d에서 언급한 것처럼 금연에 도움이 전혀 되지 못한다고 추정할 근거는 부족하다.

4 다음 중 본문 다음에 올 내용으로 알맞은 것은?

a) 갈망의 정도가 다른 경우 명상의 시간도 달라져야 하는 이유

b) 어떤 것을 거부하면 더 간절히 갈망하게 되는 이유

c) 이런 내용이 정신질환을 치료하는 연구에 어떤 방식으로 사용될 수 있는지에 관한 내용

d) 그만두고자 시도한 후 다시 처음 상태로 돌아올 경우 어떻게 더 강한 중독에 이르는지에 대한 내용

정답 c

해설 본문의 첫 번째 문장이 "Meditation can be used to help both addictions such as smoking and mental illnesses."로 시작하고 있기 때문에, 흡연 중독에 대해 다뤘으므로 다음 내용은 정신질환 중독을 명상으로 치료하는 방법에 대한 내용이 등장할 것으로 보는 것이 합리적이다.

Unit 49 — 의학과 건강

레이저 시력교정수술의 진화

라식(레이저 보조 현장 각막 절제술)과 PRK(광굴절 각막 절제술)는 레이저 시력교정수술의 가장 일반적인 두 가지 유형이다. 라식은 각막에 플랩을 만들고 레이저로 모양을 바꾸는 반면, PRK는 각막의 바깥층을 제거하고 밑에 있는 조직을 재구

성하는 것을 포함한다. 레이저를 이용한 시력교정수술을 받는 사람이 전 세계적으로 매년 백만 명을 넘어서고 있기 때문에, 레이저 시력교정수술은 가장 유명한 선택 시술이라고 할 수 있다. 하지만 이 수술이 25년 전에 이미 시행됐다는 사실은 잘 알려져 있지 않다. 레이저를 사용하지 않은 시력교정수술은 지난 30년에 걸쳐 시행되고 있다. 시간이 흐를수록 수술 기법은 더욱 진화해왔기 때문에 오늘날의 수술은 처음 레이저 시술이 이뤄졌던 것과는 비교도 되지 않는다. 예를 들어 실제 레이저 기술 자체가 엄청난 변화를 겪었다. 정확성과 신뢰성이 증가했고, 결과적으로 수술의 일관성이 증가했다. 그리고 수술을 집행하는 의사들도 실력이 높아졌으며, 수술 초창기와는 달리 이제는 의사들에 대한 규제도 이뤄지고 있다. 레이저 시력교정수술은 안전하다고 알려져 있으며, 시술로 발생되는 합병증도 거의 없는 편이다. 유발되는 합병증의 평균 비율은 대략 0.1%로, 이 또한 의사에 따라 달라진다. 1,000명 중 1명의 확률이 실제는 매우 큰 위험이라고 생각된다 하더라도, 이런 합병증들 또한 의사의 치료로 쉽게 고쳐질 수 있고, 수술 또한 성공할 수 있다는 사실을 유념할 필요가 있다.

1 다음 중 본문의 주제로 알맞은 것은?

a) 레이저 시력교정수술의 위험

b) 레이저 시력교정수술에 대한 불신

c) 레이저 시력교정수술을 개발한 사람들

d) 레이저 시력교정수술의 진화

정답 d

해설 본문은 레이저 시력교정수술을 매우 긍정적 입장에서 서술하고 있다. 따라서 위험이나 불신은 본문과 맞지 않고, 이런 레이저 수술 뒤에 있는 사람들, 즉 이를 개발한 사람들이 누구인지에 대한 글도 아니므로 정답은 d)가 된다.

2 다음 중 본문의 내용과 일치하지 않는 것은?

a) 레이저 시력교정을 수행하는 의사들은 모두 성공 확률이 다르다.

b) 수술에서 합병증이 발생한다고 하더라도, 의사가 쉽게 고칠 수 있다.

c) 처음 레이저 시력교정수술이 시행됐을 때는 의사가 일을 제대로 하고 있는지 확인하는 사람이 아무도 없었다.

d) 현재 사용되는 레이저는 첫 수술에 사용됐던 레이저와는 전혀 다르다.

정답 c

해설 c)의 보기를 보면 첫 레이저 수술이 진행되는 그 순간 의사가 올바로 수술을 진행하고 있는지 지켜보는 사람이 아무도 없었다는 내용이다. 하지만 본문의 내용을 보면 수술이 처음 나온 당시에는 자격증과 같은 의사들을 규제할 수 있는 사항들이 없었다는 내용이므로 의미가 달라진다.

3 다음 중 본문의 밑줄 친 부분을 바르게 재진술한 것은?

   a) 레이저 시력교정수술의 안정성이 향상됐지만, 수술 시행의 어려움은 해결되지 않았다.

   b) 수술이 쉽다고 생각되겠지만, 발생할 수 있는 합병증의 목록을 한 번 보면 생각이 달라질 것이다.

   c) 레이저 시력교정수술을 받는 것은 위험하지 않고, 수술에서 문제를 마주할 가능성이 거의 없다.

   d) 수술의 발전 양상을 생각해 볼 때, 부작용을 겪지 않을 가능성이 매우 크다.

정답 c

해설 밑줄 친 앞부분은 사람들이 안전하다고 생각한다는 내용이고, 뒤이어 나오는 "very few complications"라는 부분은 수술로 발생하는 합병증이 거의 없다는 의미이므로 정답은 c)가 된다.

4 다음 중 이 글에 따르면 레이저 시력 교정 수술의 잠재적 이점은 무엇인가?

   a) 모든 시력 문제를 치료하고 완벽한 시력을 회복할 수 있다.

   b) 안경이나 콘택트렌즈 없이 시력을 향상시키는 데 도움이 될 수 있다.

   c) 누군가의 눈을 더 매력적으로 보이게 할 수 있다.

   d) 극소수의 사람들에게만 수행할 수 있다.

정답 b

해설 이 글이 레이저 시력교정수술의 인기와 안전성에 초점을 맞추고 있지만, 교정렌즈가 필요 없이 시력이 개선된다는 점은 굉장한 장점이다. 근시, 원시 및 난시와 같은 시력 문제를 교정하기 위해 각막을 재구성하기 때문에 레이저 시력교정수술의 주요 목적은 안경이나 콘택트렌즈 없이 시력을 향상시키는 데 도움이 될 수 있다는 것이다.

Unit 50   의학과 건강

자폐증의 조기 징표

미국 애틀랜타의 질병통제예방센터는 최근 아동 33명 중 1명이 자폐증을 앓고 있다고 발표했다. 자폐증은 2살이 넘은 아이들이 주변 사람들과 시선을 잘 마주치지 않는 사실을 통해 파악할 수 있다. 하지만 〈네이처〉가 발표한 보고서에 따르면, 2달밖에 되지 않은 유아들에게서도 자폐 증세를 확인할 수 있다고 한다. 같은 결과를 대규모 연구 프로그램에서 확인할 수 있다면, 조기에 증상을 진단해 치료를 시작할 수 있다는 점에서 자폐증 진단에 큰 영향을 가져올 수 있다고 조지아 애틀랜타

의 마커스 자폐증 센터 Warren Jones 연구소장은 밝혔다. 그에 따르면 유아들은 <u>다른 곳보다 사람의 얼굴을 찾기 때문에</u> 자연스럽게 눈을 많이 마주치면서 시간을 보낸다는 것이다.

그의 동료인 Ami Klin과 함께 110명의 유아들을 대상으로 연구를 진행했다. 그중 59명은 형제가 자폐증이 있기 때문에 자폐 가능성이 높고, 나머지 51명은 가능성이 낮은 아이들이었다. 2년에 걸쳐 실시한 10번의 실험에서 유아들에게 자신들을 돌보는 이들의 비디오를 보여주면서 아이들의 시선을 추적했다. 고위험군에 속한 유아들 가운데서 12명의 아이(이 중 남아는 10명)와 저위험군에 속한 유아들 중에서 1명의 남아가 자폐증 진단을 받았다. 2개월에서 6개월 사이인 이 유아들은 연구의 시작 시점에서는 다른 아이들과 비슷한 정도로 시선을 마주쳤지만 시간이 지나면서 그 정도가 줄어들었다.

Jones와 Klin은 자폐증을 앓게 된 아이들의 경우 출생부터 자폐증상을 보일 것이라고 기대했었지만 이는 사실과 달랐다. 하지만 이들의 증상을 찾아낼 수 있다면 질병이 전면적으로 확대되기 전에 개입해 치료할 수 있는 특정한 시기가 있다는 사실에 한껏 고양됐다. 캠브리지 대학의 자폐 연구원인 Simon Baron-Cohen은 아이들이 시선을 잘 마주치지 않는 시점을 파악해 치료를 시작할 수 있는 기회의 시간을 알아낼 수 있다고 발표한 이번 연구 결과에 갈채를 보냈다. 자폐증 발생에 대한 지식이 더 늘어날 것이고 증상을 찾아내 더 잘 치료할 수 있게 될 것이다. Jones는 자신의 발견은 아직 결론에 이른 것이 아니며, 시선 처리가 부족한 것과 자폐와의 연관성을 더 입증하기 위해서는 더 많은 연구가 필요하다고 인정했다.

1 다음 중 본문의 주제로 알맞은 것은?

   a) 자폐증이 진행되는 일정

   b) 자폐증의 원인에 대한 연구

   c) 자폐를 가진 아이들이 보이는 행동 신호

   d) 자폐 증상에 대한 조기 진단

정답 d

해설 기존에는 자폐 증상을 2세 이상의 아이들에서만 찾을 수 있다고 생각했다. 하지만 본문의 실험 결과 2달이 지난 유아들로부터도 자폐증의 초기 증상을 포착할 수 있다고 했으며, 이로써 조기 포착과 치료가 가능할 수 있다는 가능성을 열었다고 했으므로 정답은 d)가 된다.

2 다음 중 본문의 빈칸에 들어갈 것으로 알맞은 것은?

   a) 그렇게 의사소통하도록 배웠기 때문에

   b) 왜 그것을 하는지 모르기 때문에

   c) 다른 곳보다 사람의 얼굴을 찾기 때문에

   d) 자궁에 있던 경험의 결과로

정답 c

해설 유아들이 시선 맞춤을 자연스럽게 많이 하는 이유를 설명하고 있는 부분이므로 이에 대한 적절한 문장은 c)가 된다.

3 다음 중 본문의 발견이 중요한 이유는 무엇인가?
a) 연구 결과가 어느 정도로 중요한 것인지는 지켜봐야 한다. 하지만 연구 결과는 자폐증 치료 방식에 기여할 것으로 전망된다.
b) 연구는 아동의 자폐증 증상이 포착될 수 있고 치료가 가능한 중요한 시점이 있다는 사실을 보여준다.
c) 이 연구가 진행되기 전까지는 과학자들이 아동 자폐의 증상을 상대적으로 밝혀내지 못했다.
d) 과거에는 유아들이 얼굴을 잘 응시하지 않는 것이 시력의 문제로 일어난다고 생각했다.

정답 b

해설 이 연구가 중요한 것은 본문의 마지막 문단에서 "there is a period of time in an infant's life when, if symptoms are detected, intervention and treatment could begin to prevent full development"라고 밝힌 부분을 통해 알 수 있다. 따라서 정답은 b)가 적합하다.

4 다음 중 본문의 내용과 일치하지 않는 것은?
a) 실험에 포함된 유아들 모두가 서로 같은 수준의 시선 맞춤을 보여주었다.
b) 연구 후반기에 여아들보다는 남아들이 훨씬 더 많이 자폐 증상을 보였다.
c) 연구 초반에 실험에 포함된 유아들 중 절반이 안 되는 아이들이 자폐증 고위험군으로 여겨졌다.
d) 〈네이처〉의 보도는 자폐증이 2세 이상에서 포착될 수 있다는 주장에 의문을 제기했다.

정답 c

해설 본문에서 "110명의 유아들을 대상으로 연구를 진행했고, 그중 59명은 형제가 자폐증이 있기 때문에 자폐 가능성이 높고, 나머지 51명은 가능성이 낮은 아이들"이라고 했으므로 c)의 내용은 본문과 일치하지 않는다.

Unit 51
의학과 건강

인터넷 검색과 불충분한 건강정보

건강에 관해 구글로 간단히 검색만 해봐도 우리가 너무 많은 정보에 접할 수 있는 시대에 살고 있다는 생각을 확인하게 된다. "유방암 검사"에 관해 검색을 해보면 739만 건의 검색 결과가 첫 번째 페이지에 등장하고 국립암연구소(NCI), 미 예방진료특별심의회(USPSTF), 미 암학회(ACS), 미 질병통제예방센터(CDC), 메이요클리닉 등에서 제공하는 정보가 제시된다. 여러분은 또한 과거에는 대학 도서관에 먼지 쌓인 채 보관 중

이던 의학 잡지를 통해서나 볼 수 있었던 1,900만 건의 과학논문에 접근할 수 있도록 돕는 퍼브메드로 향할 수 있다. 퍼브메드를 활용해 "유방암 검사"를 검색해 보면 112,737건의 논문이 뜨고 그중 23,286건의 논문을 무료로 접할 수 있다. 좀 더 구체적으로 검색을 해도 엄청난 양의 정보가 나타나게 된다. 유방암에 걸릴 위험을 높이며, 발견되었을 경우 정기적으로 검사를 받아야 하는 유전자 변이의 한 형태(185delAGBRCA1)에 관해 구글에서 검색을 하면 0.37초 만에 23,800건이 검색된다. 이쯤 되면 우리가 찾고자 하는 것에 관해 엄청난 지식을 습득한 것 같은 기분이 들지만 이는 실제로는 잘못된 생각이며, 그 이유는 우리가 모든 것을 아는 것이 아니고 의사 역시 마찬가지이기 때문이다.

보건과 관련한 지식에 있어 말하자면, 너무 많은 정보를 접하는 것이 아니라 여전히 충분한 정보를 접하지 못하는 것이라 할 수 있다. 표면적으로는 더 많은 정보가 존재하고 더 많은 사람들이 이 모든 정보에 접근할 수 있는 것으로 보이지만, 좀 더 세심히 살펴보면 정보의 질이 부족하고 따라서 더 많은 정보가 필요하다는 것이 분명하게 나타난다. 퍼브메드를 통해 접할 수 있는 1,900만 건의 검색 결과 가운데에는 폭이 넓고 광범위하며 세심하게 수행된 임상실험과 연구를 통해 다량의 데이터를 산출해냈기 때문에 품질이 매우 좋은 자료도 존재한다. 유감스럽게도 일부 연구는 제대로 수행되지도 못하고, 연구 지원 가능 인력의 규모가 크지 않았고, 데이터 수집 방법에 대한 적절한 정보를 제공하지 못하며, 데이터를 적합하게 해석하지 못했다. 게다가 최고의 실험 환경에서 수행되었다고 주장하는 중국 학술지에 수록된 다수의 연구는 최근에 그렇지 않은 것이 밝혀졌다. 연구가 적절하게 수행되지도 해석되지도 못했을 경우, 이를 통해 도출된 불충분한 결론을 신뢰하는 것은 잘못된 행위일 것이다.

1 다음 중 본문에서 유추할 수 있는 것은 무엇인가?
a) 인터넷에는 우리를 돕기 위해 사용할 수 있는 유용한 정보가 많이 있다.
b) 인터넷상의 정보를 접하더라도 이 정보에만 의존해서는 안 된다.
c) 우리의 건강이야말로 인터넷을 사용하면서 돌봐야 할 가장 중요한 것이다.
d) 학술논문은 다른 논문을 많이 접하지 않고서는 신뢰할 수 없다.

정답 b

해설 본문은 인터넷에는 수많은 정보가 있지만, 오히려 정보가 너무 많기 때문에 신뢰성에 문제가 있거나 불충분한 정보로 인해 안 보느니만 못한 결과를 낳을 수 있다는 의미를 담고 있다. 따라서 인터넷에서 정보를 얻는 사람들은 인터넷상의 정보에만 의존하면 안 될 것이다. 이는 보기 b)의 주장과 일맥상통하며, 따라서 답은 b)이다.

2 다음 중 본문에 따르면 정확하지 않은 것은 무엇인가?

a) 퍼브메드는 건강 문제 관련 가장 명망 높은 의학잡지이다.

b) 인터넷상에서 이용 가능한 정보의 양은 엄청나다.

c) 인터넷상에 있는 정보의 양은 여러 정보원에서 유래했기 때문에 압도적으로 많다.

d) 구글은 인터넷상에서 매우 짧은 시간 안에 많은 정보를 검색할 수 있다.

정답 a

해설 본문에 따르면 퍼브메드에 관해 '명망 높은 (reputable)' 사이트라는 언급은 전혀 없다. 따라서 답은 a)이다. b)는 쉽게 유추할 수 있는 내용이다. NCI, USPSTF, 퍼브메드 등이 본문에 등장한 이유는, 인터넷상의 수많은 정보는 마찬가지로 무수한 정보원을 통해 나온다는 사실을 설명하기 위함이다. 따라서 c) 역시 본문에 등장하는 내용이다. 마지막으로 d)의 경우를 보면, 23,800건의 정보가 0.37초 만에 뜬다는 표현을 통해 구글을 통해 엄청나게 많은 정보를 짧은 시간에 얻을 수 있음을 알 수 있다. 그러므로 d) 역시 본문에 등장한다.

3 다음 중 본문에 따르면 인터넷상의 의학 정보가 사람들에게 유용하지 못한 이유는 무엇인가?

a) 독자는 정보를 해석할 만큼 교육을 받지 못했으므로, 의사가 필요하다.

b) 어떤 것이 타당하고 어떤 것이 가짜인지 알 수 있는 좋은 방법이 있다.

c) 이용 가능한 정보에는 모순과 오류가 많이 있다.

d) 인터넷에서 나오는 의학 정보는 의사를 통해서는 신뢰할 수 있지만 일반인을 통해서는 그렇지 못하다.

정답 c

해설 저자가 말하는 정보 불충분의 시대가 의미하는 것은, 인터넷상의 정보는 많아서 문제가 아니라 정확하지 않아서 문제가 된다는 것이다. 저자는 인터넷상의 정보에 대해 너무도 불완전하다고 보았고, 가장 마지막 문단은 왜 불완전한지에 관해 퍼브메드에 수록된 논문을 예로 들어 설명하고 있다. 따라서 답은 c)이다.

4 다음 중 빈칸에 가장 알맞은 것은 무엇인가?

a) 우리는 아직 우리가 실질적으로 달성한 것들을 피상적으로 다루지 못했다

b) 정보를 해독하는 데 자신의 경력을 바친 의학 전문가들이 매우 많이 존재한다

c) 너무 많은 정보를 접하는 것이 아니라 여전히 충분한 정보를 접하지 못하는 것이라 할 수 있다

d) 건강에 관해 여러분이 알고 있다고 생각하는 모든 것은 버려야 하며 진전 상황에 따라 다시 학습되어야 한다

정답 c

해설 "표면적으로는 더 많은 정보가 존재하고 더 많은 사람들이 이 모든 정보에 접근할 수 있는 것으로 보이지만, 좀 더 세심히 살펴보면 정보의 질이 부족하고 따라서 더 많은 정보가 필요하다는 것이 분명하게 나타난다(On the surface it may seem that there is more information and more people have access to all of that, but on closer inspection, it is clear that the quality of the information is lacking and so much more is needed)." 즉 정보의 양이 문제가 아니라 정보의 품질이 문제가 되는 것으로, 품질이 높은 정보가 많지 않다면 충분한 정보를 얻었다고 할 수 없는 것이다. 따라서 답은 c)이다.

Unit 52   의학과 건강

BMI와 아동 비만 퇴치

아동 비만 퇴치를 목표로 하는 새로운 계획은 소아과 의사들에게 아이의 체질량지수(BMI)를 정기적으로 관찰할 것을 요구한다. 체질량지수는 키와 체중을 고려하여 계산한다. 이 계획은 미 질병통제예방센터(CDC)와 미국소아과학회(AAP)가 제안한 것으로 두 살 때부터 아이의 체질량지수를 추적 관찰하여 조기에 체중 관련 문제에 대처할 수 있도록 한다. 자기 나이와 성별에 따라 체질량지수가 85~95번째 백분위수인 아이는 과체중으로 분류된다. 체질량지수가 95번째 백분위수 이상인 아이는 비만으로 분류된다. 체질량지수가 높은 아이는 당뇨병이나 심장병 같은 만성 질환에 걸릴 위험이 있다.

자신의 자녀가 적정 체중인지 그렇지 않은지 여부를 부모가 잘못 이해하는 경우도 흔하다. 채플힐 소재 노스캐롤라이나 대학교 소아학과의 Eliana Perrin 조교수에 따르면 3~8세의 아동은 점차 살이 빠지는 것이 정상인데, 부모는 이를 보고 오해한 나머지 아이에게 밥을 더 많이 먹여야겠다고 생각한다. 반면에 부모는 더 큰 아이들의 비만을 간과하는 경향이 있다. 정기적으로 체질량지수를 측정한 다음 부모에게 결과를 알린다면, 부모는 체중 문제를 더 잘 인식하게 되고 문제 발생 즉시 이에 대처할 수 있도록 더 나은 영양식을 제공하면서 운동을 시작하게 할 것이다.

학교에서 체질량지수를 측정하는 경우에 관해 더 큰 논란이 존재한다. 비록 측정 데이터가 학생들 사이의 비만율을 추적하는 데 사용되지만, 정보가 아이의 집으로 보내지는 경우도 있다. 이러한 행위는 학생들에게 낙인과도 같은 효과로 작용하거나 건강에 해로운 식습관을 유발하고, 최악의 경우에는 섭식장애를 유발하는 것으로 생각된다. 따라서 미 질병통제예방센터의 권고안에 따르면 학교에서 체질량지수를 측정하는 직원은 첫 번째로는 <u>모든 학생이 자신의 체격과는 상관없이 모두 안</u>

전하고 보호받는 듯한 느낌을 받도록 해야 한다는 점과 두 번째로는 부모가 접하는 정보는 분명하고 예의 바르게 설명이 이루어져야 한다는 점을 보장하도록 훈련을 받아야 한다. 아이의 체격과는 상관없이 부모는 수치가 어떤 의미를 갖는지 알아야 하며 자녀가 건강한 체격과 생활방식으로 복귀하고 이를 유지할 수 있도록 돕기 위해 무엇을 할 수 있을지를 알아야 한다.

1 다음 중 빈칸에 가장 알맞은 것은 무엇인가?

a) 아이가 원할 때마다 식사를 주는 것은 좋지 못한 양육 기술이다
b) 부모는 아이가 성장하면서 아이에게 많은 실수를 저지른다
c) 아이는 더 많이 먹을수록 더 비만해진다
d) 부모는 더 큰 아이들의 비만을 간과하는 경향이 있다

정답   d

해설   빈칸 앞에서는 부모가 아이의 적정 체중에 관해 잘 알지 못한 탓에 3~8세 아동은 살이 점차 빠지는 것이 정상임에도 부모가 아이에게 오히려 밥을 많이 먹이는 경우도 있음을 말하고 있다. 그리고 "반면에(On the other hand)"가 나왔으므로, 빈칸에는 부모가 아이의 적정 체중에 관해 잘 알지 못해 생기는 또 다른 경우에 관해 언급이 되어야 할 것이다. 보기 중에서 이러한 점에 가장 부합하는 것은, 자녀의 적정 체중에 관해 잘 알지 못해서 자녀가 비만함에도 별로 신경을 쓰지 않는 것을 말하는 d)이다.

2 다음 중 아이의 BMI를 부모에게 알려줄 경우 생기는 위험은 무엇인가?

a) 부모는 자기 아이의 BMI를 다른 아이의 BMI와 비교할 것이다.
b) 부모는 BMI는 신경 쓰지 않고, 어떤 것이 보기 좋은지만 신경 쓴다.
c) 부모는 수치가 무엇을 의미하는지는 이해하지 못하고 어떻게 대처해야 할지 성급한 판단을 내린다.
d) 부모는 수치를 가지고 아이들이 하고 싶어 하지 않는 것을 하도록 강요할 것이다.

정답   c

해설   본문에서 BMI 수치에 대해 "아이의 체격과는 상관없이 부모는 수치가 어떤 의미를 갖는지 알아야 하며 자녀가 건강한 체격과 생활방식으로 복귀하고 이를 유지할 수 있도록 돕기 위해 무엇을 할 수 있을지를 알아야 한다."라고 말하고 있는데, 여기서 '꼭 해야 한다'는 의미의 must가 나왔으므로 실제로 부모는 BMI 수치가 무엇을 의미하는 지도 모르거나, 자녀가 건강한 체중을 유지하기 위해 어떤 조치가 필요한지도 모른다는 의미가 된다. 따라서 답은 c)이다.

3 다음 중 밑줄 친 부분과 의미상 가장 가까운 것은 무엇인가?

a) 각각의 아이들이 인정받고 자신감을 느끼고 자기 자신에 만족하는 환경
b) 비만한 아이들이 일상생활에서 겪는 괴롭힘에서 벗어나기 위해 갈 수 있는 곳
c) 모든 신체 사이즈에는 각기 단점이 있고 아무도 완벽하지는 않다는 느낌
d) 과체중인 아이들이 자신들의 식사 문제에 관해 말할 수 있는 안전한 장소

정답   a

해설   밑줄 친 부분을 해석하면 "모든 학생이 자신의 체격과는 상관없이 모두 안전하고 보호받는 듯한 느낌을 받도록 해야 한다."가 되며, 이는 즉 과체중이든 비만이든 모든 아이들이 비만 문제로 괴롭힘을 당하지 않는 환경을 의미한다. 따라서 답은 a)이다.

4 다음 중 본문의 주제는 무엇인가?

a) 왜 어떤 아이들은 학교에 다닐 때 다른 아이들보다 뚱뚱했는가
b) 아이들 사이에서 점차 증가하는 섭식장애
c) 아동 비만 문제 해결을 위한 과학자들의 새로운 캠페인
d) 부모가 아이의 BMI를 이해하고 관찰해야 할 필요성

정답   d

해설   본문에서는 부모는 자녀의 BMI 수치를 이해하고, 측정 결과에 따라 조치를 취해야 함을 강조한다. 따라서 답은 d)이다.

Unit 53   의학과 건강

브랜드 제약품 대 바이오시밀러

FDA 승인을 받은 기존의 바이오 의약품(오리지널 의약품)이 복제되어 임상적으로 중요한 모든 방식에서 동일한 경우, 이를 바이오시밀러(biosimilar)라고 한다. 제조업체는 오리지널 의약품과의 비교를 위해, 바이오시밀러가 원래 용도로 사용될 때 오리지널 의약품과 동일한 안전성, 순도, 효능 등을 갖는지 보여주는 몇 가지 테스트 및 임상실험을 수행해야 한다. FDA는 바이오시밀러가 인체에서 동일하게 작동해야 하며, 주사나 주입과 같은 방식으로 체내로 투여될 수 있어야 하며, 액체와 같은 동일한 투여 형태여야 하며, 오리지널 의약품과 같은 효능을 가져야할 것을 요구한다. 그러나 임상적 비활성 성분과 같은 작은 차이는 허용된다.

바이오시밀러와 오리지널 의약품 간 존재하는 차이가 둘 사이에 얼마나 많은 차이를 일으키는지, 그리고 수용할 수 있는지에 대해서도 평가된다. 바이오시밀러의 제조공정은 오리지널 의약품의 제조공정만큼 중요하다. 약간의 차이는 허용되지만, 어떤 차이가 있더라도 이는 통제되고, 추적 관찰되며, 수용 가능한 방식으로 제한된다. 오리지널 의약품과 비교해 임상적으로 중요한 차이가 없도록 하기 위해서는, 환자가 바이오시밀러를 사용할 때 오리지널 의약품을 사용하는 경우와 동일한 신체적 반응을 가져야 한다. 바이오시밀러에 대한 면역체계의 반응(immunogenicity, 면역원성), 바이오시밀러를 분해하고, 신진대사하며, 배출하는 방식(pharmacokinetics, 약동학), 바이오시밀러가 질병에 대응하는 능력(pharmacodynamics, 약력학) 등이 비교된다.

바이오시밀러와 제네릭(복제 의약품)은 이미 FDA 승인을 받은 브랜드 의약품의 복제품으로, 이들 의약품은 가격을 낮추고 소비자가 의약품에 더 쉽게 접근할 수 있도록 한다. 복제 의약품들은 기존 의약품과 비교되는 과정만 거치기 때문에 훨씬 더 빠르게 승인을 받을 수 있지만, 바이오시밀러와 제네릭 사이에는 주목할 중요한 차이가 존재한다. 저분자 의약품의 활성 성분은 완벽하게 복제될 수 있어서, 오리지널 의약품과 제네릭은 동일하다. 하지만 바이오 의약품은 브랜드 의약품에서조차 서로 미세한 차이가 항상 존재한다. 따라서 바이오시밀러 또한 차이가 존재하는 것은 필연적이다. 결과적으로, 바이오시밀러는 제네릭과는 다른 승인 기준을 갖는다. 제네릭 의약품이 생물학적 동등성이 입증되어야 하는 반면, 바이오시밀러는 매우 유사한 수준이어야 한다. <u>물론 양측 기준이 안전성과 효능을 모두 보장하는 경우에 한한다.</u>

1 다음 중 이 글의 요지에 해당하는 것은?
a) 왜 일부 바이오시밀러는 승인을 받고 일부는 승인을 받지 못하는가에 대한 설명
b) 오리지널 의약품과 복제 의약품 간의 차이점
c) 오리지널 의약품과 복제 의약품이 비교되는 세부 방식
d) 오리지널 의약품과 복제 의약품에 대해 신체가 보이는 서로 다른 반응

 c

해설 본문에서 바이오시밀러와 오리지널 의약품 간 존재하는 차이에 대해 설명하고, 복제 의약품에 해당하는 바이오시밀러와 제네릭에 대해 오리지널 의약품과 각각 어떤 차이가 있는지 부연해서 설명한다. 그러므로 정답은 c)가 된다.

2 다음 중 본문의 내용과 일치하지 않는 것은?
a) 동일한 방식으로 투여될 때, 바이오시밀러가 신체에서 다르게 작용할 수 있다.
b) 임상적 변화가 없다면, 다른 신체적 반응이 허용된다.
c) 바이오시밀러는 오리지널 의약품보다 더 간단한 승인 과정을 거친다.

d) 바이오시밀러 제조업체는 바이오시밀러가 오리지널 의약품과 동일하게 안전하다는 것을 증명해야 한다.

 b

해설 첫 번째 문단 후반부의 "환자가 바이오시밀러를 사용할 때 오리지널 의약품을 사용하는 경우와 동일한 신체적 반응을 가져야 한다."라고 말하고 있으므로, 다른 신체적 반응이 허용된다고 말한 b)가 정답이 된다. 참고로 a)의 경우 "임상적 비활성 성분과 같은 작은 차이는 허용된다(Small differences such as clinically inactive components are allowed)."고 하였으므로 올바른 진술이다.

3 다음 중 본문을 통해 추론할 수 있는 것은?
a) FDA 승인을 받은 바이오시밀러는 브랜드 의약품과 비교해 동일한 효능을 갖지 않는다.
b) 바이오시밀러가 더 많을 경우, 환자는 사용할 약의 선택권이 더 늘어난다.
c) 환자는 항상 동일한 의약품 중 더 저렴한 의약품을 선택하려 한다.
d) 일부 제네릭 의약품은 오리지널 의약품과 동일한 제조사에 의해 만들어진다.

 b

해설 두 번째 문단 초반의 "바이오시밀러와 제네릭(복제 의약품)은 이미 FDA 승인을 받은 브랜드 의약품의 복제품으로, 이들 의약품은 가격을 낮추고 소비자가 의약품에 더 쉽게 접근할 수 있도록 한다." 부분을 통해, 복제약이 증가하면 환자의 선택권이 더 늘어난다는 것을 알 수 있으므로, 정답은 b)가 된다.

4 다음 중 빈칸에 들어갈 가장 적합한 것은?
a) 일반적으로 둘 중 어떤 것도 승인 표준을 통과하지 못한다
b) 양측 기준이 안전성과 효능을 모두 보장한다
c) 둘 모두 환자가 더 접근하기 쉬워야 한다
d) 바이오 의약품 사이의 다른 차이는 허용된다

정답 b

해설 바이오시밀러와 제네릭은 서로 다른 승인 기준을 갖는다고 했다. 하지만 글의 흐름상 양측 기준 모두 약의 안전성과 효능에는 문제가 없어야 하므로, 정답은 b)가 된다.

의학과 건강

전 세계적인 팬데믹을 예방하기 위한 공동 노력

전염병 전문가인 Rhea Coler는 보통 전 세계의 여러 국가가 협력할 때 질병의 근절이 이루어진다고 말한다. 천연두의 경우와 마찬가지로, 코로나19의 전 세계적인 위협은 여러 국가가 지식과 전문 기술을 공유하기 위해 함께 모이게 되었음을 의미한다. 아시아의 과학자들이 전 세계의 나머지 국가와 코로나19 바이러스의 유전자 서열을 공유하지 않았더라면, 코로나19 백신이 이렇게나 빨리 개발되지는 못했을 것이다. 정치적 논란으로 협력이 어려워질 경우 문제가 발생하기 시작한다. 미국과 소련은 서로 달랐지만 천연두 박멸을 위해 협력했다. 하지만 현재의 지정학적 환경하에서는 그러한 협력이 쉽게 이루어지지 못하고 있다.

백신 민족주의로 알려진 현상이 부상하는 모습을 보는 것은 일부의 사람들에게 있어서는 실망스러운 일이다. 이는 특정 국가에서 백신을 비축하기 시작하면서 타국이 백신을 이용하지 못하게 막을 때 나타난다. 또한 타국에서 개발한 백신의 신용을 떨어뜨리는 허위 정보 캠페인이 벌어지고 있고, 이로 인해 전 세계적으로 모든 백신 이용이 영향을 받고 있다. 백신에 대한 거짓이 확산될 뿐만 아니라 코로나19 팬데믹에 대한 적절한 공중 보건 차원의 대응을 지원하기 위한 자금 조달이 이루어지지 않고 있다. 미국 전역의 공중 보건 부서에는 자금과 인원이 부족하다. 워싱턴 DC에 위치한 미국진보센터(Center for American Progress) 소속 보건 정책 대변인인 Emily Gee는 이러한 모든 요소가 결합되어 접촉 추적, 백신 접종, 검사 등을 통해 질병을 근절하고자 하는 노력이 저해되고 있다고 말한다. 더군다나 공무원들이 일반 대중과 정직하게 어울리지도 못하고 있다.

백신의 제조 및 배포는 전 세계적인 팬데믹을 유발할 수 있는 병원체의 신속한 감소 및 최종적인 박멸에 있어 중요하다. 사람들은 백신이 필요한 사람에게 제공될 것이라는 신뢰를 가져야 한다. 어떤 연구가 수행되고 있는지에 대한 과학자의 투명성 및 왜 해당 조치가 시행되고 있는지에 관한 공중 보건 담당 공무원의 투명성은 언제든 허위 정보를 방지하는 데 있어 매우 중요하다.

1 본문의 주제는 무엇인가?
  a) 다음 번의 전 세계적인 팬데믹이 언제 발생할지 또는 얼마나 심각할지는 아무도 모른다.
  b) 상황이 너무 늦기 전에 팬데믹을 막기 위해 모두가 협력해야 한다.
  c) 공중 보건 위기는 정부 관료의 관심사가 되어야 한다.
  d) 위생을 유지하는 방법에 대해 일반 대중을 교육시키는 것은 팬데믹 종식을 위한 첫 번째 단계이다.

정답 b

해설 과거 냉전 시절에도 구소련과 미국은 천연두 박멸을 위해 힘을 합쳤는데, 지금은 온갖 지정학적 갈등과 허위 정보 등으로 인해 코로나19에 대처하기 위한 협력이 제대로 이루어지지 않고 있다. 이런 상황이 악화되지 않도록, 더 늦기 전에 팬데믹에 맞서 모두 협력을 해야 한다는 것이 본문의 주제이다. 따라서 답은 b)이다.

2 다음 중 빈칸에 가장 알맞은 것은 무엇인가?
  a) 백신에 대한 허위 정보가 늘어나고 있다
  b) 코로나19 백신은 독자적으로 만들어졌다
  c) 천연두 백신을 거부한다
  d) 그러한 협력이 쉽게 이루어진다

정답 d

해설 빈칸 뒤를 보면 과거 이념을 넘어선 협력이 이루어지던 분위기와 달리 지금은 백신 민족주의란 것이 기승을 부리면서 국가 간 협력이 제대로 이루어지지 않고 있음을 알 수 있다. 빈칸 앞에 not이 존재하므로, 협력이 제대로 이루어지지 않고 있다는 의미에서 d)를 답으로 볼 수 있다.

3 다음 중 본문에 따르면 잘못된 것은 무엇인가?
  a) 몇몇 국가는 필요한 것보다 더 많은 백신을 취했다.
  b) 가장 필요한 사람들에게 백신을 제공하는 것이 필수이다.
  c) 미국과 소련은 천연두에 대한 협력을 거부했다.
  d) 공중 보건 부서는 인력과 자금이 부족한 경우가 종종 있다.

정답 c

해설 본문에는 "미국과 소련은 서로 달랐지만 천연두 박멸을 위해 협력했다."는 것이 명시되어 있으며, 따라서 답은 c)이다.

4 다음 중 밑줄 친 부분이 의미하는 것은 무엇인가?
  a) 사람들은 현실을 이해하기 위해 과학자들이 무엇을 하고 있는지 그리고 공중 보건 공무원들이 특정 조치를 취하도록 요구받고 있는지에 관해 알아야 한다.
  b) 일반 대중은 너무 자주 속은 나머지 과학자나 당국이 정책을 결정할 때 이들을 신뢰하기 힘들어한다.
  c) 공중 보건 담당 공무원에 의해 확산된 허위 정보는 필요한 것보다 더 많은 사람들이 고통을 겪었음을 의미한다.
  d) 과학자들이 공무원들과 협력하여 정확한 정보를 제시할 경우, 백신에 대한 신뢰가 더욱 높아질 것이다.

정답 a

해설 밑줄 친 부분을 해석하면 "어떤 연구가 수행되고 있는지에 대한 과학자의 투명성 및 왜 해당 조치가 시행되고 있는지에 관한 공중 보건 담당 공무원의 투명성은 언제든 허위 정보를 방지하는 데 있어 매우 중요하다."이다. 밑줄 친 부분의 앞을 보면, "공무원들이 일반 대중과 정직하게 어울리지도 못하고 있다."는 언급이 있는데, 여기서 정직함이 언급된 이유는 사람들 사이에서 백신이 필요한 사람에게 접종될 것이라는 믿음이 있어야 백신을 통해 병원체의 확산을 막을 수 있기 때문이다. 여기서 밑줄 친 부분은 사람들이 현 상황을 파악하고 허위 정보에 속지 않으려면 과학자들이 하는 연구에 관해 그리고 담당 공무원이 취하는 조치의 투명성에 관해 알아야 함을 의미한다. 따라서 답은 a)이다.

Unit 55   인터넷과 신기술

우리와 함께할 메타버스

공상과학적 구현물로서의 메타버스(일각에서는 웹3라고 부르기도 한다)는 1992년 Neal Stephenson이 쓴 디스토피아 사이버펑크 소설 《스노우 크래쉬》에서 인기를 얻었고, 2011년 Ernest Cline이 쓴 소설 《레디 플레이어 원》에서도 반향을 일으켰는데, 이 뿌리를 거슬러 올라가면 더 멀리는 아니더라도 1980년대 중반까지도 갈 수 있다. 1990년대에는 AOL 메신저와 초기 소셜 미디어 웹사이트에 채팅방이 있었다. 2000년대의 초입에는 월드 오브 워크래프트가 수백만 명의 팬을 끌어모았다. 오늘날에는 특히 젊은이들이 현실만큼이나 현실감을 느낄 수 있는 사회적 분위기 안에서 친구들과 채팅하고 게임을 즐길 수 있는 포트나이트가 있다. 가상현실, 증강현실, 혹은 단지 스크린 등 어디건 간에, 메타버스는 현실 세상과 디지털 세상을 삶의 모든 측면에서 더욱 가깝게 만들고 있다. 돈, 사회, 일, 상업, 그리고 오락이 모두 영향을 받고 있으며, 로그인을 따로 하는 것 같은 느낌도 없을 것이다. GPS 앱은 무엇이 어디 있는지 말해 주고, 스트리밍 사이트들은 알고리즘을 이용하여 맞춤형 추천을 해 준다. 일부 아이폰들은 라이다 스캐너를 가지고 주변을 3D 스캔할 수 있다. 그 핵심에서 메타버스는 우리 인터넷의 진화이다.

비디오게임 엔진 업체 유니티의 CEO인 Ricccitello는 관계의 미래에 대해 특히 관심을 가지고 있다. 그는 비록 물리적으로 누군가와 함께 있지 않더라도 함께 하는 것처럼 느끼는 관계의 성질을 지적한다. 사람들이 페이스북과 애플 같은 회사들을 만들 수 있게 되면서 그 가능성은 무한하다. 돈을 버는 사람들은 무슨 일이 일어나고 있는지 보았고 관여하고 싶어 한다. BNP 파리바 은행의 CEO인 John Egan은 은행들과 투자자들이 메타버스에서 과거에는 상상할 수 없던 새로운 미래를 만들고자 한다고 이야기한다.

1 다음 중 이 글의 요지는 무엇인가?

a) 메타버스의 만연된 사용이 가져오는 위험
b) 메타버스가 우리의 삶을 집어삼키는 방법
c) 우리 일상에 만연한 메타버스
d) 메타버스와 소셜 미디어 간의 연관성

 정답   c

 해설   오늘날 삶의 많은 요소가 메타버스의 영향을 받고 있다는 첫 문단 마지막 부분의 내용을 지문의 나머지 부분들이 뒷받침하고 있다(... are all affected and you don't even feel like you are logging in). 즉 지문의 주제는 메타버스가 일상에 얼마나 스며들어 있는지를 이야기하는 것이다.

2 다음 중 본문의 내용과 일치하지 않는 것은?

a) 우리가 타인과 교류하는 방법이 바뀌고 있다.
b) 금융계 사람들은 메타버스가 세상에 영향을 주는 방식을 두려워하고 있다.
c) 사람들은 메타버스의 기회와 함께라면 무엇이든 할 수 있다.
d) 여러분은 모르겠지만 메타버스는 이미 여러분의 삶 속에 있다.

 정답   b

 해설   금융계 인사인 BNP 파리바 은행의 CEO가 메타버스에서 상상할 수 없던 미래를 만들게 된다고 이야기하며 그 가능성을 긍정했으므로, b)는 지문의 내용과 다르다.

3 다음 중 본문에 따르면, 메타버스는 어떻게 미래를 바꿀 수 있을까?

a) 아직 발견되지 않은 새로운 종을 보여줄 수 있다.
b) 우리가 절대 이룩하지 못할 것이라고 생각했던 것들을 가능하게 한다.
c) 따로 해야 할 일 없이 사람들을 부자로 만들어줄 수 있다.
d) 다툼을 벌일 새로운 플랫폼이 있으므로 사람들을 갈등으로 몰고 갈 수 있다.

 정답   b

 해설   첫 문단의 마지막 부분에서 과거에는 상상도 어려웠던 일들이 메타버스로 인해 가능해지는 예시를 나열하고 있으므로, 이러한 일들이 공통적으로 의미하는 것이 무엇인지 생각해 보자. 이에 더해, 마지막 문단에서 파리바 은행의 CEO가 메타버스에서 상상할 수 없던 미래를 만들고자 한다고 이야기했다. 이 내용을 마지막 문장으로 둔 것은, 이 지문의 요지를 다른 사람의 입을 빌려 이야기한 것이라고 볼 수 있다. 이러한 점들을 고려할 때, 글에서 제시된 메타버스의 가능성은 b)가 가장 가깝다고 할 수 있다.

4 다음 중 빈칸에 들어갈 가장 적절한 것은?

  a) 환상의 세상 속으로 더 깊이

  b) 불편한 관계 속으로

  c) 삶의 모든 측면에서 더욱 가깝게

  d) 이를 원하지 않는 이들에게

정답 c

해설 주로 현실의 기능이라고 여겼던 사교적 기능이 온라인상에서 수행되고 있다는 내용에 바로 이어지는 빈칸이다. 또한 빈칸이 걸린 문장에서 가상현실이나 증강현실, 스크린상 등 메타버스의 예시들을 구체적으로 들고 있으므로, 빈칸에 이러한 예시들이 시사하는 바가 들어가야 할 것이다. 따라서 답으로는 c)가 가장 적절하다.

인터넷과 신기술

디지털 트윈이 인도하는 미래

디지털 트윈(DT)의 사용은 약 50년 전, Neil Armstrong과 Buzz Aldrin을 달로 보내기 위한 나사의 프로그램과 더불어 시작되었다. 이 프로그램은 초소형 전자공학, 소프트웨어, 통신이라는 산업을 만들어냈고 기술에 변화를 가져왔을 뿐만 아니라, 우주에서의 임무 수행에 대한 위험 요소를 예방하기 위해, 나사는 문제 해결이 필요한 경우 지상에 남아 있을 (그래서 조종사의 입장에서 상황을 판단할 수 있는) 여분의 달 여행 우주선을 만들었다. 아폴로 13호 임무에 문제가 생겼을 때, 이는 우주비행사들을 지구로 귀환시키는 데 중요한 역할을 해냈다. 이는 결국 물리적이 아닌 디지털적 표상으로 디지털 트윈의 현대적 발달을 가져왔다. 궁극적으로 디지털 트윈은 빠르고 창조적인 실험을 저비용과 낮은 위험으로 가능하게 하는 물리적 시스템의 역동적 모델이다.

지금까지 디지털 트윈은 생산 과정 내의 장비나 비행기 엔진 등을 분석 및 모방하는 등의 특화되고 복잡한 적용 분야에서 가치를 증명해냈다. 디지털 트윈은 전략적으로 데이터 시각화와 제품 수명 주기 관리에 쓰여 왔다. 그러나 이제 디지털 트윈에 더 다양한 활용영역이 있다고 사람들이 인식하게 되면서, 디지털 트윈들은 더 발달해가고 있다. 이제 디지털 트윈들은 오늘날의 달 착륙으로 여겨지는 일들에 쓰일 수 있다. 디지털 트윈은 환경과 인류에 가하는 피해를 예방하면서도 성공적인 사업을 할 수 있는 방법을 보여주기도 한다. 이에 더해, 디지털 트윈은 여러 가지 학문을 포괄하는 실험을 통해 새로운 접근법을 찾으면서 스마트 디지털화를 돕는 방법이기도 하다. 마지막으로, 디지털 트윈은 지속가능성을 증진시키고 인류의 건강과 안전을 향상시키는 데 기여하여 지구를 보호하는 방법으로써 사용될 수 있다.

1 다음 중 이 글의 요지는 무엇인가?

  a) 달 착륙이 기술에 미친 영향

  b) 산업계 내의 문제 해결에 대한 현대적 접근법

  c) 디지털 트윈 사용의 진화

  d) 경영 문화 내 디지털 트윈들이 지닌 한계

정답 c

해설 디지털 트윈이 어떻게 쓰이기 시작했으며, 현재에는 어떻게 쓰이고 있고, 미래에는 어떻게 쓰일지까지 망라하여 다루고 있는 글이다. 이 글의 주제는 디지털 트윈이 우리 삶에 활용된 변천사라고 할 수 있고, c)가 이에 가장 가까운 주제이다.

2 다음 중 본문의 내용과 일치하는 것은?

  a) 미래에는 디지털 트윈이 형체가 있는 물체를 모방하는 데 쓰일 것이다.

  b) 디지털 트윈은 더욱더 스마트화해 가는 디지털 사회를 만드는 데 쓰인다.

  c) 디지털 트윈은 공학계에서만 사용될 용도이다.

  d) 디지털 트윈은 환경에 둔감한 사회를 만드는 데 기여하고 있다.

정답 b

해설 처음에는 우주탐사 같은 공학 분야에서만 사용되던 디지털 트윈이 이제 친환경 경영이나 데이터 시각화 등 다양한 분야에서 사용되고 있다는 것이 지문의 내용이다. 따라서 b)가 지문의 내용과 일치한다.

3 다음 중 최초의 디지털 트윈이 개발된 이유는 무엇인가?

  a) 미래의 전쟁에서 군사력을 증대시키기 위해

  b) 달에서 무슨 일이 일어나고 있는지 실시간으로 이해하기 위해

  c) 우주비행사와 그 가족들이 안전함을 느끼게 하기 위해

  d) 우주에 간 우주비행사들을 어떻게 돕느냐 하는 문제를 해결하기 위해

정답 d

해설 우주비행사들을 보조한다는 큰 목적을 위해 디지털 트윈이 처음 활용되었다는 것이 첫 문단 도입부의 내용이다. 참고로 b)와 c)는 d)라는 주요한 목적을 달성하기 위한 작은 수단이나 요소들이라고 할 수 있지만, 이 자체가 목적은 아니다.

4 다음 중 빈칸에 들어갈 가장 적절한 것은?

  a) 인류에 대한 무서운 대가를 수반한다고

  b) 더 다양한 활용 영역이 있다고

  c) 사용자들에게 부당한 이득을 준다고

  d) 우리가 미래를 생각하는 방식을 바꾼다고

정답 b

기존의 활용 영역을 간략하게 서술한 뒤, 역접의 접속어로 연결된 빈칸 뒤에서 디지털 트윈이 '더 발달해가고 있다'고 서술하고 있다. 즉 기존의 활용 영역을 뛰어넘는 활용 영역을 사람들이 고려하게 된 계기가 빈칸에 위치해야 할 것이다. 따라서 b)가 빈칸에 들어갈 내용으로 가장 적절하다. 참고로 d)의 경우 지문에서 설명하는 디지털 트윈은 활용처가 다양한 도구이지, 미래에 대한 인식을 바꾸게 만드는 존재는 아니다.

Unit 57

인터넷과 신기술

우리 삶에 들어오는 증강현실

매일 증강현실(AR)이 실현될 가능성이 더욱더 커지고 있다. 디지털과 아날로그의 세계가 하나가 되는 날이 다가오고 있다. 포켓몬고(Pokemon Go)가 이를 실현해 줄 촉매제 역할을 하고 있다. 포켓몬고에서 플레이어는 자신의 모바일 장치에서 현실 세계를 볼 수 있으며, 이 현실 세계는 디지털 이미지와 중첩되어 나타난다. 포켓몬고는 증강현실을 대중에게 소개하는 가장 최신의 시도이다. 비디오 게임에서와 같은 가상현실은 사람을 완전한 가상현실에 두지만, 증강현실은 실제 세계에 가상현실 개념을 도입하려 하고 있다. 이것은 이전에도 시도된 적이 있고, 구글 글라스가 가장 주목할 만한 제품이었지만, 포켓몬고의 성공 사례를 따라갈 제품은 없었다.

증강현실이 표준으로 자리잡으면 우리가 알고 있는 세상은 완전히 달라질 것이다. 우리는 일상 업무를 하면서 지리 정보, 언어적 도움, 그리고 소비자 정보에 이르기까지 우리의 경험을 확장해 줄 유용한 정보를 지속적으로 제공받게 될 것이다. 구글 글라스가 이 모든 일을 할 수 있었지만 큰 인기를 끌지는 못했다. 아마도 구글 글라스가 너무 현실적이었기 때문일 것이다. <u>그러한 첨단 기술이 우리의 일상을 넘겨받게 될 것이라는 생각이 그것이 미래에 무엇을 의미하는지 두려워한 소비자들에게 잘 받아들여지지 않았다.</u> 포켓몬고도 동일한 증강현실 기술을 사용하고 있지만 게임의 형식을 빌리고 있는데, 이것이 사람들이 더 거부감 없이 받아들이게 한다. 우리는 게임이 일상의 용품처럼 우리의 삶을 변화시킬 것이라고 생각하지 않는다. 휴대폰의 혁신적 기술은 증강현실이 장착된 안경만큼 생경하지 않은 것도 사실이다.

포켓몬고에서 사용하는 증강현실은 <u>친숙하지 않아 과거에는 거부됐던</u> 구글 글라스와 같은 상품에 대한 문을 열어줄 것이다. 머지않아 우리는 우리 삶에 증강현실이 더욱더 진입해 오는 것을 보게 될 것이다.

1 다음 중 이 글의 주제로 적합한 것은?
 a) 생소한 포켓몬고
 b) 포켓몬고의 타의 추종을 불허하는 성공

 c) 포켓몬고의 가상현실
 d) 우리 삶에 들어오는 증강현실

 d

 증강현실이 점점 더 실현될 가능성이 커지고 있다고 설명하면서, 그런 촉매 역할을 포켓몬고가 대신하고 있다고 설명한다. 따라서 증강현실이 점점 더 우리의 일상에 자리잡고 있다는 내용이므로 정답은 d)가 된다.

2 다음 중 본문을 통해 추론할 수 있는 것은?
 a) 구글 글라스는 홍보가 제대로 되지 않았지만, 새로 출시한다면 그런 문제를 바로잡을 수 있을 것이다.
 b) 구글 글라스가 성공하지 못한 것은 광고의 실패에 기인한 것이었다.
 c) 구글 글라스가 성공하려면 근본적인 변화가 필요할 것이다.
 d) 구글 글라스가 다시 출시된다면, 이전보다는 더 성공할 것이다.

 d

 본문의 "The AR employed in Pokemon Go is opening the door for products, such as Google Glass …" 부분을 통해, 포켓몬고의 성공으로 증강현실을 채용한 구글 글라스 같은 제품들이 앞으로 더 많이 출시될 것이라고 했으므로, 증강현실을 경험한 지금의 소비자들에게 구글 글라스가 과거와 같은 거부감은 덜할 것이라고 추론할 수 있으므로 정답은 d)가 된다.

3 다음 중 밑줄 친 부분을 가장 잘 재진술한 것은?
 a) 사람들은 일상의 모든 측면에 첨단 기술이 포함될 미래에 두려움을 느꼈다.
 b) 첨단 기술의 미래는 불확실하다. 왜냐하면 첨단 기술이 어떻게 사용될지에 대한 더 많은 통제가 필요하기 때문이다.
 c) 첨단 기술과 그것이 수반하는 다른 모든 것은 대부분의 사람들이 예상 가능한 것 이상이다.
 d) 사람들의 삶에 들어오는 기술은 너무 앞서 있기 때문에 아무도 그것을 상상할 수 없다.

 a

 'A does not sit well with B'는 'A가 B에 받아들여지지 않다, 수긍되지 않다'는 뜻이다. 즉 첨단 기술이 우리의 삶을 주도할 것이라는 생각이 소비자들에게 잘 받아들여지지 않았는데, 그 이유는 그런 미래가 무엇을 의미하는지 두려워했기 때문이라고 설명한다. 즉 그런 미래의 파장을 우려한 소비자들이 구글 글라스의 첨단 기술을 거부한 것이므로, a)가 가장 가까운 내용을 담고 있다.

4 다음 중 빈칸에 올 수 있는 가장 적합한 것은?

a) 이전에는 증강현실을 결코 사용하지 않았던
b) 아직까지 지원자를 찾지 못하고 있는
c) 결코 친숙한 일상의 제품이 되지 않을
d) 친숙하지 않아서 과거에는 거부됐던

 정답 d

 해설 포켓몬고의 성공으로 증강현실을 채용한 구글 글라스 같은 제품들이 앞으로 더 많이 출시될 것이라는 내용으로, 빈칸은 'products, such as Google Glass' 부분을 수식하고 있다. 앞에서 구글 글라스는 대중들의 인기를 끌지는 못했다고 설명한다. 그런데 다시 구글 글라스 같은 제품들이 나올 수 있는 문을 열었다는 것이므로 이제는 사람들이 받아들일 준비가 되었다는 설명이 된다. 따라서 과거에는 친숙하지 않아 실패했지만 이제는 성공할 것이라는 내용의 d)가 적합하다.

Unit 58   인터넷과 신기술

차량 호출 사업의 전망

자가용이 없는 사람들을 실어 나름으로써 시장의 공백을 성공적으로 메운 차량 호출 서비스는 미래가 밝아 보이긴 하지만, 전 세계적으로 우위를 차지하려면 극복해야 할 장애물이 여전히 존재한다. 블록체인 기술은 서비스가 운전자를 선별하고 더 나은 보안 표준을 시행하는 데 사용하는 기존 기술과 함께 이와 관련하여 사용될 수 있으므로 여성 승객의 안전을 향상시킬 수 있다. 지난 몇 년 동안 네 명의 여성이 살해당했는데, 2018년의 경우 두 명의 여성이 디디(Didi)의 힛치(Hitch)란 차량 호출 서비스를 이용하던 중 살해되었다. 그 결과 디디를 보이콧하자는 해시태그(#BoycottDidi)가 생겨났고, 이 해시태그를 본 횟수가 백만 건이 넘었으며, 중국 이용자들은 보이콧을 시작했다. 차량 호출과 관련된 이 사건 수는 소수에 불과하고 일반 택시에도 안전 문제가 존재하지만, 안전 기준은 해결해야 할 문제이다. 이 (블록체인) 방식을 통해 (문제 있는) 탑승자와 운전자 모두 가려낼 수 있다. 더군다나, 자동화 기술을 통해 차량 호출로부터 운전자라는 요소를 완전히 제거할 수 있는데, 이러한 자동화 기술에는 편의성 및 가용성 측면에서 많은 이점을 제공한다. 승객의 안전은 향상되고, 서비스 사용 비용은 감소할 것이며, 인적 요소가 사라짐에 따라 24시간 서비스를 운영할 수 있다.

블록체인 기술의 가장 중요한 이점 중 하나는 변조방지 거래 기록을 생성할 수 있다는 것이다. 이 기능은 모든 차량 호출 여정을 추적하고 운전자와 승객 모두 여정의 세부 정보를 기록하는 데 사용할 수 있다. 블록체인을 사용하여 불변기록을 생성함으로써 양당사자는 정보가 정확하고 거래에 대한 영구적

인 기록이 있음을 알 수 있다. 또한 블록체인 기술의 투명성은 운전자를 선별하고 더 나은 보안 기준을 만드는 데 도움이 될 수 있다. 이러한 기술은 운전자가 차량 호출 서비스를 위해 운전하도록 승인되기 전에 철저한 심사를 받도록 할 수 있는데, 이로 인해 승객의 안전을 개선하고 폭행 및 괴롭힘 사고를 예방하는 데도 도움이 될 수 있다.

1 다음 중 본문의 주제는 무엇인가?

a) 자율주행 자동차의 문제점과 이를 해결하는 방법
b) 차량 호출 서비스를 이용하는 승객을 고려하기
c) 사람들이 여전히 도로 위를 달리는 자율주행 자동차에 대해 의심스러워하는 이유
d) 차량 호출 서비스와 자율주행 자동차의 결합

정답 d

해설 본문은 차량 호출 서비스에는 승객과 운전자가 과연 믿을 만한 사람인지가 문제가 되는데 이를 블록체인 기술을 통해 해결할 수 있다는 점, 그리고 자동화 기술 및 자율주행 자동차 기술을 통해 차량 호출 서비스에서 인간 운전자라는 불안 요소를 제거할 수 있고 그 결과 여러 이점을 낳을 수 있음을 말하고 있다. 즉 본문은 차량 호출 서비스는 자율주행 자동차 및 그 기술과 결합하여 차량 호출 서비스에 수반되는 문제점을 해결하는 방향으로 나아가고 있음을 말하고 있다. 따라서 답은 d)이다.

2 다음 중 해시태그 #BoycottDidi의 목적은 무엇이었나?

a) 디디의 히치 서비스 홍보
b) 디디에 더 나은 보안 기준 요구
c) 모든 차량 호출 서비스 보이콧
d) 차량 호출 서비스에서 인적 요소를 제거하기 위해

정답 b

해설 해시태그 #BoycottDidi은 본문에서 언급한 바와 같이 2018년 Didi's Hitch 서비스를 사용하는 동안 두 명의 여성이 살해된 사건에 대응하여 만들어졌다. 이런 해시태그의 목적은 디디에 더 나은 보안의 기준을 요구하는 것이었고, 그 결과 이 해시태그를 본 횟수가 백만 건이 넘었으며, 중국 이용자들은 보이콧을 시작했다.

3 다음 중 자율주행 차량을 이용하는 것이 자율주행 차량의 가용성을 높이는 이유는 무엇인가?

a) 사람이 끊임없이 출입하지 않는 차량에는 피해가 덜 초래된다.
b) 인간 운전자는 제대로 활동하기 위해서는 휴식을 취하고, 먹고, 잠을 자야 하지만 무인 자동차는 그럴 필요가 없다.
c) 운전자 없는 자동차는 여전히 충전과 휴식이 필요하므로 끝없이 달릴 수는 없다.

d) 중앙 시스템이 승객으로부터 호출을 받은 다음 이를 언제든 운전자들에게 전달한다.

정답 b

해설 사람은 먹고, 자고, 쉬어가며 일을 해야 하지만 자율주행 자동차는 사람이 운전하는 것이 아니기 때문에 24시간 운행이 가능하다. 이는 즉 가용성이 높다는 의미가 된다. 첫 단락 마지막 문장에서 '승객의 안전은 향상되고, 서비스 사용 비용은 감소할 것이며, 인적 요소가 사라짐에 따라 24시간 서비스를 운영할 수 있다.'라고 적고 있다. 따라서 답은 b)이다.

4 다음 중 블록체인 기술이 차량 호출 서비스에서 폭행 및 괴롭힘 사건을 예방하는 데 어떻게 도움이 될 수 있나?
a) 거래의 변조 방지 기록 생성함에 의하여
b) 차량 호출 서비스에서 인적 요소를 제거함으로써
c) 기존 기술을 사용하여 운전자를 철저히 선별하여
d) 차량 호출 서비스의 가용성을 향상시켜서

정답 a

해설 블록체인 기술은 변조 방지 거래 기록을 생성하여 차량 호출 서비스에서 폭행 및 괴롭힘 사고를 예방하는 데 도움이 될 수 있다. 차량 서비스가 요청되면 운전자의 신분증 및 승객의 목적지를 포함한 주행의 세부정보가 블록체인에 기록되는데, 이 기록은 변조되거나 변경될 수 없으며 영구적이고 변경 불가능한 거래 기록을 제공하기 때문이다.

Unit 59 인터넷과 신기술

3D 프린팅 기술

대량의 제조가 필요하지 않은 항공우주산업에서는 3D 프린팅 기술을 흡족하게 사용하고 있다. 현재는 중요도가 떨어지는 부품들 위주로 생산이 이루어지고 있지만, 향후에도 계속 그럴 것 같지는 않다. 요즘에는 20년 전에 제조된 F-18 제트기에도 몇몇 3D 프린팅을 사용한 부품이 사용되는데, 조종석이나 냉각관의 일부 부품이 3D 프린팅을 이용한 교체가 가능하기 때문이다. 새로 출시된 F-35 전투기는 3D 프린팅 기술을 이용하면 900여 개의 부품을 교체할 수 있을 것으로 보인다고 〈3D Systems〉는 밝혔다. 지구상의 가장 큰 제조업체인 GE는 에너지부터 의료서비스 부문까지 여러 부문에 걸쳐 사용될 이 기술의 미래 중요성에 대해 잘 알고 있으며, 그렇기 때문에 이 기술을 회사 내에 보유하길 원한다. 그래서 GE는 이 분야의 선두 기업인 신시내티의 모리스 테크놀로지를 인수했다. 이 회사의 주요 생산품 중 하나는 무인항공기의 경량 부품을 생산하는 것이다. GE는 기존의 방식이 아닌 새로운 재료를 이용해

이런 부품들을 제작할 수 있는 기술 능력에 관심이 있다. 업계의 분석가들은 GE가 다수의 제트기 엔진 부품을 3D 프린팅 기술을 이용해 생산할 것으로 예상한다.

하지만 중국인들도 3D 프린팅 기술을 주목하고 있으며, 중국 내의 인건비가 상승하고 몇몇 생산 시설이 다시 유럽이나 미국 등으로 되돌아가는 상황에서 이 기술의 획득이 자국의 제조 산업을 견인해 줄 것으로 기대하고 있다. 아직은 미국과 대등한 수준의 경쟁이 가능하지는 않지만 중국은 3D 프린팅 산업을 주시하고 있다. 3D 프린팅은 중국의 일반 공장에도 잘 들어맞는다. 예를 들어, 베이징의 롱위안 자동제조시스템은 3D 프린팅 기술의 최상위 기술인 레이저 소결 방식을 사용해 특수 처리된 주물사 주형을 제조하고 있다. 그런 후 이 주형을 일반 공장으로 옮겨 기존의 방식으로 가공한다. 추가로 자동차 엔진 부품들도 몇 달이 아닌 불과 몇 주 만에 모두 3D 프린팅으로 제작이 가능하다. 그리고 중국은 세계에서 가장 큰 3D 프린터 중 일부가 위치한 곳이기도 하다. 우주비행사들을 위한 맞춤형 3D 좌석도 생산된다. 중국이 보잉이나 에어버스의 단거리 운항기에 필적할 제품 생산을 목표로 하고 있는 가운데, 중국이 보유한 티타늄을 이용한 여분의 항공기 날개 부품이나 항공기 동체 등을 제작할 수 있는 12미터 길이의 프린터는 무척 유용해 보인다.

1 다음 중 본문의 주제로 알맞은 것은?
a) 중국이 통제하는 다양한 산업에서 3D 부품의 생산
b) 3D 프린팅 기술의 등장과 이 기술의 무대에 출현한 중국
c) 확연한 차이를 보이는 미국과 중국의 3D 프린팅 사용
d) 3D 프린팅 제작이 점점 더 쉬워지면서 나타나는 걱정스러운 전쟁의 미래

정답 b

해설 첫 번째 문단은 3D 프린팅 기술의 부상과 미국 기업들의 활용에 대해 밝히고 있고, 두 번째 문단에서는 중국의 관점에서 이 기술이 갖는 장점과 이를 잘 활용하기 위한 중국의 노력이 나오고 있으므로 정답은 b)가 적합하다.

2 다음 중 본문을 통해 추론할 수 있는 것은?
a) 자사의 주도권을 위협하는 모든 경쟁사를 제거하려는 GE의 계획
b) GE의 탐욕을 이용해 돈을 벌 수 있는 기회를 포착하고 이를 붙잡은 모리스 테크놀로지
c) 3D 프린팅 분야에서 미국의 패권을 따라잡으려는 중국
d) 아직 걸음마 수준의 3D 프린팅 기술과 이 기술 향후 예상에 이 분야 많은 이들이 보내는 우려

정답 c

해설 GE가 3D 프린팅 기술을 위해 기업을 인수한 것은 맞지만 경쟁사를 모두 제거하려고 한다는 부분은 사실과 다르

고, b)에서 언급한 모리스 테크놀로지 부분도 인수된 내용만 나온다. 정답은 c)로 두 번째 문단 전반에 걸쳐 아직은 실력이 부족하지만 미국을 따라잡으려는 중국의 움직임에 대해 서술하고 있다. d)의 경우 이미 3D 프린팅 기술이 현장에서 사용되고 있기 때문에 걸음마 단계라고 할 수 없으며, 사람들이 이 기술의 예후를 두려워한다는 부분은 존재하지 않는다.

3 다음 중 본문의 밑줄 친 부분과 가장 일치하는 것은?
   a) 세계의 가장 큰 제조업체인 GE는 3D 프린팅이 에너지에서 의료서비스 부문에 이르기까지 유용할 것이라는 사실을 알고 있기 때문에 자사만의 3D 프린팅 기술을 보유하길 원한다.
   b) GE는 세계에서 가장 큰 제조업체이기 때문에, 에너지에서 의료서비스 부문에 이르기까지 자사가 속한 분야에서 항상 새로운 발전의 상위에 있는지 확인해야 할 필요가 있다.
   c) 세계의 가장 큰 제조업체인 GE가 3D 프린팅 기술을 이용해 얻을 수 있는 이득은 에너지에서 의료서비스 부문에 걸친 발전을 도와주는 것이다.
   d) 에너지에서 의료서비스 부문에 이르기까지 다양한 분야가 이미 다른 산업들을 이미 개편시킨 바 있는 3D 프린팅 기술의 장점을 활용하는 방안이 검토되고 있다.

정답 a

해설 밑줄 친 부분은 크게 두 가지 아이디어로 구성되어 있다. 3D 프린팅의 기술이 중요하다는 것과 그래서 GE가 이 기술을 자사 내에 두려 한다는 것으로 나뉜다. 따라서 이 두 가지 아이디어를 모두 담고 있는 a)가 정답이 된다.

4 다음 중 중국이 자국의 공장들에 대해 우려하고 있는 사항은?
   a) 임금 인상을 요구하는 중국의 노동자들이 자신들의 목소리를 낼 수 있는 의견 발표 기회를 가지고 있다.
   b) 중국 공장들의 이전으로 실제 생산의 많은 부분이 차질을 빚고 있다.
   c) 중국은 노동자들이 일자리를 얻기 위해 유럽이나 미국으로 이주하면서 중국인 노동력의 대부분을 상실했다.
   d) 중국은 공장 노동자들의 임금 인상 압력을 받고 있다.

정답 d

해설 두 번째 문단 초반의 "in the face of rising labor costs and some production being relocated back to Europe and America" 부분에서 중국이 당면하고 있는 문제점 두 가지를 들고 있다. 여기서 "rising labor costs"가 d)에 해당한다.

AI 챗봇의 부상

AI 기반 챗봇은 Google과 같은 검색엔진에 대한 새로운 위협으로 간주되고 있다. OpenAI에서 만든 인기 있는 ChatGPT와 같은 챗봇은 에세이 작성, 복잡한 개념의 설명, 텍스트 요약 등 다양한 기능을 수행할 수 있으며, 이미 Microsoft의 새 버전인 Bing과 같은 검색엔진에 통합되었다. 그러나 챗봇은 정확성이 떨어지고 잘못된 정보를 확산시키는 등 많은 문제에 직면해 있으며, 이는 검열이나 객관성과 진실성에 대한 우려를 불러일으킨다.

챗봇은 경쟁에 대한 문제도 제기하는데, 검색엔진을 보완할 것인지 혹은 대체할 것인지 미지수이다. 챗봇은 가끔 오류가 발생해서 검색엔진보다 신뢰도가 떨어지지만, 호텔 또는 식당 예약과 같은 모든 종류의 서비스에 대한 인터페이스가 되도록 기능이 향상될 수 있다. 특히 Alexa 또는 Siri와 같은 음성 비서로 제공되는 경우에 더욱 그러하다.

기술 회사는 챗봇으로 어떻게 수익을 창출할지 결정해야 한다. OpenAI가 ChatGPT의 프리미엄 버전을 출시하고, Google과 Microsoft가 챗봇 응답과 함께 광고를 선보일 예정인데, 챗봇을 실행하는 것은 검색엔진보다 비용이 많이 들어 결국 마진이 줄어든다. 챗봇이 제공하는 답변에 영향을 줄 수 있는 챗봇의 능력에 대해 광고주에게 더 많은 비용을 청구할 수 있는 다른 모델이 나타날 수 있다. 챗봇의 출현은 우리가 온라인에서 정보에 접근하고 소비하는 방식을 변화시키고 있으며 기술 회사와 광고주 모두에게 새로운 도전과 기회를 제시하고 있다.

OpenAI 및 Anthropic과 같은 소규모 회사는 이런 새로운 분야에서 대기업과 경쟁할 수 있는 기회를 갖는다. 이 회사들은 Google 및 Microsoft와 같은 기술 대기업으로부터 많은 관심과 투자를 끌어들이고 있다. 하지만 기존 기업이 이미 챗봇이 인터페이스로 제공할 수 있는 많은 서비스를 제공하고 있다는 사실은 이러한 회사에 도움이 될 수 있다. 궁극적으로 챗봇은 온라인 정보의 본질과 인터넷의 관문인 검색엔진을 대체할 가능성에 대한 어려운 질문을 제기하는 새로운 기술이다.

1 다음 중 이 기사의 핵심은 무엇인가?
   a) 챗봇은 인터넷의 관문 역할을 하는 검색엔진을 대체할 수 있는 새로운 기술이다.
   b) 챗봇은 검색엔진만큼 신뢰할 수 없으며, 따라서 대중화되지 않을 것이다.
   c) 챗봇은 대기업과 경쟁하기 위해 고군분투하는 소규모 회사에서 개발하고 있다.
   d) 챗봇은 검색 엔진을 보완하지만 가끔 정확하지 못해서 신뢰성이 떨어진다.

정답 a

이 글에서는 챗봇의 잠재력을 언급하며, 단점으로 드러난 부정확성과 잘못된 정보의 확산 등과 같은 챗봇이 직면한 문제에 대해 설명하고 있다. 결국 핵심은 챗봇이 Google과 같은 검색엔진에 위협이 되며, 궁극적으로는 검색엔진을 대체할 수 있는 새로운 기술이라는 것이다.

2 다음 중 기사에 따르면 챗봇이 정확성 측면에서 직면한 과제는 무엇인가?

a) 챗봇은 종종 자신의 대답을 복음과도 같은 진리로 제시한다.

b) 챗봇은 관련 정보를 얻기 위해 인터넷을 검색하는 데 어려움을 겪는다.

c) 챗봇은 편향되어 있으며 부정확하거나 공격적인 답변을 제공한다.

d) 챗봇은 특정한 의학적 상태를 진단할 수 없다.

정답 c

해설 챗봇이 인터넷을 스캔할 때 부정확성 및 잘못된 정보와 씨름해야 하는 방법에 대해 설명하는데, 이는 정확하지 않거나 공격적인 답변을 생성하여 논란으로 이어질 수 있다. 더불어 챗봇이 종종 자신의 대답을 복음과도 같은 진리로 제시하지만, 대부분 사람들을 다른 페이지로 안내하고 진실성을 주장하지 않는 검색엔진과 달리 챗봇은 그렇지 않다고 지적한다. 참고로 챗봇의 편향은 챗봇을 훈련하는 데 사용되는 데이터, 해당 데이터를 처리하는 데 사용되는 알고리즘, 사용자가 챗봇과 상호작용하는 방식 등 다양한 측면에서 발생할 수 있다. 예를 들어, 챗봇을 훈련시키는 데 사용되는 데이터가 서비스를 제공하려는 모집단을 대표하지 않는 경우에 챗봇의 응답이 편향될 수 있다. 더불어 해당 데이터를 처리하는 데 사용되는 알고리즘이 편향되어 있거나 특정 유형의 데이터를 처리하도록 설계되지 않은 경우도 역시 챗봇이 편향될 수 있다. 또한 사용자가 공격적인 언어를 사용하거나 부적절한 질문을 하면서 편향된 방식으로 챗봇과 상호작용하는 경우에도 챗봇은 응답에서 해당 편향을 학습하고 복제할 수 있다.

3 다음 중 기사에 따르면 챗봇으로 수익을 창출할 수 있는 잠재적인 모델은 무엇인가?

a) 챗봇 데이터에 대한 액세스 권한을 사용자에게 청구

b) 챗봇 응답과 함께 광고 게재

c) 더 많은 기능을 갖춘 프리미엄 버전의 챗봇 제공

d) 챗봇 응답에 영향을 줄 수 있는 기능에 대해 광고주에게 청구

정답 d

해설 챗봇을 실행하는 것이 검색엔진을 실행하는 것보다 비용이 많이 들고 마진은 줄어든다. 그렇기에 결과적으로 챗봇이 제공하는 답변에 영향을 미치거나 응답에 웹사이트 링크를 포함할 수 있는 능력에 대해 광고주에게 더 많은 비용을 청구하

는 등 챗봇으로 수익을 창출하기 위한 다른 모델이 나타날 수 있다. 참고로 이 모델에서 사용자는 자신의 응답이나 메시지를 챗봇의 알고리즘에 삽입하는 기능에 대해 요금을 부과하며, 이는 챗봇의 출력에 영향을 미치는 데 사용된다. 이는 후원 콘텐츠, 타깃 광고 또는 개인화된 제품 추천과 같은 다양한 방법으로 수행할 수 있지만 이 모델은 잠재적으로 챗봇 개발자에게 상당한 수익을 창출할 수 있는 반면 부정적인 측면도 존재한다. 가장 우려스러운 부분은 응답에 영향을 줄 수 있는 사용자가 챗봇 사용자의 최선의 이익과 일치하지 않는 고유한 의제 또는 편견을 가질 수 있기 때문에 챗봇의 정확성과 신뢰성을 손상시킬 수 있다는 점이다.

4 다음 중 기사에 따르면 검색엔진과 비교하여 챗봇의 현재 상태는 어떠한가?

a) 챗봇은 검색엔진보다 안정적이지만 실행 비용이 더 많이 든다.

b) 챗봇은 검색엔진보다 신뢰성이 떨어지지만 다른 서비스에 대한 인터페이스 역할을 할 수 있다.

c) 챗봇은 검색엔진을 보완하지만 대중화되지는 않을 것이다.

d) 챗봇은 검색엔진과 똑같이 신뢰할 수 있으며 이미 대체품으로 사용되고 있다.

정답 b

해설 현재 챗봇은 정확성이 떨어지기 때문에 검색엔진보다 인기가 별로 없지만, "챗봇의 기능은 호텔이나 레스토랑 예약과 같은 모든 종류의 서비스에 대한 인터페이스가 되도록 향상될 수 있다(their capabilities could improve to become an interface to all kinds of services, such as making hotel or restaurant reservations, particularly if offered as voice assistants, like Alexa or Siri)."고 한다. 따라서 b)가 정답이다.

Unit 61 문학과 언어학

디지털 인문학

도대체 디지털 인문학이란 것이 어떤 쓸모가 있는지 알기란 쉽지 않다. 그렇지만 디지털 인문학이 가능하게 해준 사물을 보는 새로운 방식은 참으로 엄청난 가치를 지닌다. 일리노이 대학의 영문학 교수인 Ted Underwood는 1700~1900년 사이에 저술된 4,000권이 넘는 책들을 연구했고, 그 결과 문학에서의 변화는 매우 느리게 진행된다는 사실을 발견했다. 1700~1800년 사이 고대영어인 앵글로색슨 단어들은 거의 사용되지 않았다. 하지만 1800~1900년 사이가 되면서 (이런 고대영어 사용에) 분리가 형성됐다. 시에서는 고대영어 단어들을 이전보다 더 많이 사용했고, 소설에서는 더 많이 사용되긴 했지만 그렇게 눈에 띄게 많지는 않았다. 논픽션 부문에서는 변화가 없었다. 시와 소설은 기존 관념에서 벗어나 일상의 삶을 서술하는 방향으로 이동했던 것이다. 이런 점은 낭만파 문학의 강점이었다. 하지만 이런 변화는 이전에 생각했던 것보다 훨씬 오랜 기간 발생했다는 사실을 (디지털 인문학 덕분에) 이제 확인할 수 있다.

Underwood는 우리가 작은 단위의 일들을 생각하는 데 익숙하기 때문에 100년에 걸쳐 발생한 것을 생각하기는 매우 어렵다고 주장한다. 바로 이런 부분에서 디지털 인문학이 등장한다. 긴 시간에 걸쳐 발생했기 때문에 우리가 인지하지 못할 수 있었던 변화들을 디지털 인문학은 보여줄 수 있는 것이다. 우리의 두뇌로는 파악되지 않는 것들에 컴퓨터는 도움을 줄 수 있다. 컴퓨터가 우리를 대체하지는 않겠지만, 대신 우리가 할수 있는 능력을 늘려주는 데 도움을 준다고 UCLA의 문헌정보학 교수인 Johanna Drucker는 밝히고 있다. 우리들은 컴퓨터로부터 얻을 수 있는 이런 도움에 익숙해질 필요가 있다. 우리가 글을 읽는 데 이미 기술을 활용하고 있는 것에서 알 수 있듯이, 사람들이 컴퓨터를 활용해 그들의 부족한 부분을 채울 수 있다고 생각하는 것은 그렇게 지나치고 과장된 생각은 아니라고 뉴욕시립대의 디지털 인문학 교수인 Matthew K. Gold는 말한다. 컴퓨터가 읽기뿐만 아니라 (읽은 내용의) 해석까지 도와줄 수 있다는 생각을 우리가 받아들일 수 있다면, 디지털 인문학은 읽고 쓸 수 있는 능력에 있어 매우 큰 비중을 차지하게 될 것이다.

1 다음 중 본문의 주제에 해당하는 것은?

a) 실행할 수 있는 측면에서 봤을 때 우리의 뇌가 슈퍼컴퓨터보다 어떻게 더 나은지

b) 우리의 뇌를 컴퓨터처럼 실행하도록 훈련시키기 위해 해야 할 일

c) 디지털 인문학이 이전보다 더 심각하고 고려되어야 하는 이유

d) 디지털 인문학이 어떻게 우리의 뇌가 할 수 없는 것들을 할 수 있도록 돕는지

정답 d

해설 본문에서는 디지털 인문학의 장점에 대해 서술하고 있다. 사람의 두뇌를 대체하는 것이 아니라 두뇌의 능력을 늘려주는 것(extension)이라고 설명하고 있으며, 장시간에 걸쳐 벌어지고 있는 일을 인간의 두뇌는 잘 해석하지 못하지만 컴퓨터를 활용하면 이런 부분을 감지할 수 있다는 예도 서술하고 있다. 따라서 디지털 인문학이 우리의 두뇌를 도와주는 방식에 대한 d)가 주제로 적합하다.

2 다음 중 본문을 통해 추론할 수 있는 것은?

a) 대부분의 사람들은 이미 대량의 디지털 해석을 실행할 수 있는 능력을 내재하고 있지만 (이를 제대로 활용할) 훈련을 받지 못하고 있다.

b) 아직 사람들은 디지털 인문학의 실체와 효용성을 받아들일 준비가 안 되어 있는 것 같다.

c) 인간의 두뇌는 오랜 시간에 걸친 사항들을 비판적으로 분석할 수 있는 능력을 예전에는 가지고 있었지만 지금은 이런 능력을 상실했다.

d) 인간의 두뇌를 도울 수 있는 기술은 아주 조심스럽게 다뤄 기술이 두뇌를 대체하지 못하도록 해야 한다.

정답 b

해설 우리가 디지털 인문학의 쓸모와 이점에 대해 정확히 알기란 쉽지 않고, 컴퓨터가 읽기뿐만 아니라 (읽은 내용의) 해석까지 도와줄 수 있다는 생각을 아직 받아들이지 못했으므로, 아직 사람들은 디지털 인문학의 실체와 효용성 등을 받아들일 준비가 되어있지 않다는 사실을 알 수 있다. 정답은 b)가 된다.

3 다음 중 1800~1900년 사이에 앵글로색슨 단어의 사용에 차이가 발생했던 이유는 무엇인가?

a) 시와 소설이 논픽션에 비해 다른 목적을 가지고 있었다.

b) 극소수의 작가들만이 이런 단어들이 다시 유행할 것이라는 사실을 알고 있었다.

c) 작가들이 사용하는 단어를 바꾸려고 하는 것은 무모한 일이다.

d) 언어에서 다음에 일어날 큰 사건은 아직 도래하지 않고 일어나길 기다리고 있다.

정답 a

해설 시와 소설은 당시 낭만파 문학의 특징을 담아 현실 세계를 묘사했기 때문에 실생활과 밀접한 앵글로색슨 단어들이 더 많이 사용됐다고 나온다. 즉 시와 소설은 논픽션에 비해 쓰인 주제가 달랐음을 알 수 있으므로 정답은 a)가 된다.

4 다음 중 본문의 밑줄 친 부분을 대체할 수 있는 것은?

   a) 많은 사람들이 디지털 인문학이 우리를 위해 무엇을 해 줄 수 있는지 궁금해하고 있다.

   b) 디지털 인문학은 누구도 이해할 수 없는 부분을 가지고 있다.

   c) 디지털 인문학의 세계는 누군가에 의해 발견되길 기다 리고 있다.

   d) 여러분이 하고 있는 일이 타당하도록 하는 것이 디지털 인문학을 뒤에서 움직이는 원동력이다.

정답 a

해설 밑줄 친 부분의 point는 '요점'이나 '이점'이라는 뜻으로 사용됐다. 즉 디지털 인문학의 이점이 일반인들에게는 잘 보이지 않는다는 내용이므로, 많은 사람들이 궁금해한다는 a)가 정답이 된다.

Unit 62

문학과 언어학

레트로님의 정의와 사용례

신 복합어를 뜻하는 레트로님(retronym)은 '이전'을 뜻하는 라틴어의 'retro'와 '이름'을 뜻하는 고대 그리스어의 'onuma'가 합쳐져 만들어진 것으로, 동의어(acronym)나 동음이의어(homonym) 등의 단어들과 비슷한 모양을 하고 있다. 레트로님을 정의하는 것은 약간 어렵지만, 옥스퍼드 영어 사전에 보면 원래 단어의 이름이 기술이나 다른 발전으로 인해 뜻이 다른 것으로 변한 단어를 지칭하기 위해 사용됐다고 나온다. 일반적으로 원래 용어는 새로 만들어진 단어와 함께 사용된다.

몇몇 예를 보면 더 쉽게 이해할 수 있을 것이다. 전자기타가 생겨나면서 기타라는 기존 단어는 새롭게 발명된 것을 지칭하기에 충분하지 않게 되었고, 일반적인 기존의 기타를 지칭하기 위해 'acoustic'이라는 단어를 붙여주게 됐다. 추가로 '아날로그시계'라는 단어를 생각해 보자. 이 단어는 요즘 사용되는 디지털시계에 대비되는 단어로, 시곗바늘이 있는 기존의 시계를 의미한다. 또한 기존의 우편물을 의미하는 'snail mail'은 이메일에 대비되는 실제 우편물을 지칭하는 데 사용된다. 이런 식의 단어로는 생모를 뜻하는 'birth mother'나 인공잔디에 대비되는 '천연잔디(natural turf)', 카페인이 없는 커피에 대비되는 '레귤러커피(regular coffee)', 새로운 맛의 코카콜라 등장으로 기존의 코카콜라를 지칭하기 위한 '클래식 코크(classic Coke)', 크림 대용품에 대비되는 '진짜 크림(real cream)' 등이 바로 그런 예에 속한다. 신 복합어를 만드는 다른 방법으로 용어를 반복해서 사용하기도 한다. 예를 들어 'book-book'이라고 하면 인쇄된 책을 의미하고, 'volunteer-volunteer'라고 하면 보수를 받지 않은 진정한 의미의 자원봉사자를 의미하며,

'wood-wood'라고 하면 나무로 만든 골프클럽을, 'cheese-cheese'는 진짜 치즈를 의미한다.

이런 용어들은 주로 구어에서 사용되며, 첫 번째 단어에 강세가 온다. 이런 단어들은 더블(double), 클론(clone), 반복어(reduplicative) 등으로 지칭한다. 윌리엄 새파이어(William Safire)가 1980년 뉴욕타임즈 칼럼인 〈On Language〉에서 당시 미국의 유명 방송 진행자이자 언론인이며 이전에는 로버트 케네디의 언론 보좌관을 담당했던 프랭크 맨키비츠(Frank Mankiewicz)와의 대화에서 처음 레트로님을 사용했던 것으로 알려져 있다. 그 이후 언어 변화를 관찰하는 사람들의 말 속에 레트로님은 고정적으로 출현하게 된다. 새로운 레트로님이 출현했다면, 그것은 어떤 것이 이제는 그렇게 널리 사용되지 않는다는 것을 보여주는 확실한 지표가 된다. 기술이 발전하게 되면서, 점차 용도 폐기되는 대상들이 더 많아지게 될 것이다.

1 다음 중 본문의 내용과 일치하는 것은?

   a) 언어가 발달하면서 레트로님 단어들은 점점 더 사용하지 않고 있다.

   b) 레트로님을 만드는 방법은 하나 이상이다.

   c) 레트로님이라는 단어는 더 이상 자주 사용되지 않는다.

   d) 레트로님 단어들은 구어와 문어에 모두 들어와서 사용되고 있다.

정답 b

해설 본문에서 레트로님을 만드는 방법을 두 가지로 소개하고 있다. 기존 단어 앞에 추가 단어를 사용해 구분하거나, 기존 단어를 두 번 연달아 사용해 이전부터 쓰였던 의미를 지칭한다고 했으므로 정답은 레트로님을 만드는 방법이 하나가 아니고 더 많다는 b)가 된다. d)의 경우, "이런 용어들은 주로 구어에서 사용한다(these terms are usually found in spoken contexts)"고 언급하였으므로 d)는 틀린 진술이다.

2 다음 중 골프에서 'wood-wood'라는 용어가 나온 이유는 무엇인가?

   a) 요즘에는 골프채가 나무로 만들어지는 것이 별로 없기 때문에

   b) 골프가 전 세계적으로 더 알려져서 더 많은 사람들이 즐기기 때문에

   c) 골프 선수들이 상대 선수를 이기기 위해 새로운 재질의 골프채를 찾기 때문에

   d) 많은 상금이 걸리면서 골프가 많은 수익을 가져다주는 스포츠로 발전했기 때문에

정답 a

해설 본문에서 "wood-wood describes a golf club that is made of wood."라고 설명하고 있다. 골프채가 요즘은 이전과 같이 나무로 만들어지지 않기 때문에, 옛날 골프채와 요즘 골프채를 구별하기 위해서 레트로님을 사용한다고 설명하고

있다.

3 다음 중 본문에서 레트로님이라는 용어의 정의를 알기 쉽게 만들기 위해 취한 방법은?

a) 쉬운 단어를 사용해 설명함으로써

b) 언제 이 용어가 가장 많이 사용되는지 독자들에게 알려 줌으로써

c) 레트로님이 사용되는 많은 경우들을 소개함으로써

d) 언제 사용되어야 하고 언제 사용되어서는 안 되는지 보여줌으로써

정답 c

해설 본문에서는 추상적인 개념에 대해 구체적인 사례를 들면서 설명하고 있다. 즉 "birth mother, natural turf, regular coffee, classic Coke and real cream" 등과 같이 레트로님의 여러 예들을 나열해서 이해를 돕고 있다.

4 다음 중 레트로님을 사용하는 목적으로 알맞은 것은?

a) 레트로님은 비슷한 사물을 구분하기 어려운 사람들에 의해 사용된다.

b) 레트로님은 더 명확히 해당 사물을 지칭하기 위해 원래의 형태를 되돌아보는 것이다.

c) 레트로님은 언어 전문가들이 단어들이 의미하는 바를 더 잘 정의하는 것을 돕기 위해 만들어진 단어이다.

d) 레트로님은 우리가 말하고 싶은 것이 정말 무엇인지를 설명하기 위한 간결한 방법이다.

정답 b

해설 레트로님은 원래 있던 단어가 문명의 발달로 더 이상 현 사물과 이전의 사물을 구분하는 데 명확한 의미 전달이 안 되기 때문에 사용된다. 그렇다고 a)와 같이 식별 능력이 부족하다는 말은 아니므로 정답은 b)가 된다. 원래 단어의 본질적인 의미를 찾아주는 것이 레트로님이기 때문이다.

Unit 63   문학과 언어학

언어의 시제와 미래의 상관관계

1930년대 언어학자들은 사용하는 언어가 우리가 세상과 맺고 있는 관계에 영향을 준다고 주장했다. 예를 들어 언어가 노란색과 주황색을 구분하지 않을 경우, 이 언어를 사용하는 사람들은 색상에 대해 좀 덜 구체적인 지식을 갖는다고 할 수 있다. Kook Thaayorre 언어는 좌우를 구분하는 단어가 없는데, 이런 구분을 위해 이 언어를 사용하는 이들은 동서남북을 사용한다. 이렇기 때문에 이들은 지리적, 천문적 표식을 더 잘 구분할 수

있다. 작년에 발표된 Keith Chen의 논문을 보면, 미래 시제가 강한 언어가 이 언어를 사용하는 사람들에게 미래를 계획하는 데 유리할 수 있음을 시사했다. 예를 들어 영어는 "will go"와 같은 강한 미래 시제를 갖고 있지만 중국어나 핀란드어는 미래 시제를 나타내기 위해 "go"와 같은 약한 형태를 사용한다. Chen은 약한 미래 시제를 사용하는 언어의 경우 문법적으로 미래가 현재와 동일하기 때문에, 이런 언어를 사용하는 사람들은 미래의 일들을 계획하는 데 어려움을 겪을지 여부를 조사하길 원했다. 그는 유럽의 언어들 가운데서 강한 미래 시제와 약한 미래 시제를 연구했고, 이를 미래와 관련한 행동 양식들(예를 들어 저축, 흡연, 콘돔 사용)과 상호 비교해 보았다. 결과는 놀라웠다. 강한 미래 시제를 가진 언어와 대조적으로 독일어, 핀란드어, 에스토니아어 등과 같은 약한 미래 시제를 가진 언어들의 사용자들이 돈을 절약할 가능성이 30%, 담배를 피우지 않을 가능성이 24%, 규칙적인 운동을 할 가능성이 29% 더 높았다. 또한 미래 시제가 약한 언어를 사용하는 사람들은 비만이 될 가능성이 13% 낮았다.

1 다음 중 본문의 제목에 해당하는 것은?

a) 강한 언어와 약한 언어

b) 영어의 미래 시제

c) 언어가 미래의 행동에 미치는 영향

d) 언어 처리의 통합과 예측

정답 c

해설 본문은 Keith Chen의 연구에 대한 내용으로, 언어가 미래의 행동에 미치는 영향에 대하여 연구 시작 전의 가정과 실험 결과에 대해 말하고 있으므로 정답은 c)가 된다.

2 다음 중 Keith Chen의 연구 결과가 놀라운 이유는 무엇인가?

a) 그가 궁극적으로 연구의 예상 결과를 바꿀 수도 있었던 문화와 사회적인 요소들을 감안하지 않았기 때문에

b) 강한 미래 시제를 가진 언어가 그 언어를 사용하는 사람들의 일상생활과도 상관관계가 있을 것이라고 생각했기 때문에

c) 그가 다른 결과를 보여주는 예비 실험을 했기 때문에

d) 특정 국가의 문화가 어떠할지에 대한 구상을 미리 했고, 그런 구상에서 벗어나지 않았기 때문에

정답 b

해설 본문의 마지막 부분에 연구 결과가 자신이 생각했던 것과 정반대로 나와서 놀랐다고 밝히고 있다. 즉 Chen은 b)와 같이 생각했었지만 결과는 그 반대였다.

3 다음 중 본문의 빈칸에 들어갈 것으로 알맞은 것은?

a) ~와 유사한   b) ~로부터 벗어나지 않은

c) ~와 일치하는   d) ~와는 대조적으로

정답 d

해설 빈칸 뒤에 강한 미래 시제를 사용하는 언어를 약한 미래 시제를 사용하는 언어와 대조하고 있으므로 정답은 d)가 된다.

4 다음 중 이 글 다음에 나올 문단의 주제로 가장 알맞은 것은?

a) 약한 미래 시제가 더 강한 미래 행동을 유발시키는 이유
b) 미래 시제가 얼마나 강해야 미래 계획을 변화시킬 수 있는지
c) 강한 미래 계획 능력을 갖추어야 하는 필요성
d) 그가 발견한 것과 대조를 보이는 통계 자료

정답 a

해설 마지막 내용에서 자신의 가설과 정반대의 결과가 나왔으므로, 그 원인에 대한 설명이 오는 것이 적합하므로 정답은 a)가 된다.

Unit 64
인간관계와 심리

우리를 조종하려는 사람들의 행동원리

조종을 당할 때면, 압박을 받고 조종당하고 스스로에게 의문을 품길 강요당한다는 느낌 때문에 관계에 무언가 잘못된 것이 있다는 생각이 들지도 모른다. 캘리포니아에서 활동하는 학대적 관계 및 유해한 관계 전문 상담사인 Sharie Stines에 따르면, 남을 조종하는 사람들은 무언가를 직접 물어보지 못하기 때문이며, 그렇기에 심리적인 수단에 기대어 남을 조종하고 원하는 것을 얻는다고 한다. 조종은 공포와 의무감, 죄책감의 합작물이다. 정서적으로 건강하지 못한 조종 행동은 사람들로 하여금 원치 않는 일을 하게 만드는데, 이는 그 일을 하지 않는다면 괴롭힘을 당할 거라는 무서움, 해야만 한다는 느낌, 또는 하지 않으면 죄책감을 느끼기 때문이다.

남을 조종하는 사람들은 두 가지 형태가 있는데, 불량배와 피해자의 형태이다. 전자는 겁을 주고, 협박하고, 공격적 성향을 이용해 여러분을 겁주고 원하는 일을 하게 만든다. 후자는 여러분이 원하는 대로 행동하지 않는다면 죄책감을 느끼도록 만든다. 이들은 공격적인 불량배 형태만큼이나 해롭다. 피해자 역할을 하는 조종자의 표적이 되는 사람은 죄책감을 느끼지 않기 위해 조종자를 도우려고 하는 경우가 많다.

사람들이 스스로와 자신이 알고 있다고 생각하는 모든 것에 의문을 가지게 하는 조종의 한 예가 가스라이팅이다. 조종자는 여러분이 한 말을 비틀어 대화의 주도권을 잡거나, 여러분이 잘못한 것이 없다고 해도 잘못한 것처럼 생각하게 만들 것이다. 가스라이팅을 당한 사람은 실제 상황이 반대임에도 자신

이 잘못했고, 잘못된 입장에 선 것이라고 믿기에 죄책감을 느끼고 방어적인 입장이 된다. 조종자들은 책임을 절대 받아들이지 않으며, 다른 사람이 죄책감을 느끼게 만든다. 누군가가 여러분에게 도움을 주지만 도와주는 것에 대해 조건을 붙인다면, 이것이 바로 조종이다.

또 다른 예시는 '착한 사람' 유형으로, 호혜성에 대한 기본적인 개념과 규칙을 뒤집어 놓는 사람이다. '착한 사람'은 항상 다른 사람을 도울 준비가 되어 있고 친절하고 관대한 사람처럼 보이지만, 실제로 그는 대가로 무언가를 받고자 그러는 것일 뿐이다. 너무 늦기 전까지 이를 깨닫지 못하면, (어건상) 여러분이 무언가 대가를 지불해야 하는 형국이 된다. 받은 것을 되돌려 주지 못하면, 여러분은 조종자가 여러분을 위해 기울인 노력에 대해 배은망덕하게 구는 사람이라는 느낌을 받게 된다.

1 다음 중 이 글을 올바르게 요약한 것은?

a) 불량배, 가짜 피해자, 가스라이터, 착한 사람 같은 조종자 유형들은 공포와 의무감, 죄책감을 이용해 원하는 것을 얻어낸다.
b) 우리가 그 대상이 되는 조종술의 형태가 여러 가지 있으며, 빠져나오기에는 너무 늦기 전까지 깨닫지 못할 것이다.
c) 조종술은 심리적 압박의 최고봉이며, 내면이 불안정한 사람이 누군가를 좋아하지 않을 때 다른 이에게 사용하는 방식이다. 이들은 우월감을 느끼려고 이런 행동을 한다.
d) 누군가에게 조종당한다는 생각이 든다면, 자신에게 공포감, 의무감, 강요에 의해 무언가를 하고 있는지 스스로 질문함으로써 쉽게 확인할 수 있다.

정답 a

해설 조종은 공포와 의무감, 죄책감의 합작품이다 (Manipulation is a combination of the use of fear, obligation and guilt).라는 서술, 그리고 조종자의 유형으로 불량배와 피해자, 착한 사람 등을 들고 이들을 설명하고 있다. 이 내용을 모두 요약하면 a)가 된다.

2 다음 중 본문의 내용과 일치하지 않는 것은?

a) 조종의 한 가지 형태는 나중에 대가로 무언가를 부탁하고자 할 때만 다른 사람을 돕는 것이다.
b) 조종자가 피해자인 척하면, 여러분은 꼭 그 사람을 도와야 할 것 같은 기분이 들게 된다.
c) 불량배 유형은 원하는 것을 하게 만들기 위해 타인에게 겁을 준다.
d) 가스라이팅은 다른 사람을 돕지 않았다는 이유로 죄책감을 느끼게 만드는 것이다.

정답 d

해설 가스라이팅은 말을 비틀거나 바꾸어 사람들이 스스로

와 알고 있는 모든 것에 의문을 제기하도록 하는 방법(people start questioning themselves and everything they think they know)이라고 하였지, 돕지 않았다는 이유로 죄책감을 느끼게 만드는 것과는 다르다. 이것은 '착한 사람' 유형에 가깝다.

3 다음 중 Sharie Stines의 의견은 무엇인가?
   a) 유해하거나 학대적인 관계에 있는 사람들은 스스로도 시간이 갈수록 조종자가 되어간다.
   b) 사람들이 남을 조종하려 하는 것은 그냥 부탁을 하지 못 하기 때문이며, 이런 방법에 기대어 원하는 것을 얻는 것이다.
   c) 원하는 게 있다면, 그것을 받을 자격이 있다고 생각하지 말고 그냥 부탁해야 한다.
   d) 조종하는 행동을 보이는 사람의 경우 그들이 그렇게 행 동하도록 만드는 원인을 해결할 수 있도록 심리적인 도 움을 받아야 한다.

 정답 b

해설 Sharie Stines의 말을 인용한 부분 "... those who manipulate ... are unable to ask directly for something and resort to using psychological means to control the other person ..."의 내용과 일치하는 것은 b)이다.

4 다음 중 빈칸에 들어갈 가장 적절한 것은?
   a) 문제를 해결할 방법은 남을 조종하는 것뿐이라는
   b) 조종을 당한 것이 오히려 고맙다는
   c) 조종자가 여러분을 위해 기울인 노력에 대해 배은망덕 하게 구는 사람이라는
   d) 끔찍한 관계에서 방금 막 탈출했다는

 정답 c

해설 '착한 사람' 유형은 무언가를 대가로 받기 위해 도움 을 준다고 했고, 갚아야만 하는 분위기를 조성한다고 하였다. 이 러한 맥락에서, '착한 사람' 유형에게 은혜를 갚지 않는 경우를 상정하는 빈칸의 내용은 c)가 되는 것이 가장 적절할 것이다.

Unit 65

인간관계와 심리

MBTI, 논란에도 왜 인기 있나?

마이어스-브릭스 유형 지표는 성격 분석도구로서, 사람들과 그들이 가진 선호에 대한 데이터를 보아 16가지 카테고리로 사람들을 분류한다. 16가지 유형은 감각형(S)이나 직관형(N), 외향형(E)과 내향형(I), 사고형(T)과 감정형(F), 판단형(J)과 인식 형(P)이다. 주관사에 따르면 테스트를 한 번 진행한 뒤 다시 테

스트를 진행했을 때 90%의 정확도를 보이며, 이 때문에 MBTI 테스트가 매우 신뢰도 높고 정확하다고 주장한다. MBTI는 전 세계적으로 유행하긴 하지만, 과학적으로 정확하다고 여겨지 진 않고 있다. 펜실베니아 대학교 와튼스쿨 산업심리학 교수인 Adam Grant는 (이 테스트가) 사회과학적으로 보기에 신뢰성 있고, 유효하며, 독립적이고, 포괄적일 수 있는 기준을 전혀 통 과하지 못했다고 첨언했다.

MBTI는 Katherine Cook Briggs와 Isabel Briggs Myers 모 녀에 의해서 만들어졌다. "성격 브로커"의 저자이자 옥스퍼 드대학교 교수인 Merve Emre는 모녀 중 누구도 심리학 훈 련을 받지 않았으며, 이 비과학적 테스트는 칼 융의 "심리학 적 유형" 이론에 대한 Katherine의 관심에서 나왔다고 전한다. Katherine은 본인이 알고 있던 성격에 대한 모든 것들을 문서 화했는데, 2차 세계대전 고용 증가가 일어났던 시점인 1943년 캐서린의 딸이 Katherine의 기록들을 검토하고 사람들의 성격 별로 가장 적합한 일자리를 매치시켜 줄 설문지를 완성해냈다. 연 150만 명이 이 테스트에 응시하며, 포춘 100대 기업 중 88 개 기업이 이 테스트를 이용한다는 주관사의 주장을 생각해 보면, 왜 수많은 사람들이 비과학적인 테스트에 의존하는지를 생각해 볼 만하다. Emre 교수는 사람들이 이 테스트를 볼 때 응시자에 대해 우열적인 판단을 전혀 내리지 않는다는 점에서 이 테스트가 독특하다고 첨언했다. (이 테스트에서) 모든 성격 유형은 동등하지만 '다른' 취급을 받는다. 노동자는 그들이 원 하는 정보인, 본인에게 적합한 직업이 무엇인지를 알 수 있다. 이에 더해, MBTI는 타인들에게 이해시킬 수 있는 방법으로써 스스로를 분류할 수 있는 간단한 코드를 부여한다. 우리는 우 리 스스로에 대한 이해에 일치하여 인생 속의 중대 결정을 내 릴 수 있고, 이는 우리의 삶을 우리가 통제하고 있다는 환상을 제공한다.

1 다음 중 이 글의 화제는 무엇인가?
   a) 더 정확한 성격 검사의 필요성
   b) MBTI 검사의 영문 모를 유행
   c) 구직에 있어서 MBTI의 필요성
   d) MBTI를 과학적으로 더 정확하게 만들 수 있는 방법

정답 b

해설 칼 융의 심리학을 독학한 비전문가가 만들었고, 심리 학적으로 전혀 검증되지 않은 MBTI 테스트가 널리 이용되고 있으며, 이에 대해 고찰하는 것이 지문의 내용이었다. 이러한 내 용을 아우를 수 있는 주제로는 b)가 가장 적절할 것이다.

2 다음 중 본문의 내용과 일치하는 것은?
   a) 모녀가 자신들의 심리학 교육기반을 바탕으로 이 검사 를 설계했다.
   b) 모녀가 동시에 함께 작업하여 성격 유형들을 만들어냈 다.
   c) MBTI 검사는 2차 대전 말 여성들의 오락을 위해 만들어

졌다.

d) 포춘 100대 기업 중 대부분은 MBTI를 채용절차에 활용
한다.

정답 d

해설 포춘 100대 기업 중 88개사가 MBTI를 활용한다고
하였으므로(88 out of 100 Fortune 100 companies use it)
d)가 내용과 일치한다. b)는 협업을 한 것이 아니라, 어머니가
생전에 남겼던 메모와 자료를 딸이 보강하여 설문지 형태로 발
전시킨 것이다.

3 다음 중 이 글에서 유추할 수 있는 것은?

a) 사람들은 MBTI 유형에 기반하여 인생의 중요한 결정들
을 내린다.

b) 정상급 기업들은 MBTI가 쓸모없음을 알지만 어쨌든 활
용하고자 한다.

c) MBTI의 원래 의도는 좋은 성격과 안 좋은 성격을 구분하
기 위함이었다.

d) 모녀 개발자는 이 검사를 통해 심리학에 대해 더 배우고
자 했다.

정답 a

해설 마지막 문장에서는 MBTI로 얻은 자신에 대한 이해
를 통해 인생의 중요한 결정을 내릴 수 있고, 이를 통해 우리
가 삶의 주도권을 갖고 있다는 환상을 얻을 수 있기에 사람들
이 MBTI를 신봉하는 것이라고 결론 내리고 있다. 이를 바꿔 말
하면 현재 사람들이 MBTI에 기반하여 많은 결정을 내리고 있
다고 할 수도 있을 것이다. 따라서 답으로는 a)가 적절하다. b)
의 쓸모없음을 알고 있음에도 활용하고 있다는 내용은 언급되
지 않았다. c)에서 MBTI의 특징은 '좋은'성격과 '나쁜' 성격 없
이 모든 성격유형이 동등하게 취급받는다고 했다.

4 다음 중 빈칸에 들어갈 가장 적절한 것은?

a) 과학적인 측정을 활용하는 유일한 종류라는

b) 회사와 잘 맞을 종류의 사람들을 고용주와 연결시켜 준
다는

c) 이 테스트를 볼 때 응시자에 대해 우열적인 판단을 전혀
내리지 않는다는

d) 누구도 그런 검사를 할 생각을 안 했다는

정답 c

해설 빈칸이 있는 문장의 내용을 풀어 말하는 다음 문장에
서 모든 성격유형이 '다른' 것이라고 하였다. 두 문장 간에 별도
의 역접 연결어가 없으므로, 빈칸의 내용이 다음 문장의 내용을
함축하여 이야기하는 것이어야 한다. 따라서 '우열적인 판단을
내리지 않는다.'는 내용인 c)가 가장 적절하다.

비행기 조종실의 대화 연구

1982년 1월 워싱턴 DC에서 기장과 부기장에게 발생했던 일
을 상상해보자. 당시 에어 플로리다 90편 항공기가 이륙했지
만 계속 상승하지 못하고 떨어져 인근 다리에 부딪힌 후 포토
맥강으로 추락했다. 79명의 탑승자 가운데 불과 5명만이 목숨
을 건질 수 있었다. 주변 사람들은 사고 피해자들이 얼음으로
덮인 차가운 겨울 강 심연으로 익사해 가는 모습을 속절없이
지켜봐야 했으며, 수백만 명이 TV로 이 모습을 시청했다. 날씨
가 너무 추워 항공기의 얼음을 녹이는 작업을 시행한 후였기
때문에 비행기는 신속히 상승하지 못했고, 이 틈을 타 항공기
에 새롭게 얼음과 눈이 쌓이게 됐다. 어떻게 이런 실수가 생겼
을까? 블랙박스 안에 담겨진 기장과 부기장의 대화 기록을 보
면, 기장은 추운 날씨 조건에서 비행 경험이 많지 않았으며, 부
기장이 더 많이 알고 있어 기장에게 경고하려고 했지만 소용
이 없었다. 부기장은 기장도 얼음이 어는 기상 조건에서 비행
시 생길 수 있는 몇몇 양상, 예를 들어 뒷바람이 불면 항공기
의 속도가 증가하고, 동체 날개의 플랩이 얼음이 얼어 느리게
접히면 착륙을 안전하게 할 수 없다는 등의 사실을 잘 알고 있
을 것으로 생각했다. 그런 경우에는 기장이 착륙 결정을 하지
않아야 한다. 하지만 기장은 부기장의 간접적으로 표현한 말을
자신들이 현재 너무 빠르게 비행하고 있다고 해석하지 않았다.
캘리포니아주의 팔로알토 시에 위치한 학습연구소(he Institute
for Research on Learning)의 언어학자인 Charlotte Linde는
사고가 난 블랙박스에 기록되었거나 혹은 문제가 있다고 판단
되는 비행 시뮬레이션에 기록된 조종실 대화를 연구했다. 연구
를 통해 그녀는 부기장이나 승무원 중 다른 부하 직원들이 간
접적인 언어를 사용하는 것이 빈번하다는 사실을 깨달았다. 또
한 간접적인 언어를 사용할 경우 그렇지 않은 경우보다 더 많
은 사고가 발생했으며, 기장은 부하 직원들의 경고를 무시하는
경우가 더 많았다. <u>간접적인 언어 사용은 포착하기 더 어렵고
무시하기 더 쉽다</u>는 결론에 도달했다. 앞서 말한 에어 플로리
다 항공기의 사고로 돌아와서, 부기장이 얼음이 얼었는지 다시
확인하는 것이 좋을 것 같다고 명확히 제안했을 때, 부기장이
명령을 하지 않고 제안을 했기 때문에 기장은 더욱 쉽게 부기
장의 이런 경고를 무시했다. Linde의 연구 결과 몇몇 항공사들
은 자사 승무원들이 우려하는 점이 있는 경우 상관에게 좀 더
강압적으로 직언할 수 있도록 훈련시켰다.

1 다음 중 Linde의 연구 결과인 것은?

a) 기장들이 부하 직원을 부당하게 대우했으며 피할 수 있
는 사고를 일으켰다고 비난을 받았다.

b) 항공기 승무원들은 팀 단위로 일하도록 지시를 받았으
며, 이를 통해 서로를 잘 알고 직언을 하더라도 불편함
을 느끼지 않도록 했다.

c) 부기장과 기장은 같이 비행하기 전에 돈독한 관계를 형성해야 한다.

d) 몇몇 항공사들은 자사의 훈련 프로그램에 상관에게 직접적인 언어로 말하도록 하는 지침을 포함시켰다.

 정답 d

해설 본문 마지막의 "Linde's research has prompted some airlines to train crew to speak up to superiors more forcefully when they are worried about something." 부분을 통해 d)라는 사실을 알 수 있다. 즉 문제가 있다고 판단되면 부하 직원이라 하더라도 상관에게 돌려 말하지 말고 직접적인 방식으로 말하도록 훈련시켰다는 내용이다. b)도 직언하도록 했다는 내용이 들어가지만 팀 단위로 일하도록 했다는 내용은 본문에 등장하지 않는다.

2 다음 중 에어 플로리다 90편에서 많은 사람들이 사망한 이유는 무엇인가?

a) 비행기에 불이 났기 때문에 안에 타고 있던 승객들에게 가까이 접근해 구조할 수 없었다.

b) 비행기가 얼음이 언 강에 추락해 다른 이들의 접근이 어려웠고 탑승객들은 빠르게 사망했다.

c) 사고 목격자들이 큰 충격을 받아 아무것도 하지 못하고 굳은 채로 지켜볼 수밖에 없었으며, 도와주어야 한다고 정신이 들었을 때는 너무 지체된 후였다.

d) 기장과 부기장은 사람들이 거주하지 않는 지역에 비행기를 비상착륙 시켰기 때문에 부상당한 생존자들을 도와주고 치료해 줄 수 있는 사람들이 아무도 없었다.

정답 b

해설 본문의 "Bystanders watched helplessly as they drowned in the icy depths of the river." 부분을 통해 승객들이 얼음이 긴 포토맥강에서 익사했다는 사실을 알 수 있다. 따라서 정답은 b)가 된다.

3 다음 중 본문의 내용과 일치하는 것은?

a) 부기장은 에어 플로리다 항공기에 결함이 있다는 사실을 알아차리지 못했고, 그래서 기장에게 적절하게 경고하지 않았다.

b) 에어 플로리다 항공기의 기장은 얼음이 어는 날씨에서 비행한 경험이 전혀 없었으나, 너무 거만해 이런 사실을 인정하려 들지 않았다.

c) 에어 플로리다 항공기 사고의 경우, 승무원들만 살아남고 모든 승객들은 사망했다.

d) 항공기가 이미 얼음 제거 작업을 받았지만 이륙 전에 제거되었어야 하는 얼음들이 시간이 지나 다시 생겨났다.

정답 d

해설 a)의 경우 부기장은 위험을 인지했지만 기장에게 위

험하다고 명령조로 말하지 못하고 제안적으로 말을 했고, 그 결과 기장이 대수롭지 않다고 생각해 부기장의 경고를 무시했다고 나온다. b)의 경우 기장이 경험이 부족했다고 했지 전혀 없었다고 하지 않았으며, 거만했다는 내용은 등장하지 않는다. c)의 경우 본문에서 "Only 5 out of the 79 people on the plane survived."라고만 언급하고 있다. 정답은 d)로 "After being de-iced, the plane had not taken off quickly, allowing fresh ice and snow to gather on the plane." 부분을 통해 알 수 있다.

4 다음 중 본문의 빈칸에 알맞은 내용은?

a) 간접적인 언어 사용은 포착하기 더 어렵고 무시하기 더 쉽다

b) 기장과 부기장은 서로 일을 바꿔야 한다

c) 조종실에서 사용하는 말은 실제로 이해하기 어렵다

d) 대부분의 추락 사고는 부기장의 말을 기장이 잘 들을 경우 피할 수 있다

 정답 a

해설 빈칸에는 연구원의 결론에 해당하는 내용이 들어가야 하며, 이 결론이 본문의 결론이기도 하다. 항공기 사고의 원인이 기장과 부기장 사이의 언어 문제로 생길 수 있다는 것을 강조하고 있다. 상관과 부하라는 상하관계 속에서 부기장이 기장에게 직접적으로 위험을 언급하지 못하고 돌려서 말해 이를 기장이 제대로 파악하지 못했다는 내용이므로 정답은 a)가 적합하다.

Unit 67 인간관계와 심리

인생의 의미와 행복의 관계

Cole과 Fredrickson 교수의 연구 결과에 따르면, 살면서 의미 없는 행복을 추구하는 것은 만성 역경을 겪고 있는 사람에게서 나타나는 것과 동일한 유전자 발현을 유발한다는 것을 발견했다. 박테리아의 공격이 가해질 때 이런 행복감을 느끼는 사람들의 신체에서는 염증을 유발하는 반응을 보이기 시작한다. 지나친 염증은 심장병이나 암과 같은 심각한 질병과 관련이 있다. Fredrickson은 약물이나 음주를 통해 느끼는 행복감이나 조증 상태를 경험하는 것과 같은 공허한 긍정적 감정을 갖는 것이 만성 역경과 마찬가지로 몸에 좋지 않다고 말한다. 많은 사람들에게 있어 인생의 의미와 행복은 서로 함께 간다는 것을 고려해야 한다. 즉 어떤 사람들은 인생의 의미와 행복을 모두 갖지만 또 다른 이들은 이 둘을 모두 갖지 않는다. 하지만 이 중 하나는 낮고 다른 하나는 높은 경우를 보이는 사람들도 있다. 이런 사람들은 만성 역경을 보이는 것과 같은 유전자 발현 패턴을 보이며, 연구 참가자들의 75%를 차지하고 있

다. 나머지 25%는 인생의 의미가 행복감보다 더 높다고 느끼는 사람들로, 이를 유다이모닉(eudaimonic)한 성향이 우세하다고 한다. 하지만 이익이 되는 유전자 발현은 의미와 함께 오기 때문에 (이것이 결여된 것은) 좋은 것이 아니다. 행복감과 의미가 모두 동일한 수준이거나 혹은 행복감은 없지만 의미를 가진 사람들은 낮은 수준의 역경 스트레스 반응을 보인다. 이들의 신체는 혼자 있거나 어려움에 처할 때 유발되는 박테리아 감염에는 걸리지 않았지만, 대신 사람들과 같이 있으면서 발생하는 바이러스 감염은 피할 수 없었다.

Fredrickson은 자신의 두 책 《긍정성》과 《러브 2.0》에서 긍정적 감정이 얼마나 이로운지에 관한 자신의 연구를 언급하고 있다. 긍정적 감정은 사람들이 더 넓고 깊게 생각하도록 해주며 문제로부터 보호해 준다고 설명했다. 하지만 쾌락적(hedonistic) 행복과 이로 인한 모든 긍정적 감정과 즐거움은 유다이모닉(eudaimonic)한 행복에 비해 좋지 않다는 사실은 프레드릭슨 자신에게도 놀라운 일이었다. 그녀는 쾌락적 행복의 양이 문제가 아니라고 설명한다. 그보다는 유다이모닉한 행복이 훨씬 강력하다는 데 있다. 두 종류의 행복이 동일한 수준일 경우 서로 문제가 없지만 쾌락적 행복이 압도할 경우 역경을 겪을 때 나타나는 유전자 패턴이 발생하게 된다. 쾌락주의(hedonism)와 행복주의(eudaimonism)는 좋은 삶이란 무엇인지를 두고 지난 2천 년간 벌여온 서양 문명의 철학적 논쟁을 연상시킨다. 기분이 좋은 것이 행복을 가져다준다고 생각하는 쾌락주의자들의 생각이 옳은 것일까 아니면 덕윤리(virtue ethics) 실천자로서 좋은 일을 해서 기분 좋은 상태인 것이 맞다고 주장하는 아리스토텔레스와 그의 추종자들의 생각이 옳은 것일까? 이번 연구를 보면 단순히 기분 좋은 것 이상이 필요하다는 것을 알 수 있다. 인생에서의 의미가 필요하다는 것이다. 칼 융은 의미 이외에 아무것도 갖지 못한 것이 모든 것을 갖고도 의미가 없는 것보다는 낫다고 말했다. 그의 말은 우리의 마음과 정신뿐만 아니라 신체에도 의미를 갖는다.

1 다음 중 본문의 주제로 적합한 것은?
   a) 인생에서 의미와 행복의 관계
   b) 인생에서 의미가 없을 때 생기는 문제들
   c) 인생에서 더 큰 행복을 느낄 수 있는 방법 찾기
   d) 행복과 의미의 균형을 이루도록 노력할 것

   정답 a

   해설 행복과 의미가 서로 균형을 이루는 경우나 의미가 행복보다 더 높은 경우에는 몸에 이상이 없지만, 의미보다 행복이 앞서는 경우 몸에 좋지 않은 유전자가 생긴다는 것이다. 여기서 의미보다 행복이 앞선다는 것은, 인생에서 목적을 달성하기 위해 무언가를 실행하면서 느끼는 행복감 대신 약물이나 음주 등으로 인해 유발되는 쾌락 자체를 위한 행복감을 의미한다. 따라서 이는 d)와 같이 행복과 의미의 균형을 이루자는 내용이 아니며, b)와 같이 유전자 발현 등과 같은 문제에 초점을 맞추고 있다고 보기도 어렵다. 정답은 a)로 의미와 행복이 서로 어떤 관계

가 있는지에 대해 다루고 있다고 보는 것이 적합하다.

2 다음 중 쾌락주의와 행복주의 간의 차이는 무엇인가?
   a) 쾌락주의는 사람들이 의미를 갖도록 하지만 행복주의는 그렇지 않다.
   b) 전자는 좋은 감정을 중시하는 것이고 후자는 좋은 행동을 중시하는 것이다.
   c) 하나는 잘 살고 좋은 시간을 갖는 것을 의미하고 다른 하나는 불행하게 살아서 어떤 것도 즐기지 못하는 것을 의미한다.
   d) 첫 번째 것은 쉽게 얻을 수 있지만 두 번째 것은 노력해야 얻을 수 있다.

   정답 b

   해설 행복과 의미 중 행복에 중점을 두는 것이 쾌락주의(hedonism)이고 의미에 중점을 두는 것이 행복주의(eudaimonism)이다. 본문에서는 "feeling good"과 "doing and being good"이라고 설명하고 있으므로 정답은 b)가 된다.

3 다음 중 밑줄 친 부분과 일치하는 것은?
   a) 현실감과 행복을 모두 가지고 있다면 하나를 많이 갖고 다른 것을 적게 갖은 사람과 동일하다.
   b) 행복과 의미를 모두 갖고 있거나 이 둘을 모두 갖고 있지 않은 사람들도 있고, 이 둘 사이에 균형을 이루지 못하고 있는 사람들도 있다.
   c) 대부분의 사람들이 의미와 행복 모두를 가지고 있는 것을 고려해볼 때 다른 이들은 아무것도 갖고 있지 않다.
   d) 행복이나 의미 중 하나를 더 많이 갖고 있는 경우 대부분의 사람들은 결국 이 둘을 모두 잃게 된다.

   정답 b

   해설 밑줄에서 의미와 행복에 대해 두 부류로 구분하고 있다. 이 둘이 모두 많거나 모두 적은 사람이 하나의 부류이고, 다른 하나는 하나가 많고 다른 하나는 적은 경우를 의미하고 있으므로 정답은 b)가 된다.

4 다음 중 이 글에서 "This"는 무엇을 가리키는가?
   a) 역경과 관련된 유전자 발현 패턴
   b) 인생의 의미 없는 행복을 누리는 상태
   c) 행복한 사람들의 몸에서 시작된 염증 유발 반응
   d) 일부 개인들에게서 발견되는 동일한 수준의 행복과 의미

   정답 b

   해설 문맥에서 "이것"은 삶의 의미 없이 행복을 누리는 상태를 가리킨다. 이 구절은 Cole과 Fredrickson 교수가 발견한 의미가 없는 행복이 만성 역경을 경험하는 사람들에게서 볼 수 있는 것과 유사한 유전자 발현 패턴을 생성한다는 것을 논의하

는데, 여기서 "이것"은 행복이 삶의 의미를 초과하는 상태와 대조하여 유다이모닉의 우세를 언급한 직후에 사용되었고, 의미와 관련된 유익한 유전자 발현이 부족하기 때문에 해롭다는 것을 나타낸다.

현대적인 일중독

미국의 심리학자 Wayne Oates의 1999년 〈뉴욕타임즈〉 부고 기사는 2가지 사실로 시작한다. 그는 생전에 57권의 책을 저술했고, 워커홀릭(일중독자)이라는 용어를 만들어냈다. 그의 1968년 에세이는 힘든 일에 중독된 자신의 이야기를 담고 있는데, 자신의 생각에 그것이 약물 중독과 비슷하다고 했던 것이다. [1] 일중독이 알코올 중독에 비해 더 용인되고, 알코올 중독보다는 일중독이 개인에게 부고 기사를 가져다줄 가능성이 크다. 그렇다면 일중독자란 무엇일까? 사람들을 기술하는 용어를 사용할 때 헌신과 중독은 혼동하지 말아야 하는 것은 사실이지만, 의료 분야에 종사하는 사람들을 포함해 누구도 실제로 일중독이 무엇인지 의견 일치를 보지 못하고 있다. [2] 1992년 일중독자들은 많은 일을 하지만 자신들이 하는 일에 대해 즐거움 없이 한다는 사실이 제시됐다. [3] 좀 더 최근에는 일중독자들이 일에 과도하게 몰두한 이후에는 다른 중독과 마찬가지로 금단 증상을 겪는다는 사실에 대한 연구가 진행 중이다. [4] 정의는 합의된 바 없지만 일중독자에 대한 신체적, 정서적 영향 또한 계속 연구가 진행 중이다. 일중독은 수면 장애, 체중 증가, 고혈압, 불안, 우울증 등과 연관성이 있다. 또한 일중독자는 주변 사람들에게 영향을 미친다. 일중독자들의 배우자들은 대체로 결혼 생활에 행복감을 느끼지 못한다. 자녀들도 알코올 중독자의 자녀들에 비해 72% 더 높은 우울증을 겪는 것으로 알려져 있으며, 부모를 돌보느라 자신들의 어린 시절을 포기하며, 가정에서 부모의 역할을 하는 "부모화(parentification)" 현상이 더 높게 나타나는 것으로 알려졌다.
일중독자들의 통계를 살펴보자. 미국 성인의 약 10%가 일중독자이지만, 변호사나 의사, 심리학자의 경우에는 이 수치가 23%로 증가한다. 그리고 실제보다 더 많은 사람들이 자신을 일중독자라고 주장한다. 예를 들어 1998년 27%의 캐나다인들이 일중독으로 고통받고 있다고 밝혔다. 이 중 38%는 소득이 8만 달러 이상이었으며, 22%는 전혀 소득이 없었다. 사람들은 자신을 일중독자라고 여기는 것을 좋아하는 것 같다. 실제 일중독은 다른 중독에 비해 가장 사회적으로 용인되는 정신 질환 문제이기 때문이다. 교육 수준이 높고 부유한 사람들이 덜 부유한 사람들에 비해 퇴직을 미루면서 일중독 성향을 보이는 것으로 밝혀졌다. 하지만 일본의 경우 일중독 증상은 별로 눈에 띄지 않는다. 왜냐하면 모든 사람들이 이런 증상을 보이고

있기 때문이다. 심지어 지나친 일로 사망하는 것을 지칭하는 단어(과로사)가 존재한다.

1 다음 중 본문의 주제로 적합한 것은?
   a) '일중독자'라는 용어의 역사와 사회적 수용
   b) 일중독이 가족 구성원에게 미치는 심리적 영향
   c) 각국의 일중독의 재정적 영향
   d) 일중독과 약물 중독의 비교

   정답 d

   해설 이 글은 주로 일중독의 개념을 논의하고 약물 중독과 비교하며 개인과 가족 모두에게 수용되고 미치는 영향을 탐구하는 내용이다. 그러므로 정답은 d)이다.

2 다음 문장이 들어갈 올바른 위치는?
   사람들을 기술하는 용어를 사용할 때 헌신과 중독은 혼동하지 말아야 하는 것은 사실이지만, 의료 분야에 종사하는 사람들을 포함해 누구도 실제로 일중독이 무엇인지 의견 일치를 보지 못하고 있다.
   a) [1]   b) [2]
   c) [3]   d) [4]

   정답 b

   해설 일중독이 무엇인지 의견 일치를 보지 못하고 있다는 내용이다. 그러므로 일중독이 무엇인지를 묻는 문장 뒤에 답의 형식으로 들어가는 것이 타당하다. 정답은 b)이다.

3 다음 중 본문을 통해 추론할 수 있는 것은?
   a) 일본인들은 장시간 일하는 것을 무엇인가 존경받을 징표로 여긴다.
   b) 일부 캐나다인들은 가정이나 자신들의 일이 아닌 일에 대해 지나치게 많은 일을 한다.
   c) 퇴직을 한다고 해서 일중독의 경향이 자동으로 치유되는 것은 아니다.
   d) 일중독 경향을 무시하면 사랑하는 이들에게도 파급 효과를 미칠 수 있다.

   정답 b

   해설 두 번째 문단에서 캐나다의 일중독자 비율이 가장 높은 통계 수치를 통해 b)를 추론할 수 있다. a)의 경우 사회적으로 용인되는 중독이라고는 했지만 존경받는다는 내용은 없으며, c)의 경우 퇴직을 미루면서까지 일에 몰두한다는 내용은 나오지만 퇴직 후에도 일중독 증상을 보인다는 내용은 없다. d)의 경우 일중독이 가족에게도 파급 효과를 가져와 가족들도 같은 증상을 겪을 수 있다는 내용이므로 본문에서 가족들이 피해에 시달린다는 내용과는 거리가 멀다.

4 다음 중 본문과 일치하지 않는 것을 고르시오.

a) 일중독의 의미에 대해 공통된 의견은 나오고 있지 않다.
b) Wayne Oates는 과로사로 사망했지만 존경받고 있다.
c) 자신이 일중독자임을 밝히는 것에는 긍정적인 부분이 포함되어 있다.
d) 자신을 일중독자라고 말한다고 해서 사회적으로 따돌림을 받지 않는다.

정답 b

해설 Wayne Oates 자신이 일중독자일 수는 있지만 본문에는 이런 사실이 명시되어 있지는 않다. 대신 Wayne Oates가 '일중독자'라는 용어를 처음 사용한 사람이라고 기술하고 있으므로 b)가 정답이 된다.

Unit 69   문화와 제도

손절문화의 양면 비교하기

손절문화는 특정인이나 집단이 행하거나 말한 것에 대해 사람들이 반감을 가질 때 생긴다. 그리고 그들은 그들의 불만을 트위터 같은 소셜 미디어에서 공론화하는데, 트위터는 손절문화의 강력한 플랫폼이 되어왔다. 어떤 이들은 손절문화가 문제가 있는 행동을 폭로한다고 주장하는 반면, 어떤 이들은 이 문화가 언론의 자유를 탄압하는 방법이라고 말한다. 분명 손절문화는 영화예술과학아카데미(아카데미상 주관단체)의 구성에 다양성이 부족하다는 문제를 해결하게 만든 #Oscarssowhite 캠페인을 시작하거나, #MeToo 캠페인이 성범죄와 성차별, 그리고 여성들이 일상적으로 감내해야 하는 불평등한 대접 등을 수면 위로 올리는 등, 긍정적인 변화를 가져오긴 하였다.
그렇지만 반면에, 어떤 이들은 손절문화가 억울하게 혐의를 받은 채, 맥락을 설명하지 않아 오해를 산 사람들의 삶과 커리어를 망치는 데 일조했다고 얘기한다. 그 결과, 일부 피해자들이 부정확한 폭로에 의거해 판단을 받고 재기하지 못하게 된다.
캘리포니아 주립대학교 아프리카계 미국인 언어학 학장인 Anne Charity Hundley 교수는 아직 사회가 온라인상에서의 행동과 무엇이 '선을 넘는 행동인가'에 대한 공감대가 없다는 사실을 지적한다. 그러나 덴버 대학교 심리학과의 Apryl Alexander 교수는 시간이 가면서 사람들이 소셜 미디어상에서 하는 발언이 때로 문제를 수면 위로 올리기에 필요하다는 점을 깨달았다고 주장한다. 여러 전문가들은 정의에 대한 옹호가 언론의 자유와 대등하지 않은 상황에서 손절문화를 논의할 때 서로 다른 차원에 있는 것을 비교하는 오류를 범해선 안 된다고 주장해 왔다. 나아가 Alexander 교수는 언론의 자유가 중요함에도, 언론의 자유가 남을 해하는 데 사용된다면, 뭔가를 해야만 한다고 첨언했다.

---

1 다음 중 이 글의 요지는 무엇인가?
a) 사회의 잘못된 점을 교정하기 위한 소셜 미디어의 사용
b) 완전한 언론의 자유를 사회가 가져야 할 필요성
c) 손절문화의 희생양이 겪는 영향
d) 손절문화가 가진 명암의 균형 잡기

정답 d

해설 마지막 문단에서는 언론의 자유도 중요하지만, 그것이 남을 해한다면 무언가 조치가 필요하다고 하였다. 즉 언론의 자유는 절대선이 아니고, 이를 견제하는 수단으로서 (비록 억울한 피해자를 만드는 문제가 있지만) 손절문화가 역할을 할 수 있다고 보는 것이다.

2 다음 중 본문의 내용과 일치하지 않는 것은?
a) 어떤 사람들은 소셜 미디어상에서 불공정한 공격을 받았다.
b) 언론의 자유와 고통받지 않을 권리는 같지 않다.
c) 손절문화는 개인적인 복수 행위에서 나왔다.
d) 손절문화를 반대하는 이들은 이 문화가 언론의 자유를 파괴한다고 생각한다.

정답 c

해설 개인적인 복수가 아닌, 문제적인 요소가 있는 언행을 공론화하여 변화를 꾀했던 것이 그 시초였다는 것(when people are unhappy with something a person or an organization has done or said and publicizes this)이 첫 문단의 내용이다. 참고로 b)의 언론의 자유(freedom of speech)가 불의에 고통 받지 않을 권리(advocating for justice)와 다르다는 것은 마지막 문장에서 언급되었다.

3 다음 중 Apryl Alexander 교수의 의견은 무엇인가?
a) 손절문화는 불의를 드러내는 데 있어 중요한 도구이다.
b) 손절문화는 너무 많이 나간 감이 있어, 통제를 받아야 한다.
c) 사람들의 삶이 파괴되고 있다면 멈춰야 한다.
d) 소셜 미디어의 사용으로 정의를 꾀한다는 것은 미숙한 일이다.

정답 a

해설 지문에 따르면 Alexander 교수가 문제를 수면 위로 올리는 데 있어서 필요하다고 발언하였으므로(speaking out on social media is sometimes necessary to highlight an issue) 그의 의견과 a)가 가장 가깝다.

4 다음 중 빈칸에 들어갈 가장 적절한 것은?
a) 손절문화는 잘못되었다
b) 더 이상 언론의 자유를 가지지 못한다
c) 모두들 자기성찰을 해야 한다

d) 뭔가를 해야만 한다

정답 d

해설 언론의 자유가 중요하다고 말했으며, 정의와는 또 다른 관점에서 의미가 있는 것이 언론의 자유임이 지문 전체에서 암시되어 있다. 언론의 자유를 완전히 없애도 된다면 이를 제약하는 일을 가지고 굳이 논의를 펼칠 것도 없을 것이다. 따라서 while 절의 내용에 따라올 수 있는 빈칸의 내용은 언론의 자유를 어느 정도 '통제'하는 수준의 담론이어야 함을 추론할 수 있다.

Unit 70   문화와 제도

멈출 것 같은 중국의 스타벅스 성장세

중국의 스타벅스는 비싼 편임에도 불구하고 왜 중국에서 큰 인기가 있는 것일까? 스타벅스를 대신할 수 있는 많은 커피 매장이 있고, 비슷한 품질의 커피와 안락한 분위기를 큰 비용을 지출하지 않고도 찾을 수 있는데 말이다. 첫 번째 요인은 문화적인 요인이다. 1970년대 후반 중국이 자국 내 수입품 유입을 개방하면서, 중국으로 들어오는 수입품들은 곧바로 이미지와 지위를 중시하는 중국 소비자들에게 매력적인 제품으로 다가왔다. 중국 우한(Wuhan)에서 자랐고, 현재는 워싱턴 DC에서 활동하고 있는 Fei Wang 컨설턴트는 수입품들이 더 우수하고, 더 잘 만들어졌으며, 더 높은 지위를 전달해 준다는 생각을 일반인들이 갖고 있기 때문에 (이런 제품들의 구입이) 사회에서 자신의 명성에 더욱 긍정적인 영향을 준다고 여긴다.

얼핏 생각하면 높은 가격이 사람들의 구입을 망설이게 할 것 같지만, 여력이 있는 사람들은 자신의 부를 과시하기 위해서라도 이런 수입품들에 끌리게 된다. 다시 말하면 커피와 같은 프리미엄 제품을 구매하는 것이 비즈니스 관계나 인간관계에 긍정적 영향을 준다는 말이다. 스타벅스의 진입은 그 타이밍도 좋았다. 당시 커피 소비가 중국 젊은이들 사이에서 점점 더 인기를 끌어가고 있었기 때문이다. 하지만 이런 비싼 수입품의 명성도 막을 내리고 있는 것 같다. 온라인 구매와 해외여행을 경험한 중국 소비자들이 커피처럼 단순한 제품에 너무 많은 비용을 지불하고 있다는 것을 깨달았기 때문이다. Wang 컨설턴트는 미국에 건너와 생활하면서 미국과 중국의 가격을 비교해 보고 큰 충격을 받았다고 말한다. 그리고 이는 비단 커피 산업에만 국한된 것은 아니다. 〈월스트리트저널〉의 Laurie Burkett는 몹시 화가 난 쇼핑객이 더 이상 중국에서 쇼핑할 필요성을 느끼지 못한다는 말을 인용했다. 중국의 커피 시장이 몸집을 더해 가면서 스타벅스는 이전의 매력을 상실할 수 있다. 스타벅스는 녹차 맛이 나는 커피를 출시한다든가 수집용 머그컵을 출시해 중국 소비자들의 취향에 다가서려는 노력을

기울이고 있으며, 다른 기업들이 시도하지 않은 유연한 방식으로 중국 시장에서 남들보다 더 큰 성공을 거둬 온 것은 사실이지만, 중국의 소비자들이 라떼는 어디서든 구할 수 있고 그것도 훨씬 더 저렴한 가격에 살 수 있다는 사실을 깨달아 가고 있다.

1 다음 중 본문의 주제로 알맞은 것은?
a) 중국의 젊은 부유층 소비자들의 변덕스러움
b) 힘겨운 중국 시장에서도 계속 성장하는 스타벅스
c) 중국에서 몇 차례 차질을 빚은 후 위태로운 상황에 처한 스타벅스
d) 값비싼 해외 제품에 대한 중국의 반발

정답 d

해설 중국에서 스타벅스의 성공 비결에 대해 서술하고 있지만 본문 주제문은 중반 "However, the prestige of these expensive foreign products may be coming to an end." 에 해당한다. 스타벅스를 예로 들어 해외 제품들의 인기가 시들해지는 상황을 나타내고 있는 글이므로 정답은 d)가 된다. 그리고 c)의 경우 스타벅스가 중국에서 큰 실수를 저질러서 차질(setback)을 빚고 있다는 내용은 등장하지 않기 때문에 정답이 될 수 없다.

2 다음 중 중국에서 벌어지고 있는 변화에 해당하는 것은?
a) 1970년대 후반 이후 해외 수입제품들의 공격이 강력해지면서 중국 시장이 약화되고 있다.
b) 중국 소비자들이 그렇게 비쌀 이유가 없고 다른 곳에서는 더 저가로 구입할 수 있는 제품에 대해 더 많은 비용을 지불하고 있었다는 사실을 깨닫기 시작하고 있다.
c) 스타벅스에서 돈을 뿌리는 것을 행복으로 알았던 중국의 어린 아이들이 이제 성인이 되어 더 이상 그런 소비 패턴을 보이지 않고 있다.
d) 중국에서는 자국만의 고가 커피 체인을 만들어서 제품의 구입과 함께 멋진 라이프스타일의 이미지까지 함께 제공하고 있다.

정답 b

해설 예전에는 수입품이 인기가 있었지만 "해외 인터넷 구매(e-commerce)"와 "해외여행(travel abroad)"의 결과로 중국의 가격과 해외 가격 차이가 너무 심하다는 사실을 알게 됐다고 나온다. 따라서 정답은 b)가 적합하다.

3 다음 중 본문의 내용과 일치하는 것을 고르시오.
a) 중국 소비자들은 자신들이 원하는 중국 제품이 아닌 자신들의 돈을 빼앗아가는 해외 수입품을 중국 정부가 제공하길 원한다는 사실을 알고 분개하고 있다.
b) 중국인들이 소유한 커피숍도 스타벅스처럼 값이 비싸다.
c) 스타벅스를 자주 가기 시작하던 중국의 젊은이들은 다

른 이들이 자신들을 실제보다 더 교양 있는 사람들로 생각해 주길 원했다.

d) Fei Wang은 미국에 간 이후에야 비로소 중국 소비자들이 얼마나 더 많은 비용을 추가로 지불하고 있는지를 깨닫게 됐다.

정답 d

해설 a)는 본문과 무관하고, b)는 중국 커피숍들은 값이 훨씬 더 저렴하다고 나온다. c)는 비슷한 의미의 "convey higher status"나 "show off their wealth" 등의 내용이 등장하는 것은 사실이지만 "more educated"처럼 구체적이지는 않다. 정답은 d)로 "Wang admits that the price comparison between America and China shocked her after spending time in America."을 통해 알 수 있다.

4 다음 중 본문을 통해 추론할 수 있는 것이 아닌 것은?

a) 서양식 스타일이 중국에서는 긍정적인 이미지를 전달해 준다.

b) 사람들은 중국 시장에 등장한 해외 제품을 훨씬 더 긍정적으로 묘사했다.

c) 중국에서 스타벅스에 가는 것은 좋은 커피를 마시는 것 이상의 잘 알려지지 않은 은닉 제품을 구하는 것과 같았다.

d) 스타벅스에서는 중국식의 음료를 제공해 중국인들을 유인하려고 했지만 중국인들은 그런 맛을 원하지 않았다.

정답 d

해설 본문 후반부에서 "Although it has reached out to local Chinese tastes by incorporating green tea flavored coffee … it has been more successful in the local market" 부분을 통해 보기 d)의 앞부분과 같은 시도를 했고, 이런 시도가 중국 시장에서 성공적이었다는 것을 알 수 있으므로 d)의 후반부 내용이 본문과 달라서 정답이 된다.

Unit 71   문화와 제도

미국인들의 대량구매 문화

LA의 각 가정에 얼마나 많은 음식들이 쌓여 있는지 이해하기 위해서는 이탈리아를 참고로 살펴보면 좋다. 이탈리아의 중산층은 주로 작은 냉장고와 냉동고를 이용할 뿐만 아니라, 미국인들과는 달리 별도의 냉장고를 추가로 가지고 있는 경우도 없다. 냉장고의 크기가 식료품 쇼핑에 영향을 주는지 아니면 반대로 식료품 쇼핑의 영향을 받는지는 명확하지 않지만, 우리가 확실히 아는 것이 하나 있다면 이탈리아 사람들은 LA 가정

에 비해 더 자주 쇼핑하고 매번 쇼핑할 때마다 더 적게 구입한다는 사실이다. 지역 식품 매장과 대형 마트도 물론 존재한다. 하지만 이들은 대게 이탈리아 도시 외곽에 위치하고 있어서, 일상적인 구매를 할 경우는 동네 빵집이나 과일 및 채소 가게를 들르고, 동네 정육점과 생선 매장, 일반 시장 등에서 구입한다. LA는 사정이 다르다. 이곳에서는 초대형 마트가 있기 때문에 사람들이 한꺼번에 엄청나게 많은 물품을 구입한 후 이를 모두 가정의 대형 냉장고와 냉동고에 저장한다. 연구자들은 이탈리아와 LA 사이의 식량 저장 습관에 차이가 있을 것으로 예상했지만, 현실은 예상보다 훨씬 더 충격적이었다. LA 가정들은 집에 실로 엄청나게 많은 음식들을 쌓아 두고 있었다. 동일한 물품들이 종이 박스나 비닐 포장에 쌓여 부엌과 다용도실, 차고 등을 가득 채우고 있으며, 큰 통에 담긴 탄산음료와 과일주스, 주류 등이 바닥과 선반에 서로서로 쌓여 있다. 팬케이크 믹스부터 시리얼과 팝콘까지 모든 것이 대형 사이즈로 나온다.

1 다음 중 본문의 주제로 알맞은 것은?

a) 미국인들은 엄청나게 많은 양의 식품을 그것도 대형으로 구입한다.

b) 미국인들은 습관을 바꿔 이탈이아 사람들처럼 되어야 한다.

c) 지역 노점 상인들을 지원하는 것이 미국 쇼핑객들의 최우선순위가 되어야 한다.

d) 너무나 많은 양의 식품을 사는 것은 국가 경제에 도움이 되지 않는다.

정답 a

해설 본문은 미국인들의 식품 구매 패턴을 이탈리아인들과 비교하고 있는 글이다. 이탈리아 사람들에 비해 미국인들은 대형 마트에서 많은 물품을 한꺼번에 구입해 집 안 곳곳에 쌓아두고 살고 있는 것을 지적하고 있다. 따라서 정답은 이런 미국인들의 구매 습관을 언급한 a)가 적합하다.

2 다음 중 본문을 통해 추론할 수 있는 것은?

a) 미국인들은 식품보다는 음료를 더 비축하는 것을 선호한다.

b) 이탈리아의 식료품 구입은 신분이 서로 다른 가정들 사이에서 매우 상이하게 나타난다.

c) 연구 결과는 비슷한 것을 예상하고 있던 저자마저 놀라게 했다.

d) 이탈리아 사람들은 미국인 가정에 있는 크기만 한 냉장고를 갖고 싶어 하지만, 그건 불가능하다.

정답 c

해설 a)의 경우 미국인들이 물건을 쌓아 둔다(stockpile)는 내용은 등장하지만 어떤 것을 더 선호한다는 내용은 등장하지 않는다. 식품과 음료 모두 쌓아 둔다는 내용이 후반부에 등장하고 있다. b)와 d) 또한 본문과 무관한 부분으로, 신분상의 구

매 패턴에서 차이가 난다는 내용은 등장하지 않는다. 정답은 c)로 본문의 "While we were expecting to see this trend, the reality was even more staggering." 부분을 통해 알 수 있다.

3 다음 중 밑줄 친 부분을 바르게 재진술한 것은?
 a) 냉장고의 크기는 식료품 쇼핑이 어떤지에 대한 직접적인 결과이다.
 b) 냉장고 크기가 식료품 쇼핑에 영향을 줬는지 혹은 그 반대인지 우리는 알지 못한다.
 c) 식료품 매장이 냉장고 크기에 어떤 형태이든 영향을 미쳤는지는 아직 확실하지 않다.
 d) 가정의 냉장고 크기는 식료품 매장에 있는 냉장고를 닮아가고 있다.

정답 b

해설 밑줄 친 부분에서 '지배하다'는 의미의 "govern"이라는 단어를 능동태와 수동태로 사용하고 있고, 또 "~인지 아닌지"를 뜻하는 whether 절을 사용하고 있다. 냉장고의 크기가 커서 대량으로 쇼핑하는 것인지, 아니면 반대로 대량으로 쇼핑해서 가정의 냉장고 크기가 커진 것인지는 잘 모른다는 내용이므로 정답은 b)가 적합하다.

4 다음 중 본문에 따르면, 초대형 마트가 미국인들의 식료품 구매 습관에 어떤 영향을 미쳤는가?
 a) 초대형 마트에서 미국인들은 냉장고와 냉동고를 구입할 수 있다.
 b) 미국인들은 쇼핑할 때 올바른 결정을 내려야 하는데 그렇지 못하다.
 c) 초대형 마트가 계속해서 미국인들이 더욱더 많은 물건을 사도록 하고 있다.
 d) 한꺼번에 다량의 식품을 살 수 있기 때문에 미국인들은 더욱 그런 경향이 있다.

정답 d

해설 본문 중반의 "초대형 마트가 있기 때문에 사람들이 한꺼번에 엄청나게 많은 물품을 구입한 후 이를 모두 가정에 저장한다(hypermarkets meant that people buy lots of produce at one time and then store it all at home)."는 부분을 통해 d)가 정답임을 알 수 있다.

과도한 과잉 관광

과잉 관광(overtourism)은 대부분의 사람들은 완전히 이해할 수 없는 복잡한 주제이다. 과잉관광이란 기본적으로 단기적이거나 계절적 요인에 따른 성수기 시즌의 과밀에 가까운 여행객 급증으로 현지 주민들의 생활방식, 시설, 편의가 부정적 영향을 받는 것을 말한다. 경관과 해변이 손상되고, 인프라는 한계에 도달하며, 지역 주민들은 더 이상 자신들이 살던 곳에서 살 수 없는 형편이 된다. 매일 수십 명의 사람들을 특정 장소로 데려가는 크루즈 산업을 예로 들 수 있는데, 여러 방식으로 오염되는 동안 이익은 거의 발생시키지 않는다. 관광도시 또한 이런 피해에서 면제되는 것은 아니다. 관광도시는 전 세계 여행 산업의 공급망을 도우며 관광객을 유치하고 그들에게 즐거움을 주는 데 적응하지만, 주택 가격과 생활비의 상승을 야기한다. AirBnB(세계 최대의 숙박 공유 서비스)는 지역 주민들이 그들의 거처에서 쫓겨나게 된 상황을 초래한 것으로 비난을 받고 있다. 암스테르담에서는 단기 임대를 금지하고 도시 외 지역으로 크루즈 운항을 유도하기 위한 노력이 진행되고 있다. AirBnB 측은 이와 관련하여 적극 돕겠다는 입장이다.

이런 상황을 더 악화시키고 있는 것은 특정 여행지들이 과잉 관광을 어떻게 견뎌낼지 해법을 알지 못한다는 데 있다. 이탈리아의 사회학자 Marco d'Eramo는 1950년만 하더라도 98%의 관광객이 방문한 곳은 15개 지역에 불과했지만 2007년에는 15개 지역을 찾는 관광객은 57%밖에 되지 못한다고 말한다. 많은 관광객들이 새로운 관광지를 찾고 있다. 관광객의 과밀이 발생하면 클럽이나 술집, 기념품 가게 등이 그들을 맞이하기 위해 우후죽순처럼 생겨난다. 뿐만 아니라, 여행 중인 관광객들의 무질서한 행위가 대혼란을 야기할 수 있다. 관광객들이 몰려갔던 곳의 원래 분위기는 자취를 감추게 되고, 인구 통제 시스템의 폐기물 관리에도 압력을 미친다.

물론 이런 관광지들은 여행객들로부터 일자리, 투자, 돈과 같은 이득을 얻는 것도 사실이다. 하지만 선을 넘지 않도록 하는 노력을 지방정부나 계획부서가 제대로 준비하지 못하거나 수행하지 못할 경우 부정적인 문제가 발생한다. 최종 결과는 현지 주민들이 몰려드는 관광객에 대해 부정적 인식이 자라나면서 '관광객 공포증'이 생겨난다는 것이다.

1 다음 중 글의 제목에 해당하는 것은?
 a) 과잉 관광의 특성
 b) 과잉 관광의 영향
 c) 과잉 관광의 진화
 d) 과잉 관광에 대한 해법

정답 b

해설 본문은 과잉 관광이 미치는 부정적 영향에 대해 서술하고 있으므로, 정답은 b)가 된다.

2 다음 중 본문의 내용과 일치하지 않는 것은?
- a) 더 많은 관광객들이 한 곳을 방문하면, 그곳은 관광객들을 수용하기 위해 변하기 시작한다.
- b) 유명 관광지의 경우, 일부 주민들은 자신들이 살던 곳에 더 이상 살 수 없는 형편이 된다.
- c) AirBnB는 문제와 관련한 자신들의 역할을 부인하는 데 단호한 입장을 지속하고 있다.
- d) 관광객이 방문하는 여행지의 다양성이 시간이 지나면서 더 커져 왔다.

정답 c

해설 첫 번째 문단 후반부의 "In Amsterdam, efforts are being made to ban short-term rentals and direct cruise traffic to non-urban areas. AirBnB says it will try to help in this regard."에서 'AirBnB 측이 이와 관련하여 적극 돕겠다는 입장'을 보이고 있다고 말하고 있으므로, 자신들의 역할을 부인하고 있다는 c)가 본문과 일치하지 않는다.

3 다음 중 본문을 통해 추론할 수 있는 것은?
- a) AirBnB는 암스테르담에서 실제 과잉 관광에 책임이 있는 이들에 의해 희생양이 되고 있다.
- b) 최고의 관광지들은 관광의 수위가 점점 높아지는 것에 적응하는 방법을 잘 알고 있다.
- c) 관광객들은 환영받지 못하기 때문에 알려지지 않은 곳에 여행 가는 두려움이 커지고 있다.
- d) 관광객들이 방문 장소를 변경하고 있지만, 이를 통제하기 위한 조치들이 마련돼야 한다.

정답 d

해설 마지막 문단의 "But the negatives arise when steps to prevent boundaries being crossed have not been adequately planned for and observed by local governments and planning teams." 부분을 통해, "선을 넘지 않도록 하는 노력을 지방정부나 계획부서가 제대로 준비하고 수행해야" 부정적 결과가 발생하지 않는다고 말하고 있다. 따라서 과잉 관광의 부작용을 줄이기 위한 조치가 취해져야 하고 취해질 수 있다는 d)가 정답이 된다.

4 다음 중 본문에 따르면, 현지인들이 관광객들을 결국에는 싫어하게 되는 이유가 무엇인가?
- a) 관광객들은 방문지에서 자신들이 원하는 대로 하면서 불편과 혼란을 야기하기 때문이다.
- b) 관광객들이 관광지에 잠시 동안만 머물기 때문에 현지 주민들을 알려고 하는 데 신경을 쓰지 않기 때문이다.
- c) 관광객들이 새로운 것을 시도하는 데 두려움을 가지고 있으며, 관광지의 독특한 면을 종종 거부하기 때문이다.

- d) 관광객들이 변덕이 심하고, 새로운 즐거움을 쫓아 빠르게 다음 장소로 이동하기 때문이다.

정답 a

해설 첫 번째 문단에서는 방문객 증가로 주거비와 생활비가 증가하는 불편을 말하고 있다. 두 번째 문단에서는 방문객들의 무질서한 행위가 여행지에서 혼란을 초래한다고 말한다. 이런 문제들이 결과적으로 '관광객 공포증'이 생겨난다고 말하고 있으므로, 정답은 a)가 된다.

 Unit 73

문화와 제도

틱톡으로부터 미국인의 개인정보 보호하기

중국이 소유한 틱톡(TikTok)은 미국 정부 관리들이 우려를 표할 정도로 대중문화에 대해 상당한 영향력을 갖게 되었다. 틱톡은 여러 주의 주립 대학교뿐만 아니라 14곳이 넘는 주의 주 정부 기관에서도 사용이 금지되었다. 12월에 상원 정보위원회 소속 공화당 의원인 Marco Rubio는 미국 전역에서 틱톡의 사용을 금지하려는 초당적 의원 모임에 합류하였다. 틱톡의 소유주인 Byte Dance는 미국인 이용자의 보안 데이터, 특히 그중에서도 위치 데이터를 중국 정부에 전달해야 하는 중국 기업으로서의 국가적 의무를 다하고 있다고 생각된다.

조지타운 대학교(Georgetown University) 소속 Anupam Chander는 이러한 우려에는 근거가 없고 중국 정부나 다른 누군가가 이용자의 개인정보에 접근할 수 있다는 증거가 부족하다고 말한다. Chander는 날씨 앱을 포함한 많은 소셜 네트워킹 서비스(SNS) 앱이 위치 데이터를 사용한다고 지적하며, 데이터 수집에 대한 광범위한 우려가 있다면 틱톡뿐만 아니라 이러한 데이터를 수집하는 모든 앱으로 확장해야 한다고 얘기한다.

워싱턴 대학(University of Washington)의 법률 및 정보과학 교수인 Ryan Calo는 미국의 데이터 보호가 최고는 아님을 인정하지만, 틱톡에 대한 공격은 개인정보 보호보다는 지정학적 갈등 때문임을 시사한다. 유럽에서 미국 기업과 미국 정보 공동체 간에 어떠한 관계가 있다고 우려하는 것과 마찬가지로, 미국은 틱톡이란 기업이 중국 정부와 어떠한 상호 관계를 맺고 있다고 생각한다. 어쨌든 간에, 중국 정부가 개인정보를 수집하고자 한다면, 개인정보를 얻기 위해 틱톡에 의존하지는 않을 것이다. 그는 또한 다른 나라를 지나치게 악마화하고 그 나라로부터 보호해 주겠다고 주장함으로써 상황을 정치화하는 것은 위험하다고 말한다.

Chander와 Calo는 틱톡 플랫폼에 대한 금지는 아마도 통과되지 못할 것이며 금지에 대한 지지가 이루어지더라도 결국에는 수정 헌법 제1조를 위반할 것이라는 데 의견이 일치한다. 하지만 Calo는 사람들이 개인정보 문제에 관해 생각하기 시작하면서 현재 상황이 긍정적인 방향으로 사용될 수도 있음을 언급한다. 예를 들어, 정치적 목적에 의해 지금처럼 극적인 방식으로 금지가 이루어지는 대신에, 미국 연방 통상위원회(Federal Trade Commission)에서 <u>미국인의 개인정보를 보호하는 보다 강력한 개인정보보호법을 통과시킬 수도</u> 있다.

1 다음 중 본문의 제목은 무엇인가?
   a) 틱톡이 위치 데이터를 사용하는 방법의 기술적 측면
   b) 전반적인 인터넷 보안을 강화하기 위한 미국의 초당적 노력
   c) 틱톡이 대중문화에 미치는 영향과 국가 안보 문제에 대한 논쟁
   d) 다른 소셜 미디어 플랫폼과 비교한 TikTok의 데이터 보호 정책의 효과

정답 c

해설 이 글은 전반적으로 살펴보면, 틱톡의 영향력과 잠재적인 국가 안보에 미치는 영향에 대한 미국 정부 관계자들의 우려와 이에 대한 전문가 의견을 논의하는 내용이다. 그러므로 정답은 c)가 된다.

2 본문에 따르면 다음 중 맞지 않는 것은 무엇인가?
   a) 수많은 앱은 잠재적으로 타인이 이용할 수 있는 위치 정보를 활용한다.
   b) 챈더와 칼로는 틱톡에 대한 수사가 이루어져야 한다고 생각한다.
   c) 챈더는 중국과 틱톡이 비난받을 행위를 하고 있다는 증거는 부족하다고 언급한다.
   d) 칼로는 미국이 시민의 개인정보를 보호하는 방식에 대해 개편이 있어야 함을 지지한다.

정답 b

해설 "칼로는 또한 다른 나라를 지나치게 악마화하고 그 나라로부터 보호해 주겠다고 주장함으로써 상황을 정치화하는 것은 위험하다고 말한다. 챈더와 칼로는 틱톡 플랫폼에 대한 금지는 아마도 통과되지 못할 것이며 금지에 대한 지지가 이루어지더라도 결국에는 수정 헌법 제1조를 위반할 것이라는데 의견이 일치한다"를 보면, 챈더와 칼로 두 사람이 틱톡에 대한 수사가 이루어져야 한다고 생각한다는 내용의 b)는 답이 될 수 없다.

3 틱톡에 이처럼 초점이 맞춰진 이유는 무엇인가?
   a) 소셜 미디어에서 패권을 차지하기 위한 싸움
   b) 미국과 중국 간의 지정학적 갈등
   c) 미국 내 점차 증가하는 중국인의 수
   d) 중국 정부가 틱톡을 소유하고 있다는 뉴스

정답 b

해설 본문을 통해 틱톡을 둘러싼 갈등은 미국과 중국 간의 지정학적 갈등이 원인임을 알 수 있고, 이를 가장 잘 나타낸 문장이 "틱톡에 대한 공격은 개인정보보호보다 지정학적 갈등 때문임"이다. 따라서 답은 b)이다.

4 다음 중 빈칸에 가장 알맞은 것은 무엇인가?
   a) 미국인의 개인정보를 보호하는 보다 강력한 개인정보보호법을 통과시킨다
   b) 문제가 어디에 존재하는지를 파악하기 위해 미국인의 소셜 미디어 활용을 조사한다
   c) 미국 내 거주하는 중국인에 대한 데이터를 수집하기 시작한다
   d) 특정 기업이 미국 내에서 사업을 못 하게 막는다

정답 a

해설 빈칸 앞을 보면, 틱톡을 둘러싼 갈등은 미국인의 개인정보가 타국으로 동의 없이 흘러가고 있다는 의심에서 출발하며, 이는 개인정보 문제에 관해 다시 생각해 보는 계기가 될 수 있고, 긍정적인 방향으로 사용될 수도 있음을 알 수 있다. 즉 틱톡을 금지할 수도 있지만, 개인정보를 보호하는 차원에서 "보다 강력한 개인정보 보호법을 통과"시킬 수도 있는 것이다. 따라서 답은 a)이다.

Unit 74   문화와 제도

전업 유튜버의 금전적 리스크

2021년 "미스터비스트" Jimmy Donaldson이 5천 4백만 달러를 번 것이 입증하듯이, 유튜버는 큰돈을 벌 수도 있다. 광고 수익, 팬들의 기부와 유료 구독을 통해 수익을 창출할 수 있는 것이다. 그러나 유튜브 측에서 그 수익의 30%를 떼고 나면 콘텐츠 제작자들이 손에 쥐는 것은 그리 많지 않다. 2016년, 유튜브 수익만으로 빈곤선 이상의 수익을 넘을 수 없는 유튜버의 비중이 96.5퍼센트나 된다는 점이 드러났다. 2008년부터 2018년까지 10년간, 외부의 기금 모금 플랫폼을 이용하는 유튜버의 비율은 2.8퍼센트에서 20퍼센트로 늘어났다.
유튜브는 콘텐츠 제작자들에게 충분한 대가를 지급하지 않을 뿐 아니라, 수익에 영향을 줄 수 있는 결정을 내릴 권한도 가지고 있다. 이는 본래 크리에이터들이 독립적으로 수익을 창출할 수 있는 방법으로서 홍보된 부분이지만, 유튜브도 스스로가 대체하고자 했던 기존의 방송국이나 출판사 체제만큼이나 구속적일 수 있는 것이다. 예를 들어, 크리에이터의 수익이 경고나 이유도 없이 갑작스럽게 단절될 수도 있다. 182,000명의 프로 레슬링 팬들을 구독자로 거느리고 있는 OSW 리뷰 채널이 이를 직접적으로 겪은 바 있다. 채널의 운영자인 Jay Hunter는

2019년 가을 본인의 채널이 맥락 없이 수익창출 불가 채널로 지정되고, 트위터상의 팬 캠페인을 벌이고 나서야 수익창출 권한을 돌려받았던 과정을 기억하고 있다. 그가 주장하는 바에 따르면 유튜브는 규칙을 불투명하게 운영하며, 자신들이 원하는 결정을 내릴 수 있기 때문에 그 애매모호함을 선호한다. 그렇기에 OSW 리뷰 채널은 유튜브에 수익을 전적으로 의존하는 대신, 패트리온이라는 플랫폼의 구독자 2,000명을 통해 월 10,000달러가량을 벌어들이고 있다.

40만 이상의 구독자를 거느린 기후 콘텐츠 유튜버 Simon Clark는 유튜브에서의 수익이 필요하다면서도, 다른 선택지를 이미 고려해 보았다고 밝혔다. 그는 유튜브 측에서 그를 버리든, 본인이 유튜브를 버리든, 다른 플랫폼에서 돈을 벌 준비가 되었다고 했다. 이런 현실에 대해 유튜브 측에서는 크리에이터들이 다른 여느 사업체들과 같이 수익 창구를 다변화하는 걸 당연히 예상하고 있다고 밝혔다. 유튜브 측은 수익창출 권한을 빼앗긴 크리에이터들의 항의를 흔쾌히 받아들인다고도 했다. 이에 더해 유튜브는 채널 수익창출과 관련해 광고에 기반하지 않은 방법을 제공하는 방식으로 패트리온과 경쟁을 시도하기도 했다. 그러나 유튜브에는 없는 신뢰라는 요소가 존재하는 패트리온에서 유저들을 끌어 모으기에는 부족해 보인다.

16만 이상의 구독자를 보유한 브이로그 시인 Leena Norms는 본인이 계란을 한 바구니에 담지 않을 것이며, 패트리온에 계속 남을 것이라고 밝혔다. 런던 정치경제대학교에서 유튜버들의 생애주기와 영리 활동을 연구하는 Zoe Glatt에 따르면, 유튜버들은 인스타그램이나 틱톡, 트위치를 포함한 다양한 플랫폼에서 브랜드를 만들어야만 성공할 수 있다고 말한다. 유튜브만으로는 이제 충분치 않은 때가 되었다. <u>독립적인 브랜드를 유지하면서</u> 각종 플랫폼을 이용하는 것이 지금 필요한 때다.

1 다음 중 글의 요지에 해당하는 것은?
a) 광고 수익에 수입을 의존한 유튜버들의 흥망성쇠
b) 진화하는 유튜브 생태계에서 콘텐츠 제작자의 도전과 적응
c) 다양한 콘텐츠 제작 플랫폼 간의 차이와 비교
d) 자신들이 시작을 할 수 있게 해준 회사에 대한 유튜버들의 신뢰 부재

 b

 '진화하는 유튜브 생태계에서 콘텐츠 제작자의 도전과 적응'은 유튜브 환경 변화 속에서 소득 예측 불가능성, 정책 변화 등 유튜버가 직면한 어려움과 소득 다각화, 다중 플랫폼 활용 등 유튜버의 전략적 대응에 초점을 맞추고 있다는 점에서, b)가 가장 적합하다.

2 다음 중 밑줄 친 부분이 의미하는 것은?
a) 의지해야 할 것을 거부하는 것
b) 미래가 없음을 깨닫는 것
c) 포기하지 못하는 것

d) 한 대상을 완전히 믿지 않는 것

 d

 'to place all the eggs in one basket'은 리스크를 분산시키지 않는 것을 의미하는데, 조동사 won't를 써서 반대의 의미를 표현했다. 즉 한 대상(맥락상 유튜브 광고 수익)을 완전히 믿지 않는다(won't place her eggs in...)는 의미가 되는 것이다.

3 다음 중 본문의 내용과 일치하지 않는 것은?
a) 유튜브는 소속 크리에이터들이 수입 다변화를 위해 다양한 플랫폼을 이용할 것이라 예상한다.
b) Jay Hunter는 유튜브가 크리에이터들의 민원을 청취할 것이라고 확신한다.
c) 크리에이터들은 곧 큰 유행을 탈 디지털 플랫폼이 무엇인지 확실히 알고 있어야 한다.
d) 유튜버들은 점점 돈을 벌 다른 방법을 찾고 있다.

 b

 Jay Hunter는 갑작스럽게 박탈된 수익창출 권한을 되찾긴 했으나, 이제는 더 이상 유튜브를 완전히 믿지 않고 다른 창구를 이용해 추가 수입원을 확보해 두고 있다. 또한 본인이 직접 유튜브가 불투명한 운영을 선호한다고 하였으므로, 크리에이터들의 민원을 제대로 청취하지 않을 것이라고 믿고 있다는 것이 적절한 진술일 것이다. 따라서 답은 b)이다.

4 다음 중 빈칸에 가장 알맞은 것은 무엇인가?
a) 새롭고 더 신나는 플랫폼을 찾아
b) 디지털 콘텐츠의 미래를 이해하면서
c) 독립적인 브랜드를 유지하면서
d) 팬과의 거리를 유지하면서

 c

 빈칸이 걸린 문장은 유튜브만으로는 충분하지 않다는 문장의 바로 뒤에 따라온다. 빈칸은 while 절의 일부이다. while 절과 연결된 주절의 내용은 유튜브가 아닌 다른 플랫폼을 이용하는 것을 권장하고 있는데, 유튜브가 아닌 다른 플랫폼에서도 성공적인 수입을 얻으려면 어딜 가도 사람들을 끌어 모을 수 있는 브랜드를 유지하는 것이 중요할 것이다. 따라서 빈칸에 들어갈 내용으로는 c)가 적절하다. a)의 경우 지문의 전체적인 내용과 맥락은 좋아하는 일을 찾으라는 내용이 아니라 디지털 크리에이터라는 직업을 선택함에 있어 안정적인 수익을 얻을 수 있는 방법을 조언하는 것이다. 따라서 a)의 내용은 맥락상 적절하지 않다.

문화와 제도

한국의 웹툰 혁명

웹툰에서 영감을 받은 K–드라마는 세계적인 성공을 거두었고 한국 방송인들은 그 인기로 인해 도움을 받았다. 예를 들어, TVING은 30대 회사원이 뇌세포를 통해 얘기하는 로맨스 시리즈인 Yumi's Cells를 출시했을 때 구독자가 급증했다. 네이버 웹툰 IP사업팀 노승균 팀장에 따르면 네이버의 웹툰 중 약 30편이 2020년부터 2022년까지 K–드라마로 각색됐으며, 앞으로 많은 작품들이 각색될 것으로 예상된다.

웹툰 산업은 전 세계 많은 팬들에게 사랑받는 이야기를 계속해서 공급하기 때문에, 많은 지역 TV 및 케이블 채널, 국내 및 세계의 방송인들이 시청자를 만족시킬 새로운 소재를 여기서 찾고 있다. 콘텐츠에 대한 수요가 높고 제작사가 TV 시리즈로 각색할 수 있는 원작을 이미 많이 보유한 웹툰으로 눈을 돌리고 있는 것이다. K–드라마의 인기가 높아지고 전 세계 시청자를 대상으로 하면서 많은 제작자가 위험을 피하게 되었고, 그러는 한편 웹툰 산업은 신선하고 모험적인 이야기를 계속해서 받아들였다.

웹툰은 K–드라마뿐만 아니라 한국영화, 애니메이션 시리즈, 미국 리얼리티쇼의 지적 재산의 귀중한 원천이다. 예를 들어, Rachel Smythe의 인기웹툰 'Lore Olympus'의 애니메이션 버전은 현재 Jim Henson Company와 Wattpad WEBTOON Studios에서 제작되고 있다. 초기 웹툰 제작자는 모두 한국인이었을지 모르지만 요즘에는 다른 나라 출신의 성공적인 웹툰 아티스트와 작가가 많아져서 지역에 관계없이 훌륭한 이야기라면 전 세계 관객에게 반향을 일으킬 수 있는 잠재력을 가지고 있음을 입증하고 있다.

더불어, 역으로 인기 TV 프로그램이 웹툰으로 각색되는 추세도 나타나고 있다. '굿닥터', '이상한 변호사 우영우,' '선배, 그 립스틱 바르지 마요' 등이 웹툰으로 각색된 K–드라마의 대표적인 사례들이다. 그래픽 소설(만화의 형태로 된 소설), TV 프로그램, 영화 및 하나의 스토리 아이디어를 중심으로 다른 유형의 콘텐츠로 구성된 웹툰 생태계도 등장하고 있다. 웹툰이 계속 성장함에 따라 한국 문화 산업과 청소년 문화의 주요 구성요소가 될 것이며 궁극적으로 세계 문화 현장에 나타날 것이다. 웹툰 혁명은 세계 문화 산업의 최전선이자 트랜스미디어 스토리텔링의 무한한 기회이다.

1 다음 중 이 글의 주요 주제는 무엇인가?
  a) 한국드라마의 세계적인 인기
  b) 한국의 호황을 누리고 있는 웹툰 산업
  c) 트랜스미디어 스토리텔링의 출현
  d) 신선하고 모험적인 이야기에 대한 요구

정답 b

해설 웹툰이 어떻게 많은 한국드라마에서 신뢰할 수 있는 영감의 원천이 되었는지, 그리고 웹툰 산업이 어떻게 전 세계적으로 확장되고 있는지에 대해 설명하고 있다. 다른 보기항들은 글에서 언급되었지만 주제는 될 수 없다.

2 다음 중 제작사들이 새로운 소재를 찾고자 웹툰으로 눈을 돌리는 이유는?
  a) 플랫폼 수가 증가함에 따라 콘텐츠에 대한 수요를 충족시키기 때문에
  b) 그들은 신선하고 모험적인 이야기를 받아들이는 것을 선호하기 때문에
  c) 웹툰은 사랑받는 이야기를 끝없이 제공하기 때문에
  d) 오리지널 시나리오를 기반으로 만들 수 있는 쇼가 너무 많기 때문에

정답 c

해설 웹툰 산업은 TV 시리즈로 각색할 수 있는 많은 오리지널 작품을 제공하며, 웹툰의 자료들은 이미 플랫폼 내에서 인기와 품질이 입증되었기 때문이다. 그러므로 정답은 c)가 된다.

3 다음 중 저자가 말하는 "트랜스미디어 스토리텔링"이란 무엇을 의미하는가?
  a) 인기 TV 프로그램을 웹툰으로 각색하는 추세
  b) 하나의 스토리 아이디어를 중심으로 다양한 미디어의 전체 생태계를 구축하는 과정
  c) 다른 나라의 성공적인 웹툰 아티스트와 작가의 출현
  d) 머니 게임을 미국 리얼리티쇼에 적용

정답 b

해설 이 글에서는 주요 엔터테인먼트 플레이어가 단일 스토리 아이디어를 중심으로 웹툰, 그래픽 소설, TV 프로그램, 영화 및 기타 유형의 콘텐츠로 구성된 전체 생태계를 구축하는 방법을 설명한다. 그러므로 정답은 b)이다.

4 다음 중 웹툰이 한국문화 산업과 청년 문화의 주요 구성요소가 되고 결국 세계 문화계에서 등장하게 된 가장 큰 이유는 무엇인가?
  a) 그들은 전통적인 책이나 TV 쇼보다 제작 비용이 저렴하다.
  b) 그들은 한국에서만 인기가 있으며 아직 전 세계적으로 추종자를 얻지 못했다.
  c) 그들은 전 세계의 많은 팬들에게 사랑받는 이야기를 끝도 없이 제공한다.
  d) 그들은 전통적인 미디어와 동일한 검열법의 적용을 받지 않는다.

정답 c

해설 웹툰은 한국 문화 산업과 청소년 문화의 주요 구성요

소가 되었으며 결국 전 세계 많은 팬들에게 사랑받는 이야기를 무한히 제공하기 때문에 세계 문화 현장에 등장했다. 이로 인해 웹툰은 K−드라마, 한국영화, 애니메이션 시리즈는 물론 미국 리얼리티쇼의 귀중한 지적 재산의 원천이 되었다. 또한 웹툰 각색의 성공은 그래픽 소설, TV 프로그램, 영화 및 기타 유형의 콘텐츠가 단일 스토리 아이디어를 중심으로 구성된 웹툰 생태계의 출현으로 이어졌다.

예술과 스포츠

NFT가 뒤흔들고 있는 예술계

NFT란 무엇일까? 기본적으로 NFT란 예전에는 사고팔 수 있는 제품으로는 생각되지 않았던 것의 디지털적 표현이다. NFT의 종류에 대한 몇 가지 예를 들면, 트위터의 창립자 Jack Dorsey의 첫 트윗, 농구 경기 TV 영상, 픽셀로 그린 유인원의 jpeg 파일, 가상의 레이싱카, 유행하는 옷을 찍은 사진, 디지털 아트 등을 들 수 있다. 이 리스트는 계속해서 이어진다. 우리가 보았듯이, NFT는 예술작품으로 간주될 수도 있다. NFT는 블록체인에 기록된, 진품이라는 인증서와 거의 비슷하다. 그렇다면 블록체인이란 무엇일까? 블록체인은 컴퓨터 네트워크들에 존재하는 공개된 디지털 데이터베이스로서, 정보를 저장하는 대상이다. 블록체인은 개조되거나 해킹당하거나 오염될 수 없는 것이라고들 말하며, 그렇기에 은행이나 정부와 같은 중앙통제 주체가 필요 없다는 것이다. 거래가 있을 때마다, 그 거래시점이 기록되고 데이터 리스트에 내용이 추가된다.

NFT는 소유자를 보여줄 뿐만 아니라 유일성을 보장하며, 이 중 두 번째 부분이 모두가 NFT를 열망하게 한다. 디지털로 된 모든 것들은 복제가 가능하지만, NFT는 사람들이 첫 번째의 진본을 복제본과 분리하고 소유권을 증명하게 해준다. 보기에는 다 똑같겠지만 똑같지가 않은 것이다. 진짜 원본은 단 하나뿐이라 수요가 늘어나게 된다.

NFT는 거래 시뿐 아니라 어떤 아티스트와 작품이 가치를 가지는지에 있어 예술계가 어떻게 기능하는지를 바꿀 수 있기 때문에 예술계와 연결되어 가고 있다. 디지털 예술이 특히 혁명적인 변화를 겪을 것이다. 그러나 문제는 디지털 예술을 홍보하는 것뿐 아니라 예술계를 더 투명하게 만드는 것이다. 오프라인 예술계와는 다르게, 블록체인 데이터베이스는 누구에게나 열려 있다. 이에 더해, 예술가들은 NFT가 거래될 때마다 작가 본인에게 로열티를 지급하는 NFT 계약을 맺어 예술작품에 대한 통제권을 되찾을 수 있게 된다.

1 다음 중 이 글을 올바르게 요약한 것은?
- a) NFT는 현대 예술의 증가와 전통 예술의 감소를 불러왔다. NFT는 아무도 모르게 거래가 가능하다.

- b) NFT는 무언가를 디지털 형태로 보존하고 그것이 거래가 되도록 하는 식으로 작동한다. 대부분의 디지털 예술가들은 NFT의 미래에 관심을 가지고 있다.
- c) NFT는 디지털 예술과 디지털 예술가들을 지원하여 예술계를 바꿀 것이다. NFT는 디지털로 된 것들을 누구든 사고팔 수 있게 하면서 그것의 원래 지위를 유지하게 해줄 것이다.
- d) NFT를 블록체인에 등록하게 됨으로써 예술계에 이전까지 진 불운하게도 없었던 완전한 투명성이 생기게 된다.

정답 c

해설 NFT가 작품에 대한 디지털 예술가들의 주도권을 어느 정도 되찾아주고 투명성을 되찾는다는 두 번째 문단의 내용이 c)의 첫 번째 문장의 내용이다. 또한, NFT가 '원본'을 어떻게 증명하는지의 내용이 글 전체에 걸쳐서 설명되어 있고, 이것이 c)의 두 번째 문장의 내용이다.

2 다음 중 본문의 내용과 일치하지 않는 것은?
- a) NFT는 현존 가치가 있는 것이어야만 만들어질 수 있다.
- b) NFT는 소유자가 자신이 진품을 가지고 있다는 확신을 준다.
- c) NFT는 그것이 유일무이하다는 증거라는 점에서 가치를 가진다.
- d) NFT는 우리가 재화와 상품을 생각하는 방식을 바꿔왔다.

정답 a

해설 NFT의 예를 들면서, 일반적으로는 크게 가치가 없는 사진이나 영상, 트윗까지도 NFT가 될 수 있다고 했다. 따라서 '현존 가치가 있어야만' NFT가 될 수 있다는 서술은 내용과 다르다.

3 다음 중 왜 사람들은 모방할 수 있는 것을 가치 있게 생각할까?
- a) 복제될 수 있지만 원본을 가진 것은 자신이라는 사실을 알아서 좋아한다.
- b) 디지털 예술계에 있는 예술가를 재정적으로 지원하는 것을 선호한다.
- c) 복제본이 제작될 때마다 워터마크가 남아 원본이 아님을 보여준다.
- d) 예술계가 무언가 새로운 것으로 변하고 있다는 사실에 가치를 부여한다.

정답 a

해설 두 번째 문단 첫 문장의 내용을 살펴보면, 유일성을 보장한다는 부분이 사람들을 매료시킨다고 하고 있다. 즉 복제가 가능함에도 블록체인시스템의 특성으로 인해 무엇이 원본인지 알 수 있다는 점이다. 이러한 내용을 담은 보기는 a)이다.

4 다음 중 빈칸에 들어갈 가장 적절한 것은?

a) 예술이 사고팔리는 방법에 대한 것

b) 예술계가 계속해서 번성하도록 하는 것

c) 사람들이 온갖 종류의 예술을 경험하도록 하는 것

d) 예술계를 더 투명하게 만드는 것

 정답 d

 해설 NFT와 연결된 디지털 예술계에서, 블록체인 데이터
베이스와 그 안의 거래 기록은 '모두에게 열려 있고' 예술품을
창작한 작가에게 제대로 된 보상이 주어지는 것이라고 하였다.
이는 예술품 유통의 '투명성'을 재고하는 것이라고 할 수 있겠
다. 따라서 답으로는 d)가 적절하다.

Unit 77

예술과 스포츠

음악차트의 무의미성

과거에는 영국이나 미국의 공식 싱글·앨범 음악차트가 당시
가장 인기 있는 아티스트가 누구인지 보여주는 분명한 잣대였
지만, 오늘날 우리는 여러 다양한 유형의 차트에 의존할 필요
가 있다. 스포티파이(Spotify), 애플뮤직(Apple Music), 유튜브
(YouTube), 샤잠(Shazam), 디저(Deezer) 및 아이튠즈(iTunes)
등을 예로 들 수 있으며, 이들은 각각 주목하는 부분이 다르므
로 서로 다른 결과를 보여준다. 공식 차트는 판매수익, 스트리
밍, 다운로드 등으로 계산되며, 아티스트는 차트에 제한된 횟
수만 등장할 수 있다.

반면 Shazam은 검색 횟수로 계산하며, 다른 차트는 실행 횟
수로 계산한다. 이외에도 각 차트는 경향성, 차트 진입 속도,
입소문, 음반 판매, 비디오 시청과 같은 여러 항목을 추적하는
경우도 있다. 차트들은 특정 국가나 전 세계를 대상으로 할 수
있다. 특히 YouTube의 경우, 이 모든 데이터들이 혼란스러울
수 있다는 것을 잘 알고, 매주 모든 내용을 설명하는 이메일을
제공해 언론인들을 돕는다. 음악 산업에 종사하는 사람들은 차
트메트릭(Chartmetric)을 사용하는 경우도 있다. 차트메트릭은
이런 모든 일을 사람들을 대신해 수행해 주는 회사로, 특정 아
티스트나 트랙, 앨범 등이 차트에 진입할 경우 이에 대한 알림
을 보내준다.

그러나 차트의 수가 증가함에 따라 이들의 영향력이 줄어들고
있다. 데이터가 다른 측정 방법으로 계산된 경우 두 아티스트
를 비교하기 어렵다. 한 노래가 어떤 차트에서는 높은 순위를
차지하고 있고 다른 차트에서 낮은 순위를 차지하고 있을 때
결론을 이끌어내기 어렵다. 게다가 두 개의 다른 차트에서 꾸
준한 평균 순위를 유지하는 노래는 다른 노래와 어떻게 비교
할 수 있을까?

어떤 아티스트가 차트에는 진입하지 못했지만 열성팬들에게

콘서트 객석을 모두 판매했다면 그의 인기도는 가늠하기 어렵
다. 특히 공식 차트에서 1위를 차지한 아티스트가 콘서트 매
진 기록을 세우지 못한 경우라면 특히 그렇다. 누구나 쉽게 박
스오피스 수익을 보고 순위를 결정할 수 있는 영화 산업과는
달리, 많은 수의 차트가 오히려 업계 강자가 누구인지 결정하
는 것을 더 어렵게 만들고 있다. 과거에는 차트가 하나뿐이었
을 때 음악에서 누가 인기가 있는지 결정하는 것이 더 쉬웠지
만 시대가 바뀌었다. <u>음악에서 누가 인기 있는지에 대한 정보
는 문화와 세대의 영향을 받고 있으며, 그러한 것을 추적하는
사람들의 일을 훨씬 더 어렵게 만들고 있다.</u>

1 다음 중 글의 요지에 해당하는 것은?

a) 세대 간 음악 취향의 차이

b) 음악차트가 더 이상 필요하지 않은 이유

c) 음악 트래킹의 감소

d) 음악차트의 진화와 확장

 정답 d

 해설 기존 음악차트가 하나였던 시절이 있었지만, 지금은
여러 다양한 음악차트가 존재한다고 설명하고 있으므로 정답은
d)가 적합하다.

2 다음 중 차트메트릭(Chartmetric)은 어떤 방식에서 유용한
가?

a) 차트메트릭은 당신이 선호하는 아티스트에 대한 정보를
보다 쉽게 얻을 수 있도록 해서, 그들이 하는 모든 것을
추적할 수 있다.

b) 차트메트릭이 대신 발품을 팔아주므로, 다양한 차트를
확인하기 위해 시간을 소비할 필요가 없다.

c) 차트메트릭은 중요한 차트와 덜 중요한 차트를 구분하
고 필요한 데이터를 제공한다.

d) 차트메트릭은 차트가 변경되면 이를 알려주고, 어떤 일
이 일어나고 있는지 당신이 알고 있어야 한다고 생각한
다.

정답 b

해설 첫 번째 문단 후반에 차트메트릭(Chartmetric)에 대
한 설명이 나온다. 차트메트릭은 이런 모든 일을 대신해 준다고
"a company that does it all for them"에서 설명하고 있으므
로, 이는 바로 앞부분에서 설명한 다양한 차트들을 비교·분석
하는 것을 의미하며, 이를 필요한 시기마다 알려주는 역할에 대
해서도 설명하고 있다. 따라서 정답은 b)가 된다.

3 다음 중 본문의 내용과 일치하지 않는 것은?

a) 한 차트에서 1위인 어떤 노래가 다른 차트에서는 순위권
에 들지 못할 수 있다.

b) 다양한 유형의 차트 생성은 세대를 가르는 상대적으로
새로운 발명에 속한다.

c) 콘서트 좌석 매진 기록을 세운 가수가 특정 차트 1위에 있는 가수보다 더 인기가 있다.

d) 이런 종류의 데이터 수집이 영화 산업에는 동일한 방식으로 영향을 주고 있지는 않다.

정답 c

해설 두 번째 문단 "If an artist does not appear on any chart, yet sells out stadiums to a devoted fan following, it is hard to determine their level of popularity. Especially, if the holder of the #1 position on the Official Chart cannot sell out such stadiums."에서 비교 대상인 가수들 중 어떤 가수가 더 인기 있는지 가늠하기 어렵다고 말하고 있으므로 정답은 c)가 된다.

4 다음 중 밑줄 친 부분이 의미하는 것은?

a) 누가 음악 산업을 지배하고 있는지에 대한 심층적 지식을 가지고 있다면, 음악 트래킹 분야에서 이를 이력의 일부로 사용할 수 있다.

b) 음악 트래킹을 담당하는 이들의 일이 점점 더 어려워지고 있다. 왜냐하면 이제는 나이와 문화 역시 사람들의 의견에 영향을 미친다는 사실을 고려해야 하기 때문이다.

c) 문화권마다 의견의 차이가 있기 때문에, 음악 트래킹을 담당하는 이들은 음악에 관해 세대 간의 격차가 그 어느 때보다 더 커졌다고 말한다.

d) 음악에서 인기 있는 사람이 누구인지 아는 것은 더 이상 중요하지 않으므로, 음악을 트래킹하는 직업이 쓸모없는 것이 되었다.

정답 b

해설 밑줄 친 부분을 다시 분석해 보면, 음악에서 어느 아티스트가 인기 있는지는 문화권마다 다르고 세대마다 다르다고 말한다. 이런 이유로, 음악 관련 정보를 추적하는 음악 트래킹 담당자들의 일이 훨씬 더 어려워졌다고 말하고 있다. 따라서 이와 관련된 내용은 b)임을 알 수 있다.

Unit 78   예술과 스포츠

음악과 인공지능 기술 간의 진화하는 관계

구글의 인터랙션 디자이너인 Chong Li의 새 글인 'A Retrospective of AI + Music'은 음악에서 인공지능의 역사를 다룬다. 인공지능은 오래 전부터 언젠가는 창조가 가능한 존재로 발전할 수 있는 것으로 여겨졌다. 세계 최초의 컴퓨터 프로그래머인 Ada Lovelace는 미래에 어느 시점이 되면 컴퓨터도

다른 것과 마찬가지로 복잡하면서도 상세할 뿐만 아니라 과학적인 음악을 만들 수 있을 것이라고 말했다.

음악업계는 작곡가에게 음악을 창작할 수 있는 새로운 방법을 제공하는 것으로 인공지능 기술로부터 상당한 혜택을 입고 있다. 1950년대에 일리노이 대학교 어배너-샴페인 캠퍼스(University of Illinois at Urbana Champaign) 소속 Lejaren Hiller와 Leonard Issacson은 전 곡을 인공지능으로 작곡한 최초의 음악인 "현악사중주를 위한 일리악 모음곡(Illiac Suite for String Quartet)"을 창조했다. 이들은 컴퓨터가 음악을 작곡하는 데 사용할 수 있는 알고리즘을 프로그래밍했다. 이 과정은 대위법으로 작곡할 때 음표를 배치하는 일련의 규칙을 따르는 사람이 사용하는 과정과 유사하다. 컴퓨터에 투입하는 알고리즘을 프로그래밍하는 것으로, 컴퓨터는 인간 대신 결정을 내리게 된다.

1980년대 생성적 프로그래밍과 함께 인공지능 기술이 발전하면서, 프로그래머들은 음악을 작곡할 때 인간의 뇌를 모방할 수 있는 능력을 더 잘 갖추게 되었다. 알고리즘은 데이터로 대체되었고, 데이터를 통해 컴퓨터는 단순히 규칙을 따르는 대신에 실제 학습이 가능하게 되었다. 프란츠 슈베르트(Franz Schubert)의 8번 교향곡은 1822년에 완성시키지 못한 채로 남겨진 작품인데, 컴퓨터에 입력되었고, 컴퓨터는 슈베르트의 음악으로부터 얻은 상당한 양의 데이터를 활용하여 작품을 완성시켰다. 2,000곡에 달하는 슈베르트의 피아노곡은 컴퓨터에게 슈베르트의 작곡 패턴을 따르게 함으로써 슈베르트처럼 작곡하는 방법을 가르쳤다. 인간의 손은 모든 일을 마무리하기 위해 마지막에서나 개입했다.

인공지능은 음악에서 여전히 사용 중에 있지만, 이제는 지능형 소리 분석 및 인지과학 분야에서도 사용되고 있다. 예술가와 인공지능은, 특히 구글 마젠타(Google Magenta)와 IBM 왓슨 비트(IBM Watson Beat)에서 주도하는 다양한 프로젝트에 함께하고 있다. 이 중 하나의 사례는 아메리칸 아이돌(American Idol) 출신의 Taryn Southern으로, Southern의 2017년 싱글인 "Break Free"는 인공지능의 도움을 받아 작곡되었다. 이 싱글은 Southern의 창의성과 인공지능의 창의성을 결합한 결과물이다. 인공지능은 지금까지 많은 발전을 이루었고 우리가 음악 분야에서 인공지능을 활용하는 새로운 방법을 찾으면서 계속 발전할 것이다.

1 다음 중 본문의 주제는 무엇인가?

a) 인공지능과 기술적으로 발전한 음악 작곡 간의 연계

b) 인공지능이 창조한 음악 작품의 부족한 복잡성

c) 음악 작곡을 위해 인공지능이 사용되는 방식

d) 인공지능을 발전시키기 위해 컴퓨터 프로그래머들이 사용해 온 방법

정답 c

해설 본문은 작곡가에게 인공지능 기술이 작곡에 활용할 수 있는 또 하나의 수단이 되었고, 인간의 뇌를 모방하여 미완

성된 곡을 완성시킬 수도 있게 되었으며, 인간의 창의성과 인공지능의 창의성이 결합되어 새로운 곡을 만드는 일도 가능해 졌음을 말하고 있다. 즉 인공지능이 음악 작곡이라는 창조의 영역에 사용되고 있음을 말하고 있다. 따라서 답은 c)이다.

2 다음 중 본문에 따르면 다음 중 맞지 않는 것은 무엇인가?
   a) Ada Lovelace는 인공지능의 잠재력과 창의성에 큰 기대를 걸었다.
   b) 인공지능은 작곡가가 만든 음악을 데이터로 기반 삼아 작곡가를 흉내 낼 수 있다.
   c) 슈베르트의 미완성 작품을 인공지능 기술로 완성시킬 수 있었다.
   d) 최초의 컴퓨터 프로그래머들은 인공지능이 얼마나 창의적일 수 있는지를 상상하지도 못했다.

   정답 d

   해설 "세계 최초의 컴퓨터 프로그래머인 Ada Lovelace는 미래에 어느 시점이 되면 컴퓨터도 다른 것과 마찬가지로 복잡하면서도 상세할 뿐만 아니라 과학적인 음악을 만들 수 있을 것이라고 말했다." 및 "1980년대 생성적 프로그래밍과 함께 인공지능 기술이 발전하면서, 프로그래머들은 음악을 작곡할 때 인간의 뇌를 모방할 수 있는 능력을 더 잘 갖추게 되었다."를 보면, 초창기 프로그래머들은 인공지능이 창의적인 존재가 될 수 있음을 알고 있었던 것으로 유추할 수 있다. 따라서 답은 d)이다.

3 다음 중 본문에서 가장 잘 유추할 수 있는 것은 무엇인가?
   a) 인공지능이 만든 음악보다 더 아름다운 음악을 이전에 들어 본 적은 없다.
   b) 대부분의 작곡가는 인공지능을 사용하여 음악을 작곡하는 일을 두려워 한다.
   c) 인공지능은 다른 분야와 달리 작곡에서 자신의 강점을 발견했다.
   d) 인공지능은 인간 세상을 발전시키기 위해 온갖 분야에서 계속 사용될 것이다.

   정답 d

   해설 본문은 인공지능이 작곡 분야에서 어떻게 사용되고 있는지를 말하고 있으며, 마지막 문단에서는 이에 더해 "인공지능은 음악에서 여전히 사용 중에 있지만, 이제는 지능형 소리 분석 및 인지과학 분야에서도 사용되고 있다."고 말하고 있다. 이를 통해 "인공지능은 지금까지 많은 발전을 이루었음"을 알 수 있다. 즉 본문은 결론적으로 인공지능이 음악 분야에서 많은 발전을 이룬 것처럼 다른 여러 분야에서도 사용되면서 발전할 것이고 그 결과 인간 세상을 발전시킬 것임을 말하고 있다. 따라서 답은 d)이다.

4 다음 중 빈칸에 가장 알맞은 것은 무엇인가?

   a) 우리가 음악 분야에서 인공지능을 활용하는 새로운 방법을 찾으면서 계속 발전할 것이다
   b) 지금까지보다 더 많은 통제를 받아야 한다
   c) 인공지능을 프로그래밍한 사람들에게서 아직 완전히 이해받지 못하고 있다
   d) 음악 작곡에 있어 최대한의 잠재력을 발휘하고 있다

   정답 a

   해설 앞 문제에서 언급된 바와 같이, 본문은 인공지능이 음악뿐 아니라 다른 분야에서도 많은 발전을 이루었음을 말하고 있다. 즉 우리는 음악 분야에서 인공지능을 활용하는 새로운 방법을 찾아왔고, 이렇게 발견 및 개발한 새로운 방법을 활용하여 발전을 계속 이어나갈 것임을 유추할 수 있다. 따라서 답은 a)이다.

Unit 79

예술과 스포츠

축구가 사랑받는 이유

전 세계적으로도 모든 사람들이 다른 어떤 스포츠보다도 축구를 더 좋아하고, 더 보고, 더 즐긴다. 축구팬이 많다는 사실은 축구에 참가하기를 희망하는 선수가 꾸준하게 밀려들고 있음을 의미한다. 전 세계 모든 국가에서 축구선수가 등장하고 있다. 따라서 축구팬은 경기를 볼 때마다 축구팀이 세계 최고의 기량을 선보일 것으로 기대한다. 축구선수의 다양성 덕분에 최고 수준의 팀 및 선수에게서도 기량 및 성과 측면에서 다른 스포츠에서는 볼 수 없는 엄청난 다양성이 존재한다. 예를 들어, 레알 마드리드가 바르셀로나와 다른 점은, 레알 마드리드는 매우 힘차고 활발하며 빠르고 공격적인 선수를 활용하여 공격을 가하고, 바르셀로나는 공 점유율과 패스를 활용하여 공에 대한 통제력을 유지하는 방식으로 성과를 낸다.

축구가 인기를 끄는 또 다른 이유는 축구 경기에는 돈이 들지 않는다는 것이다. 심지어 축구공이 분명히 비싸지도 않고(약 10달러 정도임) 아니면 구하기 힘든 것도 아니지만, 굳이 제대로 된 축구공이 필요한 것도 아니다. 뭔가 발로 찰 만한 것과 두 개의 골대를 표시할 만한 것이면 된다. 그러면 다 된다. 축구팬은 경기장에서 팀과 함께 있든 아니면 집에서 소파에 앉아 있든 간에, 축구 경기를 관람하기를 좋아한다. 어떤 일이 있든지 간에 열정은 강렬하게 유지된다.

축구 경기는 날씨에 관계없이 열린다. 폭우도 세상을 뒤덮는 눈도 축구 경기가 열리지 못하게 막지 못한다. 이는 축구 경기에 있어 또 다른 측면을 제시하는데, 왜냐하면 축구선수들은 어떤 기상 조건에서든 경기를 할 수 있을 만큼의 기량을 갖출 필요가 있기 때문이다. 축구팀은 연고지의 기후를 잘 알고 있으므로, 홈구장에서 종종 뛰어난 기록을 남긴다. 이로 인해 특

정 팀이 모든 경기에서 승리하는 경우가 방지된다. <u>뛰어난 팀</u><u>이 익숙하지 않은 환경에서 무릎을 꿇게 될 수도 있다.</u> 이러한 예측 불가능성 덕분에 축구 경기의 재미가 유지되고 각 팀은 승리할 기회를 얻게 된다. 몸집(미식축구)이나 키(농구) 같은 특정한 신체적 특성을 요구하는 다른 스포츠와 달리, 축구선수는 체형 및 몸집에 관계없이 성공할 수 있다. 경기장을 뛰어다닐 수 있을 만큼의 건강도 중요하지만, 건강 이외에도 기량으로 힘과 신장을 능가한다. 이 모든 요소 이외에도, 축구는 이해하기 쉽고 재미있게 경기할 수 있다. 규칙을 배우느라 많은 시간을 들일 필요가 없다. <u>전 세계에서 축구의 인기가 높은 것은 놀라운 일이 아니다.</u>

1 다음 중 본문의 주제는 무엇인가?
a) 다른 스포츠가 축구로부터 베울 수 있는 것
b) 사회를 고치기 위해 축구가 할 수 있는 일
c) 왜 축구가 전 세계적으로 이렇게 인기를 누리는가
d) 어떤 사람이 수준 높은 축구를 할 수 있는가

 정답 c

해설 본문은 제목에서 알 수 있듯이, 왜 축구가 전 세계적으로 인기 있는 스포츠인지를 설명하고 있다. 따라서 답은 c)이다.

2 다음 중 본문에 따르면 맞는 것은 무엇인가?
a) 축구는 누구나 어디서든 할 수 있다.
b) 규칙을 이해하고 나면 축구가 쉽다는 것을 알게 된다.
c) 축구 장비는 비싸지만 찾기는 쉽다.
d) 축구선수는 덩치가 가장 커야 하고 힘도 가장 세야 한다.

정답 a

해설 축구를 즐기는 데에는 별 다른 돈이 들지 않는다. 공은 그리 비싸지 않고, 굳이 제대로 된 공이 필요한 것도 아니다. 골대도 꼭 있을 필요는 없고, 뭔가로 골대를 표시할 수 있으면 된다. 또한 축구는 날씨에 상관없이 할 수 있고, 농구나 미식축구와 달리 체형이나 키 같은 신체적 요건 없이도 할 수 있다. 즉 축구는 "누구든 어디서나 할 수 있는" 스포츠이다. 따라서 답은 a)이다.

3 다음 중 밑줄 친 부분이 의미하는 것은 무엇인가?
a) 뛰어난 팀은 어디서 누구랑 경기를 하든지 간에 성공할 수 있다.
b) 최고의 팀은 다른 조건에 적응하면서 최선을 다해 경기할 수 있는 팀이다.
c) 뛰어난 팀도 익숙한 조건과 다른 조건하에서 경기를 할 경우 고생할 수 있다.
d) 팀은 다른 환경하에서 경기를 해야 할 경우 점수를 내기가 힘들다는 것을 깨닫는다.

정답 c

해설 밑줄 친 부분을 해석하면 "뛰어난 팀이 익숙하지 않은 환경에서 무릎을 꿇게 될 수도 있다."이다. 이는 뛰어난 팀이라도 익숙하지 않은 조건하에서는 지거나 고생할 수 있음을 의미한다. 따라서 답은 c)이다.

4 다음 중 빈칸에 가장 알맞은 것은 무엇인가?
a) 아이들이 축구를 하고 싶어 하는 것은 당연하다.
b) 더 많은 사람들이 최고 수준에 도달할 수만 있다면 좋을 텐데.
c) 모두 성장하면서 축구를 알게 된다.
d) 전 세계에서 축구의 인기가 높은 것은 놀라운 일이 아니다.

정답 d

해설 빈칸 앞까지 왜 축구가 전 세계적으로 인기가 높은지 여러 이유가 제시되었고, 따라서 빈칸에는 이러저러한 이유 때문에 "전 세계에서 축구의 인기가 높은 것은 놀라운 일이 아니다."라는 결론이 와야 한다. 따라서 답은 d)이다.

Unit 80   예술과 <u>스포츠</u>

구독 옵션에 광고를 추가한 넷플릭스

넷플릭스의 새로운 광고 지원형 구독인 베이직 위드 애드가 11월 초 며칠간 점차적으로 세계 각국에서 발매되기 시작했다. 이 구독 상품은 고객이 동시 2개 기기 시청인 9.99달러와 동시 4개 기기 시청인 19.99달러 사이의 제품을 선택할 수 있는 기존의 가격 구조에 하나의 층을 더한 것이다. 광고 상영이 허가되는 새 구독 상품은 가격이 6.99달러에 불과하지만, 동시 시청은 하나의 기기에서만 가능하다. 넷플릭스 측에서는 광고 시간이 시청 시간 한 시간 당 5분에 불과하다고 이야기하고 있다. 그러나 현재 광고가 붙지 않는 베이직 상품이 그렇듯, (베이직 위드 애드의) 화질 또한 스탠다드나 프리미엄 계정보다 열악하다. 이외의 단점으로는 오프라인 시청을 위한 다운로드가 불가능하다는 점, 전체 작품들 중 광고와 상영이 허가되지 않은 5에서 10퍼센트가 이용 불가하다는 점, 그리고 반드시 제공해야 하는 개인정보상의 연령과 성별이 타게팅한 광고에 노출된다는 점이다. 장점은 6.99달러라는 구독료가 다른 OTT 서비스의 유사 상품들보다 저렴하다는 점이다. 훌루나 디즈니 플러스의 광고 포함 구독 상품은 7.99달러, HBO 맥스의 유사 상품은 가격이 9.99달러에 달한다.
액센추어사의 연구에 따르면 소비자들 중 3분의 2가량은 다양한 OTT 구독료를 부담할 수 없는 상태라고 한다. 웹부시 증권의 Michael Pachter 미디어 부문 애널리스트는 넷플릭스의 이 새로운 구독상품은 OTT 서비스 다섯 개를 한꺼번에 구독할 사정이 되지 않아 돈을 아끼고 싶어 하는 사람들에게 매력적인 선택지가 될 것이라고 전망했다. 넷플릭스 스탠다드 상품의 연간 구독료는 186달러지만, 이 새 구독 상품의 구독료는 84달러에 불과하다. 소비자의 입장에서는 모든 서비스를 다 해지하기보다는 저가의 선택지가 있는 넷플릭스는 유지하고자 할 수도 있다는 것이다.

넷플릭스가 던진 도박수의 위험성은, 기존의 고객들이 더 비싼 기존의 구독 상품을 다운그레이드할 수도 있다는 점이다. 그러나 미디어 연구그룹인 케이건 리서치사의 Seth Shafer 수석 애널리스트에 따르면, 광고 수익이 들어오기 시작할 때까지 시간이 걸릴 것이고 즉각적이지도 않다는 점을 유념해야겠지만, 광고로 인한 수익이 (다운그레이딩으로 인한) 손실을 보충해줄 수 있다고 한다. 넷플릭스의 입장에서 더 큰 위험성은 경제상황과, 그에 광고시장이 얼마나 의존적인지이다. Shafer는 경제위기가 광고의 성공에 영향을 미칠 수 있다고 지적한다. 경기 침체는 매우 부정적인 여파를 불러올 수 있다. 그러나 넷플릭스가 지난 몇 년간 광고주들을 거부해왔던 것을 볼 때, 이 새로운 관계는 다른 OTT 회사들을 덮칠 수도 있는 최악의 경기침체에서도 넷플릭스를 구원해줄 수 있을지 모른다.

1 다음 중 글의 요지에 해당하는 것은?
  a) 넷플릭스의 광고 포함 구독 옵션의 미래
  b) 엔터테인먼트 스트리밍 서비스 간에 진행 중인 경쟁
  c) 스트리밍 사업자들 모두를 하나의 기본요금제에 통합하기
  d) 넷플릭스 구독 요금제에 절실한 업데이트

  정답 a

  해설 넷플릭스가 출시한 새 구독 요금제의 장단점을 설명하고, 다가올 수 있는 미래에 이러한 장단점이 어떻게 작용할 수 있는지를 간략히 설명하고 있다. 따라서 글의 주제로 가장 적절한 것은 a)이다.

2 다음 중 본문의 내용과 일치하는 것은?
  a) 광고기반 요금제는 돈을 절약하려는 이들에겐 아직도 지나치게 비싸다.
  b) 넷플릭스는 기존 이용자들 중 누구도 요금제를 다운그레이드하지 않을 것이라고 생각한다.
  c) 고객들 중 스트리밍 서비스들을 이용하는 요금이 지나치다고 생각하는 비율은 반도 안 된다.
  d) 광고를 통해 벌어들이는 수익이 넷플릭스가 입는 손실을 벌충할 수 있다.

  정답 d

  해설 "요금제 다운그레이딩으로 인한 손실을 광고 수익이 메워줄 수 있다(profits from ads could make up any losses)."는 내용이 있으므로, d)가 지문의 내용과 일치한다. a)

의 경우, 소비자의 입장에서 저가의 선택지가 모든 서비스를 해지하는 것보다 나을 수 있다고 하였으므로(a consumer may choose to stick with Netflix because of the lower pricing option), 지문의 내용에 따르면 옳지 않은 내용이다. b)는 넷플릭스가 감수하는 위험성이 바로 기존 이용자들의 다운그레이딩(existing customers may decide to downgrade their more expensive plan)이라고 했으므로, 다운그레이딩의 가능성을 인지하고 있는 것이라고 볼 수 있다. c)는 3분의 2가량이 감당하기 어렵다고 생각(almost two-thirds of consumers cannot afford)한다고 하였으므로 내용과 다르다.

3 다음 중 넷플릭스의 새로운 제안이 어떤 이들에게 매력적인 이유는?
  a) 여러 기기에서 동시에 시청이 가능하다.
  b) 내야 하는 돈이 적은데도 여전히 스트리밍 서비스는 이용할 수 있다.
  c) 사용자가 친구들과 비밀번호를 공유할 수 있다.
  d) 넷플릭스는 이 요금제만을 위한 새로운 프로그램과 영화들을 제공할 것이다.

  정답 b

  해설 다운로드 기능 같은 부가기능이나 화질을 희생하더라도, 여전히 스트리밍 서비스 자체는 이용할 수 있다고 했다. 이에 더해 가격이 기존 요금제의 3분의 2에서 절반 수준이므로 저렴하게 핵심 서비스를 이용할 수 있다는 장점이 있다고 할 수 있을 것이다.

4 다음 중 빈칸에 들어갈 가장 적합한 것은?
  a) 광고의 효과가 어느 정도일지는 두고 볼 일이다.
  b) 이에도 불구하고, 광고는 항상 해오던 일을 하게 된다.
  c) 경기 침체는 매우 부정적인 여파를 불러올 수 있다.
  d) 각각의 경제적인 상황에 주의하는 것이 중요하다.

  정답 c

  해설 광고 수익이라는 새로운 수입원이 생겼지만, 이를 뒤집어 말하면 광고 수익에 어느 정도 의존하게 되었다고 할 수 있다. 광고 수익은 경기 침체에 영향을 받는 경향이 있으므로, 넷플릭스는 경제 상황에 더 큰 영향을 받게 된 것이다. 따라서 빈칸에는 경제 상황 변화에 따른 부정적 영향을 언급해야 할 것이다. 또한 빈칸 뒤에는 역접의 연결어와 함께 넷플릭스가 새로운 광고주들과의 관계를 통해 경제 상황에 의한 영향을 오히려 덜 받게 될 수도 있다고 했으므로 빈칸에는 경제 상황에 의해 영향을 받는 내용이 있어야 할 것이다. 따라서 답은 c)이다.

한 권으로 끝내는
실전 대비 영문 독해 필독서!

✚ 다양하고 풍부한 시사 관련 독해 지문 80개 엄선

✚ 인문, 사회, 과학, 문화 등 분야별 최신 시사 지문 수록

✚ 수능부터 토플까지 모든 시험에 대비할 수 있는 수준 높은 문제

✚ 독해 연습과 더불어 시사 관련 일반 상식 습득

✚ 문제의 핵심을 파악하는 강의 해설집 수록(책속책)